张岂之 主编

中国儒学思想史

张岂之 董英哲 刘宝才 龚 杰 任大援 分撰

中华书局

图书在版编目（CIP）数据

中国儒学思想史/张岂之主编. —北京:中华书局,2023.3
（2025.7重印）
ISBN 978-7-101-16119-9

Ⅰ.中… Ⅱ.张… Ⅲ.儒学-思想史-中国 Ⅳ.B222.05

中国国家版本馆 CIP 数据核字（2023）第 029626 号

书　　　名	中国儒学思想史
主　　编	张岂之
责任编辑	王传龙
责任印制	陈丽娜
出版发行	中华书局
	（北京市丰台区太平桥西里 38 号　100073）
	http://www.zhbc.com.cn
	E-mail:zhbc@zhbc.com.cn
印　　刷	三河市宏盛印务有限公司
版　　次	2023 年 3 月第 1 版
	2025 年 7 月第 2 次印刷
规　　格	开本/880×1230 毫米　1/32
	印张 13⅛　插页 2　字数 340 千字
印　　数	3501-4500 册
国际书号	ISBN 978-7-101-16119-9
定　　价	68.00 元

目　录

序

最近几年我国学术界对儒学思想的研究,在广度和深度方面都比过去有了很大的进展,产生了不少有价值的研究成果。特别要提到的是,中国孔子基金会多次举行关于孔子和儒学的学术讨论会,推动了国内外儒学思想的研究。我对儒学思想研究兴趣的增长,和这种活跃的学术研究有着密切的关系。1986年中国孔子基金会学术委员会举行首届学术讨论会,为参加这次会议,我写了《我国古代"和而不同"的文化观》的论文。关于孔子的"和而不同"的观点过去学者们讨论得比较少,当我将这篇论文的要点向学术会议作了介绍以后,得到中国孔子基金会会长匡亚明先生的赞许,也引起学者们的讨论。1987年夏我作为中国孔子基金会代表团的成员之一,应联邦德国阿登纳基金会之邀,去作学术讨论和短期访问时,就是讲的孔子"和而不同"的问题,由北京第二外国语学院李逵六教授精心译成德文,在德国介绍过。外国朋友也比较感兴趣。

从这里我觉得需要从一些新的角度去研究孔子和儒学思想。我又受到1988年夏中国孔子基金会和新加坡东亚哲学研究所联合主办的学术讨论会的推动,写了《儒学思想的历史演变及其作用》,将其要点在大会上作了说明,引起了一些学者的兴趣;我在会上的发言后来刊登于《人民日报》和《人民日报》海外版。从这个时候起,我就酝酿着要编著一部《中国儒学思想史》的专著。

1988年冬季,中国孔子基金会和联邦德国阿登纳基金会在联邦德国首都波恩举行国际儒学讨论会,我写了《孔子与当今世界》的论文。中国孔子基金会副会长宫达非同志很赞成这篇文章的观点,给我以鼓励。会上不少学者提出孔子与中国现代化的关系问题,这也是我感兴趣的问题之一。1988年夏我已写成《孔子思想与中国社会主义现代化》的论文,不过,在当时国内正在流行着全盘否定中国传统文化的"风"。有时竟有这样的情况:对中国传统文化如实地在某些方面加以肯定,文章就不大容易发表。所以这篇文章首先被译成德文在国外发表。直到1989年秋中国孔子基金会举行孔子诞辰二千五百四十周年纪念与学术讨论会,我对《孔子思想与中国社会主义现代化》一文作了补充,向会议提出,并作了发言。这篇论文得到一些学者的鼓励,很快得以在国内公开发表。

在这几年里,我和西北大学中国思想文化研究所的同志们对中国儒学进行了研究,我们的研究重点有三:一,对中国儒学思想的代表人物力求进行实事求是的分析;二,重点研究中国儒学思想发展的历史过程;三,开始研究儒学思想与中国古代自然科学之间的关系。这三个方面的研究成果,由我主编,将它们系统地汇集成册,以《中国儒学思想史》为书名奉献给读者们。这本书很快就要出版,我要感谢中国孔子基金会和陕西人民出版社,由于他们的鞭策和推动,这部书的写作才得以比较顺利地完成。

我觉得,对待中国古代思想文化,需要在"研究、改造、继承、创新"这八个字上下功夫。所谓"研究",就是对传统思想文化进行科学的实事求是的研究,辨别出它的优点和劣点,辨别出它的优良传统方面和陈腐传统方面。虽然有人说,这种方法不可取,甚至"民主性精华"和"封建性糟粕"也不可用。可是我认为,"民主性精华"和"封建性糟粕"的存在是客观的历史实际。如果说我们的传统思想文化全是劣点,那么我们民族何以几千年来的历史绵延不断?如果说我们的传统思想文化全是珍品,何以我们今天仍然有消除封建思想的任务?但在今天要特别注意防止民族虚无主义的影响。

研究的成果需要加工、改造,尽可能地赋予新意。任何文化遗产都是历史的,受到历史时代的限制,特别是作为传统文化主干部分的思想文化,历史时代的烙印就更加鲜明。对古代传统文化中的任何一种思想,完全搬到今天,不进行任何改造,不赋予新意,而拿来立即作为人民的理论营养,都是不可能的。所以对传统文化的研究,不能离开对它的改造;而对它的改造,正是为了更好地对它继承和创新。但在这本书中我们究竟做到了几分,那是要请读者们加以批评指正的。

张岂之

1989 年 11 月 25 日

于西北大学

绪 论

中国古代的儒学思想是一种理论化的社会意识形态。它不是一尊不动的石像，也不是静态的、抽象的、呆滞的同一，而是有一个具体的、流动的发展过程。作为历史范畴的儒学思想，对中国古代的政治、思想、文化和生活产生过巨大的影响。历史上的儒学思想，其中蕴含着中华民族的优良传统，也有消极的成分。因此，辩证地研究儒学思想的历史演变及其作用，是一件很有意义的工作。

早期的儒学思想形成于春秋战国社会急剧变动的时代。社会变革的需要冲破了旧贵族垄断文化教育的"学在官府"的局面，私学兴起，社会上出现了一批"搢绅先生"。他们峨冠博带，号称"师儒"，熟悉诗书礼乐的古训和仪式。又有一定的文化知识，但不是"史"、"卜"之类的文化官吏。从这些人中，儒家蜕化而出，其创始人便是春秋末年的思想家孔子。他开私人办学的先例，并把"仁"作为儒学的基本范畴，开始了关于哲学、伦理、政治、教育诸方面的重大课题，即人的价值的探讨。这是孔子在中国思想文化史上的首创功绩。孔子，以及后来战国时代儒家的八派，特别是其中的孟氏之儒和孙氏之儒，都广泛而深入地探讨了人的价值、人的完善的品德，以及人性的冶炼，因此，早期儒学亦可称为"人学"。

在孔子的儒学思想体系里，最高的道德标准是"仁"。"仁"是一个两重性的概念：一方面它被用来表达孔子对于现实政治问题的见解，表现出政治上保守的倾向。另一方面，它又是孔子关于伦理道德、人的品格修养、人对真理追求的广泛论述的理论结晶，表明孔子提出了"人"的问题。他力求树立一个新的完善人格的标准。冲破血缘关系的"友"，在孔子关于"仁"的论述中占有重要的地位。孔子说过："友直、友谅、友多闻，益矣。"（《论语·季氏》）认为与正直、信实、见闻多的人交友，是有益于"仁"的。曾子也说过："君子以文会友，以友辅仁。"（《论语·颜渊》）不仅如此，孔子在为学的范围内，阐述了人的独立思考作用，力求把人从祖先神崇拜的束缚下解脱出来。他的名言是："君子和而不同，小人同而不和。"（《论语·子路》）以"和"与"同"作为区别君子和小人的标准之一。君子能兼容各种见解，但不肯盲从附和，小人处处盲从附和，不敢提出自己的独立见解。基于此种广泛吸收而又独立思考的精神，孔子整理五经旧文，并依据旧有的鲁国史书修《春秋》。总之，不论从哪一方面说，孔子从道德伦理、治学修养等方面论述了"人"的理性作用和人所创造的精神财富的作用。

这种优良的学术传统，推动了"人学"的发展。战国时期的孟子提出"人"的本质是什么的问题，他与告子的辩论中，阐述了这个基本论点：人和动物的本质区别在于人是有道德观念的。他说："人之有道也，饱食、暖衣、逸居而无教，则近于禽兽。"（《孟子·滕文公上》）在这句话的后面还有"教以人伦"四个字，"人伦"即指人的道德观念。在孟子的儒学思想体系中，"仁"是道德观念的核心。他说："仁也者，人也。合而言之，道也。"（《孟子·尽心下》）"仁"的意思，就是"人"。"仁"与"人"相合，就是"道"。换言之，"道"即"仁"与"人"的统一；自然本质的人与伦理观念相结合，使自然本质退居于次要地位，道德化的人性成为主导,这就是孟子理想的"仁"。任何人都不能超越他所面临的历史现实,孟子虽然从道德方面论述了人与人的关系,但当时的历史并没有准备好条件让杰出的哲人们去阐述人的社会存在,因而他只能把"仁"归结为一种心理状态,这就是他的著名命题:"恻隐之心,仁之端也。……"(《孟子·公孙丑上》)

荀子在"人学"上的贡献是不能低估的。他注意到人与自然的关系,也注意到人与社会礼乐制度的关系。在他的心目中,一个完善的人首先是在同自然界的分化过程中实现的。如说:"明于天人之分,则可谓至人矣。"(《荀子·天论》)这是历史上多么卓越的命题! 正是由于这种朴素的理论概括,后来马克思主义才在前人探索的基础上准确地区别"本能的人"和"自觉的人",这就是经常被引用的列宁的一段名言:"在人的面前是自然之网。本能的人,即野蛮的人没有把自己同自然界区分开来。自觉的人则区分开来了……"(《哲学笔记》,人民出版社1974年版,第90页)荀子所谓的"至人"当然不是指本能的人,而是指自觉的人。从"明于天人之分"这一点来说,他已经发现了自觉的人。在他看来,人的本性是恶的。要改变这种人性,使之去恶从善,就必须依靠社会制度的完善,其中封建主义的"礼"(各种规章制度的总称)是不可少的,但是"礼"必须要有"乐"的配合,因为"声乐之入人也深,其化人也速"(《荀子·乐论》)。不过,社会上总有一些礼乐不能教化之人。对于这种人,就必须以"刑罚"禁之。荀子更多是从政治理论方面,探讨了"人"的价值和"人"的完善。总之,中国早期儒学的"人学"不同于欧洲资产阶级启蒙时期的个人觉醒;历史时代不同,国情不同,是难以类比的。中国早期儒学的"人学"是和封建宗法制纠结在一起的。

秦灭六国,建立了统一的封建主义中央集权制国家。汉承秦制,更从上层建筑方面巩固和加强封建主义统治。汉武帝时期,儒学被定于一尊。在这种历史背景下,汉代儒学成为一种丧失了早期儒学中孔子"人学"思想特色的统治哲学。董仲舒的儒学虽然吸取了孔孟关于人格完善的学说,但更多地吸取了荀子从政治理论方面探讨"人"的思想。在二者的结合点上,他选择了阴阳家的学说。他附会《公羊春秋》,利用阴阳家的神学观把思孟学派的"天人合一"论和荀子的君主专制主义政治哲学结合在一起,为封建皇权装饰圣光,从而给儒学披上神学的外衣。在他的思想体系里看不到"和而不同"的观点。他把孟子的性善论和荀子的性恶论塞进阴阳的框架,加上一个最高的主宰"天",成为一种神秘的天人感应论。他所强调的不是从道德伦理意义上探讨人格的完善,而是着重论证君臣、父子、夫妻之间"三纲"的不可移位。

然而,历史现象是复杂的。如果说在伦理学的范围,董仲舒的儒学丧失了理性主义,那么,在政治学的领域,他的大一统的思想却有利于封建国家的巩固,而且适应于历史发展的潮流。如果说,早期儒学只有"人格"观念,那么,到了两汉时期,从更大范围而立论的"国格"观念便应运而生了。董仲舒宣传"无辱宗庙,无羞社稷",强调"君子生以辱,不如死以荣"(《春秋繁露·竹林第三》)。西汉时期杰出的史学家司马迁把"国"放在首位,称赞"先国家之急,而后私仇"的观点(《史记·廉颇蔺相如列传》)。在汉武帝时,苏武出使匈奴,其副使张胜被牵连在谋反匈奴一案中,将此事报告苏武。苏武说:"事如此,此必及我。见犯乃死,重负国。"(《汉书·苏武传》)意思是自己受辱而死是小事,但实在对不起祖国。正是这种"国格"观念,使他把自己的荣辱生死置之度外,居匈奴十九年受尽折磨而不移其志,始终坚持民族气节。总之,儒学发展到西汉时期,"人格"观念逐渐演化成为明确的"国格"观念。"国格"观念比"夷夏之辨"进了一步。"夷夏之辨"是一种狭隘的观念,而"国格"观念则是一种爱国主义思想。中国儒学中的"国格"观念尽管带有鲜明的历史烙印,且往往和封建主义纠缠在一起,但它在一定的历史条件下却使许多仁人志士在民族危亡之际不惜牺牲个人而维护民族尊严和国家的独立,从而谱写出许多可歌可泣的故事。

东汉时期,儒学从两个途径吸取了早期儒学的"人学"的优秀理论思维:一个途径是"和而不同"的融汇百家之学的精神,以王充为代表。王充的思想虽属道家,但与先秦的老庄之学显然不同,带有浓厚的儒家色彩。他一度学儒,曾受孔孟思想的影响,但并不迷信"圣贤",《问孔》《刺孟》就是明证。他在反对谶纬的斗争中,把我国古代的理论思维推向了一个新阶段。另一条途径就是自然科学的发展,可以张衡为代表。张衡出身儒家,"通五经,贯六艺",深受荀子"至人"学说的影响,引起研究宇宙天体的浓厚兴趣。他的科学实践中有许多重大的发明创造,尤以浑天仪的制造最为著名。他关于禁绝图谶的奏疏文稿中许多地方阐述了孔子关于"人学"的理性主义观点,当然也夹杂着不少荒诞不经的术数思想。以往有一个看法,笼统地说儒学阻碍自然科学的发展,这是值得商榷的。儒学的理性主义不但不限制自然科学,而且推动了古代自然科学的发展。由于儒学着重于探讨道德伦理问题,则限制了一些儒者对自然现象的探讨。司马迁所谓"究天人之际,通古今之变",排除了儒学不利于自然科学发展的一面,又发展了儒学中促进自然科学发展的一面,且将此与道家的某些观点结合,就概括出既要研究人与自然,也要研究人与历史关系的名言。

魏晋南北朝是我国封建制度不稳定的时期,用当时"名士"的话说就是"平路将陂"。他们企图对汉代儒学进行改造。一些思想家便走向儒家思想和道家思想相结合的道路。儒、道结合产生了"玄学",这可以说是汉代儒学的一种反动。它企图摈弃汉代儒学神学化所造成的精神压迫,然而却跳到另一个极端,即梦想摆脱社会制度对于人的影响和作用,离开现实而去追求人的逍遥和独化。

魏晋时期的玄学不能归属于儒学,但它本身却具有儒学的成分和因素。玄学家据以发挥议论的理论资料,称为"三玄",其中的《周易》便是儒家的重要典籍之一。玄学在中国思想文化史上的贡献,从一个侧面在一定程度上曲折地反映了这个时期儒学演变的特色。这表现于思想家们对"人"的认识深化了,他们从本体论方面论证人与社会、人与自然的关系。玄学中的名教与自然之辨,就足以证明这一点。在汉代,名教是一种维护封建秩序的精神产品。当它遭到打击之后,魏晋的一些玄学家夏侯玄、何晏、王弼便为名教寻找新的理论根据,提出名教原本出于自然,二者是一致的。另一些玄学家则持不同看法,如阮籍虽然没有否定名教,但却揭露了名教的伪善性,嵇康则在《养生论》中提出"越名教而任自然"的主张。那么,儒学所维护的名教礼法怎样才能继续存在下去?名教礼法怎样才能减轻它的精神压迫而让人们有一些自由发展的主动性?这是儒学发展在封建社会所遇到的理论问题。它在魏晋时期提出来,这恰如鲁迅先生所说,有些表面摒弃名教礼法的人,"本心恐怕倒是相信礼教,当作宝贝"。事实正是这样,如阮籍在《乐论》中的议论就不是反对礼法,而是称赞礼法,说:"礼逾其制则尊卑乖,乐失其序则亲疏乱。"嵇康在《诫子书》中也以"忠臣烈士之节"来勉励他的儿子。总之,儒学发展到魏晋时代所提出的理论问题,是有意义的。后来在唐代,在宋明时代,还不是在继续探讨名教礼法和人的自由问题吗?这标志着孔子的"人学"思想在封建制社会的政治实践中遇到了矛盾。

　　魏晋南北朝时期,儒学的理性主义与自然科学相结合,从而加深了人对自然的认识。而关于自然科学研究的目的,明确宣称为"匡时济世",这显然是儒学思想的影响,也是当时儒学演变中的一个值得注意的历史现象。首先要提到数学,如魏晋时期的刘徽就受过儒学思想的熏陶。"徽幼习《九章》,长再详览。观阴阳之割裂,总算术之根源,探赜之暇,遂悟其意。是以敢竭顽鲁,采其所见,为之作注。"(《九章算术注·原序》)所谓"阴阳之割裂",就是《易传》所说的"一阴一阳之谓道"。《易经》的经文和传注中关于数量关系的论述,以及关于数量规律之若干天才的猜测,给中国古代自然科学家以许多灵感,这些并不是象数学。在当代,《易经》在世界上受到重视,认为它蕴含着高深数理原理的萌芽,这是符合事实的。《易传》的思想加深了刘徽对"自然界中到处盛行的对立的运动"的认识,所以"遂悟其意"而作《九章算术注》,创立了举世闻名的割圆术。南朝的祖冲之应用割圆术,求得了精确到第七位有效数字的圆周率,远远走在世界的前列。他也曾钻研儒学,并著有《易义辨》、《孝经注》和《论语注》。而北周甄鸾的《五经算术》,则专为《尚书》、《诗经》、《周易》、《周官》、《礼记》、《论语》等作注,是一部数学内容与儒学形式相结合的著作。

　　儒学与自然科学的结合还表现在化学和医药学方面,如晋朝葛洪虽系神仙道教家,但他出身于儒,是出儒而入道的,或者说他是"从儒家正宗入手"的道教学者(侯外庐主编:《中国思想通史》第3卷第7章第2节,王明:《道家和道家思想研究》)。他把讲仙道炼丹术的内容作为《内篇》,讲儒术的内容作为《外篇》,组成代表作《抱朴子》。其中,提出一个新的"修齐治平"的理论体系,追求"内宝养生之道,外则和光于世;治身而身长修,治国而国太平"(《抱朴子·释滞》)的理想。

这个体系明显地因袭了儒学的理论模式。而纳于这个模式中的《抱朴子内篇》，则是我国炼丹术的成熟著作(张子高：《中国化学史稿》，袁翰青：《中国化学史论文集》)，对于祖国医药学的贡献和作为近代化学先驱的意义，都是不应低估的。

儒学与自然科学的结合在其他科学领域里也能看到。在农业方面，如北魏贾思勰的《齐民要术》，浸润了儒学思想的精神。他说："顺天时，量地利，用力少而成功多；任情返道，劳而无获。"(《齐民要术·种谷》)这种按照自然规律以发展农业生产的观点，始原于荀子的思想。在地理学方面，如北魏郦道元所作《水经注》，非常鲜明地反映出西汉儒学倡导的"国格"观念。郦氏生活在南北朝对峙的时期，祖国不幸处于暂时分裂割据的状态之中。在这种情况下，不少人往往尊本地政权为正宗。郦道元不是这样，他虽然在北魏做官，但并没有把眼光局限于北魏所辖的一隅之地。在他的心目中，祖国不限于北魏，而是包括南北朝的完整中国。因此，他选择《水经》为客观依据，以注释的形式表达了对统一祖国的向往，并且为统一作了自然科学方面的准备工作。他的《水经注》不以北魏统治区为限，所涉及的范围极其广阔，完成了我国古代水文地理学上的大综合。

唐代统治者沿袭汉代的经学笺注方式，命孔颖达、颜师古等编纂《五经正义》，试图吸取正统经学和玄学，调和出一个兼容并包的理论来统一经义。但是经学笺注的方式是没有生命力的，且缺少理论的建树和创造。

唐代出现了所谓儒、道、佛"三教"并立的局面。有些思想家想重新恢复儒学的正宗地位，在反对佛、道的同时，或明或隐地吸取了佛学思辨哲学的若干方面，特别是佛学的思辨方法。在这方面，韩愈堪称代表。他一方面积极反佛，另一方面却又悄悄地受到佛学的影

响。这个影响主要在对于人的主体之分析。佛学中某些派别所强调
的自我意识的作用,例如认为意识的对象只不过是对象化了的意识,
而自我意识之建立给人以信念,给人以克服万难的勇猛精进的精神。
韩愈儒学的"治心"论,无疑受到佛学和早期儒学中孟子的影响。他
的治心论和佛、道的宗教观相一致,所不同的是他不但主张"治心",
而且要见乎齐家、治国、平天下。他又受到佛教祖统说的影响并与之
相抗衡,提出一个从尧、舜、禹、汤、文、武、周公至于孔孟的"道统"传
授谱系,并把自己说成是孔、孟心传的"道统"继承人。韩愈的儒学
思想实际上是想解决魏晋时期提出的封建主义名教礼法如何与个人
的自觉性相协调。他的答案就是"治心"论与"道统"论,前者则诉
诸自我意识,后者则主张信仰主义。直接说就是:只要你内心认为封
建名教礼法是神圣的,你就会遵循它,你就不会有不自在的感觉。从
尧、舜、周公、孔子一直到韩愈,均显示了儒学前后相继的发展过程,
这种信仰的力量就会使人的精神得到解脱,从而提高人们的自觉性。
创造一个没有上帝但使人信仰并由此产生力量的宗教,或称之为儒
教,在韩愈思想中虽有此迹象,但后来的事实证明,儒学在中国却始
终没有形成为宗教。这是唐代儒学的一个特征。

　　其次,早期儒学与"人"的观念相联系的重民、爱民思想,在唐代
有所发展。杜甫、白居易等杰出诗人,大都受到儒家思想影响。如白
居易把孟子所谓的"穷则独善其身,达则兼济天下"作为座右铭,并
说:"就六经言,《诗》又首之。何者? 圣人感人心而天下和平。感人
心者,莫先乎情,莫始乎言,莫切乎声,莫深乎义。"(《与元九书》)他
总结了自《诗经》以来的现实主义文学创作经验,特别推崇杜甫。杜
甫以"儒家"自命,在《自京赴奉先县咏怀》中说出"朱门酒肉臭,路
有冻死骨"这样的名句,显然是从孟子所谓的"庖有肥肉,厩有肥马,

民有饥色,野有饿莩"脱胎而来。他发展了孟子的重民、爱民思想,集中表现在《新安吏》、《石壕吏》、《潼关吏》和《新婚别》、《垂老别》、《无家别》等杰出的诗篇中。如《无家别》的最后两句是:"人生无家别,何以为蒸黎?"对黎民百姓的流离失所寄予了深切的同情,同时为统治者将失去人民而忧虑,忧国忧民的心情交织在一起,愤然唱出了这样的诗句。而站在统治者的立场上对人民表示同情,正是儒家重民、爱民思想的本色。杜甫的诗被称为"史诗",在于真实地反映了安史之乱时人民的生活情景,其中透露出的恰恰是"人饥己饥,人溺己溺"的儒学气息。

　　唐朝儒学的再一个特征,就是它与自然科学的结合。唐代是一个开放的社会,在学术方面发展了早期儒家的"和而不同"的思想,并吸取了当时世界的文化成果,其例不胜枚举。这里只举一例说明,当时孙思邈的医道思想,就具有这样的时代特色。在治病救人的职业道德方面,他注意撷取各种文化成果中的人道主义精神,总结出这样一段令人感佩的经验之谈:"凡大医治病,必当安神定志,无欲无求,先发大慈恻隐之心,誓愿普救含灵之苦。若有疾厄来求救者,不得问其贵贱贫富,长幼妍蚩,怨亲善友,华夷愚智,普同一等,皆如至亲之想,亦不得瞻前顾后,自虑吉凶,护惜身命。见彼苦恼,若己有之,深心凄怆,勿避崄巇,昼夜寒暑,饥渴疲劳,一心赴救,无作功夫形迹之心。如此可为苍生大医,反此则是含灵巨贼!"(《备急千金要方》卷1《序例·大医精诚》)在这种救死扶伤的人道主义精神里,既有儒家的"恻隐之心",又有道家的"无欲无求",还有佛家的"大慈大悲"。在孙思邈精湛的医术中,也有吸收外来文化的印迹。如"四大不调"的病因说,是印度的一种病理学说。孙思邈从佛经中吸取其说,认为"地、水、火、风和合成人"(《备急千金要方》卷1《序例·诊候》),

四大元素在人体中不协调就会生病。在药学理论方面,他指出:"天竺大医耆婆云:'天下物类皆是灵药。'万物之中无一物而非药者,斯乃大医也。"(《千金翼方》卷1《药录纂要·药名第二》)这种思想具有开拓性,极大地丰富了我国药物的品种与来源,在祖国医学发展史上占有重要地位。

再如艺术方面,中国绘画在唐以前以线条为主,从吴道子开始以凹凸法渗入人物画中,山水树石亦别开生面。所谓凹凸法,大都于线条之外,别施彩色,微分深浅:其凸出者施色较浅,凹入之处傅施较深,于是高下分明,给人以立体感。这种凹凸派画法渊源于印度,后经西域传到中国中原地带。总之,早期儒学"和而不同"的思想促进了中外文化的交流,推动了唐代科学文化的发展。

宋明儒学的表现形态是理学。理学是中国封建社会后期的统治思想。理学以儒学的内容为主,同时吸收了佛学和道教思想,是在三教融合、渗透的基础上孕育、发展起来的。理学的出现表明儒家经学笺注的没落,需要有新的学术思想。它主要讨论"性与天道"的哲学问题,而旁及文化的各个方面。理学的出现加强了封建主义精神压迫,同时它又是儒学思想中精华的发扬光大。这两个相互矛盾的方面,在宋明理学中是杂出并见的。

理学的思想影响,从11世纪到17世纪,历时七百年之久。天理成为理学基本范畴,像"华盖"压在人们的头上。理学关于"天理"的说教使人们屈从于封建主义统治,桎梏人们的创造性思维的发展。这种消极的作用是客观存在的历史现象。

但是,另一方面,我们不能不看到,有些著名的理学家,当他们离开关于"天理"的说教,而论述治学问题的时候,发展了早期儒学中重视人的独立思考、兼综百家和重视文化遗产研究的传统。有些理学家,如朱熹,就是大学问家。他注解《四书》,训释了《易》(《易本义》、《易学启蒙》)、《诗》(《诗集传》)、《礼》(《仪礼经传通解》),根据《春秋》义法著《通鉴纲目》,命学生蔡沈根据他的指导著《书传》。这些著作大部分成为元、明、清三代的官书而大量印行,且远及海外。他还注解和编辑了北宋理学家的著作,如周敦颐的《太极图·易说》、《易通》,二程的《程氏遗书》、《程氏外书》,张载的《西铭》;编辑了北宋理学家的语录六百多条为《近思录》,又编辑了《名臣言行录》、《伊洛渊源录》、《家礼》、《小学书》,还著有《楚辞集注》、《韩文考异》、《参同契考异》等书。黄干说他"至若天文、地志、律历、兵机,亦皆洞究渊微",虽是溢美之词,但朱熹的学术兴趣广泛,包括他对自然科学作过研究,且有不少的精湛见解,是可以肯定的。朱熹在研究文化遗产时,非常注重独立思考。他说:"读书无疑者须教有疑,有疑者却要无疑,到这里方是长进。"(《朱子全书·读书法》)足见他反对盲从迷信。还要提到,朱熹的《易》学著作,对有些范畴、概念的分析精细入微,表明理学在吸收佛学的基础上理论思维发展的深度。

宋明理学中的心学一派也很注重独立思考,如陆九渊的"六经注我"、陈献章的"以我观书",都说明人不要做书的奴隶,书要为人所用。当然,心学派有把"心"的作用夸大到绝对的毛病,但不能因此便否定他们关于独立思考的论点。王守仁的"致良知"说把道德化的主观意识夸大为世界的普遍规律,这种观点与世界的本来面目并不相符。但是王守仁的这种观点却包含有强调人的个体意识的因素,而他对人的主体活动之分析,提出了许多有理论意义的命题。后来有些思想家对此吸取改造,强调人的理性作用和独立思考,反对封建专制,在历史上产生过进步作用。明代后期王学一派中也有人主张独立思考,大胆提出问题。如江右学派胡直在《困学记》中说:"反覆而绌之，平心而求之，不敢徇近儒，亦不敢参己见；久之，于先儒终不能强合，其疑有四；于近儒亦不能尽合，其疑有三。"有疑才有进步，提出问题才能解决问题，这是科学的态度。清初的王夫之、顾炎武、黄宗羲等都是具有创新精神的大思想家和大学者，尽管他们并不是理学家。

同时还应看到，儒学的经邦济世思想和"国格"观念，在一些政治家和志士仁人身上（他们并不是理学家）发出了光芒，如王安石就是一位经邦济世的大政治家。他主张打击豪族地主对土地的掠夺兼并，企图从他们手中夺取劳动力归皇权直接控制，从而实行他所幻想的"周礼"古制。他的一系列改革措施如"去重敛，宽农民"等，在客观上有利于农民和其他小生产者。为了培养贯彻执行新法的人才，他改革传统的以诗赋取士和烦琐的笺注经学，采用经义策论试士，使学者"务通义理"，懂得怎样处理国家和政府的事务。这样，义理之学就取代了笺注之学，形成了宋代学术的新风气。

总之，我们在这部专著里将探索中国儒学的演变轨迹，把儒学与中国古代自然科学的复杂的、多方位的关系作为研究的重点，因为关于儒学的道德伦理学说和政治学说，已有许多研究成果。至于儒学与古代自然科学的系统的专门研究，可以说是起步不久，有待于深化。我们在此问题上多用些笔墨，其目的是引起讨论，相信读者同志们是会谅解的。

还有一点想说明的是本书下限写到1840年鸦片战争前夕。

这是一本探索性的学术著作，欢迎专家学者和读者同志们给予批评指正。

第一章　儒家学派的创立者
孔子及其思想

　　儒家学派形成于春秋末期,创立者便是当时的大思想家孔子(公元前551—前479年)。孔子姓孔,名丘,字仲尼,鲁国陬邑(今山东省曲阜市)昌平乡阙里人。这里有个小问题,为什么把孔丘称为"孔子"?"子"本是古代对男子的通称,对上对下都可用,偶尔也用于女子,但后来用得更多的是作为对德高学优者的尊称。人们听惯了,也就相沿称孔丘为孔子,不一定含有多大尊敬的意思。孔子的祖先是宋国的贵族,大约在他的前几世就失去了贵族的身份。《史记》称"孔子贫且贱",他自己也说:"吾少也贱,故多能鄙事。"(《论语·子罕》)据说他年轻的时候,做过季氏的家臣,当过管仓库的会计和管牛羊的小吏。他五十四岁时做过鲁国司寇(管理刑法的官),但不过三个月就去职了。去职后,他曾"周游列国",仍在寻找各种机会从政。然而,他的政治抱负始终没有实现,晚年回到鲁国聚徒讲学,在整理古典文献方面作出了贡献。他一生的活动,主要是从事文化教育事业,据说有弟子三千,精通六艺者七十二人。这样一来,他就成为儒家学派的开创者。

第一节　儒学思想产生的
历史文化积累

儒学思想的产生不是偶然的,它是春秋时期以前历史文化长期积累的结果。

众所周知,中华民族有着悠久的历史和丰富多彩的文化。大约从170万年以前起,远古的人类就已经劳动、生息和繁衍在祖国的大地上。云南元谋发现的猿人牙齿化石,揭开了我国历史的序幕。陕西蓝田发现的80万年前的原始人类的遗骸、石器和动物化石,北京周口店发现的四五十万年前的原始人类的遗骸、石器、灰烬以及动物化石等,都是我国远古历史和文化的瑰宝。我国的原始社会,是相当漫长的。从原始社会到奴隶社会之间,有一个很长的过渡时期。在我国历史上,这个时期可以溯源到传说中的黄帝时代,经尧、舜、禹直到夏代。

从夏代开始,"大人世及以为礼"。王位世袭制的确立,标志着奴隶制国家的建立。代夏而起的商朝,是我国奴隶社会的发展时期。公元前1100年左右,周朝推翻商朝。到公元前770年周平王东迁时止,史称西周。西周经济比商代有了更大发展,是一个强盛的国家。夏、商、周三代的物质文化和精神文化都有很大的发展。如大规模农业生产的出现,各种手工业的兴起,城市的建立,宫殿的建造,文字的形成,科学开始从生产技术中分化出来等,所有这些都是原始社会所无法比拟的。

由于奴隶制度的建立和发展,社会大规模的分工才得以实现,农业、畜牧业和手工业的初步分工,在原始社会末期已经出现。夏、商、西周时期,由于青铜农具的逐步推广和用青铜工具加工出来的大量质量较好的木质农具的使用,使农业生产得到很大发展,农业已成为社会最重要的生产部门。许多荒地被开垦,生产技术有了提高,剩余粮食增多。农业生产的发展和青铜工具的使用,又促进了手工业生产和技术的提高。手工业不但从农业中完全分化出来,形成第二次社会大分工,而且手工业内部,因制造对象不同、技术条件不同,也有了较细的分工。分工越细,技术愈熟,产品益精。以商、周青铜器的制造而论,从采料、配料、冶炼,到制模、制范、浇铸、修整等一系列程序,都有细致的分工。这样制造出来的青铜器,是相当精美的。例如湖南醴陵出土的一件商代铜象尊,形象栩栩如生:高举的象鼻为注酒之口,鼻端作凤头,凤头上伏一虎,象的四足敦实厚重,着地有力;全身满布纹饰,有兽面、夔龙、凤鸟和虎等图像,以繁缛细密的云雷纹为衬托,实在是一件精美绝伦的艺术品。商代青铜器还有一个重要特点,就是气魄雄伟。例如,1939年在河南出土的商代司母戊方鼎,重875公斤,通耳高133厘米,长110厘米,宽75厘米,形制雄浑,是我国现已出土的最大青铜器。西周的青铜器继承了商代特点,具有厚重庄严的风格。如西周重器大盂鼎和大克鼎,分别重153.5公斤和201公斤,器度颇为庄严厚重。所不同的是西周的青铜器在数量上远远超过了商代,而且铭文较长,字体严谨遒劲、优美奔放,发展到成熟阶段。

　　青铜器作为我国奴隶社会文化的象征,它不仅具有很高的科学艺术价值,而且包含着重要的政治伦理意义。因为青铜器的制造除了满足当时社会生产的需要外,在很大的程度上还为当时的礼乐制度服务。所谓礼乐制度,就是通过国家立法的形式,明文规定了统治者的不同阶层(如天子、诸侯、卿、大夫、士)的尊卑贵贱的社会地位、道德规范等。它的内容包含在政治、军事、法律以至衣、食、住、行、婚、丧等各个方面。为了显示"贵贱有等，上下有别"，就制造出各种不同的青铜器。这种青铜器就叫作"礼器"，它被统治阶级用来祭天祀祖、宴享宾朋、赏赐功臣、记功颂德，死后用来随葬。清人阮元说："器者，所以藏礼，故孔子曰：'唯器与名，不可以假人。'"(阮元：《商周铜器说》)这说明青铜器与礼制不可分割的关系及其重要性。

在青铜礼器中，鼎是最重要的一种礼器。它多用来煮牲祭天敬祖，成为一种祭器。古人是相信灵魂不死的，所以死后也用来随葬，在幽冥的世界中由灵魂来享用。不仅如此，鼎还是国家政权的象征。《左传》上记载了一个"问鼎"的有名故事，"楚子"即春秋时代五霸之一的楚庄王，他为了和晋国在中原争霸，先后用兵于陈、蔡、郑、宋等国，又于周定王元年(公元前606年)亲率兵攻伐洛水流域的"陆浑"之戎。当陈兵在洛阳周的边境时，周王派大夫王孙满慰劳他。他向王孙满问周九鼎的"大小、轻重"。王孙满回答说："在德不在鼎。昔夏之方有德也，远方图物，贡金九牧，铸鼎象物，百物而为之备，使民知神、奸。故民入川泽、山林，不逢不若。螭魅罔两，莫能逢之。用能协于上下，以承天休。桀有昏德，鼎迁于商，载祀六百。商纣暴虐，鼎迁于周。德之休明，虽小，重也。其奸回昏乱，虽大，轻也。天祚明德，有所底止。成王定鼎于郏鄏，卜世三十，卜年七百，天所命也。周德虽衰，天命未改。鼎之轻重，未可问也。"(《左传》宣公三年)楚庄王为什么要问鼎？王孙满又为什么不许他问呢？因为鼎是统治权力的象征，其政治价值犹如命根子一样重要。占有它就意味着有王权，失去它就意味着失去了王权。从王孙满对九鼎历史的追溯可知，它最早是属于夏王朝的，象征着九州。以后"桀有昏德，鼎迁于商"，又"商纣暴虐,鼎迁于周"。夏、商、周王朝政权的更替,都曾以后代夺到前代的鼎作为旧王朝覆灭、新王朝建立的标志。当时,周王朝已经衰落,强大的楚国自有取而代之的野心。楚庄王问鼎,显示了对周王朝的蔑视。王孙满为了维护早已风雨飘摇的周朝王权,自然是不允许他问鼎之轻重的,所以强调"在德不在鼎","周德虽衰,天命未改"。言下之意,周朝王权还是可以维持下去的。

重"德"而敬"天",可以说是西周思想文化的基本特点。"德"字早在甲骨文中就已出现。《尚书·盘庚》中也多次提到"德"字,如说:"非予自荒兹德","予亦不敢动用非德","式敷民德,永肩一心"。这些"德"字,都有政治伦理之意。但殷人一味相信"天命",所以对于"德"字的政治伦理含义并没有作更多的发挥。他们把"天"说成是至高无上的大神——"帝",而上帝即祖先,它主宰着自然界和人类社会的一切。国运的盛衰、战争的胜负、人生的祸福等,都由"天命"决定。因此,事无巨细都要求神问卜,以断吉凶,按天命行动。周初的统治者虽然继承了这种宗教观,但对天命开始怀疑。周公告诫成王和周贵族说:"天不可信,我道惟宁(文)王德延。"(《尚书·君奭》)意思是,天命是不可一味信恃的,我们的政治伦理原则是对文王"德"的世代继承。周公所谓的"德",其政治伦理意义有三:一是"敬天",二是"孝祖",三是"保民"。这里有一个问题,既然"天不可信",为什么还要"敬天"呢?《礼记·表记》说,周人"敬神而远之"。周人对天神上帝还是敬的,但采取了敬而远之的态度,不像殷人那样虔诚了。殷人十分虔诚地信仰上帝,结果是一败涂地,殷商的天下为周人所得了。这样还好再信上帝吗?天命靠得住吗?怀疑自然发生了,有头脑的政治家在朦胧地探索政治得失的因果关系。怀疑"天"是以殷为鉴,警惕重蹈覆辙。"敬天"则是神道设教,加强周朝的统治。二者相辅相成,难分难舍地纠缠在一起。但在周初统治者的眼里,政治得失的关键在"德"不在"天"。这是由宗教型文化向伦理型文化转变的开始,孔子创立的儒学思想学派就是沿着这条发展线索而逐步形成的。

在奴隶社会里,除了农业和手工业的社会大分工之外,还发生了体力劳动与脑力劳动的社会分工。夏、商、西周时期增长了的社会物质财富,开始可以供养起一些从体力劳动中分离出来的人,让他们专门从事脑力劳动。在商代,管理国家的有"尹"和"卿士",管理生产的有"小臣"和"司工",从事商品交换的有"商人",以宗教、科学和文化为业的有"卜"、"占"、"巫"、"史"等。到西周,担任文化官职的是一些"祝"、"宗"、"卜"、"史"。据有的学者研究,"祝"的文化任务是代表祭者向神致辞,他必须有关于神的历史知识;"宗"的文化任务是管理宗庙祭礼的一切,他必须有关于氏族宗法的历史知识;"卜"的文化任务是掌管观兆的宗教事件(有的兼掌筮),他必须有关于吉凶祸福的一套知识;"史"的文化任务是掌管文书,观察天象,他必须有关于自然现象的知识。所谓"学在官府"的学,就是这班文化官吏所专有的。特别值得注意的,是"士"阶层的出现。这个阶层处于贵族和庶人之间,大都受过六艺的教育,是一批从事脑力劳动的知识分子。他们有一定的文化知识,希望做官食禄,上达于贵族,但在未出仕时,生活接近庶人或过着庶人的生活,颇能体贴民间的疾苦。这个"士"的阶层,后来就成为儒家学派的重要社会基础。从以上的分析可以看出,春秋末期产生孔子和儒家学派不是偶然的。

第二节　孔子创立儒家学派

　　孔子创立儒家学派的社会因素是相当复杂的,与春秋时代的社会变革、鲁国的文化传统有密切的关系。

　　孔子是在春秋末期创立儒家学派的。所谓"春秋",得名于传说经孔子改削的鲁史《春秋》一书,原指公元前722年至公元前481年的一段时间;而现在的学者们多以周平王东迁洛邑(今河南省洛阳市)的公元前770年为始,又借用《史记·六国年表》的起点即公元前476年为终。这个时期,是我国奴隶社会向封建社会过渡的开始阶段。社会形态的转变,是以生产力的发展为前提的。春秋时期由于局部地使用铁器和牛耕,生产力得到一定程度的发展,为封建生产关系的出现初步提供了物质条件。原来为周天子所有的"公田",逐渐转化为诸侯贵族的"私田"。公室富于王室,私门富于公室的现象,不可遏制地发展着。鲁国在公元前594年实行"初税亩",按田亩征收税赋的制度流行起来,进一步打破了公田和私田的界线,使公田私田化了。封建土地关系从私田中发展起来,同时又渗透到公田中去了,这更加速了奴隶制的瓦解。平民与贵族、奴隶与奴隶主、新兴封建势力与奴隶主贵族以及奴隶主贵族内部的矛盾激化了,诸侯争霸、兼并土地的战争日益频繁,奴隶的逃亡与暴动连绵不绝,陪臣犯上作乱的事件层出不穷,结果是随着奴隶制王权的衰落,各国诸侯即地方奴隶主贵族势力也大大地削弱了。新兴封建势力,不论是从奴隶主贵族分化出来的,还是从贵族的家臣中发展起来的,或是从平民、国人、自耕农中形成起来的,都随着封建土地关系的发展,最后必然要发展到由控制公室到夺取政权的地步。孔子对这种社会变革作了如下的概括:"天下有道,则礼乐征伐自天子出,天下无道,则礼乐征伐自诸侯出。自诸侯出,盖十世希不失矣;自大夫出,五世希不失矣;陪臣执国命,三世希不失矣。天下有道,则政不在大夫。天下有道,则庶人不议。"(《论语·季氏》)所谓"有道"、"无道",虽然流露了他对春秋时代社会变革的不理解情绪,但这段话却说明了一个历史事实:政权由天子而诸侯,由诸侯而陪臣,一步一步下落,并由十世、五世、三世而反映出奴隶制加速崩溃的不可逆转的大趋势。

春秋时代,由于政权下移,也出现了"文化下移"的趋势,西周时期那种"学在官府"的局面逐渐被打破。孔子就很相信"天子失官,学在四夷"(《左传》昭公十七年)的话。这里的"夷"字,并非"夷狄"之夷,而是指远方小国。春秋时代社会混乱,原在官府任职的知名文化人,因避祸或失业,纷纷流落异乡和民间。《论语》里记有鲁国宫廷音乐家星散去向的一张名单:"大师挚适齐,亚饭干适楚,三饭缭适蔡,四饭缺适秦,鼓方叔入于河,播鼗武入于汉,少师阳、击磬襄入于海。"(《论语·微子》)音乐专家全部跑光,其他学者可想而知。他们流落到民间,为谋生计,必然要收徒讲学。这种聚徒讲学的形式,与"学在官府"的旧传统迥然不同,属于新事物,是春秋时代社会变革的产物。孔子顺乎这种潮流,开私人办学之风。当时办私学的人是不少的,但都不如孔子的私学规模大,人数多。他在先后四十余年中,就收教了弟子"盖三千焉,身通六艺者七十有二人"(《史记·孔子世家》)。关于"六艺"的说法不一:有人认为是礼、乐、射、御、书、数,有人认为是孔子搜集、整理、删、序、订、修的《礼》、《乐》、《诗》、《书》、《易》、《春秋》六经。无论如何,"六经"都是孔子教学的内容。他把这些教学内容又分为四科:"文,行,忠,信。"(《论语·述而》)清人刘宝楠对此有个解释,他说:"文,谓《诗》、《书》、《礼》、《乐》,凡博学、审问、慎思、明辨,皆文之教也。行,谓躬行也。中以尽心曰忠,恒有诸己曰信,人必忠信,而后可致知力行。故曰:忠信之人,可以学礼。此四者,皆教成人之法。"(《论语正义》)所谓"教成人之法",就是对受教育者进行人之所以为人的道德铸造。正因为如此,孔子才把西周以来为贵族办理冠、婚、丧、祭等礼仪的儒术,改造为社会政治、伦理道德和文化教育的儒学,从而创立了儒家学派。

　　由儒术到儒家的过渡环节是"邹鲁之士搢绅先生",儒家学派是从这批人中蜕化而出的。《庄子·天下》篇说:"其在于《诗》、《书》、《礼》、《乐》者,邹鲁之士搢绅先生多能明之。《诗》以道志,《书》以道事,《礼》以道行,《乐》以道和,《易》以道阴阳,《春秋》以道名分。""邹",邑名,"鲁",国名。鲁国和邹邑,均在今山东省西部。春秋时代,在这里出现了一批"搢绅先生"。他们峨冠博带,常在贵族交际酬酢以及举行冠、婚、丧、祭等礼仪时出面服务。这些人号称"师儒",熟悉《诗》、《书》、《礼》、《乐》的古训和仪式,在"道术将为天下裂"(《庄子·天下》)的时代来临之时,也传授了一些知识,但他们既不是"史"、"卜"之类的文化官吏,又不是没有一官半职的纯粹知识分子。因此,可以认为他们是由"学在官府"向"私学"过渡的桥梁。搢绅先生一方面由于受西周传统文化的束缚,把西周的思想作为"儒术"而职业化、形式化;另一方面,他们在思想传统上也相对地保存了文化遗产,才没有使历史传统的文化断绝。孔子继承了后者而批判了前者,在西周文化思想的基础上,开始了关于哲学、伦理、政治、教育诸方面的重大课题即人的价值的探索,才把"儒术"改造成"儒学"。

　　儒家学派起于邹、鲁,是鲁国特定文化环境的产物。所谓文化环境,就是有些学者说的"文化圈"。李学勤同志曾把东周时代列国划分为七个文化圈,一是中原文化圈,二是北方文化圈,三是齐鲁文化圈,四是楚文化圈,五是吴越文化圈,六是蜀滇文化圈,七是秦文化圈。他指出:"今山东省范围内,齐、鲁和若干小诸侯国合为齐鲁文化圈。其中的鲁国,保存周的传统最多,不过从出土文物的风格看,在文化面貌上更近于齐,而与三晋有别。在这个文化圈中的南部,一些历史久远的小国仍有东夷古代文化的痕迹。子姓的宋国也可附属于此。"(李学勤:《东周与秦代文明》,文物出版社1984年版,第11页)孔子的先世,就是宋国的王族。宋国是周初大分封时,封给殷纣王庶兄微子启的领地,以让他继承被周王朝所灭的商王朝的"绝世"。微子启有个嫡传后代弗父何,是宋国的合法嗣君。但他坚持"礼让为国",而把君位让给其弟宋厉公,由此便赢得了礼让的美名。弗父何的曾孙正考父,曾经相继在宋国的戴、武、宣三朝任上卿,以恭敬著称,曾在鼎上刻着:"一命而偻,再命而伛,三命而俯,循墙而走,亦莫余敢侮。饘于是,鬻于是,以糊余口。"(《左传》昭公七年)他不仅谦虚、谨慎、俭朴,而且文化造诣也比较高。《诗经》上的《商颂》部分,经他一手整理成编,才得以流传下来。《诗序》说:"微子至于戴公,其间礼乐废坏,有正考父者得《商颂》十二篇于周之太师,以《那》为首。"这些流风余韵,对孔子是肯定有影响的。他的七世祖孔父嘉,在宋国贵族内讧中被杀,其子逃亡到鲁国,以孔为氏,传了五代,便到孔子。

　　然而,家世的影响毕竟不如环境的影响大。孔子生长的鲁国,是周公的封地。周公在西周王朝长期执政,使鲁国成为能用天子礼乐祭祀天地祖先的唯一诸侯国。这种特殊的政治地位,把鲁国造成了西周时代在东部的文化中心。成王分封鲁公伯禽时,曾"分之土田陪敦,祝宗卜史,备物典策,官司彝器"(《左传》定公四年),比较起同时受封的康叔来特别隆重。平王东迁,周室文物已经丧失,而鲁国却长期保持着周王朝的"备物典策,官司彝器"。春秋时代,鲁国虽已逐渐沦落为政治上的二等诸侯国,但在文化上仍旧保留着最多的周文化传统,以致到春秋末期还享有"周礼尽在鲁"(《左传》昭公二年)的名声。这种文化传统,对幼年孔子的心灵发生了强烈的影响。据记载,"孔子为儿嬉戏,常陈俎豆,设礼容"(《史记·孔子世家》)。从十五岁起,他就在母亲直接关心下,通过一些熟人关系,在鲁太史那里探到了"礼"的底细。以后,他又多次出外问"礼"问"乐"。例如,他曾在齐国听到"韶乐"的演奏。韶乐是舜时的音乐,简直把孔子迷住了,使之醉心到"三月不知肉味"的地步。因而他赞叹道:"不图为乐之至于斯也!"(《论语·述而》)意思是,想不到欣赏音乐竟到了如此的境界。这种境界使孔子领悟了礼乐的精神实质,他说:"礼云礼云,玉帛云乎哉? 乐云乐云,钟鼓云乎哉?"(《论语·阳货》)言下之意,礼乐的实质并不只是在于"玉帛"等礼物和"钟鼓"等乐器,其中还有更可贵的精神。这种精神就是"仁",所以他说:"人而不仁,如礼何? 人而不仁,如乐何?"(《论语·八佾》)这就明确地提出了"人"的问题,并把"仁"作为人格完善的最高道德标准。围绕着这个带有根本性的学术观点,孔子创立了早期的儒学思想体系。这里想说明:关于"人"的探讨,并不仅仅属于资产阶级革命时期的启蒙思潮。从中国思想文化历史来看,春秋末期已出现了探讨"人"的理论思维。当然,不同历史时期对人的探讨,在深度和广度上都有所不同,不能整齐划一。

第三节　早期儒学即人学

孔子把"仁"作为早期儒学的基本范畴,从伦理道德、治学教育等方面论述了人的理性作用和人所创造的精神财富之价值,故早期儒学亦可称为人学。

这里所谓的人学，是指关于人和人之间关系的学说，而不是关于人的科学。马克思曾在《经济学—哲学手稿》中指出："自然是关于人的科学底直接对象。人底第一个对象——人——是自然、感性，并且那些特殊的人的感性的本质诸力量，如同它们只在自然的诸对象中发现它们的对象的现实化一样，只在自然本质底科学全体中能找到它们的自己认识。"（《马克思恩格斯列宁斯大林论德国古典哲学》，商务印书馆1972年版，第470页）当然，孔子在创立早期儒学时，对自然现象也是有所稽求的。《论语》中保存了他和弟子们对于自然认识的大量资料，有关于天文现象的认识、理化现象的认识、动植现象的认识、农工技艺的认识等，总计五十四条。从这五十四条资料中可以看出，孔子儒家所研究的"直接对象"并不是"自然"，而是借自然认识作比喻，以说明政治伦理和治学教育的意义与价值。例如，孔子说："为政以德，譬如北辰，居其所而众星共之。"（《论语·为政》）"北辰"就是北极。由于北极是移动的，所以古今所谓极星是不同的。孔子所谓的"北辰"是指天帝星，也就是现在所说的小熊星座的 β 星。但极星的移动非常缓慢，古人错觉地以为它不动，故孔子说"居其所而众星共之"。"共"同拱，有围绕环抱之意。孔子用这个天文现象说明"为政以德"，其意在于：凭借道德来治理国家，人民就自然归服。他还说："岁寒，然后知松柏之后凋也。"（《论语·子罕》）这是用松柏不畏严寒，来说明独立而高尚的人格。有一次季康子向孔子请教政治，孔子说："君子之德风，小人之德草。草上之风，必偃。"（《论语·颜渊》）他把"君子之德"比作"风"，又把"小人之德"比作"草"，说风向哪边吹，草就向哪边倒。由此可见，以自然喻人事的用意在于揭示人和人之间的关系。

孔子是非常重视人和人之间关系的研究的,这与春秋时代的社会变革有关。当时的社会变革引起了人和人之间关系的剧烈变化,从而出现了"礼崩乐坏"的局面。诸侯对周天子不朝不贡,周天子也在或者说不得不破坏礼。诸侯僭用天子礼,大夫僭用诸侯礼以及天子礼。臣弑君、子弑父、弟弑兄的现象,层出不穷。有一次,"齐景公问政于孔子。孔子对曰:'君君,臣臣,父父,子子。'公曰:'善哉!信如君不君,臣不臣,父不父,子不子,虽有粟,吾得而食诸?'"(《论语·颜渊》)所谓君不像君、臣不像臣、父不像父、子不像子,就是周礼崩溃的真实写照。周礼的破坏已成为不可挽回的了,人们便把目光转向了"仁"。从《左传》和《论语》可以看出,在孔子以前和孔子的同时,大家纷纷讲"仁"。《国语·周语》说:"言仁必及人。"也就是说,凡讲"仁"的都必然涉及人和人之间的关系。首先是君臣关系,有截然不同的两种看法:一种是"仁不怨君",如晋献公听了骊姬的谗言,要杀太子申生,"人谓申生曰:'非子之罪,何不去乎?'申生曰:'不可。……吾闻之:'仁不怨君,智不重困,勇不逃死。'若罪不释,去而必重;去而罪重,不智;逃死而怨君,不仁。'"(《国语·晋语》)另一种态度与此相反,如公子縶要杀晋君而以重耳代之,并说:"杀无道而立有道,仁也。"(《国语·晋语》)这种观点同"视民如子,见不仁者诛之,如鹰鹯之逐鸟雀也"(《左传》襄公二十五年)是同一类型的。其次是父子、兄弟和夫妻的关系,"爱亲之谓仁"(《国语·晋语》),"不背本,仁也"(《左传》成公九年),都属于这一类。如冀缺因为父亲犯罪,由贵族而被降为平民去耕田。其妻给他送饭时,夫妻相敬如宾。这就是所谓的"出门如宾,承事如祭,仁之则也"(《左传》僖公三十三年)。又如,"宋公疾。大子兹父固请曰:'目夷长且仁,君其立之。'公命子鱼,子鱼辞曰:'能以国让,仁孰大焉?臣不及也。'"(《左传》僖公八年)也就是说,兄弟之间礼让就是仁,当然兄弟之间相互争夺君位就是不仁了。另外,还有:"仁者讲功"(《国语·鲁语》),"度功而行,仁也"(《左传》昭公二十年),"仁人不党"(《国语·晋语》),等等。这些"仁"都涉及人的问题,为"人"学的形成准备了大量的思想资料。在此基础上,孔子加以取舍、提炼和综合,使"仁"真正成为一个范畴,并以此为逻辑起点,构筑了早期的儒学思想体系,使人和人之间关系问题的探讨达到理论化的程度,这就是人学形成的思想渊源。

孔子的人学是一个内容复杂的多层次结构,而贯穿其中的主线就是"仁"。他说:"吾道一以贯之。"(《论语·里仁》)"道"有学说之意,在这里就是指他的人学。他的人学有一个基本的范畴贯穿其中,这个基本范畴就是"仁"。"仁"的伦理道德意义有三层:第一层是"爱人"。樊迟问"仁",孔子回答说:"爱人。"(《论语·颜渊》)所谓"爱人",一方面是"己所不欲,勿施于人"(《论语·颜渊》),另一方面是"己欲立而立人,己欲达而达人"(《论语·雍也》)。这两方面合起来,就是"忠恕之道"。后来,"忠恕之道"被古今中外誉为做人的格言。例如,18世纪法国百科全书派认为这是基督所未曾说到的,基督不过禁人行恶,而孔子则劝人行善。德国古典哲学家费尔巴哈又用此来论证他的人道主义。然而,它的本来含义究竟是什么呢?学者们有种种不同的解释。有的认为,这就是"人的发现"。每一个人要把自己当成人,也要把他人当成人;无宁是先要把他人当成人,然后自己才能成为人。不管你是在上者也好,在下者也好,都是一样的。有的认为,这是一种普遍的人类之爱,即"博爱"。有的还说:"孔子承认人与人之间有一定的平等关系。"不错,这无疑是讲人与人之间关系的,但问题在于是不是讲人与人之间的一种"平等关系",是不是一种"普遍的人类之爱"?孔子固然讲过"泛爱众而亲仁"(《论语·学而》),

即子贡所谓"博施于民而能济众"（《论语·雍也》），但孔子认为这是尧舜也做不到的。他还说："唯仁者能好人，能恶人。"（《论语·里仁》）"仁者"既有他所"爱"的人，又有他所"恶"的人。由此可见，孔子所谓的"爱人"，并不是爱一切的人。对于"人"中的"小人"，他是恶而不爱的。因此，"仁"不是一种"普遍的人类之爱"，而是有范围的差等爱。他说："君子而不仁者有矣夫，未有小人而仁者也。"（《论语·宪问》）也就是说，君子中固然有不仁的人，但小人中是绝不会有仁人的。这说明，在"仁"这种伦理道德面前，并不是人人平等的。"仁"似乎是专属于"君子"的。就是在"君子"范围内，"仁"所体现的"爱"也是有差等的。这种有差等的"爱"，主要是用来调整君臣、父子等关系的。拿父子关系来说，孔子一方面主张：人愿意父亲对他慈，那他就应以慈来对儿子，人愿意儿子对他孝，那他就应以孝来对父亲。这就是他所谓的"己欲立而立人，己欲达而达人"。另一方面，孔子又主张：人不愿意父亲对他不慈，那他就不要以不慈来对儿子，人不愿意儿子对他不孝，那他就不要以不孝来对父亲。这就是所谓的"己所不欲，勿施于人"。只有把这两方面结合起来，父子之间才能彼此相爱。君臣之间，也要彼此相爱。孔子说："君使臣以礼，臣事君以忠。"（《论语·八佾》）这里所谓的"忠"和"礼"，都是君臣之间彼此相爱的表现。

　　"仁"的第二层含义，是"克己复礼"。孔子和颜渊有过这样一段对话："颜渊问仁。子曰：'克己复礼为仁。一日克己复礼，天下归仁焉。为仁由己，而由人乎哉？'颜渊曰：'请问其目。'子曰：'非礼勿视，非礼勿听，非礼勿言，非礼勿动。'"（《论语·颜渊》）纳"礼"于"仁"，以"礼"作为人的道德规范，这并非孔子的发明创造。据《左传》记载，公元前530年，楚灵王驻兵乾溪。他滥用民力，醉心于对外扩张，甚至要求周天子把"九鼎"转让给楚国。在听到右尹子革的娓娓忠告后,他仍然不能痛下决心而煞车勒马,终于"不能自克,以及于难"。孔子说:"古也有志:'克己复礼,仁也。'信善哉!楚灵王若能如是,岂其辱于乾溪?"(《左传》昭公十年)他认为,楚灵王不能"克己复礼",是一种以臣欺君的悖乱行为,所以不会有好结果。"克己复礼,仁也"是"古也有志",并非孔子独出心裁。他没有自我作古,以掠前人之美。又据《国语·周语》记载,单子在议论晋侯时,曾经说过这样一段话:"步、言、视、听,必皆无谪,则可以知德矣。视远,日绝其义,足高,日弃其德,言爽,日反其信,听淫,日离其名。夫目以处义,足以践德,口以庇信,耳以听名者也,故不可不慎也。"这和孔子所谓的"非礼勿视,非礼勿听,非礼勿言,非礼勿动"是一个意思,只不过孔子讲得更有条理一些。孔子的独特见解在于:"一日克己复礼,天下归仁焉。为仁由己,而由人乎哉?"意思是实现"仁",必须首先从"我"开始。每个人都能自觉地"克己复礼",那天下也就"归仁"了。从政治伦理学的角度看,孔子非常注重自我的道德修养,把自我的道德修养作为治国平天下的起点,同时又把治国平天下作为自我道德修养的归宿。从人学的角度看,他所谓"非礼勿视,非礼勿听,非礼勿言,非礼勿动"的"克己复礼为仁",只讲了人的义务,而缺少人的权利观念。这同那种只讲人的权利而缺少人的义务观念一样,都是片面的。人作为社会的一员,如果只有义务而没有权利,那他就不是一个真正的人。从这个意义上讲,孔子并没有发现真正的人,这就是他的人学和资产阶级革命时期"人"的发现,有所区别的地方。如果将"克己复礼"和"爱人"联系起来考虑,那"仁"就是对己以合"礼"的自我节制、对人以有范围的差等"爱",这就是孔子伦理道德的基本准则,其余的一切都是从这个准则推演出来的。无论他妙语横生的议论或温情脉脉的说理,都无法掩盖这个人学的本质所在。这个本质就是通过道德伦理的调节,使人们的思想和行动符合周礼的要求,以维持西周时期的社会稳定。可见孔子所论述的"人"还被血缘的宗法制紧紧地束缚着,还不是真正独立的"人"。因此可以这么说:孔子提出了人学,但他还不具有独立的"人"的思想。

"仁"的第三层含义,是"恭"、"敬"、"惠"、"义"、"宽"、"信"、"敏"、"静"、"讱"、"不忧"、"先难而后获"等。孔子在评论子产时,说他"有君子之道四焉:其行己也恭,其事上也敬,其养民也惠,其使民也义"(《论语·公冶长》)。这四种所谓的"君子之道",都属于"仁"的范畴。有一次,"子张问仁于孔子。孔子曰:'能行五者于天下为仁矣。''请问之。'曰:'恭、宽、信、敏、惠。恭则不侮,宽则得众,信则人任焉,敏则有功,惠则足以使人。'"(《论语·阳货》)意思是庄重可以不受侮辱,宽厚可以得到众人拥护,守信可以得到别人的任用,机敏可以成功,实惠可以最大限度地使用人。孔子还说:"仁者静"(《论语·雍也》),"其言也讱"(《论语·颜渊》),"巧言令色,鲜矣仁!"(《论语·学而》)他认为,花言巧语而装出一副伪善的样子,都是缺乏"仁"这种道德品质的表现,与此相反,沉静安详,说话不多,才是仁道的表现。他又说:"仁者不忧。"(《论语·宪问》)只有"不忧",才能安贫乐道,达到"仁"的境界。有一次,樊迟问仁,孔子说:"先难而后获,可谓仁矣。"(《论语·雍也》)"先难而后获"是什么意思?再看孔子和樊迟的一段对话:樊迟问怎样去提高道德品质的修养,孔子说:"善哉问!先事后得,非崇德与?"(《论语·颜渊》)意思是问得好,先努力而后获得,不就是提高道德品质的方法吗?这里的"先事后得"和"先难而后获"是一个意思,都强调经过苦难的磨炼,不断努力,才能提高道德品质的修养。

如果说"仁"是孔子人学的核心,那么,围绕着"仁"还有一系列道德范畴(或规范)。如"勇"、"刚"、"毅"、"木"、"讷"和"友"等,都是一些外围的概念。这些外围概念,是接近"仁"而又辅助"仁"的,孔子说过:"友直、友谅、友多闻,益矣。"(《论语·季氏》)他认为与正直、信实、见闻多的人交朋友,是有益于"仁"的。曾子也说:"君子以文会友,以友辅仁。"(《论语·颜渊》)这是对孔子思想的发挥。孔子认为,有些道德概念是接近"仁"的,但不一定就是"仁"。他说:"仁者必有勇,勇者不必有仁。"(《论语·宪问》)意思是仁人一定勇敢,但勇敢的人不一定"仁"。他还说:"刚、毅、木、讷近仁。"(《论语·子路》)刚强、坚毅、朴质而又不信口开河,这些品质都是接近"仁"的。只要通过学习把感性的东西变成理性的东西,就达到了"仁"的理想境界。

　　孔子是非常注重学习的。他说:"学而时习之,不亦说乎?"(《论语·学而》)这就把学习当成了人生的一大乐趣。其所以如此,是因为学习可以提高人的道德修养水平和文化知识素质。他说:"好仁不好学,其蔽也愚;好知不好学,其蔽也荡;好信不好学,其蔽也贼;好直不好学,其蔽也绞;好勇不好学,其蔽也乱;好刚不好学,其蔽也狂。"(《论语·阳货》)也就是说,喜爱仁德而不喜欢学习,那流弊便是容易被人愚弄;喜爱要聪明而不喜欢学习,那流弊便是轻浮放荡;喜爱诚实而不喜欢学习,那流弊便是容易被人利用,反而害了自己;喜爱直率而不喜欢学习,那流弊便是说话尖刻,往往刺痛人心;喜爱勇敢而不喜欢学习,那流弊便是捣乱闯祸;喜爱刚强而不喜欢学习,那流弊便是胆大妄为。在孔子看来,所谓"好仁"、"好知"、"好信"、"好直"、"好勇"、"好刚",那不过是一种朴素的感情。人格的完善是不能停留在朴素感情和低级范围之内的,而必须上升到理性的高度。怎样才能使朴素的感情上升到理性的高度呢? 唯一的途径就是学习,舍此而无他法。他从人生的角度来阐明学习的重要性,如说:"性相近也,习相远也。"(《论语·阳货》)意思是人类的性情本来是相近的,只因为习染不同便相距悬远了。这就如同画花一样,同是一张白纸,但由于习染不同,画出来的花就大不一般。有一次,子夏向孔子请教《诗经·卫风·硕人》中几句诗的意思。子夏问道:"'巧笑倩兮,美目盼兮,素以为绚兮。'何谓也?"孔子回答说:"绘事后素。"(《论语·八佾》)诗的原意是:有酒窝的脸笑得美呀,黑白分明的眼流转得媚呀,洁白的底子上画着花卉呀。孔子认为,这是说先有白色的底子,然后画花。"绘事后素"和"素以为绚"的关键在于"为"和"事",也就是"学而时习之"。只有通过学习,才能将人的朴素性情陶冶为完善的人格。孔子不仅重视学习,而且重视教育。他的著名格言就是:"学而不厌,诲人不倦。"(《论语·述而》)在"诲人"方面,他是"有教无类"(《论语·卫灵公》)的。所谓"无类",就是说人类在性情方面是很相近的,没有多大的区别。这正是他广收弟子,从而教之的理论根据。他经常用祖国丰富的文化遗产来教育学生,如说:"小子何莫学夫《诗》?《诗》可以兴,可以观,可以群,可以怨;迩之事父,远之事君;多识于鸟兽草木之名。"(《论语·阳货》)这是孔子对学生的一段讲话:你们为什么没有人研究《诗》呢?读《诗》可以培养想象力,可以提高观察力,可以强化社会意识,可以掌握讽刺方法;近则可以运用其中的道理来事奉父母,远则可以运用其中的道理来事奉君王;还会多识鸟兽草木的名称。可见,他平素学《诗》是很有体会的。但他并不因此而满足,直到晚年,还希望:"加我数年,五十以学《易》,可以无大过矣。"(《论语·述而》)这都说明,孔子的人学的确从伦理道德、治学教育等方面,论述了人的理性作用和人所创造的精神财富之价值。

第四节　人学的两重性

孔子的人学具有两重性,是一个充满矛盾的思想体系。这是当时社会变革的复杂性,在思想领域中的一种反映。

我国的奴隶制社会向封建社会的转化,比起西方来是走着自己独特的路径。其复杂性在于,我国奴隶制向封建制的转化是同打倒氏族贵族、破坏氏族制、确立个体私有制相联系的,在西方进入文明时期所解决的这个问题,在古代中国却留在由奴隶制向封建制转化的时刻,同生产方式的变革一起解决了。这与东西方文明的不同起点和所走的不同路径有关。在西方,古希腊的雅典在氏族公社的末期,随着铁器的使用和生产的发展,出现了土地的个体私有制。后来经过梭伦变法,以法律的形式确立了个体私有制,摧毁了以血缘为纽带的氏族制,推翻了氏族贵族的统治,建立了奴隶主政权,使奴隶制得到长足的发展。在东方,我国的奴隶制与西方不同。它没有经过梭伦变法那样的社会变革,而是沿着“人惟求旧,器非求旧,惟新”(《尚书·盘庚》)的路线发展下来的。“人惟求旧”的“旧”即原来的氏族贵族,“器惟求新”就是统治机器要求新,即把氏族原始民主制度变为阶级压迫的工具——奴隶制的国家政权。这样,就保存了血缘氏族制度和氏族公社的外壳。氏族贵族集团以氏族领袖的名义实行奴隶主专政,其统治形式就是血缘氏族的宗法制度。所谓宗法制度,在西周大致是这样的:天子由嫡长子世袭相传,这即大宗(或称为王族),除嫡长子以外的众子(称为“别子”)分封为各国诸侯,建立他们自己的宗,是为小宗,也是以嫡长子世袭相传。小宗的“别子”,分出去成立自己的宗,即卿大夫的宗,它对于诸侯的宗来说是小宗。

诸侯之宗对于天子而言为小宗,在本国则是大宗。卿大夫的宗,也是由嫡长子世袭相传,其"别子"分封为士,也建立自己的宗,这是最低一级的小宗。卿大夫之宗对于诸侯而言为小宗,在本族内又是大宗。士的宗,也是由嫡长子世袭相传,其"别子"则为庶人。大小宗族按照等级结成依次隶属关系,而大小宗族长对本族成员拥有至高无上的权力。首先是财权。他掌握着本族的财产,死了由嫡长子继承。其次是神权。只有宗族长才有主祭的权力(大宗和小宗的宗族长的祭神权力,还有不同)。再次是法权。宗族长有杀宗人、放逐宗人的权力,在宗族之下设有公堂、监狱,设有一套官僚机构。最后是兵权。宗族长拥有武装,遇有战事,全宗人都要当兵,听受宗族长指挥。这样,各个宗族成员,实际上是宗族长的奴隶,这也就是马克思所说的东方的"普遍奴隶制"(马克思:《资本主义生产以前各形态》,人民出版社1956年版,第33页)。在这里,阶级关系被血缘关系掩盖着。所以,中国的奴隶制基本上是一种以血缘氏族为纽带的宗法奴隶制。奴隶制向封建制的转化,不仅要废除奴隶制,还要废除以血缘氏族为纽带的宗法制。二者"毕其功于一役",从而使春秋时代的社会变革显得格外复杂。这种复杂性反映在孔子的人学中,便形成了许多矛盾。

一是"复礼"与"爱人"的矛盾。这个矛盾表明,孔子的"仁"是一个两重性的概念。一方面,他要"复礼",在政治倾向上是保守的。所谓保守,就是说他并不主张废除奴隶制。奴隶制从夏代开始,中经商代,到西周初年,才趋完善。相传周公"制礼作乐",这套制度是由他手订的。孔子要"复"的"礼",就是这套制度。他说:"殷因于夏礼,所损益可知也,周因于殷礼,所损益可知也,其或继周者,虽百世,可知也。"(《论语·为政》)实际上,他是以"继周者"自居的。如说:"周监于二代,郁郁乎文哉! 吾从周。"(《论语·八佾》)所谓"吾从周",就是说他要恢复周礼。为什么要恢复周礼呢? 因为周礼是借鉴夏礼、殷礼而建立起来的典章制度,它是那样的丰富和美好,甚至再过"百世"也是不会发生什么根本性变化的。这是不是说孔子死抱住周礼的一切不放呢? 不是。对于一些非根本性的礼节仪式,他就表示可以变通。如说:"麻冕,礼也;今也纯,俭,吾从众。"(《论语·子罕》)礼帽用麻料织,这是周礼的规定;现在大家都用丝料来做,这样比较节俭,我也没有什么意见。但是,有些礼节仪式是带有根本性的,他就不主张变。如说:"拜下,礼也,今拜乎上,泰也。虽违众,吾从下。"(《论语·子罕》)按周礼规定,臣见君先在堂下磕头,然后升堂再磕头。现在大家都不在堂下磕头,而直接登堂磕头。孔子认为,这是倨傲的表现,有失君臣体统。所以,他宁可"违众",也主张先在堂下磕头,按老规矩办事。对于违反君臣大礼的现象,孔子是深恶痛绝的。他曾指责季氏:"八佾舞于庭,是可忍也,孰不可忍也? "(《论语·八佾》)古代舞蹈奏乐,八个人为一行,叫作一佾。"八佾"是八行,只有天子才能用。诸侯用六佾,大夫用四佾。季氏作为鲁国的卿大夫,只可用四佾。但他用八佾在庭院中奏乐舞蹈,僭用了天子礼,所以被孔子骂为"是可忍也,孰不可忍也? "有一次,子路看孔子想参与公山弗扰反对季氏的叛乱,发脾气说:没有地方去就算了,何必一定要往公山弗扰那里跑? 孔子被迫吐露真情说:"如有用我者,吾其为东周乎! "(《论语·阳货》)由此可见,他时刻都想将周礼复兴于东方的。

另一方面,孔子又主张"爱人",在政治上还有一些进步的要求。他所谓的"爱人",固然是有范围和差等的,主要用来调整君臣、父子等关系,这同"复礼"是一致的,企图在"礼"的森严等级夹缝里涂上一些温情脉脉的润滑剂。但是,"爱人"并没有受"礼"的限制,而是消融着"礼",甚至超越了"礼"。这主要表现在以下几点:首先,"爱人"是以对别人人格的尊重为前提的。所谓的"己欲立而立人,己欲达而达人","己所不欲,勿施于人",都有此意。除此而外,孔子还说:"躬自厚而薄责于人,则远怨矣。"(《论语·卫灵公》)意思是多多责备自己而轻一点责备别人,怨恨自然不会来了。用现在的话来说,就是宽厚待人。后来的格言如"对己严,对人宽","严以律己,宽以待人"等,大概就是从"躬自厚而薄责于人"演化而来的。他还说过:"三军可夺帅也,匹夫不可夺志也。"(《论语·子罕》)按照周礼规定,诸侯中的大国是可以拥有军队三军的。因此,三军就成了一国军队的通称。一国的军队,可以使其丧失主帅;一个普通的百姓,却不能强迫他放弃主张。也就是说,周礼的强制性对人们的思想是不起什么作用的。这种对人格的尊重,已经超越了"礼"的范围。其次,"爱人"还波及民众。孔子所谓的"泛爱众而亲仁",含有此意。有一次,子贡问道:"如有博施于民而能济众,何如? 可谓仁乎?"孔子回答说:"何事于仁!必也圣乎! 尧舜其犹病诸! "(《论语·雍也》)他虽然认为"博施于民而能济众"是不现实的,但毕竟未加否定,而且觉得这已经超越了"仁",达到了"圣"的境界。再次,"爱人"还要求对劳动人民有所让步。例如,在"仁"的具体内容中就有"宽"这一条,说"宽则得众",就是要对劳动人民作一些让步;在"君子之道"中还有"其养民也惠,其使民也义"的内容,"惠"就是给劳动人民一点好处,"义"就是剥削劳动人民要有一定限度。孔子说:"节用而爱人,使民以时。"(《论语·学而》)这就把"爱人"和有节度地使用劳动力联系在一起了。所谓有节度地使用劳动力,就是不在农忙时征派徭役。他曾在答鲁哀公问政时说:"省力役,薄赋敛,则民富矣。"(《孔子家语·贤君》)爱惜民力而又减轻赋税,这样人民就可以富起来。可见,孔子是反对横征暴敛的。最后，"爱人"似乎还有把奴隶当成人的意思。《论语》中有这样一段记载："厩焚。子退朝。曰：'伤人乎？'不问马。"（《论语·乡党》）马棚失火，他首先关心的是"人"而不是"马"。这里的"人"是否指奴隶？难以确定。但据《孟子》记载："仲尼曰：'始作俑者，其无后乎！'为其象人而用之也。"（《孟子·梁惠王上》）《礼记》上也记有孔子的话："为俑者不仁。"（《礼记·檀弓下》）所谓"俑"，就是用来殉葬的土木偶。在奴隶社会里，奴隶不被当作人，只是会说话的工具，如同牛马一般，屠杀奴隶以殉葬，竟然成为制度。"作俑"殉葬，就是这种制度的遗风。孔子反对"作俑"，骂"始作俑者"断子绝孙，因为他"不仁"。由此可见，"仁"在客观上起着破坏奴隶制的作用。思想理论是相当复杂的。对于像孔子这样的大思想家来说，他固然有维护周礼的一面，但也有与此相异的若干思想因素。

二是"亲亲"与"举贤"的矛盾。这个矛盾，也表现了孔子人学的两重性。以"仁"而论，从字义看："仁，亲也，从人从二。"（《说文解字》）《中庸》上也说："仁者，人也，亲亲为大。"这虽然是孔子以后的人对"仁"的理解，但可以说明它的传统意义。孔子的"仁"就是从"亲亲"出发的。正如他所说："君子笃于亲，则民兴于仁；故旧不遗，则民不偷。"（《论语·泰伯》）所谓"笃于亲"，就是以深厚的感情对待亲人和亲族，这就是"亲亲"。"亲亲"是以血缘氏族为纽带的宗法观念，它从纵横两方面来维护氏族宗法制度：纵的方面是"孝"，横的方面是"弟"。孔子说："弟子，入则孝，出则弟。"（《论语·学而》）意思是在家里要孝顺父母，出外要敬重兄长。他的弟子有若发挥说："其为人也孝弟，而好犯上者，鲜矣；不好犯上，而好作乱者，未之有也。君子务本，本立而道生。孝弟也者，其为仁之本与！"（《论语·学而》）"孝弟"之所以为"仁之本"，就因为孝顺父母、敬重兄长的人是不会"犯上"、"作乱"的。这就由"亲亲"引出了"尊尊"。谁最"尊"？君最"尊"。谁次"尊"？长上次"尊"。君臣如父子，对父能"亲"，对君就能"尊"。长上如兄，对兄能"亲"，对长上也就能"尊"。"尊尊"正是"亲亲"在政治上的体现。西周的政治，可以说是一种"亲亲"的政治。拿任官授职来说，土地和奴隶都属于周天子所有，周天子按照氏族血缘的亲疏，把土地和奴隶分封给同姓叔侄、兄弟或伯舅、叔舅，是为国君。国君再按照同一原则，把所属境内的大部分土地和奴隶分封给大夫。这种分封，父死子袭，世代相传。这种政治关系是以血缘关系为纽带的，只问亲不亲，不问贤不贤。周天子治下及各国任用大臣、上卿，也是如此。到了春秋时代，随着以血缘氏族为纽带的宗法制度的崩溃，出现了一种与"亲亲"政治相对立的"贤人政治"。例如，管仲出身"贫贱"，做过商人，而齐桓公听了鲍叔牙的举荐，说管仲贤于世族高傒，就恭恭敬敬地把管仲迎来，让他执掌国政。孔子说："桓公九合诸侯，不以兵车，管仲之力也。如其仁，如其仁。"(《论语·宪问》)在他看来，要实现"仁"，还应当"举贤"。例如，"仲弓为季氏宰，问政。子曰：'先有司，赦小过，举贤才。'曰：'焉知贤才而举之？'曰：'举尔所知，尔所不知，人其舍诸？'"(《论语·子路》)孔子认为，当政者应带头"举贤"，对于"贤才"，应不计较"小过"，敢于推荐；推荐你所知道的"贤才"，那些你不知道的，别人也不会埋没。所以，他非常强调"知人"。樊迟不明白这个意思，孔子说："举直错诸枉，能使枉者直。"樊迟还是不明白，便去问子夏：这是什么意思？子夏说："富哉言乎！舜有天下，选于众，举皋陶，不仁者远矣。汤有天下，选于众，举伊尹，不仁者远矣。"(《论语·颜渊》)所谓"选于众"，不是自下而上的民主选举，而是自上而下的提拔。舜有了天下，在众人之中选拔，把皋陶提拔出来，"不仁者"就难以存在了。汤有了天下，在众人之中挑选，把伊尹提拔出来，"不仁者"也难以存在了。这就是孔子所谓的"举直错诸枉，能使枉者直"。其意为把正直的人提拔出来，位置在邪恶的人之上。后来人们常说的"任人唯贤"，大概就是由此而来的。这同从"亲亲"观念出发的"任人唯亲"，是水火不相容的，它对以血缘氏族为纽带的宗法制度起着破坏作用，是一种进步的政治主张。

三是"天命"与"人为"的矛盾。孔子由于受传统思想的影响，也讲"天命"。他曾自称"五十而知天命"（《论语·为政》），又说："君子有三畏：畏天命，畏大人，畏圣人之言。"（《论语·季氏》）"天命"究竟是什么？学者的理解不同。我们认为，孔子所谓的"天命"，就是统治者的意志和"圣人"的说教，只不过加以神秘化罢了。他所谓的"知天命"，就是体会到统治者的意志和"圣人"的说教。他所谓的"畏天命"，就是要制造一种恐惧的气氛，使人不敢违背统治者的意志和"圣人"的说教。法国哲学家霍尔巴赫说过："一当理智被恐惧所笼罩，它就永远不起作用了。"（《袖珍神学》中文版，第56页）孔子的天命论正是以恐惧威慑理智，提倡匍伏在统治者脚下和迷信"圣人之言"的消极思想。与此同时，他又注重"人为"，栖栖遑遑地奔跑了一生，且自负甚高，说"苟有用我者，期月而已可也，三年有成"（《论语·子路》）。但是，他的许多政治主张都是违背时代潮流的，所以不可能实现。而他却比较执拗，"知其不可而为之"（《论语·宪问》）。从对"天命"怀疑的角度来看，这个命题在中国思想史上是有一定积极意义的。

除了上述三对基本矛盾外，在孔子的人学中还有一些矛盾，如"生而知之"与"学而知之"的矛盾等。从这些矛盾中可以看出，孔子人学是一个具有两重性的思想体系。既有违背理性之点，又有真理的粒子；既有保守的倾向，又有进步的要求；既有消极的作用，又有积极的因素。这一切不仅饱和着时代的色彩,而且是士阶层意识的流露。士作为一个社会阶层,是很不稳定的,带有动摇性。这种动摇性在孔子身上有明显反映,他留恋旧的,又向往新的。新的秩序尚未建立,旧的秩序仍未打破。他想沿着旧的秩序改造社会,"复礼"、"亲亲"和"天命"等就自然而然地被容纳在人学之中。但这些东西堵塞了他前进的道路,所以他又喊着"爱人"和"举贤"的口号,强调"人为"的作用。人学两重性的奥秘,似乎就在于此。

第五节　人学与辩证思维

孔子的人学虽然具有两重性,但却闪烁着智慧之光。他对人的探讨富有哲理,可以说是人学的朴素辩证思维。这种人学的辩证思维,主要表现在认识论、伦理学和文化观上。

在认识论上,孔子主张"叩其两端而竭"。他说:"吾有知乎哉?无知也。有鄙夫问于我,空空如也。我叩其两端而竭焉。"(《论语·子罕》)所谓"叩其两端而竭",乃是一种认识方法。因为在这里,是从"有知"、"无知"起论的。孔子自称"无知",与古希腊哲学家苏格拉底不以"智者"自命颇为类似。他"叩其两端而竭",也与苏格拉底的"诘问法"有相似之处。苏格拉底把"诘问法"称为"精神接生术",是带有先验成分的。但在对话中通过揭露对方矛盾以求得真理的方法,则是当时广泛使用的论辩方法,称作"辩证法"。古代所谓的辩证法,指的就是通过揭露矛盾而求得真理的艺术。从这个意义上讲,孔子的"叩其两端而竭"也可以说是辩证法。因为,他所谓的"两端"就是矛盾。从文字学的角度来看,"端"字古作"耑"。《说文》云:"耑,物初生之题也。上象生形,下象其根也。"段《注》:"题者,额也。

人体,额为最上。物之初见,即其额也。"徐《笺》:"耑之言,颠也。页部:题,领也。领亦颠也。……引申为凡始之称。"有的学者指出:"如果将所谓'初生之题'等学义训解,提升到哲学用语上来,即相当于所谓'基始根源'或'根本概念',亦即逻辑上所谓'前题'或推理的'最终出发点'。"(赵纪彬:《论语新探》,人民出版社1962年第2版,第112页)"两端"的"两"字,古为"兩"。《说文》云:"兩,再也。"段《注》:"再部曰:再者,一举而二也。凡物有二,其字作兩不作两,今字两行而兩废矣。"《荀子·解蔽》中说:"凡人之患,蔽于一曲,而闇于大理。治则复经,两疑则惑矣。"王先谦在《荀子集解》中引俞樾释"两"云:"两与匹、耦义同。……有与之相敌者,是为两。"由此可见,"两"字的本义,系指事物内部所包含的匹耦相对的矛盾因素。有的学者指出:"言'两'可以涵蕴'两端',言'端'则不涵蕴'两'字的意义。更具体言之,'端'字为极始根源,而'两端'则是极始根源中的自己矛盾"(《论语新探》,第116页)。这个说法是很有道理的。孔子所谓"叩其两端而竭",就是要研究事物极始根源中的自身矛盾。早在两千多年前,孔子就猜测到了这一点。他认为,一个人从"无知"到"有知",就是研究事物自身矛盾的过程。

只有这样,人类才能克服认识论上的许多弊病。孔子说:"攻乎异端,斯害也已。"(《论语·为政》)有的学者把这句话译为:"批判那些不正确的议论,祸害就可以消灭。"(杨伯峻:《论语译注》,中华书局1958年版,第20页)所谓"不正确的议论",是指异己而言的。清人焦循说:"汉世儒者,以异己者为异端。尚书令韩歆,上疏欲立《费氏易》、《左氏春秋》,范升曰:费、左二学,无有本师,而多反异。孔子曰:'攻乎异端,斯害也已。'此以习《左氏》者为攻乎异端。"(《论语补疏》,《皇清经解》卷1164,第5页)由此可知,从东汉起,"异端"与"正宗"对立,成了"邪说"的同义语。其实,这并非《论语》本意。在《论语》中,"异"为"两"的同义语,是"同"的对立之词。如说:"夫子之求之也,其诸异乎人之求之与?"(《论语·学而》)意谓孔子的获得方法,与别人的获得方法不同。这里的"异乎人",是说"与人两样"。所以,宋翔凤说:"两即异,异端即两端。"(《论语集释》卷4,第94页)戴震也说:"凡事有两头,谓之异端。"(潘维城:《论语古注集笺》卷2,《皇清经解》卷910)这都说明,"异端"即"两端",是事物矛盾的两个方面。既然如此,那么"攻"字又作何解呢? 在这里,"攻"非"攻击"之攻,而当"治"讲。如《考工记》说:"凡攻木之工七。"引申为"治学",有研究之意。若照此解,那句话是说:研究事物矛盾的两个方面,认识论上的弊病就可以克服了。孔子把克服认识论上的弊病,叫作"绝四——毋意,毋必,毋固,毋我"(《论语·子罕》)。用现代话说,"毋意"、"毋我"就是不凭空揣测,不自以为是,主要是反对认识上的主观性;"毋必"、"毋固"就是不肯定一切,不固执一端,主要是反对认识上的片面性。要做到这些,就应"攻乎异端"、"叩其两端"。孔子反对片面性,但他是否就只看到事物的"异端"、"两端"而停止了呢? 没有。他认为凡事应"允执厥中"(《论语·尧曰》),才能克服片面性。但"允执厥中"不是孔子的发明,相传是尧命舜之辞,后来舜又以此命禹。孔子的发明在于"执其两端,用其中于民"(《礼记·中庸》)。也就是说,他把"两端"和"中"联系起来,从事物矛盾的对立中发现了统一性,这是对辩证法的一大贡献。

从这一思想出发,在伦理学上,孔子把"中庸"作为人格完善的最佳尺度。他说:"中庸之为德也,其至矣乎! 民鲜久矣。"(《论语·雍也》)这是说,"中庸"作为一种道德标准,它是一个最佳尺度。所谓"民鲜久矣",大概是说从尧舜禹以来,很少有人能够掌握这个最佳尺

度。因为掌握它，不是一件容易的事情。他说："善人，吾不得而见之
矣，得见有恒者，斯可矣。亡而为有，虚而为盈，约而为泰，难乎有恒
矣。"（《论语·述而》）所谓"善人"，大概是指人格完善、道德高尚的
人。孔子说，这样的人见不到了。他所能见到的是"有恒者"，即始终
追求完善人格而有一定道德操守的人。有的人就不是这样，他本来
没有，却装作有；本来空虚，却装作充实；本来穷困，却装作豪华。这
种人难于保持一定的道德操守，也不想去追求完善的人格。有的人
虽然始终想追求完善的人格而又有一定的道德操守，但是否真正掌
握了"中庸"这个最佳尺度？那也不见得。《论语》上有这样一段记
载："子贡问：'师与商也孰贤？'子曰：'师也过，商也不及。'曰：'然则
师愈与？'子曰：'过犹不及。'"（《论语·先进》）师是子张，商是子夏，
都是孔子的弟子。两人除丧后，去见孔子，都弹了琴。子张显得快乐
过头，子夏则显得余哀未尽。二者比较，是不是过头好一些呢？孔子
认为"过犹不及"，二者都是不好的。因为在他看来，子张和子夏都没
有真正掌握"中庸"这个最佳尺度。他说："不得中行而与之，必也狂
狷乎！狂者进取，狷者有所不为也。"（《论语·子路》）所谓"中行"，
就是要按照"中庸"原则办事。可见，他是把"中庸"作为纠正过与
不及的标准。例如，"求也退，故进之；由也兼人，故退之"（《论语·先
进》）。这是孔子"执中"而教的一个典型事例。冉求平时做事退缩，
所以孔子就鼓励他大胆进取，仲由的胆量过人，所以孔子就不让他鲁
莽从事。在弟子们的眼中，孔子是"中庸"的楷模。如说："子温而厉，
威而不猛。"（《论语·述而》）如果仅只是"温"，那岂不失去了他的
威严吗？所以，他还要"厉"。但"厉"得过头了，威严就会变成凶猛。
"猛"是威严太过，所以要在"威"的后面加上"不猛"，才能达到"中庸"
的尺度。这个尺度的确立，说明孔子从伦理学的角度猜测到事物由

量变到质变的界限。他认为,"中庸"不仅是引导人们完善人格的标准,而且是防止人们由善变恶的一个界限。人们如果抛弃了"中庸",不仅难以有完善的人格,而且会由善变恶。从这个意义上讲,"中庸"则是孔子道德伦理学的辩证思维。

有人说"中庸"是折衷主义,而折衷主义正是孔子哲学思想的"一以贯之"的方法论。我们认为,把"中庸"作为孔子的哲学思想的"一以贯之"的方法论是无可非议的,但"中庸"不等于折衷主义。因为折衷主义是东抽一点、西抽一点,毫无原则地把它们拼凑在一起,抹煞了事物发展中的相互关系,根本不顾真理。孔子所谓的"中庸",不是这样的。《说文》云:"中,正也","庸,用也。"用正确的原则来处理事物发展中的相互关系,就是"中庸"的本义。据《荀子》记载:"孔子观于鲁桓公之庙,有欹器焉。孔子问于守庙者曰:'此为何器?'守庙者曰:'此盖为宥坐之器。'孔子曰:'吾闻宥坐之器者,虚则欹,中则正,满则覆。'孔子顾谓弟子曰:'注水焉!'弟子挹水而注之。中而正,满而覆,虚而欹。孔子喟然而叹曰:'吁! 恶有满而不覆者哉!'"(《荀子·宥坐》)"欹器"是一种倾斜易覆的器皿,它被放置在座位的右(即宥)边,所以又叫"宥坐之器"。这种器皿,空着的时候倾斜,注水适中则正立,满了就翻过来。由此孔子悟出了一条真理:"恶有满而不覆者哉!"意思是"物极必反",做事有分寸就不会引起相反的效果。因为事物的发展有一个量的限度,达不到这个限度,事物就不能处于最佳状态,但超过了这个界限,事物就要发生质变,向反面变化。人的一生,也是这样。孔子说:"后生可畏,焉知来者之不如今也?四十、五十而无闻焉,斯亦不足畏也已。"(《论语·子罕》)这是用发展的观点来看待人生,年轻人的前途是无可限量的。但到了四十、五十岁还默默无闻,那他也就"不足畏也"。为什么呢? 因为四十、五十岁是人生的最佳状态,超过了这个界限就会向反面变化。孔子通过对人生的反思,来寻找人格完善的标准。他说:"众恶之,必察焉;众好之,必察焉。"(《论语·卫灵公》)由此可见,"中庸"作为人格完善的标准,并不是东抽一点、西抽一点,毫无原则地拼凑起来的。公元14世纪的英国诗人乔叟说:"怀疑一切和信任一切是同样的错误,能得乎其中,方为正道。"(转引自杜任之、高树帜:《孔子学说精华体系》,山西人民出版社1985年版,第83页)这说明,"中庸"思想其实是一种辩证思维。

在文化观上,孔子主张"和而不同"。他说:"君子和而不同,小人同而不和。"(《论语·子路》)这是对春秋末年以前两种文化观的一个精彩概括。早在西周后期,史伯就曾指责周幽王搞文化专制,说他"去和而取同。夫和实生物,同则不继。以他平他谓之和,故能丰长而物归之;若以同裨同,尽乃弃矣"(《国语·郑语》)。在史伯看来,"和"与"同"是两个对立的概念。"同"是一种毫无差别的绝对等同,"以同裨同"是不能生成美好和谐之事物的。例如,只有一种声音就不能成为音乐,只有一种颜色就无法构成文采,只有一种滋味就不会形成美味,只有一种意见就不能展开讨论。所以,他反对"同"而主张"和"。"和"是对立的统一,用史伯的原话来说就是"以他平他谓之和"。"他"是不同的东西,包含着差别、对立之意;"平"是平衡,包含着和谐、统一之意;"和"是把不同的东西结合在一起,以达到平衡、和谐、统一。这种辩证的文化观,对春秋时代的许多思想家都有影响。齐国著名政治家晏婴,也是主张"和"而反对"同"的。有一次,齐景公问:梁丘据这个人与我"和"夫?晏婴说那不叫"和",而是"同"。齐景公问:"和"与"同"有什么区别呢?晏婴说:"和如羹焉。水、火、醯、醢、盐、梅以烹鱼肉,燀之以薪,宰夫和之,齐之以味,济其不及,以泄其过。君子食之,以平其心。君臣亦然。君所谓可,而有否焉;臣献其否,以成其可。君所谓否,而有可焉;臣献其可,以去其否。是以政平而不干,民无争心。……今据不然。君所谓可,据亦曰可,君所谓否,据亦曰否。若以水济水,谁能食之?若琴瑟之专壹,谁能听之?同之不可也如是。"(《左传》昭公二十年)由此可见,晏婴是反对"同"而主张"和"的。他所谓的"和",是相反相济,相反相成。如说:"一气、二体、三类、四物、五声、六律、七音、八风、九歌,以相成也,清浊、大小、短长、疾徐、哀乐、刚柔、迟速、高下、出入、周疏,以相济也。君子听之,以平其心,心平德和。"(《左传》昭公二十年)孔子和晏婴一样,继承了史伯的文化观。他反对"同而不和",主张"和而不同"。所谓"和而不同",就是史伯所谓的"以他平他"的对立统一之意,与晏婴的相反相济、相反相成的思想是一致的。孔子所谓的"两端"、"异端",就是事物矛盾的两个方面。这两个方面是"不同"的,有相反、对立之意。他所谓的"中庸",是"正"而不偏,包含着平衡之意。除此之外,"中庸"还有"和"之意。《广雅》曰:"庸,和也。"所谓"和",就是和谐、统一。由此可见,"中庸"与"两端"的内在联系就是"和而不同"。如果说从"两端"到"中庸"是在对立中认识统一,那么,"和而不同"就是在统一中认识对立。黑格尔指出:"在统一中认识对立,在对立中认识统一,这就是绝对知识,而科学就是在它的整个发展中通过它自身认识这种统一。"接着,他又指出:"这就是一切时代和[一切]哲学的要求。"(《黑格尔论矛盾》,商务印务馆1963年版,第410—411页)孔子的辩证思维作为春秋时代的一种哲学,也是有这种要求的。

　　人类文化的发展也是一个"和而不同"的过程。它既要求多样性,又要求统一性。多样性的统一,便形成了"和而不同"的文化观。这种文化观在孔子的思想中,表现在以下四个方面:一是"多学而识"

与"一以贯之"的统一。孔子的文化知识相当丰富,可以说是"多学而识",但他不以此为满足。据《论语》记载:"子曰:'赐也,女以予为多学而识之者与?'对曰:'然,非与?'曰:'非也,予一以贯之。'"(《论语·卫灵公》)所谓"一以贯之",就是有一个基本概念贯穿在他的思想之中。这个基本概念就是"仁"。颜渊"闻一以知十"(《论语·公冶长》),就是因为他掌握了"仁",由"多"到"一",在人格的修养上达到了多样性的统一。二是"学"与"思"相结合。孔子说:"学而不思则罔,思而不学则殆。"(《论语·为政》)在他看来,"学"与"思"是"不同"的,二者应该结合起来。这是"和而不同"文化观在治学上的要求。三是"有教无类"与"因材施教"相结合。孔子主张"有教无类"(《论语·卫灵公》),因而他的弟子很多,其出身、地位、习惯、志向、性情、才智等各不相同。如"柴也愚,参也鲁,师也辟,由也喭"(《论语·先进》)。高柴愚笨,曾参迟钝,颛孙师偏激,仲由鲁莽。所以,在培养他们时,就不能用一个模式统一施教,而应"因材施教"。《论语》中记载了孔子"因材施教"的许多事例,其效果是显著的。这是"和而不同"文化观在教学上的表现。四是"文"与"质"的统一。孔子说:"质胜文则野,文胜质则史。文质彬彬,然后君子。"(《论语·雍也》)意思是朴实多于文采就会显得粗野,文采多于朴实又显得虚浮。二者完美的统一,才是君子的风度。所谓"文质彬彬"的君子风度,是有文化修养的表现。当时,卫国大夫棘子成反对这种看法,质问说:"君子质而已矣,何以文为?"(《论语·颜渊》)意思是只要有朴实的本质就够了,何必要什么文采呢?这实际上是一种"同而不和"的文化观。孔子的学生子贡驳斥了这种文化观,他说:"文犹质也,质犹文也。虎豹之鞟犹犬羊之鞟。"意思是美好的文采和朴实的本质都很重要,不能只要本质而不要文采。如虎豹的皮和狗羊的皮,其区别固然在本质,但也在文采。假若把有文采的毛拔掉了,那二者的区别也就不大了。子贡所坚持的,正是孔子的"和而不同"的文化观。

第六节 儒家学派的分化与人学

孔子创立的儒家学派,是"和而不同"的。战国时期,儒分为八派。这种分化在广度和深度方面,都促进了人学的发展。

据《韩非子》记载:"自孔子之死也,有子张之儒,有子思之儒,有颜氏之儒,有孟氏之儒,有漆雕氏之儒,有仲良氏之儒,有孙氏之儒,有乐正氏之儒。"(《韩非子·显学》)这就是所谓的"儒分为八"。八派中把子夏氏之儒除外了,可能是韩非认为法家出身于子夏,也就是自己的宗师,故把他从儒家中剔除了。实际上,子夏氏之儒在战国时代确已别立门户,而不为儒家本宗所重视了。如子游就说:"子夏之门人小子,当洒扫应对进退,则可矣,抑末也。本之则无如之何。"(《论语·子张》)所谓"洒扫应对进退",是指礼仪而言的。子游认为,子夏的学生只重礼仪这些末节,而不懂得儒学的根本。子夏听了这话,反驳道:"噫! 言游过矣! 君子之道,孰先传焉? 孰后倦焉? 譬如草木,区以别矣。君子之道,焉可诬也? 有始有卒者,其惟圣人乎!"他所谓的"君子之道",是针对子游的"本"而言的。子游认为,儒学的根本在于"学道"。子夏则认为,孔子的"礼"是本末兼备的,绝不是舍礼仪而空言"学道"。这犹如草木,是要区别为各种各类的。类的区别是在具体的东西中显示出来的,离开了具体的东西又如何"区以别矣"? 他认为本末始终是统一的,没有什么"先传"与"后倦"之分。这里猜测到具体和一般的辩证关系,为礼仪之形式和内容的统一提供了理论依据。郭沫若指出:"子夏氏之儒在儒中是注重礼制的一派,礼制与法制只是时代演进上的新旧名词而已。《论语》载子夏论交，'可者与之，其不可者拒之'，正表明法家精神。荀子骂子夏氏之贱儒'正其衣冠，齐其颜色，嗛然而终日不言'，也正活画出一副法家态度。思、孟一派的大宗师子游氏更笑'子夏之门人小子'舍本逐末，只可以'当洒扫应对进退'，要算是尽了轻视的能事。根据这些，我们可以明确地知道，子夏氏之儒在战国时代确已别立门户，而不为儒家本宗所重视了。《韩非子·显学篇》言儒分为八：'有子张之儒，有子思之儒，有颜氏之儒，有孟氏之儒，有漆雕氏之儒，有仲良氏之儒，有孙氏之儒，有乐正氏之儒'，而独无子夏氏之儒，要在这样的认识之下也才可以得到了解。"（《郭沫若全集》历史编第2卷，第341—342页）

"子张之儒"是孔子门人中激进的一派，与注重礼仪的子夏氏之儒不同，而是否认礼仪的。孔子曾把子张和子夏作过比较，说："师，尔过；而商也，不及。"（《礼记·仲尼燕居》）接着，又指出："礼乎礼！夫礼，所以制中也。"意思是他们都没有达到"中庸"，关键在于不能"以礼制中"。子夏所以"不及"，是因为他一味坚持礼仪。子张所以"过"，是因为他否认礼的制约。这样一来，两派之间就发生了争论。据《论语》记载："子夏之门人问交于子张。子张曰：'子夏云何？'对曰：'子夏曰：可者与之，其不可者拒之。'子张曰：'异乎吾所闻。君子尊贤而容众，嘉善而矜不能。我之大贤与？于人何所不容？我之不贤与？人将拒我，如之何其拒人也？'"（《论语·子张》）争论的焦点是：如何"交"人？子夏认为，可以交的人便与之交，不可交的人便拒绝之。子张不同意这种看法，他认为：应该尊敬贤人，但也要包容众人；应该嘉奖善人，但也要同情不能为善的人。假若我是一个大贤人，那对什么人不能包容呢？如果我是一个不贤的人，那别人将会拒绝我，我又怎能去拒绝别人呢？这种博爱容众的雅量，确实超越了礼，难怪孔子说他过激。其实，这并不是过激，而是把民众看得更重要一些罢了。子张扩大了孔子"爱人"的范围，从广度方面发展了人学。就这方面来说，他的"尊贤而容众"，有点像墨家学派的"尚贤"和"兼爱"。正因为此，子张的后学们似乎更加和墨家学派接近了。

"颜氏之儒"是颜渊的一派。颜渊是孔子最得意的门生，他虽然早死，但在生前已经是有"门人"的。这一派的典籍和活动情形，可惜已经失传了。关于颜渊个人，《论语》中是有不少记载的。孔子说："回也，其心三月不违仁，其余则日月至焉而已矣。"（《论语·雍也》）意思是只有颜渊的心三个月不离开"仁"，别的学生不过是偶然想一下罢了。他还说："贤哉回也！一箪食，一瓢饮，在陋巷；人不堪其忧，回也不改其乐。"（《论语·雍也》）这就是说颜渊安贫乐道，大概也有盛世的思想倾向。这种倾向是和道家学派比较接近的。

"漆雕氏之儒"是孔门的任侠一派。据《韩非子》记载："漆雕之议：不色挠，不目逃，行曲则违于臧获，行直则怒于诸侯，世主以为廉而礼之。"（《韩非子·显学》）漆雕主张：色不屈于人，目不避其敌；自己做错了，即使对于奴婢也将退避而不敢犯；自己做得对，即使对诸侯也将怒而犯之。正因为有圭角、锋棱，所以这一派才受到世主的礼遇。漆雕究竟是谁呢？可能是孔子的弟子漆雕开。孔子叫他去做官，他说："吾斯之未能信。"（《论语·公冶长》）意思是他对这个还没有信心，孔子听了很欢喜。漆雕开对人学的贡献在于"言性有善有恶"（《论衡·本性》）。《汉书·艺文志》的"儒家类"，有《漆雕子》十二篇。原注云："孔子弟子漆雕启后。""启"与"开"义同，著书者乃漆雕开之后人。

"仲良氏之儒"无可考。梁启超疑即《孟子》中之陈良，亦无确证。孟子说："陈良，楚产也，悦周公、仲尼之道，北学于中国。北方之学者，未能或之先也。彼所谓豪杰之士也。子之兄弟事之数十年,师死而遂倍之!"(《孟子·滕文公上》)这段话是对陈相讲的。在这段话之前,对陈相有简单介绍,说他与其弟辛都是"陈良之徒",后来见到农家学派许行,"尽弃其学而学焉"。如果说"陈良"就是"仲良",那么这一派中有人弃儒而学农了。这种倾向,早在"请学稼"的樊迟那里已见端倪。

"孙氏之儒"就是荀子的一派,荀卿又称孙卿。关于他的儒学思想,我们将在第三章详细论述。他游学于齐,在稷下学宫听过宋钘、环渊、慎到等著名学者的讲学。《荀子》书中屡称宋钘为"子宋子",可能师事过宋钘。他又时常称道孔子、子弓,如说:"圣人之不得势者,仲尼、子弓是也。"(《荀子·非十二子》)"非大儒莫之能立,仲尼、子弓是也。"(《荀子·儒效》)他只恭维孔子和子弓,但直接的师承却不大明了。照年代来说,他可能只是子弓的私淑弟子。子弓何许人也?《史记·仲尼弟子列传》云:"商瞿,鲁人,字子木,少孔子二十九岁。孔子传《易》于瞿,瞿传楚人馯臂子弘。"《汉书·儒林传》也说:"自鲁商瞿子木受《易》孔子,以授鲁桥庇子庸,子庸授江东馯臂子弓;子弓授燕国丑子家。"子弓就是馯臂子弓,是《易》的传人。郭沫若指出:"照年代说来,子弓和子思同时,他能知道五行说的梗概,是毫无疑问的。这两派,在儒家思想上要算是一种展开,就在中国的思想史上也要算是最初呈出了从分析着想的倾向。他们同认为宇宙是变化过程,而在说明这种过程上,子思提出了五行相生,子弓提出了阴阳对立。这两种学说后为邹衍所合并,而又加以发展,便成了所谓阴阳家。"(《郭沫若全集》历史编第2卷,第154页)

"子思之儒"、"孟氏之儒"、"乐正氏之儒",可以划归一系。子思名孔伋,是孔子嫡孙。孟氏是孟子,受业于子思的门人。关于孟子的

儒学思想,我们将在第二章详细论述。至于"乐正氏之儒",说法有二:
一是梁启超认为,"乐正氏"指曾参弟子乐正子春;二是郭沫若认为,
"乐正氏当即孟子弟子的乐正克"(《郭沫若全集》历史编第2卷,第
131页)。至于这一系的师承关系,看法也不一致。康有为说:"子游
受孔子大同之道,传之子思,而孟子受业于子思之门。"(康有为:《孟
子微序》)也就是说,思、孟之学师承子游。郭沫若同意此说,他指出:
"这一系,事实上也就是子游氏之儒。"(《郭沫若全集》历史编第2卷,
第131页)他们的论据是《荀子·非十二子》的一段话:"略法先王而
不知其统,犹然而材剧志大,闻见杂博。案往旧造说,谓之五行,甚僻
违而无类,幽隐而无说,闭约而无解。案饰其词而祗敬之曰:此真先
君子之言也。子思唱之,孟轲和之,世俗之沟犹瞀儒,嚾嚾然不知其
所非也,遂受而传之,以为仲尼、子游为兹厚于后世。是则子思、孟轲
之罪也。"这个论据是很有力的。但有些学者把思、孟学派归为曾子
的传统,也不无道理。如说:"曾子与思、孟的思想的确是在一条线上
发展的。"(侯外庐、赵纪彬、杜国庠:《中国思想通史》第1卷,人民出
版社1957年版,第364页)其论据是《孟子》引曾子者九处,引子思者
六处,都是赞许推崇之辞。《孟子外书》记孟子之言:"鲁有圣人曰孔
子,曾子学于孔子,子思学于曾子。子思,孔子之孙,伯鱼之子也。子
思之子曰子上,轲尝学焉,是以得圣人之传也。"(《孟子外书·性善
辨》)《孟子外书》虽系"后人依放而托",但上引之言则与《孟子》的
宗旨相合。这种说法也是很有见地的。

　　我们认为,不能固执一端。思、孟学派的思想虽然来源于曾子,
但也不能与子游无关。子游是孔门的高足,在文学一科中名列第一。
他的气概和作风,确是"犹然而材剧志大"的。据《论语》记载,子游
为武城宰,"子之武城,闻弦歌之声。夫子莞尔而笑,曰:'割鸡焉用牛

刀？'子游对曰：'昔者偃也闻诸夫子曰：'君子学道则爱人，小人学道
则易使也。'子曰：'二三子！偃之言是也。前言戏之耳。'"（《论语·阳
货》）孔子以"割鸡焉用牛刀"来评价子游，是讥笑他"材剧志大"。子
游则"当仁不让于师"，用孔子的"学道"之语来反驳他。孔子不得不
承认子游的话是对的，并以开玩笑来自解其嘲。"学道"虽然是孔子
的话，但却成了子游一派的宗旨所在。他在批评"子夏氏之儒"时，
曾经提出"本"与"末"的概念：以"学道"为"本"，以礼仪为"末"。
这种"本"、"末"之分，乃子游所自创而为孔子所本无。他对人学的
贡献在于通过这个"学道"之"本"，把人学向外推，用于政治方面，对
后来思、孟学派的"仁政"思想是有很大影响的。曾子也是讲"道"
的，如说："上失其道，民散久矣。如得其情，则哀矜而勿喜！"（《论
语·子张》）意思是在上位者不得民心，百姓早就离心离德了。假若
能够审出人民犯罪的真情，则应同情怜悯，切不要自鸣得意！这也是
一种"仁政"思想。但是，曾子与子游不同，他是通过"道"把孔子的
人学向内引，发展成一种道德心理学。据《论语》记载："子曰：'参乎！
吾道一以贯之。'曾子曰：'唯。'子出，门人问曰：'何谓也？'曾子曰：
'夫子之道，忠恕而已矣。'"（《论语·里仁》）曾子为什么把孔子的"吾
道一以贯之"解释为"忠恕"二字呢？从文字结构上看，二字都离不
开"心"："中心为忠，如心为恕。"（孔颖达：《毛诗关雎序》）把"仁道"
蕴藏在心中，就表现为"忠"；把"仁道"发施于外体，就表现为"恕"。
南北朝人皇侃解释说："忠，谓尽中心也。恕，谓忖我以度于人也。言
孔子之道，并无他法，用忠恕之心，以己测物，则万物之理，皆可穷验
也。"（《论语集解义疏》）这个解释是符合曾子本意的，他说："吾日三
省吾身——为人谋而不忠乎？与朋友交而不信乎？传不习乎？"（《论
语·学而》）这就是说，他每天都要再三地反躬自问：替别人办事没

有尽力吗？同朋友往来不诚实吗？老师传授的学业没有复习吗？后来,思、孟学派就沿着这条内省论,创立真正的道德心理学,把孔子的人学深入了一步。

孟子把自己的学派看成曾子、子思一系,大概是想在儒家学派中争得正宗的地位。这种心理,早在曾子那里就萌发了。孟子说:"昔者孔子没,……子夏、子张、子游以有若似圣人,欲以所事孔子事之,强曾子。曾子曰:'不可!江、汉以濯之,秋阳以暴之,皜皜乎不可尚已。'"(《孟子·滕文公上》)他认为谁也比不上孔子,就犹如江、汉之水洗过,夏日之阳晒过,真是洁白得无以复加了。曾子虽然言必称师,以孔子压抑有若,但终不及颇负众望的有若为同门所共许。凡此种种,一方面说明孔子死后,儒家学派内部矛盾日益加剧;另一方面又可看出,曾子确实具有以孔子正传自命的雄心。他说:"士不可以不弘毅,任重而道远。仁以为己任,不亦重乎？死而后已,不亦远乎？"(《论语·泰伯》)这说明曾子对于争取孔子正传,不仅有清醒的自觉,而且有最大的决心和信心。事实上,他在孔子死后,的确在传述孔学的名义下广收门徒,形成了一个有力的儒家支派。后经孟子推崇,曾子在孔门的地位大为提高。到了宋代,不但所谓"曾子为孔子正传"之说几成定论,而且曾子、思孟之学有浑成一体之势。如《二程语录》说:"孔子没,曾子之道日益光大。孔子没,传孔子之道者,曾子而已。曾子传之子思,子思传之孟子。孟子死,不得其传。至孟子而圣人之道益尊。"其实,曾子不一定就是孔子正传,思、孟学派还受过子游的重要影响。荀子把思、孟学派归入"子游氏之儒"一系,并骂"子游氏之贱儒",其目的似乎也在剥夺思、孟学派的正宗地位。两千多年来,在儒学内部存在的这桩公案,是到公平了结的时候了!

第二章　孟子思想与人学

孟子(约公元前385—前304年),名轲,鲁国邹邑(今山东省邹城市)人,战国中期儒家学派的主要代表。他是鲁公族孟孙氏的后裔,幼年丧父,家庭贫困。《韩诗外传》载有"孟母断织",刘向《列女传》载有"孟母三迁"的故事,说明孟母曾给他以道德教育。他出生时,孔子去世已近百年。他自述说:"予未得为孔子徒也,予私淑诸人也。"(《孟子·离娄下》)至于"私淑"何人,他不曾说出。《荀子·非十二子》把子思、孟子列为一系,《史记·孟子荀卿列传》说他"受业子思门人",这些大概是事实。他曾"周游列国",是游士阶层中很有名望的人物,经常是"后车数十乘,从者数百人"(《孟子·滕文公下》)。所到之处,国王都以宾客相待。他曾任齐国卿相,但无职守,后因不赞成伐燕,与齐宣王意见不合而辞去卿位,在政治上没有任何实际成就。晚年,他退居讲学,与弟子万章等人著有《孟子》七篇。该书在北宋以后被列为封建士大夫必读的经典,而孟子则被封建统治者尊奉为仅次于孔子的"亚圣"。如果说孔子思想是人学的奠基,那么,孟子思想则是人学的发展。他的仁政学说和民本主义,意味着"人"的初步发现,其理论基础是性善论,并蕴含着不少的辩证思维。

第一节　仁政学说

孟子的仁政学说,是孔子人学的继承和发展。孔子人学的核心范畴是"仁",其基本含义有二:一是"爱人",二是"复礼"。孟子虽然也讲"礼",但他所谓的"礼",在多数的场合,实际上是指聘辞受等的礼仪而言,如说:"其接也以礼","其馈也以礼"(《孟子·万章下》),"事君无义,进退无礼"(《孟子·离娄上》),"辞让之心,礼之端也"(《孟子·公孙丑上》)。这都是指礼仪形式而言的,没有维护奴隶制度之意。实际上,他对周礼关于等级身份关系的种种规定是很不满意的。在埋葬母亲时,他用了很好的棺木。有个弟子以请教的口气批评他说:棺木似乎太好了。他回答道:"古者棺椁无度,中古棺七寸,椁称之。自天子达于庶人,非直为观美也,然后尽于人心。不得,不可以为悦;无财,不可以为悦。得之为有财,古之人皆用之,吾何为独不然?"(《孟子·公孙丑下》)意思是上古对于棺椁的尺寸,没有一定规矩;到了中古,才规定棺厚七寸,椁的厚度以相称为准。从天子一直到老百姓,讲究棺椁,不仅是为着美观,而是这样才尽了孝子之心。为法制所限,不能用上等木料,当然不称心;能用上等木料,没有财力,也还是不称心。既能用上等木料又能买得起,古人都如此做了,我为什么不这样呢?孔广森指出:"中古当指周公以前,周公制礼,则天子至于庶人皆有等。"(《经学卮言》)孟子的做法是托古改制,把礼归到人心上,用古代人文主义精神去冲决周礼的等级罗网。

孟子在批判、改造"复礼"的同时,又继承、发展了"爱人"的精神。这表现在两个方面。一方面,他把孔子的"爱人"之"仁"引申到人心中去。如说:"仁,人心也。"(《孟子·告子上》)"爱人"就是一种"不忍人之心"，即不忍看见别人困苦危难之心。孟子打了一个比喻来说明这个道理：突然看见一个小孩跌到井里去，任何人都有惊骇同情的心。这种心情的产生，不是为着要和这个小孩的爹娘攀结交情，不是为着要在乡里朋友中间博取名誉，也不是厌恶那个孩子的哭声。这种发自内心的对人的同情心，就是"仁者爱人"（《孟子·离娄下》）。这是中国古代的道德心理学。另一方面，孟子又把这种"爱人"精神扩展到政治上去。他说："人皆有不忍人之心。先王有不忍人之心，斯有不忍人之政矣。以不忍人之心，行不忍人之政，治天下可运之掌上。"（《孟子·公孙丑上》）在他看来，每个人都有同情别人的心。先王因为有同情别人的心，这才有同情别人的政治。凭着同情别人的心去实施同情别人的政治，那治理天下就像运转小物件于手掌之上一样的容易。因此，他主张以"爱人"之"仁"为施政的出发点，要求统治者"施仁政于民"（《孟子·梁惠王上》），这就明确地提出了仁政学说。

仁政学说的提出，有没有历史根据呢？在孟子看来是有的。他所谓的"先王有不忍人之心，斯有不忍人之政"，就回答了这个问题。既然如此，那"先王"是指谁而言的？他说："以德行仁者王，王不待大——汤以七十里，文王以百里。"（《孟子·公孙丑上》）由此可见，商汤和周文王都是行过"仁政"的先王。但从《孟子》七篇来看，他所谓的"仁政"主要是指"文王之政"。如说："昔者文王之治岐也，耕者九一，仕者世禄，关市讥而不征，泽梁无禁，罪人不孥。老而无妻曰鳏，老而无夫曰寡，老而无子曰独，幼而无父曰孤。此四者，天下之穷民而无告者。文王发政施仁，必先斯四者。《诗》云：'哿矣富人，哀此茕独。'"（《孟子·梁惠王下》）这两句诗出自《小雅·正月》篇，是哀怜穷苦人民的。意思是贵族过得挺好，而最可怜的是那些无依无靠的穷苦人。周文王治理岐，就是从可怜穷苦人出发的。例如，对农民的税率是九分抽一；对做官的人是给以世代承袭的俸禄；在关口和市场上，只稽查，不征税；任何人到湖泊捕鱼，都不加禁止；犯罪的人，刑罚只及于本人，不牵连他的妻室儿女。失去妻室的老年人叫作鳏夫，失掉丈夫的女人叫作寡妇，没有儿女的老人叫作孤独者，死了父亲的儿童叫作孤儿。这四种人在社会上无依无靠。据孟子说，周文王实行"仁政"，最先考虑的是他们。这里美化了"先王之政"，有"案往旧造说"的嫌疑，实际是孟子自己的理想。

仁政学说的提出，还有一定的社会基础。战国时期，前章已指出，是我国奴隶社会向封建社会过渡的时期。在这个时期里，社会生产力得到发展。与此相应，社会变革的要求也变得强烈起来。早在春秋时期，我国就由统一走向分裂。这种分裂的情况，到战国时期有增无减。所谓"万乘之国七，千乘之国五，敌侔争权，盖为战国。贪饕无耻，竞进无厌，国异政教，各自制断，上无天子，下无方伯，力功争强，胜者为右，兵革不休，诈伪并起"（《战国策》刘向书录）。这里说的"万乘之国七"，是指齐、楚、燕、韩、赵、魏、秦七国，一般常称为七雄。其余的诸侯国，或早被吞灭，或被削弱而仅能苟存，在政治上，已不起很大作用。即便有的在短期内强盛，如中山与宋国，也只是昙花一现。周天子在列国相继称王的形势下，最后归于绝灭。这是中国历史上分裂时间最长的历史阶段之一，在这个时期里，人民处于水深火热之中，其生活是十分悲惨的。如孟子说："争地以战，杀人盈野，争城以战，杀人盈城，此所谓率土地而食人肉，罪不容于死。"（《孟子·离娄上》）这是对诸侯争地争城之战给人民带来灾难的抨击！人民不仅备遭兼并战争之苦，还深受"虐政"之害。他说："民之憔悴于虐政，未有甚于此时者也！"（《孟子·公孙丑上》）当时，梁惠王认为自己的政治比邻国好。孟子讽刺他是"以五十步笑百步","狗彘食人食而不知检,涂有饿莩而不知发,人死,则曰:'非我也,岁也。'是何异于刺人而杀之,曰:'非我也,兵也。'"(《孟子·梁惠王上》)这对梁惠王是一个有力的驳斥。接着,他又指责梁惠王说:"庖有肥肉,厩有肥马,民有饥色,野有饿莩,此率兽而食人也。"他还责备邹穆公:"凶年饥岁,君之民老弱转乎沟壑,壮者散而之四方者,几千人矣;而君之仓廪实,府库充,有司莫以告,是上慢而残下也!"(《孟子·梁惠王下》)这一切社会上的悲惨景象,都反映在关怀人民苦难的孟子的意识中,便成为萌发仁政学说的社会根源。

孟子仁政学说的内容,可以概括为四点。一是在经济上,他主张正经界、行井田、薄税敛。如说:"夫仁政,必自经界始。经界不正,井地不钧,谷禄不平,是故暴君污吏必慢其经界。经界既正,分田制禄可坐而定也。"(《孟子·滕文公上》)意思是实行仁政,一定要从划分整理田界开始。田界划分的不正确,井田的大小就不均匀,作为俸禄的田租收入也就不会公平合理,所以暴虐的君王和贪官污吏一定要打乱正确的田间限界。田间限界正确了,分配人民以田地,制定官吏的俸禄,都可以毫不费力地作出决定。孟子是把正经界和行井田联系在一起的,但他所谓的井田制是不同于奴隶社会实行过的井田制的。殷周实行的井田制是一种"课农民的勤惰"以榨取奴隶劳动的精致设计,而孟子的井田制是经过"润泽"的。焦循在《孟子篇叙》注文中已指出孟子的"井田封建,殊于周礼"。孟子说:"方里而井,井九百亩,其中为公田。八家皆私百亩,同养公田,公事毕,然后敢治私事。"(同上)所谓"八家皆私百亩",是说农民有一定面积的"私田"。所谓"同养公田",是说农民要承担劳役地租。所谓"公事毕,然后敢治私事",说明农民有一定的人身依附,并被束缚在土地上。但这不同于犹如牛马般的奴隶,因为农民有了半独立的人格,所以他们的生产积极性大为提高。正如孟子所说:"耕者助而不税,则天下之农皆悦,而愿耕于其野矣。"(《孟子·公孙丑上》)他主张实行井田制,一方面是限制土地兼并。春秋战国时代,争田夺田的现象很多,这就是所谓的"暴君污吏必慢其经界"。为了制止这种现象,就得正经界、行井田。另一方面是制民恒产,减轻农民负担。从承认土地私有的"初税亩"算起,到孟子已经二百多年了。在这段时间里,封建地主与农民的矛盾有所激化。农民无地少地的增多,赋税日益繁重,"有布缕之征,粟米之征,力役之征"(《孟子·尽心下》)。孟子认为,这样下去是很危险的。因为"民之为道也,有恒产者有恒心,无恒产者无恒心。苟无恒心,放辟邪侈,无不为已"(《孟子·滕文公上》),就会铤而走险。而实行井田制,可以把封建主的收入限制在"公田"的收获上,使民有恒产,从而提高农民的生产积极性。

二是在政治上,孟子主张实行禅让制、尊贤使能、省刑罚。他说:"施仁政于民,省刑罚。"(《孟子·梁惠王上》)所谓"省刑罚",就是减免刑罚。尊贤就应该像尧对舜那样,把王位让给有贤能的人,这就是禅让。所谓禅让,实质上是尊贤的引申和发展。

三是在军事上,孟子反对争霸和兼并战争,而主张兴仁义之师。他认为"春秋无义战"(《孟子·尽心下》),当然更不承认战国有义战了。因为战国的兼并战争和春秋的争霸战争一样,都是残害人民群众的。例如:"梁惠王以土地之故,糜烂其民而战之。"(同上)但是,孟子并不一概反对战争,而要求仁君在必要时可以用战争的形式去讨伐异国残暴的国君。如他对齐宣王说:"今燕虐其民,王往而征之,民以为将拯己于水火之中也,箪食壶浆以迎王师","诛其君而吊其民,若时雨降,民大悦。"(《孟子·梁惠王下》)

　　四是在文教上,孟子主张君主要"与民同乐","设为庠序学校以教之"。他说:"庠者,养也;校者,教也;序者,射也。夏曰校,殷曰序,周曰庠,学则三代共之,皆所以明人伦也。人伦明于上,小民亲于下。"(《孟子·滕文公上》)在他看来,教育的目的在于"明人伦"。他还把"得天下英才而教育之"(《孟子·尽心上》),列为"君子三乐"之一。孟子认为,如果君王与人民同乐,那就可以使天下归服了。

　　从以上四点可以看出,孟子的仁政学说是以"仁"为指导思想的。他说:"仁,人之安宅也。"(《孟子·离娄上》,下同)意谓"仁"是人类最安适的住宅,为什么呢?他指出:"三代之得天下也以仁,其失天下也以不仁。国之所以废兴存亡者亦然。天子不仁,不保四海;诸侯不仁,不保社稷;卿大夫不仁,不保宗庙;士庶人不仁,不保四体。今恶死亡而乐不仁,是犹恶醉而强酒。"也就是说,夏、商、周获得天下是由于"仁",他们丧失天下是由于"不仁"。国家的兴起和衰败、生存和灭亡,其关键也在于"仁"与"不仁"。天子如果"不仁",便不能保住天下;诸侯如果"不仁",便不能保住国家;卿大夫如果"不仁",便不能保住祖庙;士人和老百姓如果"不仁",便不能保全身体。现在有些人害怕死亡,但却乐于"不仁",这犹如害怕醉倒却偏要喝酒一样。所以,他的结论是:"苟不志于仁,终身忧辱,以陷于死亡。《诗》云:'其何能淑,载胥及溺。'此之谓也。"这两句诗出自《大雅·桑柔》篇,意思是这怎样能好起来?只会相率落水而遭灭顶之灾!在分析"不仁"之危害性的同时,孟子又分析了"仁"的作用。他说:"孔子曰:'仁不可为众也。夫国君好仁,天下无敌。'今也欲无敌于天下而不以仁,是犹执热而不以濯也。《诗》云:'谁能执热,逝不以濯?'"这两句诗也出自《大雅·桑柔》篇,意思是谁能不以炎热为苦,却不用水来洗一场呢?"仁"的力量是不能以人的多寡来计算的。只要国君爱好"仁",那他就会是无敌于天下的。这就是所谓的"仁者无敌"(《孟子·梁惠王上》)。由于孟子过分夸大了"仁"的作用,所以他就过分夸大了道德的作用。但不能因此而抹煞他的理论贡献。在孔子那里,"仁"既是一个伦理的范畴,又是一个政治概念。孟子用"仁"和"仁政"将伦理范畴与政治概念区分开来,这是人学理论体系严密而完善化的一种表现。他的仁政学说是针对当时的兼并与虐政而提出的。后来当中国历史上出现了政治腐败、苛政猛于虎、民不聊生的时代或在社会大动乱之后,孟子的仁政学说便成为揭露统治者残暴的武器和实行贤明政治、休养生息、安定民心的响亮口号。这些历史作用,是非常明显的。

第二节　民本主义

孟子的仁政学说,包含着重民的思想。他说:"行仁政而王,莫之能御也。……万乘之国行仁政,民之悦之,犹解倒悬也。"(《孟子·公孙丑上》)意思是只要实行仁政来统一天下,就没有谁能阻止得了。为什么呢? 因为这样可以解民于倒悬,能够得到民心的支持,以达到统一天下的目的。所以,他说:"君行仁政,斯民亲其上,死其长矣"(《孟子·梁惠王下》);"诚如是也,民归之,由水之就下,沛然谁能御之?"(《孟子·梁惠王上》)可见,孟子把"民"看作"仁政"之本。从这个意义上来说,仁政学说的实质就是民本主义。应当指出,这是早期儒家思想的特色,和汉代以后的儒学有所区别。如果离开对直接资料的分析,不区别早期儒学和汉代以后儒学的异同,把他们通统看成为封建君主专制制度的张目,这和历史的实际不合。我们从《孟子》书中找不出一条材料说明民只能无条件地屈从于君主的统治。

所谓民本主义,就是"以民为本"的一种思想体系。而"以民为本"的提法,曾见于春秋战国时代的一些典籍。《管子》曾两次提到"以人为本",一次见于《霸形篇》:"桓公变躬迁席,拱手而问曰:'敢问何谓其本?'管子对曰:'齐国百姓,公之本也。'"另一次见于《霸言篇》:"夫霸王之所始也,以人为本。本理则国固,本乱则国危。"这里的"人"字,可能为唐写本避太宗讳所改,"以人为本"即"以民为本"。《晏子春秋》也曾两次提到"以民为本",一次见于《内问上》:"义,谋之法也;民,事之本也。故反义而谋,倍民而动。"另一次见于《内问下》:"婴闻之,卑而不失尊,曲而不失正者,以民为本也。"可见"以民为本"的提法,在当时已经成为一种比较流行的思想。这种思想以重民为特征,其萌发的时间比较早。《尚书·盘庚》首先提出"重民"的概念,如说"重我民,无尽刘。"意思是对"民"要重视,别屠杀尽了。《管子·权修》篇说:"欲为天下者必重用其国,欲为其国者必重用其民,欲为其民者必重尽其民力。"这实际上是"齐国百姓,公之本也"的一个注脚,把"民"当成是国家的根本。《左传》上有许多这样的记载,如说:"国之兴也,视民如伤,是其福也;其亡也,以民为土芥,是其祸也。"(《左传》哀公元年)"国将兴,听于民;将亡,听于神。"(《左传》庄公三十二年)"夫民,神之主也。是以圣王先成民而后致力于神。"(《左传》桓公六年)这些记载说明,春秋以来,社会上出现了一种"以民为本"的思潮。可惜的是,儒学开创者孔子并未能对这种思潮作出理论上的概括。于是,这个历史的重任便落在了孟子的肩上。

孟子的民本主义把"以民为本"的社会思潮推进了一步,提出了"民贵君轻"的口号。他说:"民为贵,社稷次之,君为轻。是故得乎丘民而为天子,得乎天子为诸侯,得乎诸侯为大夫。诸侯危社稷,则变置。牺牲既成,粢盛既洁,祭祀以时,然而旱干水溢,则变置社稷。"

（《孟子·尽心下》）据有的学者研究，"《孟子》书中民字有广义，有狭义。《孟子》有时以民与士对言，这是民的狭义。有时所谓民又包括士在内，这是民的广义。"（张岱年：《孟子"民为贵"疏释》，见《中国哲学史研究集刊》，上海人民出版社1982年版，第36页）我们觉得，在这里"民"是对"君"而言的，应是广义的"民"。这一点，从"丘民"两字也可得到确证。王念孙的《广雅疏证》云："丘，众也。""丘民"就是众民，用现在的话来说就是平民百姓。当时，百姓的主体是从事农业生产的劳动者。所以，孟子所谓的"民"主要是指农民。有的学者认为，孟子在一定意义上把平民百姓看得比国君还要尊贵。我们觉得这样理解似乎不妥，而倾向下述的看法："'贵'不是'尊贵'的贵，'轻'也不是'轻贱'的轻，封建时代的人，不要说士大夫，就是劳动者也没有哪个会把人民看得比国君还尊贵的，孟子也不可能有这个意思。'贵'即贵重，'轻'即次要。这是就搞好一个国家何种因素更重要这个角度来提出问题的。其可贵之点在于，孟子权衡之后，把'民'提到首位。"（商聚德：《孟子哲学思想十题》，见《孟子研究文集》，山东大学出版社1984年版，第406—407页）所谓"民为贵"，是说百姓乃国家存亡之本。"社稷"即土谷神社，在古代是国家的象征。能否祭祀社稷，表示一个国家的存亡。因此，社稷也是相当重要的。不过，在孟子的眼中，它的重要性和百姓相比，那就只能是次要的了。因为，土谷神社的设立还是为了保佑人民。如果祭祀土谷神社的牺牲肥壮，其他祭品也很洁净，又能按时祭祀，但却不能风调雨顺，反而遭受水旱灾害，这就表明社稷神的"失职"，即不能保佑人民，那就应另立新的土谷神社。同样，如果国君暴虐无道，危害国家，也可以更换国君。总之，国君可换，社稷可变，唯有人民不可失去，是最根本的。所以说"民贵君轻"，这是一层含义。

　　"民贵君轻"还有一层含义,是说国君得失天下的关键在于能否取得百姓的拥护。所谓"得乎丘民而为天子",就是说能够取得百姓的拥护才能做天子。否则,即使做了天子也会身败国亡的。孟子说:"暴其民甚,则身弑国亡,不甚,则身危国削,名之曰'幽'、'厉',虽孝子慈孙,百世不能改也。《诗》云:'殷鉴不远,在夏后之世。'此之谓也。"(《孟子·离娄上》)在他看来,天子如果暴虐平民百姓,轻则"身危国削",重则"身弑国亡"。他们死了的谥号就叫作"幽"、"厉",纵使其有孝子贤孙,百世也是更改不了的。这里所谓的"幽"、"厉",都是恶谥。《逸周书·谥法解》:"壅遏不通曰幽,动静乱常曰幽,杀戮无辜曰厉。"例如,周厉王暴虐,又杀谤者,终被国人所逐,周幽王宠爱褒姒,用奸佞之臣虢石父,乃为申侯及犬戎所杀。《诗经·大雅·荡》有两句诗,说的就是这个意思:殷朝的镜子并不远,就看那夏朝是怎样被灭亡。孟子说:"桀、纣之失天下也,失其民也,失其民者,失其心也。得天下有道:得其民,斯得天下矣;得其民有道;得其心,斯得民矣;得其心有道:所欲与之聚之,所恶勿施,尔也。民之归仁也,犹水之就下,兽之走圹也。故为渊驱鱼者,獭也;为丛驱爵者,鹯也;为汤、武驱民者,桀与纣也。今天下之君有好仁者,则诸侯皆为之驱矣。虽欲无王,不可得已。"(同上)也就是说,夏桀和殷纣之所以丧失天下,是由于失去了百姓的拥护;他们之所以失去了百姓的拥护,是由于失去了民心。既然如此,那么,获得天下有没有办法呢? 是有的。这就是要取得百姓的拥护。怎样取得百姓的拥护呢? 这就要得民心。怎样才能得民心呢? 得民心的办法是:百姓所希望的,替他们聚积起来,百姓所厌恶的,不要强加在他们的头上。人民归附仁政,犹如水向下流、兽奔旷野一样。所以替深池把鱼赶来的是水獭,替森林把雀赶来的是鹯鹰,替商汤、周武把人民赶来的是夏桀和殷纣。现在的国君如果有好仁的,那诸侯们就会替他把百姓赶来了。纵使不想统一天下,那也是办不到的。

　　孟子还从百姓与土地、政事的关系方面,阐发了民本主义。他说:"诸侯之宝三:土地,百姓,政事。宝珠玉者,殃必及身。"(《孟子·尽心下》)对于诸侯来说,珠玉是没有土地、百姓、政事宝贵的。但在这三样中,哪一种最宝贵呢? 孟子认为是百姓。他曾谴责"争地以战,杀人盈野,争城以战,杀人盈城"为"率土地而食人肉"(《孟子·离娄上》),并骂"梁惠王以土地之故,糜烂其民而战之"(《孟子·尽心下》),可见百姓是比土地更为宝贵的。至于政事,如选贤、罢官、杀人等,都应该尊重民意,按人民群众的意见办事。孟子说:"国君进贤,如不得已,将使卑逾尊,疏逾戚,可不慎与? 左右皆曰贤,未可也;诸大夫皆曰贤,未可也;国人皆曰贤,然后察之;见贤焉,然后用之。左右皆曰不可,勿听;诸大夫皆曰不可,勿听;国人皆曰不可,然后察之;见不可焉,然后去之。左右皆曰可杀,勿听;诸大夫皆曰可杀,勿听;国人皆曰可杀,然后察之;见可杀焉,然后杀之。故曰,国人杀之也。如此,然后可以为民父母。"(《孟子·梁惠王下》)国君选拔贤人,如果迫不得已要用新进,就要把卑贱者提拔在尊贵者之上,把疏远者提拔在亲近的人之上,对这种事能不慎重吗? 因此,左右亲近之人都说某人好,不可轻信;众位大夫都说某人好,也不可轻信;全国的百姓都说某人好,然后去了解;发现他真有才干,再任用他。左右亲近之人都说某人不好,不要听信;众位大夫都说某人不好,也不要听信;全国百姓都说某人不好,然后去了解;发现他真不好,再罢免他。左右亲近之人都说某人可杀,不要听信;众位大夫都说某人可杀,也不要听信;全国百姓都说某人可杀,然后去了解;发现他该杀,再杀他。所以说,这是全国人民杀的。能够如此,才可以作民之父母。有的学者把这种做法称为"民主",但这样的"民主"不是人民群众当家作主,而是君主征求民意,或顺从民意而加以"察之",从而依照民意实行"用之"、"去之"、"杀之",国家大权掌握在国君手中,跟我们所说的民主是不同的。不过,在两千多年前能够提出这样的主张,也是很了不起的。

最后,孟子还从天时、地利、人和的比较中论证了民本主义。他说:"天时不如地利,地利不如人和。三里之城,七里之郭,环而攻之而不胜。夫环而攻之,必有得天时者矣,然而不胜者,是天时不如地利也。城非不高也,池非不深也,兵革非不坚利也,米粟非不多也,委而去之,是地利不如人和也。故曰:域民不以封疆之界,固国不以山溪之险,威天下不以兵革之利。得道者多助,失道者寡助。寡助之至,亲戚畔之;多助之至,天下顺之。以天下之所顺,攻亲戚之所畔,故君子有不战,战必胜矣。"(《孟子·公孙丑下》)这段议论非常精彩,谈的虽然是战争问题,但却充分肯定了百姓的重大作用,论证了百姓是胜利之本;并从中升华出两个富有哲理的命题。一是"天时不如地利,地利不如人和"。古人把"天"、"地"、"人"并举,合称"三才"。孟子给"三才"分别赋予"时"、"利"、"和"的属性,从而形成了"天时"、"地利"、"人和"的新概念。"天时"指何而言? 孟子讲得不具体。历代注解者多以阴阳五行家所谓的"时日干支五行王相孤虚"来解释,恐怕不是孟子本意。他的本意,可能是指天气时令,如寒暑、风雨和阴晴之类。关于"地利",孟子讲得比较详细,如山溪之险、高城深池、兵革之利、粮草辎重等。"人和"字面意思是人的团结,实际上是指民心所向和百姓的支持。孟子比较了三者的作用,认为"人和"最重要。其次是"地利",再次是"天时"。在战争问题上,"天时"、"地利"是客观条件,而"人和"则是主观因素。孟子认为,客观条件是重要的,但相比之下,主观因素更为重要,战争如此,治国也不例外。对于一个国家政权来说,"封疆之界"、"山溪之险"、"兵革之利"都是必要的,但要真正能使百姓在域内定居,使国防得到巩固,在天下树立起威信,却不能仅仅依赖这些,而应该施仁政以争取民心,取得人民的支持。二是"得道者多助,失道者寡助"。他所谓的"道",有"正义"之意,是一种好的政治,"如施仁政于民,省刑罚,薄税敛,深耕易耨,壮者以暇日修其孝弟忠信,入以事其父兄,出以事其长上,可使制梃以挞秦楚之坚甲利兵矣"(《孟子·梁惠王上》)。为什么会这样呢? 因为"仁政"和"正义"可以争取民心,取得百姓的"多助"。不然,则将"寡助"。而"多助"或"寡助"到极点,则将造成"天下顺之"或"亲戚畔之"的截然相反的结局。这就以雄辩的逻辑,揭示出人类政治生活中带有普遍意义的真理。

　　总之,孟子的民本主义是对早期人学的一大理论贡献。孔子在创立儒学时,曾经提出了"人"的问题,并从哲学、伦理、政治、教育诸方面对"人"的价值作了一定的探讨,但这仅仅是一个开始。由于他主张"复礼",在政治上有保守倾向,没有能够对当时流行的"以民为本"的思想作出理论上的概括,所以他的人学缺乏民本主义的内容。孟子从春秋战国时代的社会大变革中,看到了百姓的作用,并对当时流行的"以民为本"的思想作了理论概括,从而给早期的人学增添了民本主义的新内容。但这绝不是他个人的一时冲动或偶然迸发出来的思想火花,而是历史发展的必然结果。在新旧交替的时代里,人民的觉醒是一种有规律可循的社会现象。据《孟子》记载:"邹与鲁哄。穆公问曰:'吾有司死者三十三人,而民莫之死也。诛之,则不可胜诛;不诛,则疾视其长上之死而不救,如之何则可也?'"(《孟子·梁惠王下》)邹国同鲁国发生了一场冲突。在这场冲突中,邹穆公的官吏死了三十三个,而百姓却没有一个为他们死难的。邹穆公对此很气愤,他想把百姓都杀了,但又觉得"不可胜诛";不诛吧,百姓瞪着两眼看着官吏被杀却不去营救,又觉得实在可恨。这件事说明,人民的觉醒是历史之必然。对于这种历史的必然性,邹穆公是束手无策的,他不得不问孟子:怎么办才好呢? 孟子答道:"凶年饥岁,君之民老弱转乎沟壑,壮者散而之四方者,几千人矣;而君之仓廪实,府库充,有司莫以告,是上慢而残下也。曾子曰:'戒之戒之! 出乎尔者,反乎尔者也。'夫民今而后得反之也。"意思是当灾荒年岁,你的百姓年老体弱的弃尸于山沟荒野之中,年轻力壮的便四处逃荒,这样的人数以千计;而你的谷仓中堆满了粮食,库房里装满了财宝,此情此景,你的官吏谁也不来报告,这就是在上位的人不关心百姓并且还残害他们。曾子说,警惕啊警惕! 你怎样去对待人,人也怎样来回报你。这就是百姓对你们的回报。而这种回报说明了百姓的崛起。随着百姓的崛起,关于"人"的观念也发生了变化。邹穆公的提问和孟子的回答,从正反两个方面都充分地说明了这一点。当时一些有政治头脑的人物,是懂得这一点的。例如齐国的陈(田)氏,用大斗小秤邀买民心,"其民爱之如父母,归之如流水"(《左传》昭公三年),终于获得了夺权的成功。孟子作为一个积极而有概括能力的思想家,把这种关于"人"的价值观念加以理论化,便形成了他的民本主义。要指出,人的价值观念并不是近代资本主义的产物,在古代文化中,人的价值观念是一个重要的研究课题。孟子不但没有否定人的价值,同时也并没有把人作为一个没有思想的只是附属于君主的"物"。

　　孟子的民本主义不仅对早期人学作出了重大的贡献,而且在先秦的诸子百家中也是很少见的。拿道家来说,老子主张"小国寡民","使民复结绳而用",基本上是没有民本思想的。纵横家虽然有一些民本思想,但他们注重的是智谋策略,而不是民心民力。法家则是民心民力的否定派,如韩非主张"拂于民心",说:"哀怜百姓,轻刑罚者,民之所喜,而国之所以危也。"(《韩非子·奸劫弑臣》)他把哀怜百姓与国家安危对立起来,以"严刑重罚"来驱使平民百姓。与此相比,孟子的民本主义在先秦的诸子百家中,可以说是居于最先进的地位了。当然,在《左传》中也有比较丰富的民本思想,但总的看来还是零碎的,没有形成系统的理论。孟子继承了《左传》中的民本思想,但却高出一筹,形成了一个比较系统的理论体系。然而,我们也不能过高地估价民本主义,尽管"民本"与民主在某种意义上有着一定的联系,那顶多也不过是民主的一种前奏曲而已。

第三节　"人"的初步发现

从人学的角度来看,孟子的仁政学说和民本主义,意味着"人"的初步发现。所谓"人"的发现,是指人类对自身的一种认识。这种认识达到什么程度,在某种意义上是衡量人类从必然王国向自由王国发展的尺度。人类如何向自由王国迈步? 早期儒学的发展为我们研究这个问题提供了丰富的思想资料。但在早期儒学发展史上,究竟是谁发现"人"的? 学术界的看法不一,归纳起来有两种说法:一说是孔子发现"人"的,他的"仁"顺应了奴隶解放的潮流,这就是"人"的初步发现;另一说则认为,真正的"人"之发现,并非孔子,而是荀子,他的戡天思想是"人"之发现。我们觉得,孔子开创了人学,荀子是人学的集大成者,但真正发现"人"的则是孟子。

孔子的"仁"是否顺应奴隶解放的潮流而发现了"人"? 这是一个很值得研究的问题。我们认为,孔子的"仁"是一个两重性的概念。一方面,他要"复礼",在政治倾向上是保守的。从这方面来看,他的"仁"并没有顺应奴隶解放的潮流而发现了"人"。另一方面,他又主张"爱人",其中的某些要求甚至超越了"礼"的限制,在客观上起着破坏奴隶制的作用。这个"仁",还有把奴隶当成人的意思。从这一点来看,孔子顺应了奴隶解放的思潮。正像有的学者所说,他为奴隶解放撒下了珍贵的第一颗种子。但从总体来看,孔子在发现"人"的问题上是"犹抱琵琶半遮面"的。孟子就不是这样,他说:"庖有肥肉,厩有肥马,民有饥色,野有饿莩,此率兽而食人也。兽相食,且人恶之;为民父母,行政,不免于率兽而食人,恶在其为民父母也? 仲尼曰:'始作俑者,其无后乎! '为其象人而用之也。如之何其使斯民饥而死也? "(《孟子·梁惠王上》)这里引用孔子的话是批评梁惠王"率兽而食人"的。他认为孔子之所以痛恨"始作俑者",是因为"象人而用之"。也就是说,这象征着屠杀奴隶而用来殉葬。首先,孟子明确地把奴隶当成了"人";其次,他反对杀"人"。有一次,梁襄王问他:谁能统一天下? 他说:"不嗜杀人者能一之。"(同上) 意思是只有不好杀人的国君,才能统一天下。这显然是一种新兴封建地主阶级的意识。

但是,不能把"人"的发现简单化。因为这是一个相当复杂的问题,它还包含着对人的本质和特性、人的权利和义务、人的能力和价值等一系列问题的不断探索。在这一系列问题上,孔子的思想充满矛盾。例如在人的能力和价值问题的探索方面,他注意了前者而忽略了后者。就人类的认识能力而言,孔子虽然承认有"生而知之者"(《论语·季氏》),但他更强调后天的学习。如说:"我非生而知之者,好古,敏以求之者也。"(《论语·述而》) 他认为,后天学习是提高人类认识能力的关键所在,这就是所谓的"学而知之"(《论语·季氏》)。

他不仅强调"学",而且重视"思",这是对人类理性能力的一种肯定。孟子关于人的认识能力的分析,也是充满矛盾的。他发挥了孔子的"生而知之"的观点,提出了"良知良能"论。他说:"人之所不学而能者,其良能也,所不虑而知者,其良知也。"(《孟子·尽心上》)既然人生下来就具有不学而能、不虑而知的良知良能,那么人的学问无须外求,而只是纯主观的内心活动了。所以,他说:"学问之道无他,求其放心而已矣。"(《孟子·告子上》,下同)在他看来,人的良知良能,保持不好是会丧失的;丧失了就要把它找回来,这就是"求其放心"亦即"学问之道"。但是,孟子却发扬了人的主观能动性的一面。在这方面,孟子有很多深化人的认识能力的可贵思想。他说:"心之官则思,思则得之,不思则不得也。"古人不知脑是人的思维器官,而把人的思维器官误认为是"心"了。但孟子在这里肯定思维是特定物质的功能,而这种功能在人类的认识活动中起着理性的作用。这种理性作用能否得到充分的发挥,关键在于是否"专心致志"。孟子曾举了一个很生动的例子来说明这个道理:"今夫弈之为数,小数也,不专心致志,则不得也。弈秋,通国之善弈者也。使弈秋诲二人弈,其一人专心致志,惟弈秋之为听。一人虽听之,一心以为有鸿鹄将至,思援弓缴而射之,虽与之俱学,弗若之矣。为是其智弗若与?曰:非然也。"下棋是小技术,如果不"专心致志",那也是学不好的。弈秋是全国的下棋圣手。假使让他来教两个人,一个人"专心致志",只听弈秋的话。另一个呢?虽然听着,而心里却以为有只天鹅快要飞来,想拿起弓箭去射它。这样,纵使和那人一道学习,他的成绩一定不如人家。是因为他不如人家聪明吗?当然不是。孟子认为,一个人的聪明才智主要靠自己的主观努力和艰苦环境的磨炼。例如,舜耕过田,傅说筑过墙,胶鬲从事过鱼盐,管仲坐过牢,孙叔敖生长在海边,百里奚在买卖场里混过。所以,孟子说:"天将降大任于是人也,必先苦其心志,劳其筋骨,饿其体肤,空乏其身,行拂乱其所为,所以动心忍性,曾益其所不能。"(《孟子·告子下》)这是一段非常精彩的议论。无论"专心致志",还是"苦其心志",都是为了培养和提高人的能力。从这个意义上讲,孟子从主观能动性方面发现了"人"。当然,这与孔子所积累的思想资料是分不开的。例如,孔子所谓的"先难而后获"(《论语·雍也》),就可能成为孟子"苦其心志,……曾益其所不能"思想的一个直接来源。但是,孔子在人的价值观方面并没有给孟子留下多少有关民本主义的思想资料。他虽然肯定过"博施于民而能济众"(同上)的观点,但又认为这是不现实的。在估价百姓的作用方面,他甚至落后于《左传》。正因为如此,我们认为他并没有真正地发现"人"。孟子则不同,他把《左传》的民本思想加以理论化而又提高到民本主义的高度,这在人学理论方面是一个重大的突破。也正因为如此,我们认为初步发现"人"的是孟子而不是孔子。

在人的权利和义务问题的探索方面,孔子只讲了人的义务,而缺乏人的权利观念。例如,他所谓"非礼勿视,非礼勿听,非礼勿言,非礼勿动"的"克己复礼为仁"(《论语·颜渊》),就只讲了人的义务,而缺乏人的权利观念。"人"作为社会的一员,如果只有义务而没有权利,那他就不是一个真正的人。从这个意义上看,孔子也没有真正地发现了"人"。孟子则不同,他认为一个真正的"人",应该是既有义务而又有权利的,权利和义务是相对的,从而提出相对的权利义务论。如说:"八家皆私百亩,同养公田;公事毕,然后敢治私事。"(《孟子·滕文公上》)这是说,农民既有"同养公田"的义务,又有"敢治私事"的权利,二者是相对的。如果农民只有"同养公田"的义务,而没有"皆私百亩"、"敢治私事"的权利,那么,农民也就不成其为农民,而和奴隶没有什么区别了。所以,权利的问题很重要。"人权"是历史上的一个重要问题,否定不了。在漫长的中国封建社会缺少"人权"观念,这是事实;但在我国学术文化思想的"百家争鸣"的气氛里确实提出过"人权"问题。当然,在不同的历史时期有不同的"人权"观念。如果用近代的"人权"观念来否定孟子的"人权"观,那是不恰当的。有没有一定的人权,在春秋战国时代,是划分农民与奴隶的一条主要标志。正因为如此,孟子才提出了"制民之产"的主张。他说:"明君制民之产,必使仰足以事父母,俯足以畜妻子,乐岁终身饱,凶年免于死亡。"(《孟子·梁惠王上》)"制民之产"的关键在于,使"民"首先有生存权。如果连生存权都没有,那其他的权利也就根本谈不上了,更不用说还要尽什么义务了。

孟子的相对权利义务论,在君臣的关系上也有明显的反映。他认为,君臣关系是相对的,都各有自己的权利和义务,这已经突破了周礼的森严界限。按照周礼的规定,"君命召",臣应"不俟驾行矣"(《论语·乡党》)。孔子就是这样,听到国君呼唤,便不等待车辆驾好马就立即动身。他说:"事君尽礼,人以为谄也。"(《论语·八佾》)由此可见,他自己也承认,别人以为他在谄媚取宠。可是,孟子就不一样。有一次,齐宣王召见他,他就拒不去见。别人批评他:这恐怕与"礼"有点不相合吧!孟子回答说:"岂谓是与?曾子曰:'晋楚之富,不可及也,彼以其富,我以吾仁;彼以其爵,我以吾义,吾何慊乎哉?'夫岂不义而曾子言之?是或一道也。"(《孟子·公孙丑下》)他认为,曾子的话是很有道理的。这就把"仁"与"义"驾乎"礼"之上,并认为君有君的权利,臣有臣的权利。如果臣没有一点权利,只有"不俟驾行"的义务,那岂不丧失了人格的尊严。因此,他借用别人的话说:"彼丈夫也,我丈夫也,吾何畏彼哉?"(《孟子·滕文公上》)也正因为如此，他对那种"胁肩谄笑"的人极其蔑视，而说："富贵不能淫，贫贱不能移，威武不能屈，此之谓大丈夫。"（《孟子·滕文公下》）孔子说过："君使臣以礼，臣事君以忠。"（《论语·八佾》）有人把这句话理解为："要是君对臣无礼，臣也就不必尽忠。"但这只是一种推论而已，不一定符合孔子的本意。因为孔子只从正面讲了君臣关系的相对性，而没有从反面来论述这个问题。孟子不同，他从正反两面来论述这个问题。如说："君之视臣如手足，则臣视君如腹心；君之视臣如犬马，则臣视君如国人；君之视臣如土芥，则臣视君如寇仇。"（《孟子·离娄下》）如果君不把臣当作"人"的话，那臣也有权把君看成仇敌。因为君和臣都是"人"，他们都有自己的权利和义务。但周礼的规定不是这样的，无论君有道无道，弑逐之罪均在臣。这也是孔子"正名"的一条原则，而孟子则否定了这条原则。有一次，齐宣王问道：商汤流放夏桀，武王讨伐殷纣，真有这回事吗？孟子说，古书上有这样的记载。齐宣王说："臣弑其君，可乎？"孟子答道："贼人者谓之'贼'，贼义者谓之'残'。残贼之人谓之'一夫'。闻诛一夫纣矣，未闻弑君也。"（《孟子·梁惠王下》）在孔子看来，"弑君"是违"礼"的大逆不道的行为。孟子则不以为然，他认为：如果君践踏"仁义"，就是残虐无道，可逐可杀，杀了不算"弑君"，而是诛掉独夫民贼。这说明，孟子已经不在乎孔子的那个"礼"了，而是着眼于"人"，他确实发现了"人"。史料具在，不能笼统地说早期儒家都把"人"看成君主的奴隶，只有片面服从的道理。我们也不能用法家的观点来代替孟子思想，这两者是有区别的。战国末期，法家把孟子发现的这个"人"纳入绝对君权的专制制度的框子里，这是事实。如韩非说："四封之内，执禽而朝名曰臣，臣吏分职受事名曰萌。……在民萌之众而逆君上之欲，……非刑则戮。"（《韩非子·难一》）这种绝对君权的专制制度,实质上是不把人当成"人"的。马克思说得好:"专制制度的唯一原则就是轻视人类,使人不成其为人。"(《马克思恩格斯全集》第1卷,第411页) 从这个意义上讲,绝对君权的专制制度则是对孟子相对权利义务论的一种反动!

在人的本质和特性问题的探索方面,孔子只有一些朦胧的意识。他说:"性相近也,习相远也。"(《论语·阳货》) 这在中国思想史上是第一次提到人性的问题,说明他已经开始理性地思考着人类的特殊本质。所谓"性相近也",说明他已经朦胧地意识到人作为"类"相对于其他"类"而言,在本质上是统一的,所谓"习相远也",说明他已经朦胧地意识到人在社会中由于习染不同,而各有特殊性。这两方面的矛盾,预示着人类自我意识的一种觉醒。但这仅仅是个预示,而没有论述,所以还谈不上真正地发现了"人"。孟子则不同,他对人类的特殊本质作了比较系统的理性思考,提出了人道的问题。如说:"仁也者,人也。合而言之,道也。"(《孟子·尽心下》) 这里的"仁"是一种道德范畴,而这种道德范畴是属于"人"的。"仁"与"人"相合,就是"道"。换而言之,"道"就是"仁"与"人"的统一;自然本质的人与伦理观念相结合,使自然本质退于次要地位,道德化的人性成为主导,这就是"人"之"道"。所以,孟子说:"人之有道也,饱食、暖衣,逸居而无教,则近于禽兽。圣人有忧之,使契为司徒,教以人伦——父子有亲,君臣有义,夫妇有别,长幼有叙,朋友有信。"(《孟子·滕文公上》) 由此可见,人道就是"人伦",即人的道德观念。人之所以为人,就是因为人是有道德观念的。人如果吃得饱、穿得暖、住得好而没有道德修养,那就和禽兽差不多了。在孟子看来,人和动物的本质区别就在于人是有道德观念的。也就是说,他从道德观念上已经发现了"人"。这是前无古人的。《礼记·曲礼》上固然说过:"圣人作礼以教人,使人以有礼,知自别于禽兽。"这种论述没有摆脱"礼"的束缚,所以还不能说是真正地发现了"人"。大约与孟子同时,古希腊的哲学家亚里斯多德说过:"人是社会动物。"(《政治论》第1卷,第1章)但在他们之前,大概还没有人接触到人的社会性问题。人的社会性就是人的本质。社会性不等于人的生理本能。告子就曾把人的生理本能"食色"看成人的本质,说"生之谓性"。孟子反驳告子说:"牛之性犹人之性与?"(《孟子·告子上》)他虽然不懂得人的本质就在于"它是一切社会关系的总和"(人的本质是不是这样,当然可以作为一个学术问题来讨论。今天我们仍然不能说对人的本质已经有了准确无误的全面认识),但却从道德观上发现了"人"的社会性,这实际上也是人类的一种自我意识。马克思说:"自我意识是人在纯思维中和自我平等。平等是人在实践领域中对自我的意识,也就是人意识到别人是和自己平等的人,人把别人当做和自己平等的人来看待。平等是法国的用语,他表明人的本质的统一,人的类意识和类行为,人和人的实际的同一,也就是说,它表明人对人的社会的关系或人的关系。"(《马克思恩格斯全集》第2卷,第48页)所谓"自我意识",是德国的用语,它以抽象思维的形式来表达人与人的社会关系。这种社会关系,用政治和思维直观的语言表达出来,就是法国用语的"平等"二字。孟子似乎意识到这一点,他说:"爱人者,人恒爱之;敬人者,人恒敬之。"(《孟子·离娄下》)意思是爱别人的人,别人经常爱他,尊敬别人的人,别人经常尊重他。这里已意识到别人是和自己平等的人,已经有了人的类意识和类行为。孟子把人的类意识称为"仁",把人的类行为称为"义"。他说:"仁,人心也,义,人路也。舍其路而弗由,放其心而不知求,哀哉!"(《孟子·告子上》)在他看来,舍弃了类意识和类行为的人是可悲的。因为这种人不懂得"人的本质的统一",

还是一个缺乏自我意识的人。从这种批评可以看出,孟子初步地发现了"人"。

第四节　性善论

性善论是孟子发现"人"的理论基础,它的提出把儒学关于人性问题的探讨推向了高潮。在儒学发展史上,孔子虽然首先提出了人性的问题,但他并没有明确指出性是善还是恶的。有些个别的论述,如"苟志于仁矣,无恶也"(《论语·里仁》),尽管流露出性善的倾向,但也不够明确。在儒家八派中,大概是"漆雕氏之儒"最早提到性的善恶问题。据《论衡·本性》记载,"周人世硕,以为人性有善有恶,举人之善性,养而致之则善长;性恶,养而致之则恶长。如此,性各有阴阳,善恶在所养焉。故世子作《养书》一篇。密子贱、漆雕开、公孙尼之徒,亦论情性,与世子相出入,皆言性有善有恶。"世硕、密子贱、漆雕开、公孙尼子都是孔子的弟子,属"漆雕氏之儒"一派。他们认为,人性是"有善有恶"的,其关键在于"养而致之"。到战国时期,在"百家争鸣"的形势下,人性问题的争论变得尖锐起来。孟子的学生公都子在一次提问中透露了这种形势:"告子曰:'性无善无不善也。'或曰:'性可以为善,可以为不善;是故文武兴,则民好善;幽厉兴,则民好暴。'或曰:'有性善,有性不善;是故以尧为君而有象,以瞽瞍为父而有舜,以纣为兄之子,且以为君,而有微子启、王子比干。'"(《孟子·告子上》)孟子力排众议而提出了性善论,在当时与告子发生了一场激烈的争论。告子说:"性犹湍水也,决诸东方则东流,决诸西方则西流。人性之无分于善不善也,犹水之无分于东西也。"(同上)在他看来,人性好比急流水,从东方开口便向东流,从西方开口便向西流。人的没有善不善的定性,犹如水的没有东流西流的定向一样。孟子反驳说:"水信无分于东西,无分于上下乎? 人性之善也,犹水之就下也。人无有不善,水无有不下。今夫水,搏而跃之,可使过颡;激而行之,可使在山。是岂水之性哉? 其势则然也。人之可使为不善,其性亦犹是也。"这是说,水诚然没有东流西流的定向,难道也没有向上或者向下的定向吗? 人性的善良,正好像水性的向下流。人没有不善良的,水没有不向下流的。当然,拍水使它跳起来,可以高过额角;戽水使它倒流,可以引上高山。这难道是水的本性吗? 形势使它如此的。人之可以使他做坏事,本性的改变也正像这样。有的学者指出:"如果说孔子的'性相近也,习相远也'(《论语·阳货》),还只是对人性问题的朦胧意识,那么孟子的'性善论'则达到了探讨人性的高潮,既在实证意义上肯定了人作为'类'是与其它'类'有着不同质的本性,又从价值观上肯定了人是高于其它'类'的,并充分强调了人性的理想性,道德自觉的重要性和伦理力量的能动性,基本上完成了中国哲学史上从自然(被宗教形式歪曲的)到人的第一次转折。"(黄卫平:《孟子性善论新探》,见《中国哲学》第12辑,第32—33页) 这种看法是有一定道理的。

既然如此,那么孟子性善论的基本内容是什么呢? 他说:"乃若其情,则可以为善矣,乃所谓善也。若夫为不善,非才之罪也。恻隐之心,人皆有之;羞恶之心,人皆有之;恭敬之心,人皆有之;是非之心,人皆有之。恻隐之心,仁也;羞恶之心,义也;恭敬之心,礼也;是非之心,智也。仁义礼智,非由外铄我也,我固有之也,弗思耳矣。故曰:'求则得之,舍则失之。'或相倍蓰而无算者,不能尽其才者也。"(《孟子·告子上》) 这里首先用"才"和"情"来说明人的"性"。关于"情",戴震在《孟子字义疏证》中解释说:"情犹素也,实也。"也就是说,"情"是人的一种素质。而"才"呢? 《说文》云:"才,草木之初也。"草木之初曰才,人初生之情亦可曰才。所以,"才"和"性"就是人初生时的一种素质。这种素质可以使他善良,因而说人的本性是善良的。至于有些人不善良,那不能归罪于他初生时的素质,而是他不能充分发挥这种素质的缘故。其次,孟子也把这种素质归结为人人都有的一些心理状态,如"恻隐之心"、"羞恶之心"、"恭敬之心"、"是非之心"。这些心理状态,属于"仁"、"义"、"礼"、"智"的四种美德,也就是"善"的具体内容。最后,他又指出"善"不是外人给与的,而是自己内心所具有的。只要向内心探求,就会得"善";否则,便会失去"善"。失掉"善"后,人就不成其为人了。所以,孟子又指出:"由是观之,无恻隐之心,非人也;无羞恶之心,非人也;无辞让之心,非人也;无是非之心,非人也。恻隐之心,仁之端也;羞恶之心,义之端也;辞让之心,礼之端也;是非之心,智之端也。人之有是四端也,犹其有四体也。有是四端而自谓不能者,自贼者也;谓其君不能者,贼其君者也。凡有四端于我者,知皆扩而充之矣,若火之始然,泉之始达。苟能充之,足以保四海,苟不充之,不足以事父母。"(《孟子·公孙丑上》)这里除了把有无"四心"作为人与非人的分水岭外,还把"四心"称为"仁之端"、"义之端"、"理之端"、"智之端"。所谓"端",就是萌芽或发端,这实际是由孔子开其端的道德心理学的延续和发展。而"四心"就是"四德"的萌芽或发端,这同前面所谓的"四心"即"四德"是否矛盾呢? 表面看来,是有一点矛盾的。但仔细分析,还是不矛盾的。因为前面讲的"四心"即"四德",是从"才"的意义上说的。而"才"本身就有"初"的意思,也说的是萌芽或发端。这种萌芽或发端的"四心"到成熟形态的"四德",还有一个"扩而充之"的过程。如果能够扩充,那萌芽或发端就会像刚刚燃烧的火一样是不可扑灭的,也犹如刚刚流出的泉水而终究要汇成大河一样。倘若不能扩充,那萌芽或发端就像五谷的良种一样,非但不能生长和成熟,而且连稊米、稗子都不如。这就是孟子所谓的:"五谷者,种之美者也;苟为不熟,不如荑稗。夫仁,亦在乎熟之而已矣。"(《孟子·告子上》,下同)不仅"仁"的关键在于"扩而充之"使它成熟,而且"义"、"礼"和"智"也不例外。

孟子的性善论,是对人的本质认识的一种深化。人是世界上最复杂的存在物,是物质运动的最高产物。这种最高产物的本质,是一个多层次的运动着的综合结构,是变化着的人与自然、人与社会、人与思想的复杂关系中所形成的生命活动的性质,是人的自然属性、社会属性和心理属性在实践中的统一。人类对自身本质的认识,较之对自然界本质的认识,是后起的事。这是因为,只有人的社会存在即人的社会关系有了一定程度的发展时,人类对自身本质的认识才会提到人的认识日程上来。人类对自身本质的认识,同对自然界本质的认识一样,是有层次的不断深化之过程:由初级的本质到二级的本质,由二级的本质到三级的本质,这样不断加深下去,以至于无穷。这种逐级深化的过程,在逻辑上表现为一个范畴的系列。以先秦而论,周公的"德"、孔子的"仁"和孟子的"性",就构成了这样的一个系列。再从对"性"的认识来看,由自然属性到社会属性再到心理属性,也是一个逐级深化的过程。告子认识到人的自然属性,如说:"食色,性也。"但他忽视了人的社会属性,从而混淆了人与动物的本质区别。孟子则认为,人与动物的本质区别在于人是有社会属性的,而动物没有。但他并没有忽略人的自然属性,而是从人的自然属性深入到人的社会属性,在认识上达到了比较高的层次。他说:"人之于身也,兼所爱。兼所爱,则兼所养也。无尺寸之肤不爱焉,则无尺寸之肤不养

也。所以考其善不善者,岂有他哉? 于己取之而已矣。体有贵贱,有
小大。无以小害大,无以贱害贵。养其小者为小人,养其大者为大
人。……饮食之人,则人贱之矣,为其养小以失大也。饮食之人无有
失也,则口腹岂适为尺寸之肤哉?"在这里,他把人性区分为大体和
小体两种:大体是指人的社会属性,即仁、义、礼、智的道德,小体是指
人的自然属性,即耳、目、口、腹之欲等。他认为,人的自然属性和社
会属性既有区别,又有联系。他并没有一般地否认人的自然属性,而
是认为人的自然属性应该受社会属性的制约。如说:"先立乎其大者,
则其小者弗能夺也。"意思是为吃喝而活着的人,如果不失去仁、义、
礼、智的道德,那他们所养的口腹岂只是自然属性的皮肤肌肉吗? 不
是。这种皮肤肌肉已成为人的社会属性这种高级运动方式的载体,
表现出比自然属性更高的意义。这种认识是深刻的。如果人的自然
属性不受社会属性的制约,那人类将会退化为动物。但是,孟子把人
的社会属性理解为仁、义、礼、智的道德范畴,未免太狭窄了,而且又
把这些道德观念归结为心理状态,这就有了偏颇。然而,从对人性的
认识来看,这又深入了一层,因为孟子试图探讨人的心理属性。这种
探讨使人的道德更富有自觉性,说明人的本质已经不仅是消极地决
定于社会现实,而还要积极能动地去反作用于现实。人的本质的社
会化和心理化,正是人类对自身本质认识深化的表现。

　　孟子对人的本质认识的深化,是当时生产方式变更的历史反映。
他处在战国时期,奴隶制向封建制急剧转变。新的封建制生产方式
的出现,改变了人们的社会关系,使人的本质呈现出新的内容。如果
说"人"是类的存在物,那这种活生生的"类"在私有制出现之后,并
没有能够得到实现,而且被扭曲异化了。在私有制初期的奴隶社会
中,野蛮的分化使少数奴隶主贵族占有社会与思维一方,只从事社会

活动和脑力活动,多数奴隶被强迫从事繁重的体力劳动,只占有自然一方,完全被排斥在社会和思维活动之外,丧失了作为"人"的社会与思维的本质。他们的产品与人身都不属于自己所有,被剥夺了自身的人的本质与对象化自身本质的产物,仅仅被作为会说话的牲口,完全剥夺了他们享有法律、道德的权利和义务。但是,"随着新生产力的获得,人们改变自己的生产方式,随着生产方式即保证自己生活的方式的改变,人们也就会改变自己的一切社会关系"(《马克思恩格斯选集》第1卷,第108页)。封建生产关系的萌芽和确立,逐步改变了奴隶社会人与人残酷的社会关系。在封建生产方式中生存的占人口绝大多数的农民,人身比奴隶较有保证,也能少部分支配自己的产品。这就部分地实现了自身本质和对象化的一致,使他们的人之本质得到部分的现实肯定,表现出封建生产方式比奴隶生产方式的社会进步性。在社会变革和物质生产过程中逐步发展和崛起的劳动人民,作为统治者所必须依赖的对象,他们的力量和重要性也逐步为社会所承认。例如,从《左传》的民本思想到孟子的民本主义,都充分地说明这一点。百姓不再是会说话的牲口,而成了社会的"人",在法律和道德上享有一定的权利和义务。这不是某个人的主观意志,而是生产方式发展的必然结果。孟子的性善论以普遍的形式提出了"四德"、"四端",把"人"视为社会现实和心理状态的同类,认为人人都有法律和道德的一定权利和义务,正是对这种人的本质在新的历史条件下得到部分实现的一种反映。但封建生产方式,特别是中国的封建生产方式,仍然严重地保留有奴隶制社会的氏族血缘关系,从而形成桎梏一切的封建宗法制。因而孟子对"人"之发现亦带有很大的局限性。在他的道德范畴上印盖着血缘关系的烙印,使宗法和家族统治具有道德的约束力,同时他关于"天爵"与"人爵"之分,以及"君子"与"小人"之分,有时被说成是先天注定的,从而削弱了他主张发挥主观精神作用的理论意义。

概括言之,孟子性善论的积极意义,主要在于他提出了人类以自身为本位的价值尺度。这种价值尺度试图揭示人与动物的本质区别和人类本质的平等。孟子在提出这种价值尺度时,既考虑到人的自然属性,又考虑到人的社会属性和心理属性。也就是说,他的价值尺度是多种要素的统一,而不是单质的。如果是单质的,像告子那样把人性简单化为"食色之性",那就无法揭示人与动物的本质区别。然而,人的"食色之性"从一开始就与动物不同。其所以不同,是因为人的自然属性一开始就与人的社会属性、心理属性不可分割地构成了多样性的统一体。告子认识不到这一点,而把人性简单地归结为"食色之性",这就抹煞了人性,同时也大大贬低了人的价值。人的主要价值在于,他是具有社会属性和心理属性的。从这个意义上来说,人类不仅区别于动物,而且高出于动物。也不仅如此,孟子还认为人作为"类"的本质是平等的。在他看来,人们在道德境界上的差别决非先天决定的,而是由于后天个人主观努力不同而造成的,"尧舜与人同耳"(《孟子·离娄下》),"圣人,与我同类者"(《孟子·告子上》),"圣人之于民,亦类也,出乎其类,拔乎其萃"(《孟子·公孙丑上》)。圣人之所以高出同类,是他主观努力的结果。人只要主观上努力,都有可能成为圣人。因而,他得出了"人皆可以为尧舜"(《孟子·告子下》)的结论。从这个结论可以看出,性善论是对于完美人性的向往和追求,也可以说它是一种理想主义的人性论。孟子提出这种人性论是自然的。因为人类认识世界归根到底无非就是为了改善自身生存和发展的条件,使人类自身生活得更加美好。换句话说,追求美好的和自由的生活,是人类的内在本性之一。但是,生活在现实世界

中的人,客观上又往往受到自然和社会各种因素、各种力量的束缚,
其活动和生活常常是不自由的。应该怎样对待这种现实,怎样看待
人的这种境况,怎样认识人的生存和人的生活的意义,怎样争取实现
自由和美好的生活,从哲学上来说,对这些问题的探索,实际上也就
是对人的价值的认识。孟子把"善"作为价值的标尺,而这一标尺并
不是实际存在的人性,但作为一种理想的人性,却有助于激发人们看
出自身现实存在的种种不足,因而努力加以克服。"善"的发现是人
学上的一个新阶段,这是孟子的贡献。与荀子那种颇有现实主义味
道的"性恶论"比较,孟子的性善论则更富有浪漫主义色彩,坚信人
的本质总是趋向于理想人性的。性善论不仅是一种理想主义的人性
论,而且是一种理性主义的人性论。孟子是提倡理性而贬低感性的,
他认为"君子"和"小人"的"善端"本来相同,其差别就在于前者要
求首先诉诸思维器官,而后者则只贪图满足感觉器官。在他的眼中,
"人"首先是有理性的。如果丧失理性,那人就会沦为衣冠禽兽。强
调理性是对的,但如果将理性夸大为至高无上,那就潜伏着将封建伦
理绝对化的倾向,从而在一定的历史条件下,使之演变成为压迫和奴
役人的外在权威,形成一种特殊的人之异化——伦理异化。这种异
化在孟子那里还是不明显的,但也露出了苗头。尽管如此,他仍不失
为战国思想上第一个对人性作出系统思考的人,从而建立了人类以
自身为本位的价值评判标准。

第五节　辩证思维

　　孟子对人学的贡献,是与其辩证思维密切相关的。例如他的人
性论,就是通过对"类"的辩证思维而建立起来的。他曾借用有若的

话说:"麒麟之于走兽,凤凰之于飞鸟,太山之于丘垤,河海之于行潦,类也。圣人之于民,亦类也。"(《孟子·公孙丑上》)意思是麒麟对于走兽、凤凰对于飞鸟、太山对于土堆、河海对于小溪、圣人对于百姓,都是同类的。言下之意,类与类之间又是各不相同的。如人类与鸟类、兽类等,就有本质上的不同。告子看不到这种不同,而笼统地讲"生之谓性",认为只要是生理本能都可以称为"性"。这如同把一切白色的东西都称为"白"一样,用"白"否定了不同类事物之间的本质区别。孟子反驳说:"白羽之白也,犹白雪之白;白雪之白,犹白玉之白与?""犬之性如牛之性,牛之性犹人之性与?"(《孟子·告子上》,下同)在他看来,白色的羽毛、白色的雪花、白色的玉石都是不同类的东西,是不能用"白"来笼而统之的。人之性与牛之性、犬之性也是不同类的东西,更不能用"生之谓性"而把它们混为一谈。既然如此,那同类的东西又如何呢?孟子说:"凡同类者,举相似也。"所谓"相似",就是大体相同。例如,不看脚样去编草鞋,也不会编成筐子。草鞋的样子相似,是因为人的脚大体相同。所以,他的结论是:"口之于味也,有同耆焉;耳之于声也,有同听焉;目之于色也,有同美焉。至于心,独无所同然乎?心之所同然者何也?谓理也,义也。"这是讲人类的共同性。如口对于味道,有大体相同的嗜好;耳对于声音,有大体相同的听觉;眼对于颜色,有大体相同的美感。至于心理状态,难道就没有大体相同之处吗?如果有,那又是什么呢?是"理",是"义"。正因为人心都倾向于"理"和"义",所以"人之性"本来都是"善"的。既然人性皆善,为什么有的人会沦为异乎常人的衣冠禽兽,而有的人却成为"出乎其类,拔乎其萃"(《孟子·公孙丑上》)的圣人呢?这与主观的努力和环境的影响有关。孟子说:"富岁,子弟多赖;凶岁,子弟多暴,非天之降才尔殊也,其所以陷溺其心者然也。今夫麰麦,播种而耰之,其地同,树之时又同,浡然而生,至于日至之时,皆熟矣。虽有不同,则地有肥硗、雨露之养、人事之不齐也。"(《孟子·告子上》)丰收年成,少年子弟多半懒惰;灾荒年成,少年子弟多半强悍,这不是他们最初的素质不同,而是由于环境使他们心情变坏的缘故。以大麦作比喻,播了种,耪了地,如果地土一样,种植的时候一样,便会蓬蓬勃勃地生长,最迟到夏至,都会成熟的。纵然有所不同,那是由于地土的肥瘠、雨露的多少、人工的勤惰不同而造成的。人的道德修养也是这样,既与环境影响有关,也与主观努力有关。如果环境影响相同,那主观努力就成为决定性的因素。在孟子看来,人与人之间的差别就是这样造成的。由此可见,他所谓的"类同",不是绝对的等同,而是大体相同。大体相同就是"相似","相似"之中又有不同。因而他说:"物之不齐,物之情也。"(《孟子·滕文公上》)以鞋而论,陈相认为鞋的大小一样,价钱就应该相同。孟子则反驳说:"巨屦小屦同贾,人岂为之哉?"(同上)赵岐注云:"巨,粗屦也;小,细屦也。"这里的"巨"、"小",都是指鞋的质量好坏而言的。纵然鞋的大小一样,也有好坏之分。好鞋和坏鞋是一个价钱,谁肯干呢? 这说明,他从"类同"中又看到了不同。如果说"类"是事物的一种共同性,那么这种共同性是从事物的不同性中概括出来的;而这种被概括出来的共同性,又用于探索事物的新的不同性。从认识论来看,这是一种辩证的思维方式。

孟子通过辩证思维,阐述了事物的矛盾性及矛盾的转化。他所谓的"物之不齐",就是指事物的矛盾性而言的。事物的大小、好坏、美丑,人的有为和不为、忧患和安乐、生与死、知识上的博与约等,都是矛盾的表现。对于这些矛盾,孟子都能进行辩证的思维。他说:"博学而详说之,将以反说约也。"(《孟子·离娄下》)在知识的问题

上,"博"与"约"是相反相成的。有了"博"才有"约",无"博"则无
"约"。这就说明"博"与"约"的辩证关系,克服了老子所谓"知者不
博,博者不知"的片面性。孟子又说:"人之有德慧术知者,恒存乎疢
疾。独孤臣孽子,其操心也危,其虑患也深,故达。"(《孟子·尽心
上》)这就是说,人之所以有道德、智慧、技术和知识,经常是由于他处
于灾患之中。只有那孤立之臣、庶孽之子,由于他们时常提高警惕,
考虑患害也深,所以才通达事理。由此他得出了"生于忧患而死于
安乐"(《孟子·告子下》)的结论,意思是忧愁患害足以使人生存,
而安逸快乐足以使人死亡。这个结论是深刻的,闪耀着辩证思维的
光辉。他还说:"人有不为也,而后可以有为。"(《孟子·离娄下》)
"有为"和"不为"也是辩证的统一,有所不为才能有所作为。孟子
还认识到矛盾双方有主次之分,如说:"夫志,气之帅也;气,体之充
也。夫志至焉,气次焉。"(《孟子·公孙丑上》)对于人来说,"志"
是主要的,是"气之帅";"气"是次要的,是"体之充"。这两方面是
相互作用的,一方变化必然引起另一方的变化。所以,他说:"志壹
则动气,气壹则动志也。今夫蹶者趋者,是气也,而反动其心。"(同
上)这既看到了矛盾主要方面对次要方面的决定作用,又看到了次要
方面对主要方面的反作用。正因为如此,矛盾双方在一定条件下是
相互转化的。拿美与丑来说,"西子蒙不洁,则人皆掩鼻而过之,虽有
恶人,斋戒沐浴,则可以祀上帝"(《孟子·离娄下》)。在一定的条件
下,原来美的可以变成丑的;而原来丑的,经过主观努力,可以变成美
的。不仅美丑如此,大小也不例外。孟子和齐宣王关于"囿"之大小
有过这样一段对话:"齐宣王问曰:'文王之囿方七十里,有诸?'孟子
对曰:'于传有之。'曰:'若是其大乎?'曰:'民犹以为小也。'曰:'寡
人之囿方四十里,民犹以为大,何也?'曰:'文王之囿方七十里,刍荛

者往焉,雉兔者往焉,与民同之。民以为小,不亦宜乎? 臣始至于境,
问国之大禁,然后敢入。臣闻郊关之内有囿方四十里,杀其麋鹿者如
杀人之罪。则是方四十里为阱于国中。民以为大,不亦宜乎? ’”(《孟
子·梁惠王下》) 周文王的狩猎场纵横各七十里,齐宣王的狩猎场纵
横各四十里,前者大而后者小是不言自明的。但由于“文王之囿”能
“与民同之”,而齐宣王之囿不仅不能“与民同之”,而且像陷阱一样坑
害百姓,所以老百姓自然认为文王之囿小,而认为齐宣王之囿大了。
由此可见,大小在一定条件下是可以相互转化的。

　　孟子的矛盾转化思想是积极的,因为他看到了矛盾转化的条件。
他把这个条件称为“时”,如说:“不违农时,谷不可胜食也;数罟不入
洿池,鱼鳖不可胜食也;斧斤以时入山林,材木不可胜用也。……五
亩之宅,树之以桑,五十者可以衣帛矣。鸡豚狗彘之畜,无失其时,
七十者可以食肉矣。百亩之田,勿夺其时,数口之家可以无饥矣。”
(《孟子·梁惠王上》) 在他看来,只有重视并利用客观条件,才能发展
生产而造福于民。不仅如此,他还认为客观条件是可以创造的。拿
楚人学齐语来说,“一齐人傅之,众楚人咻之,虽日挞而求齐也,不可
得矣;引而置之庄岳之间数年,虽日挞而求其楚,亦不可得矣”(《孟
子·滕文公下》)。这就是说,一个齐国人教他,却有许多楚国人在打
扰,纵使每天鞭打他,逼他说齐国话,那也是做不到的;假若带他到临
淄庄街岳里的闹市,住上几年,纵是每天鞭打他,逼他说楚国话,那也
是做不到的。由此可见,客观条件不仅重要,而且可以去创造。在这
里,孟子是重视人的主观能动性的。

　　孟子强调,人的主观能动性之发挥是以客观条件为前提的。如
果忽视客观条件,那就会落得个“拔苗助长”的结果。他说:“宋人有
闵其苗之不长而揠之者,芒芒然归,谓其人曰:‘今日病矣! 予助苗长

矣!'其子趋而往视之,苗则槁矣。天下之不助苗长者寡矣。以为无益而舍之者,不耘苗者也;助之长者,揠苗者也——非徒无益,而又害之。"(《孟子·公孙丑上》)这里批评了两种错误的做法:一种是在客观条件面前无能为力,"以为无益而舍之",这是一种偷懒思想;另一种是不顾客观条件而"揠苗助长",这样蛮干不仅徒劳无益,而且会有害于事物。他的这些矛盾转化思想,比老子积极得多。老子虽然看到了矛盾的转化,但却忽视了转化的条件。孟子则不同,他非常强调人的主观能动性。有一次,他问齐宣王:"邹人与楚人战,则王以为孰胜?"齐宣王答道:"楚人胜。"他劝告齐宣王说:"然则小固不可以敌大,寡固不可以敌众,弱固不可以敌强。海内之地方千里者九,齐集有其一。以一服八,何以异于邹敌楚哉?盖亦反其本矣。今王发政施仁,使天下仕者皆欲立于王之朝,耕者皆欲耕于王之野,商贾皆欲藏于王之市,行旅皆欲出于王之途,天下之欲疾其君者皆欲赴诉于王。其若是,孰能御之?"(《孟子·梁惠王上》)在他看来,一个小、寡、弱的国家,只要统治者发挥主观能动性,努力创造有利条件,"发政施仁",改变敌大我小、敌众我寡、敌强我弱的不利局面,就能够取得胜利。

孟子通过辩证思维,还认识到事物量变和质变的区别。他认为,在一定范围内,事物量的变化是不会引起事物质的变化的。如说:"填然鼓之,兵刃既接,弃甲曳兵而走。或百步而后止,或五十步而后止。以五十步笑百步,则何如?"(同上)意思是战鼓咚咚一响,枪尖刀锋刚接触,就抛下盔甲拖着兵器向后逃跑。有的一口气跑了一百步停住脚,有的一口气跑了五十步停住脚。那些跑五十步的人竟然耻笑跑一百步的人,说他胆子太小,行不行呢?当然不行。因为他只不过没有跑够一百步罢了,但这也是逃跑。二者虽有量的区别,但却没有质上的不同。所以,"以五十步笑百步"是没有什么意义的。但孟子并没有否认量变的重要性,相反他还认为质变必须以一定量的积累为前提。他说:"仁之胜不仁也,犹水胜火。今之为仁者,犹以一杯水救一车薪之火也;不熄,则谓之水不胜火,此又与于不仁之甚者也,亦终必亡而已矣。"(《孟子·告子上》)也就是说,"仁"胜"不仁",正像水可以灭火一样。如今行仁义的人,好像用一杯水来救一车柴的火焰;火焰不熄灭,便说水不能灭火,这些人又和很不仁的人相同了,结果连他们已行的那点仁都会丢掉。在孟子看来,仁胜不仁、水胜火是必然的,但如果没有一定量的积累为前提,其必然性也不能实现。总之,量变不等于质变,没有量变就不能引起质变。这里的关键在于,如何把握量变和质变的界限。

　　孟子认为,把握量变和质变的界限的关键是"执中"而有"权"。这种思维方式,是从孔子那里继承而来的。孔子认为,只有"执中"才能做到"无过不及"。前面已指出,"中"是人格完善的最佳尺度,从哲学上来看则是量变和质变的界限。"不及"是没有达到这个界限,"过"是超过了这个界限。"过犹不及",这两种情况都是不好的。从伦理观来看,"过犹不及"都不是人格完善的表现。要使人格趋于完善,就要懂得"执中"之道。有人觉得,"中道"这个标准虽然是最佳尺度,但有点高不可攀。如公孙丑说:"道则高矣,美矣,宜若登天然,似不可及也,何不使彼为可几及而日孳孳也?"(《孟子·尽心上》)他所谓的"道",是指"中"这个人格完善的最佳尺度而言的。意思是这个尺度定得太高了,似乎高不可攀。为什么不使它变成可以有希望攀求的,而叫别人每天去努力呢?孟子回答说:"大匠不为拙工改废绳墨,羿不为拙射变其彀率。君子引而不发,跃如也。中道而立,能者从之。"这是说,高明的工匠不因为拙劣工人改变或者废弃规矩,羿也不因为拙劣射手变更拉开弓的标准。君子教导别人正如射手张满了弓,却不发箭,作出跃跃欲试的样子。他确立了"中"的高标准,有能力的跟着来学。这实际上就是孔子的"执中"而教。孟子坚持并发展了这一点,他说:"中也养不中,才也养不才,故人乐有贤父兄也。如中也弃不中,才也弃不才,则贤不肖之相去,其间不能以寸。"(《孟子·离娄下》)意思是掌握"中"的人应该教育熏陶那些没有掌握"中"的人,有才能的人应该教育熏陶那些没有才能的人,所以人人都喜欢有个好父兄。如果掌握"中"的人不去教育熏陶那些没有掌握"中"的人,有才能的人不去教育熏陶那些没有才能的人,那么,所谓好或不好,他们中间的距离也相近得不能用分寸来计量了。简而言之,如果不"执中"而教,那好与不好就没有什么标准了。这样一来,"贤"与"不肖"难以分辨,也就无法"举贤"了。

孟子说:"汤执中,立贤无方。"(同上)郑玄注云:"方,常也。"焦循《正义》说:"惟贤则立,而无常法,乃申上'执中'之有权。""权",也是孔子提出的一个概念。他说:"可与立,未可与权。"(《论语·子罕》)意思是可以同他一道事事依礼而行的人,未必可以同他一道通权达变。通权达变就是不拘常规,而无不合于仁义,这已经达到修养的最高境界了。对于这一点,孟子也有具体的发挥。有一次,淳于髡问他:"男女授受不亲,礼与?"他回答:"礼也。"淳于髡又问:"嫂溺,则援之以手乎?"孟子说:"嫂溺不援,是豺狼也。男女授受不亲,礼也,嫂溺,援之以手者,权也。"(《孟子·离娄上》)在他看来,"男女授受不亲"虽然是"礼"的规定,但嫂嫂掉落水中,如果不用手拉她,那她就可能被淹死,这就违背了"仁",是豺狼的行径。因此,"嫂溺"应该"援之以手",这就是通权达变。如果说"中"是原则性,那"权"就是灵活性。只有把原则性和灵活性结合起来,才是辩证的思维方式。

孟子说:"杨子取为我,拔一毛而利天下,不为也;墨子兼爱,摩顶放踵利天下,为之;子莫执中,执中为近之。执中无权,犹执一也。所恶执一者,为其贼道也,举一而废百也。"(《孟子·尽心上》)他比较了杨朱、墨子和子莫三个人的思想,认为杨朱"为我"是不及,墨子"兼爱"是过激,而子莫"执中"则近于正确。但"执中"不懂得"权"变,那就和"执一"差不多了。"执一"就是执着一点而不顾其他,这种思维方式也是错误的,因为它有害于仁义之道,其结果是"举一而废百"。用现在的哲学语言来说,"举一而废百"就是"只见树木而不见森林",也是片面性的一种表现。有了这种片面性,就会固执于统一的原则性,而不懂得灵活的多样性。所以,"执中有权"即把单一和多样加以结合。

孟子还发展了孔子的"叩其两端"(《论语·子罕》)的辩证思维方式。这种发展,主要表现在他建立了由两端另立标准理由的新形式。例如,齐大夫陈贾说:"周公使管叔监殷,管叔以殷畔。知而使之,是不仁也;不知而使之,是不智也。仁智,周公未之尽也"。(《孟子·公孙丑下》)他设计出这样一个两端式来让孟子解答,孟子认为周公是"不知而使之"。他又追问:照此说来,像周公这样的圣人也还会犯错误吗?孟子回答道:"周公,弟也;管叔,兄也。周公之过,不亦宜乎?且古之君子,过则改之;今之君子,过则顺之。古子君子,其过也,如日月之食,民皆见之,及其更也,民皆仰之。今之君子,岂徒顺之,又从为之辞。"(同上)意思是这并非"知不知"的问题,而是兄弟间的恩情问题。所以,周公犯的错误是合乎情理的,况且他"过则改之",这有什么可以指责的呢?孟子没有完全按形式逻辑来推论,因为这样会陷入自相矛盾的境地。他以兄弟关系来推论,参进了伦理原则的理由。这就突破了形式逻辑的狭隘界限,进入了辩证思维的领域,从而建立了由两端另立标准理由的新形式。当然,孟子的辩证思维还是朴素的甚至夹杂着许多唯心主义和形而上学的成分,但这些决不能掩盖他那智慧的光辉。可惜的是以往研究孟子思想的人,除了个别的外,大多数都未能给予足够的重视,以致忽略了他那丰富多彩的辩证思维。现在是认真发掘这份珍贵遗产的时候了!

第三章　荀子关于人学的理论

荀子(约公元前313—前238年),名况,字卿,又称孙卿,赵国郁(今山西省临猗县)人,战国末期儒家学派的主要代表。他早年曾游学于齐,据应劭《风俗通义·穷通》记载:"齐威、宣王之时,……孙卿有秀才,年十五始来游学。"在稷下学宫,他听过当时一些著名学者如宋钘、环渊、慎到等的讲学。他屡称宋钘为"子宋子",可能师事过宋钘。宋钘尹文学派是道家学派的一支,曾给予荀子思想以深刻影响。荀子还受过法家思想的影响,但他始终没有离开儒家的立场。他推崇孔子、子弓为"大儒",可能是子弓的私淑弟子。汪中说:"荀卿之学,出于孔氏,而尤有功于诸经。"(《荀卿子通论》)他在稷下学宫的时间很长,曾"三为祭酒"(《史记·孟荀列传》。祭酒,学宫领袖)。在范雎为秦相之后,他受聘入秦,不见用又回到齐国。他还到过赵国,与楚将临武君议兵于赵孝成王前。其间,受楚相春申君委任做过兰陵(今山东省兰陵县)令。"春申君死而荀卿废,因家兰陵。……著数万言而卒,因葬兰陵。"(《史记·孟荀列传》)他的一生,主要从事教学和著述。其著名的弟子有韩非和李斯等人。其著为《荀子》,该书三十二篇,除书末六篇是弟子所作外,大都出于荀子的手笔。从《荀子》可以看出,他对早期儒学人学的发展,作出了理论贡献。他发现了自觉的"人",提出了人"最为天下贵"的命题和性恶论,还分析了人的认识能力,具有比较丰富的辩证思维。

第一节　发现了自觉的"人"

　　荀子对早期儒学人学的理论贡献,在于他发现了自觉的"人"。在早期儒学发展史上,孔子首先提出了"人"的问题,接着是孟子从道德观念上发现了"人"。他们对人学理论的贡献是巨大的,可以与古希腊哲学史上的智者普罗塔戈拉和苏格拉底相媲美。在古希腊,人们最初普遍重视对自然界的研究,相应地忽视(并非没有)对"人"自身的研究。自从普罗塔戈拉提出"人是万物的尺度"(《古希腊罗马哲学》,商务印书馆1961年新1版,第138页)的命题后,人们把哲学思考的注意力从自然转向了"人"。但这仅仅是个开始,直到苏格拉底创立伦理哲学,才完成了西方哲学史上从自然到"人"的第一个转折。在我国早期儒学史上,也经历过类似这样的一个转折。如果说孔子提出"人"的问题是从自然转向"人"的开始,那么,孟子从道德观念上发现了"人"则标志着这个转折的完成。但是,他们在探索"人"的问题时,比较重视人与人的关系的研究,而相应地忽视了(并非没有)人与自然的关系的研究。荀子则不同,他不仅重视人与人的关系的研究,而且重视人与自然的关系的研究,这是发现自觉的"人"的重要前提。

　　在我国古代,人与自然的关系被称为"天人之际"。但不能倒过来说,"天人之际"就是人与自然的关系。因为"天"字的意义很多,不单是指自然,还有其他的含义。朱熹说:"问经卷中天字。曰:要人自看得分晓,也有说苍苍者也,也有说主宰者也,也有单训理时。"(《朱子语类》卷1)这里讲了三种"天":一是"苍苍者",即自然的天;

二是"主宰者",即人格神的上帝,是宗教的"天";三是"理",即宇宙精神,是哲学唯心主义的"天"。在《孟子》中,这三种"天"是兼而有之的。如说:"天之高也,星辰之远也,苟求其故,千岁之日至可坐而致也。"(《孟子·离娄下》)这个"天",就是"苍苍者"的自然之天。又如"虽有恶人,斋戒沐浴,则可以祀上帝"(同上)。这个"上帝",就是"主宰者"的宗教之"天"。再如:"仁义忠信,乐善不倦,此天爵也。"(《孟子·告子上》)所谓"天爵",就是"天"的爵位。这个"天",是和宇宙精神稍有不同的一种伦理之"天"。因此,"天人之际"在孟子那里,不只是人与自然的关系,还有宗教色彩,尤其是伦理的气氛相当浓郁。他说:"修其天爵,而人爵从之。"(同上)所谓"人爵"就是公卿大夫的爵位。这种爵位是服从"天爵",而由伦理之"天"决定的。"是故诚者,天之道也;思诚者,人之道也。"(《孟子·离娄上》)这就把"天人之际"看成了"诚"和"思诚"的关系,通过人的"尽心"、"知性"和"知天",达到了"天人合一"。在孟子的思想体系里,"天"与"人"的"合一"是建立在这样的推论基础上:人的善性是"天"赋予的,因此,发挥了人的善性,也就等于"知天"了。在这样的推论中,"人"还不是自觉的,"人"依赖于"天";"人"与"天"都处于一种道德伦理的氛围中。

荀子则不同,他认为"天"是具有客观实在性的自然界。如说:"列星随旋,日月递照,四时代御,阴阳大化,风雨博施。万物各得其和以生,各得其养以成。不见其事而见其功,夫是之谓神。皆知其所以成,莫知其无形,夫是之谓天。"(《荀子·天论》)这就是说,群星相随旋转,日月轮流照耀,四时交替循环,阴阳广泛化育,风雨普遍降施。万物各自得到它们所需要的和气而生存,各自得到它们所需要的滋养而成长。由于人们看不到自然化育的形迹,却见到了它的功能,所以称之为"神"。人们都知道万物生成的道理,却不知道这种生成的无形过程,因而就把它叫作"天"。这是荀子给"天"勾出的一幅总画面。从这幅总画面可以看出:"天"是物质自然界,它具有客观实在性,由物质所构成;物质在不停地运动变化,这种运动变化虽然被称为"神",但"神"是物质的功能,并非"上帝"的作用。这就剥掉了"天"的神秘外衣,把"天"从一个虚幻不实的神秘世界,拉回到客观实在的物质自然界来了。对荀子来说,他所看到的只是自然界变化的总画面,至于变化的各种细节,还隐藏在未知的背景中。它把这个未知的背景笼统地用"神"来加以表述,正是朴素性的一种反映。

　　在认识自然界的客观必然性和规律性的基础上,荀子提出了"天人之分"的命题,从而发现了自觉的"人"。他说:"天行有常,不为尧存,不为桀亡。应之以治则吉,应之以乱则凶。强本而节用,则天不能贫;养备而动时,则天不能病;循道而不贰,则天不能祸。故水旱不能使之饥,寒暑不能使之疾,妖怪不能使之凶。本荒而用侈,则天不能使之富;养略而动罕,则天不能使之全;倍道而妄行,则天不能使之吉。故水旱未至而饥,寒暑未薄而疾,妖怪未至而凶。受时与治世同,而殃祸与治世异,不可以怨天,其道然也。故明于天人之分,则可谓至人矣。"(同上)这段话有三层含义:首先,荀子指出自然规律具有客观性,人应以正确的态度和行动来对待它。自然规律并不以社会的治乱为转移,对无论什么人都是一视同仁的。它不因有了贤明的尧就存在,也不因出了残暴的桀就消失。人们用正确的态度和行动来对待它,就能得到吉利的结果,人们用错误的态度和行动来对待它,就会得到凶险的结果。接着,荀子又指出吉凶、祸福、贫富等,在人而不在天。如果人们加强农业生产而又节约费用,那么天也不能使人贫穷;如果农业生产荒废而又奢侈浪费,那么天也不能使人富裕；如果人们的衣食给养充足而又适时活动，那么天也不能使人生病；如果衣食给养不足而又很少活动，那么天也不能使人健康。其关键在于人们是否按客观规律办事。如果遵循客观规律而不违背它，那么天也不能使人遭受灾祸。因此，水旱灾害也不能使人挨饿，严寒酷暑也不能使人生病，妖怪灾异也不能使人遭殃。如果违背客观规律而胡作非为，那么天也不能使人得到幸福。因此，水旱灾害还没有到来就已经发生饥荒，严寒酷暑还没有迫近已经发生疾病，妖怪灾异还没有发生就已经遭受祸害。生活在混乱时期的人所遇到的天时同安定时期一样，然而遭到的灾祸却与安定时期不同，这不能怨天，而是由于对待自然的不同态度和行动所造成的。最后，荀子得出一个结论：只有明白天和人的区分，才能正确处理天人关系。所以，他认为："明于天人之分，则可谓至人矣。"这是历史上多么卓越的命题！这是荀子的一种朴素的理论概括，后来马克思主义才在前人探索的基础上准确地区别了"本能的人"和"自觉的人"，这就是经常被引用的列宁的一句名言："在人的面前是自然之网。本能的人，即野蛮人没有把自己同自然区分开来。自觉的人则区分开来了。"(《哲学笔记》，人民出版社1974年版，第90页) 荀子所谓的"至人"，当然不是指本能的"人"，而是指自觉的"人"。从"明于天人之分"这一点来说，他已经发现了自觉的"人"。

　　荀子的"明于天人之分"，是对人和自然关系在理论上的深刻认识。早在春秋中期，子产就曾指出："天道远，人道迩，非所及也。"(《左传》昭公十八年) 意思是天道太遥远了，人道却是近的，二者是风马牛不相及的。这就把自然现象和社会人事区分开了，可惜这里没有更多的论证。荀子继承了这种"天人之分"的思想，在批评孟子"天人合一"论的基础上，系统地论证了"天人之分"，比较正确地解决了人和自然的关系问题,这在儒学思想发展史上是一个重大的理论贡献。但"天人之分",并不是把自然界和人绝对地分开。因为人是自然界的一部分,是来自自然界的。荀子指出:"天地者,生之始也"(《荀子·王制》),"天地者,生之本也"(《荀子·礼论》)。所谓"天地者",乃自然界也。自然界是生命之始原,一切生物都是由自然界产生出来的。人也不例外,其形体、精神都是自然变化的产物。荀子说:"天职既立,天功既成,形具而神生;好恶喜怒哀乐藏焉,夫是之谓天情。"(《荀子·天论》,下同) 意思是由于自然演化的结果,形成了人的形体;形体具备了,才产生了人的精神活动。他把人的形体、器官看作一种自然物质结构,所以称耳、目、口、形体、器官为"天官",称"心"(误认为是思维器官) 为"天君"。这些自然形成的形体、器官,是人类精神活动的物质基础。人的精神只有依赖于自然形成的形体、器官,才能存在,所以他又把喜怒哀乐等精神现象称为"天情"。人虽然依赖自然界,但人不是自然界的奴隶,而是自然界的主人。因为人在自然面前,不是像动物那样只能消极适应,而还能利用、改造、征服自然界。

荀子所发现的自觉的"人",就是"能够认识和正确运用自然规律"的人。人的自觉性首先表现在对自然界的认识上,这就是荀子所谓的"知天"。有人认为荀子是反对认识自然的,其根据是这样一句话:"唯圣人为不求知天。"我们觉得这不是反对认识自然,而是反对对自然界进行主观臆测。像孟子那样"尽心"——"知性"——"知天",用道德的"天"来代替自然的"天",这样的"知天",是荀子所反对的。但他并不笼统地反对"知天",相反倒是主张"知天"的。他所谓的"知天",是要按照自然界的本来面目去认识自然界,不能掺杂宗教和义理的成分。他说:"圣人清其天君,正其天官,备其天养,顺其天政,养其天情,以全其天功,如是,则知其所为,知其所不为矣,则天地官而万物役矣。其行曲治,其养曲适,其生不伤,夫是之谓知天。"所谓"清其天君",就是去其主观臆测。所谓"正其天官",就是不能用宗教和义理的偏见来观察自然。只有这样,才能正确地认识自然,使自然界为人类服务。荀子强调人类具有掌握自然规律、改造自然界的能力,反对在自然界面前无所作为的消极态度。如说:"大天而思之,孰与物畜而制之? 从天而颂之,孰与制天命而用之? 望时而待之,孰与应时而使之? 因物而多之,孰与骋能而化之? 思物而物之,孰与理物而勿失之也? 愿于物之所以生,孰与有物之所以成? 故错人而思天,则失万物之情。"这段充满激情的话是说,与其把天看得非常伟大而仰慕它,何不把天当作一种物来畜养、控制它? 与其顺天而颂扬它,何不掌握其规律来利用它? 与其指望天时而坐等恩赐,何不因时制宜使其为生产服务? 与其听任物类的自然繁殖,何不施展人的才能使它发生质的变化? 与其空想役使万物,何不治理它而使物尽其用? 与其盼望万物的自发生长,何不按照其规律促使它形成? 因此放弃人的主观努力而听天由命,那是不符合万物的实际情况的。荀子反对的是"大天而思之"、"从天而颂之"、"望时而待之"、"因物而多之"、"思物而物之"、"愿与物之所以生"等听天由命的消极思想,提倡的则是"物畜而制之"、"制天命而用之"、"应时而使之"、"骋能而化之"、"理物而勿失之"、"有物之所以成"等人定胜天的积极精神。他不是一般地讲人的主观能动性和自觉性,而是把人的自觉性提到了"戡天"的高度,体现了人类战胜自然的伟大气魄。

荀子的人定胜天思想之提出,与当时自然科学知识的积累和社会生产力的发展密切相关。战国时期,新的封建生产关系代替了奴隶制生产关系,推动了社会生产力的发展。农民生产积极性的提高,铁器的推广,牛耕的使用,水利的兴建,都增强了人与自然斗争的能力。农业生产的发展,充分说明了这一点。荀子指出:"今是土之生五谷也,人善治之,则亩数盆,一岁而再获之;然后瓜桃枣李一本数以盆鼓;然后荤菜百蔬以泽量;然后六畜禽兽一而剸车,鼋鼍鱼鳖鳅鳣以时别一而成群;然后飞鸟凫雁若烟海;然后昆虫万物生其间,可以相食养者不可胜数也。"(《荀子·富国》)在他看来,土壤生长五谷,一亩地就可产数盆(一种量器),一年可以收获两次;一株果树可以收到成盆成斛的果实;各种蔬菜,满泽皆是,不可数计;六畜长得肥大,一只就能装满一车;鱼鳖成群,飞鸟如云,天地间的东西多得很,供人吃穿而不尽。其关键在于"人善治之",这是当时生产力空前发展的一种生动写照。

自然科学知识的积累,也是当时生产力发展的一种反映。在天文学方面,春秋后期就出现了一种取回归年长度为365.25日、并用十九年七闰为闰周的四分历,标志着历法已经摆脱了对观象授时的依赖而进入比较成熟的时期。战国初期,各诸侯国分别使用的黄帝、颛顼、夏、殷、周、鲁六种历法,都是四分历,只是所规定的历法起算年份(历元)和每年开始的月份(岁首)有所不同。也就是说,人们可以根据已经掌握的天文知识来预推未来的历法而不致发生悬殊的误差。孟子所谓"千岁之日至可坐而致也",就是这种情况的反映。天文历算的成果有利于把"天"从宗教的迷雾中解脱出来,还它以自然的真面目。荀子的所谓"天行有常"、"天有常道",就是当时天文学成果的理论概括。在医学方面,长沙马王堆三号汉墓出土的帛书中,《足臂十一脉灸经》、《阴阳十一脉灸经》、《五十二病方》和《导引图》等篇,就是这一时期关于经脉、医方和医疗体育的专著。扁鹊是当时的名医,他创立望、闻、问、切的四诊法,用砭石、针灸、按摩、汤液、熨贴、手术、吹耳、导引等方法来医治各种疾病。人的生死寿夭，不是由"天命"决定的。荀子所谓的"养备动时，则天不能病"，就是当时医学知识的反映。在其他自然科学方面，《考工记》的化学知识，《墨经》的数学和物理学知识，都是相当丰富的。荀子所谓"物之理""可以知"（《荀子·解蔽》），"物畜而制之"，就是依据这些自然科学知识所作出的哲学结论。总之，自然科学知识的积累和社会生产力的发展，是他的人定胜天思想产生的基石，也是推动他比较正确地解决人和自然关系问题及其发现自觉的"人"的强有力的杠杆。

第二节　人"最为天下贵"

荀子对早期儒学人学的另一理论贡献，就是提出并论证了人"最为天下贵"的命题。他在探讨"人"的价值时，既注意到人与自然的关系，又注意到人与社会的关系。如说："水火有气而无生，草木有生而无知，禽兽有知而无义；人有气、有知亦且有义，故最为天下贵也。力不若牛，走不若马，而牛马为用，何也？曰：人能群，彼不能群也。人何以能群？曰：分。分何以能行？曰：义。故义以分则和，和则一，一则多力，多力则强，强则胜物，故宫室可得而居也。故序四时，裁万物，兼利天下，无它故焉，得之分义也。故人生不能无群，群而无分则争。争则乱，乱则离，离则弱，弱则不能胜物；故宫室不可得而居也，不可少顷舍礼义之谓也。"（《荀子·王制》）所谓人"最为天下贵"，是说人在天下万物中是最贵重的东西。这个命题同战国中期孙膑所谓"间于天地之间，莫贵于人"（银雀山汉墓竹简《孙膑兵法·月战》）的提法，是完全一致的。但孙膑没有加以阐发，而荀子则作了比较系统的论证。首先，他指出了人类同其他自然物一样，具有共同的物质基础——"气",甚至同某些生物一样有着类似的生理本能。但接着他又着重强调了人类的特点不在于生物学方面,而在于人是一种"能群"的动物。然而,人群不是一种自然的动物群。它指的是人的社会关系,包括分工、分职和分等级。"分"的标准是"义",还有"礼"。只有按"礼"、"义"来"分",人才能协同一致,有强大的力量去战胜自然。否则,人将分散无力,不仅无法"胜物",而且也难以生存。荀子所谓的"有义"而"能群"的人,不仅是一种合群的动物,而且是在"分"、"和"中结成了一定的社会关系的、有力量"胜物"的动物,也就是说,人是在社会中独立的动物。这种思想是他的"明于天人之分"、人定胜天的观点,在社会观方面的具体表现。在他的心目中,"人"的价值不仅要在人同自然界的分化过程中实现,还要在人与人结成的社会关系的过程中实现。

既然如此,那么,人的价值怎样在结成社会关系的过程中来实现呢?荀子的回答是:"明分使群。"他说:"离居不相待则穷,群而无分则争。穷者患也,争者祸也。救患除祸,则莫若明分使群矣。"(《荀子·富国》)这是说,人离群独居而不相互帮助,就会穷困,但"群而无分",又会相互争夺。穷困和争夺有害于人的价值实现,所以被称为"患"、"祸"。要实现人的价值,就要"救患除祸"、"明分使群"。所谓"使群",就是要使人结成一定的社会关系。但这种社会关系是以"分"为前提的,只有"明分"才能"使群"。他说:"人之生不能无群,群而无分则争,争则乱,乱则穷矣。故无分者,人之大害也,有分者,天下之本利也。"(同上)"分"之所以如此重要,是因为"分则和,和则一,一则多力,多力则强,强则胜物"。由此可见,"明分"是实现人的价值之关键所在。

荀子认为,"明分"的标准是"礼义"。前面谈到过"义",如说:"分何以能行？曰：义。故义以分。"这就把"义"作为"明分"的标准了。除"义"之外，还有一个"礼"。荀子说："人之所以为人者，何已也？曰：以其有辨也。饥而欲食，寒而欲暖，劳而欲息，好利而恶害，是人之所生而有也，是无待而然者也，是禹、桀之所同也。然则人之所以为人者，非特以二足而无毛也，以其有辨也。今夫猩猩形状亦二足而无毛也（"状"原作"笑"，"无"原脱，从俞樾校补），然而君子啜其羹，食其胾。故人之所以为人者，非特以其二足而无毛也，以其有辨也。夫禽兽有父子而无父子之亲，有牝牡而无男女之别。故人道莫不有辨。辨莫大于分，分莫大于礼。"（《荀子·非相》）这里又把"礼"作为"明分"的标准了。在他看来，"分"是一种最大的社会区别。他把这种社会区别又称为"辨"，而"辨"则是人所特有的。人之所以为人，既不在于"饥而欲食，寒而欲暖，劳而欲息，好利而恶害"，也不在于他身上无毛而长着两只脚。因为这些生理特征也是某些禽兽所具有的，如猩猩也是身上无毛而长两只脚。但禽兽却没有"父子之亲"和"男女之别"，而人则有之，这就是"辨"。"辨"的最大表现就是"分"，而"分"的标准就是"礼"。"礼"和"义"一样，都是用来调整人与人的社会关系，确保人类社会秩序免遭破坏，防止人类的离乱纷争，达到"群居和一"的目的。所以，荀子说："先王案为之制礼义以分之，使有贵贱之等，长幼之差，知愚、能不能之分，皆使人载其事而各得其宜，然后使悫禄多少厚薄之称，是夫群居和一之道也。"（《荀子·荣辱》）在他看来，"礼义"作为"群居和一之道"，是由"贵贱之等，长幼之差，知愚、能不能之分"来体现的。可见在荀子思想中，"分"即区别等级贵贱。他为封建社会的等级制确立了理论基础。

　　"礼义"的标准确立后，荀子又进一步规定了"明分"的内容。他说："贵贱、杀生、与夺，一也；君君、臣臣、父父、子子、兄兄、弟弟，一也;农农、士士、工工、商商,一也。"(《荀子·王制》)这三条就是"明分"的基本内容,它包括贵贱的社会等级关系,君臣、父子、兄弟的社会伦理关系和农、士、工、商的社会分工分职关系。荀子认为,人的价值就是在这些社会关系中实现的。以农、士、工、商的社会分工分职关系而言,他指出:"农分田而耕,贾分货而贩,百工分事而劝,士大夫分职而听,建国诸侯之君分土而守,三公总方而议,则天子共己而已矣。"(《荀子·王霸》)在他看来,农民耕田、商贾贩货、百工制器、士大夫听政、诸侯守土、三公总领地区的政事、天子无为而治,这都是社会成员的分工分职的不同。每个社会成员的生活需要都是多方面的,必须有多种技能、多种工作才能满足。可是各人的积习不同,因而每个人的技能也有所不同。一个人只能精于一技,而不能兼精数技;只能从事一种工作,而不能同时从事多种工作。所以,必须按照分工分职的原则组织起来,互相协作,互通有无,群居相待,才能满足每个社会成员的生活需要。如说:"泽人足乎木,山人足乎鱼,农夫不斫削、不陶冶而足械用,工贾不耕田而足菽粟。"(《荀子·王制》)"故百技所成,所以养一人也。而能不能兼技,人不能兼官,离居不待则穷,群而无分则争"(《荀子·富国》),所以必须"明分使群"。只有"明分使群",才能实现人的价值。因为人处于复杂的社会关系中,不仅有其自身的多种需要,也要满足他人和社会的需要。所以,人的价值既体现在自身满足他人和社会的需要方面,又体现在他人和社会满足自身的需要方面。只有把这两个方面结合起来,才能实现人的价值。荀子意识到了这一点,但他却对这种社会的分工分职关系作了片面的反映。如说:"农以力尽田,贾以察尽财,百工以巧尽械器,士大夫以上至于公侯莫不以仁厚知能尽官职,夫是之谓至平。"(《荀子·荣辱》)其实,在阶级社会中,分工分职的关系并不是一种"至平"的社会关系。荀子本人也认为,士大夫以上至于公侯天子都是所谓的"君子",而农工商则是所谓的"小人"。他说:"君子以德,小人以力。力者,德之役也。"(《荀子·富国》)意思是用力的"小人",应该受用德的"君子"役使。役使则意味着压迫和剥削,是不利于人的价值之实现的。

荀子"明分"的另一个重要内容,是要确立一种封建的社会伦常秩序。春秋时期以来,那种"君不君,臣不臣,父不父,子不子"的现象,表明了奴隶社会秩序的破坏。随着奴隶制向封建制的过渡,到了战国末期,确立封建的社会伦常秩序就成为一件刻不容缓的事情。荀子继承、改造了孔子的"君君,臣臣,父父,子子"的思想,为确立封建的社会伦常秩序作出了理论贡献。他说:"请问为人君?曰:以礼分施,均遍而不偏。请问为人臣?曰:以礼待君,忠顺而不懈。请问为人父?曰:宽惠而有礼。请问为人子?曰:敬爱而致恭。请问为人兄?曰:慈爱而见友。请问为人弟?曰:敬诎而不苟。请问为人夫?曰:致功而不流,致临而有辨。请问为人妻?曰:夫有礼则柔从听侍,夫无礼则恐惧而自竦也。此道也,偏立而乱,俱立而治,其足以稽矣。"(《荀子·君道》)这段话比较系统地概括了封建社会的伦理价值观,其理论贡献有三:一是把君臣、父子、兄弟、夫妻的关系作为伦理价值的认识对象,二是把"礼"作为伦理价值的评判标准,三是把"道"作为伦理价值实现的"引动器"。所谓"为人君"、"为人臣"、"为人父"、"为人子"、"为人兄"、"为人弟"、"为人夫"、"为人妻",就是指君臣、父子、兄弟、夫妻这些人的价值之实现。怎样才能实现呢?这就要依"礼"而行。君"以礼分施,均遍而不偏",这就实现了君的价值。臣"以礼待君,忠孝而不懈",这就实现了臣的价值。"礼"作为伦理价值的评判标准,是"足以稽"的。"稽"是"俱立"而不是"偏立",片面实行是无法确立封建的社会伦常秩序的,而全面实行才能确立封建的社会伦理秩序。这些思想在当时是有积极意义的,但荀子把它绝对化了。如说:"君臣、父子、兄弟、夫妻,始则终,终则始,与天地同理,与万世同久,夫是之谓大本。"(《荀子·王制》)事实上任何一种伦常秩序,都不可能是永恒不变的。所以绝对化是错误的,但不能因此而抹煞他为创建封建伦理秩序所立下的功劳。郭沫若在《荀子的批判》中指出:"他这些观点不用说是有所承继而来,而同时也就开启了此后二千余年的封建社会的所谓纲常名教。"(《郭沫若全集》历史编第2卷,第227页)这种纲常名教,后来被视为神圣不可侵犯的"常道"。如韩非说,"臣事君,子事父,妻事夫"就是"天下之常道"(《韩非子·忠孝》)。西汉董仲舒又把这归结为"三纲",即"君为臣纲"、"父为子纲"、"夫为妻纲",并说"天不变,道亦不变"(《汉书·董仲舒传》)。这种封建纲常像镣铐一样长期禁锢着中国人民,严重地阻碍了人的价值之实现。

荀子"明分"的核心内容,则是要确立封建的等级制度。这种等级制度,既贯穿在社会的分工分职关系中,又贯穿在封建的社会伦常秩序中。君臣、父子、兄弟、夫妻是一种伦常秩序,但其中又有尊卑贵贱的等级划分。他说:"少事长,贱事贵,不肖事贤,是天下之通义也。"(《荀子·仲尼》)君贵臣贱、父尊子卑、兄长弟少、夫主妻从,大概就是他所谓的"天下之通义"。这种"天下之通义",当然也贯穿在士农工商的分工分职关系之中。在荀子看来,农工商都是"精于物"的"小人",而士大夫以上的则是"精于道"的"君子",这种尊卑贵贱的等级差别也是很显然的。他说:"曷谓别?曰:贵贱有等,长幼有差,贫富轻重皆有称者也。"(《荀子·礼论》)所谓"称",就是贵贱、长幼和贫富各得其宜。怎样才能各得其宜呢?在荀子看来,这就需要用"礼"来给以明确的规定。所以,他又说:"礼者,贵贱有等,长幼有差,贫富轻重皆有称者也。"(《荀子·富国》)这说明,"礼"就是一种等级制度。为了给这种等级制度寻找理论根据,他探讨了"礼"的起源问题:"礼起于何也?曰:人生而有欲,欲而不得,则不能无求,求而无度量分界,则不能不争。争则乱,乱则穷。先王恶其乱也,故制礼义以分之,以养人之欲,给人之求;使欲必不穷乎物,物必不屈于欲,两者相持而长,是礼之所起也。"(《荀子·礼论》)这是说,人一生下来就有欲望,欲望得不到满足,就不能不追求;追求到没有"度量分界"的地步,就不能不发生争夺。争夺就会混乱,混乱就会穷困。先王厌恶这种混乱的局面,因而制定"礼义"来划分人和人之间的界限,在规定的界限里满足人的欲望,满足人的要求。使人的欲望决不至于把物质消耗净尽,物质也一定不会无法应付人的欲望,二者相互影响而有所增长,"礼"就是根据这种需要产生的。"礼"作为分配物质生活资料的"度量分界",实质上就是一种封建法权。它按照等级差别来分配社会产品,承认封建特权的合法性。例如,站在封建等级宝塔顶端的天子,就应该乘大辂,铺越席,闻香草,甚至为了满足其神秘感还要给画龙的大旗上挂着九条飘带。"天子棺椁十重,诸侯五重,大夫三重,士再重,然后皆有衣衾多少厚薄之数,皆有翣菨文章之等,以敬饰之,使生死终始若一,一足以为人愿。"(同上)"天子袾裷衣冕,诸侯玄裷衣冕,大夫裨冕,士皮弁服。德必称位,位必称禄,禄必称用,由士以上则必以礼乐节之,众庶百姓则必以法数制之。"(《荀子·富国》)这一套,似乎和奴隶社会的等级制度没有多大的区别。

第三节 性恶论

荀子对早期儒学人学的第三个理论贡献,是提出了性恶论。性恶论认为人性本恶,这与人"最为天下贵"的价值观是否矛盾? 在荀子看来,是不矛盾的。人之所以"最为天下贵",因为"人能群"。"使群"就得"明分","明分"的标准是"礼义"。而"礼义"的起源,则与性恶论密切相关。他说:"古者圣王以人之性恶,以为偏险而不正,悖乱而不治,是以为之起礼义、制法度,以矫饰人之情性而正之,以扰化人之情性而导之也,使皆出于治,合于道者也。"(《荀子·性恶》,下同) 这里先提出一个"人之性恶"的前提,然后得出用"礼义法度"矫正和导化人的情性,"使皆出于治,合于道"的结论。一般来说,这是讲"礼义法度"的起源,但其实质是在论证建立封建等级制度和政治统治制度之必要性。要弄清这个实质,还须从"人之性恶"的前提来研究。他说:"人之性恶,其善者伪也。"这里提出了两对概念:一是"性"与"伪",二是"善"与"恶"。这两对概念蕴含着性恶论的基本思想。

荀子认为,"性"与"伪"是相互区别的。什么是"性"? "性"就是人性,其含义有三。一是天然的秉性。如说:"凡性者,天之就也,不可学,不可事。……不可学、不可事而在人者,谓之性。"又说:"性之和所生,精合感应,不事而自然谓之性。"(《荀子·正名》) 意思是"性"乃天然生就,既学不来,也造作不成,是自然而然的一种秉性。二是原始的素质。如说:"性者,本始材朴也"(《荀子·礼论》);"生之所以然者,谓之性。"(《荀子·正名》)"性"生来是什么样子就是什么样子,是一种未经加工的、质朴的原始素材。三是生理的本能。如说:"今人之性,饥而欲饱,寒而欲暖,劳而欲息,此人之情性也",

"若夫目好色,耳好声,口好味,心好利,骨体肤理好愉佚,是皆生于人之情性者也,感而自然,不待事而后生之者也。"(《荀子·性恶》)把"性"和"情"连称,说明"性"还包括"情"。衣食声色等情欲,也是人的生理本能。总之,就"性"的本源、特质和内容而言,都不是指人的社会属性,而是指人的自然属性。与此相对立的"伪",不是真伪的伪,而是指人为的意思。其含义也有三。一是后天形成的品格。如说:"可学而能,可事而成之在人者,谓之伪。"(同上)"伪"与"性"不同,是在人出生后可以通过学习而造作成功的品格。二是思虑和行为的积习。如说:"心虑而能为之动谓之伪,虑积焉,能习焉,而后成谓之伪。"(《荀子·正名》)"伪"不是人的自然本能活动,而是在一定思想指导下的活动,是经过思虑的积累和行为的习惯而形成的。三是对原始素质的加工。如说:"伪者,文理隆盛也。"(《荀子·礼论》)所谓"文理隆盛",就是对原始素质进行加工改造,使之完善美好。这都说明"伪"与"性"是对立的,或者叫作"性伪之分"(《荀子·性恶》)。荀子一方面强调"性伪之分",另一方面又强调"性伪合"(《荀子·礼论》)。所谓"性伪合"是说"性"与"伪"是统一的。这种统一性表现为三点:一是说"性"是"伪"的基础,没有这个基础,"伪"就"无所加";二是说"伪"是对"性"的加工改造,没有这种加工改造,"性"就"不能自美"(同上);三是说"化性而起伪"(《荀子·性恶》),二者是相互结合的。

荀子还认为,"善"与"恶"二者有别。他说:"凡古今天下之所谓善者,正理平治也;所谓恶者,偏险悖乱也。是善恶之分也已。"(《荀子·性恶》,下同)"善恶之分"的标准是"礼义法度"。所谓"正理平治",就是符合"礼义法度",这就叫作"善";所谓"偏险悖乱",就是违背"礼义法度",这就叫作"恶"。在荀子看来,"礼义法度"不是人的本性所固有的，而是"化性起伪"的结果。顺养人的本性，只能是"偏险而不正，悖乱而不治"。所以人性天生的是"恶"，只有经过"师法之化"、"礼义之道"，才能走向"善"，成为一个好人。学者们对荀子的"善"、"恶"这两个概念的解释有所不同，归纳起来有三说：一说"善"是"美善文华"，"恶"是"粗恶不精"；二说"善"是"善良"，"恶"是"恶劣"；三说荀子所谓的"善"与"恶"，应该包括上述两个方面的意义。我们觉得，这最后一说比较全面。荀子所谓的"性"，是指天然的秉性、原始素质和生理本能，也就是未经加工改造的东西，从这个意义上来说，他所谓"性恶"是指"性"的"粗恶不精"。但他又强调，人性作为一种原始的素质，既不包含也不能产生"礼义法度"，还同"礼义法度"相冲突。如说"从人之性，顺人之情，必出于争夺，合于犯分乱理而归于暴"。从这个意义上来说，他所谓"性恶"又是指"性"的"恶劣"。由此可见，"恶"既有"粗恶不精"之意，又有"恶劣"之意。荀子认为"善"出于"伪"，而"伪"是对"性"的加工改造，其后果是"文理隆盛"。在这个意义上，"善"可以说是"美善文华"。但他又认为，"文理隆盛"不只是外表形式的"美善文华"，还具有"正理平治"这些符合"礼义法度"的内容。在这个意义上，"善"又可以说是"善良"。由此可见，"善"既有"美善文华"之意，又有"善良"之意。

　　荀子在区别"性"与"伪"、"善"与"恶"这两对概念的同时，批评了孟子的性善论。他认为，孟子性善论的错误首先在于不懂得"善"与"恶"的区别。如说："孟子曰：'人之性善。'曰：是不然！凡古今天下之所谓善者，正理平治也，所谓恶者，偏险悖乱也。是善恶之分也已。今诚以人之性固正理平治邪？则有恶用圣王，恶用礼义矣哉！虽有圣王之礼义，将曷加于正理平治也哉！今不然，人之性恶，故古者圣人以人之性恶，以为偏险不正，悖乱而不治，故为之立君上之势以临之，明礼义以化之，起法正以治之，重刑罚以禁之，使天下皆出于治，合于善也。"在他看来，孟子的不当处就在于把人的本性看成"善"的，如果真是这样，那么，还用得着圣王和礼义吗？虽然有了圣王和礼义，又能在"正理平治"方面增加些什么呢？实际上不是这样，人的本性是恶的。古代圣人因为人的本性是恶，认为人是偏私险恶不合乎正道，背叛暴乱不顺乎礼义，所以，给人建立起君主的权势来监视他们，明确礼义来教化他们，制定法令来治理他们，以严重的刑罚来禁止他们，使天下的人安分守己，合乎"善"的要求。由此可见，人的本性是"恶"的，其所以"善"是人为的。荀子又指出，孟子性善论的不当处还在于不懂得"性"与"伪"的区别。他说："孟子曰：'人之学者，其性善。'曰：是不然！是不及知人之性，而不察乎人之性伪之分者也。凡性者，天之就也，不可学，不可事。礼义者，圣人之所生也，人之所学而能，所事而成者也。不可学，不可事而在人者，谓之性，可学而能，可事而成之在人者，谓之伪；是性伪之分也。今人之性，目可以见，耳可以听。夫可以见之明不离目，可以听之聪不离耳，目明而耳聪，不可学明矣。孟子曰：'今人之性善，将皆失丧其性故也。'曰：若是则过矣。今人之性，生而离其朴，离其资，必失而丧之。用此观之，然则人之性恶明矣。"孟子认为，人之所以能够学好，由于其本性是善良的。荀子则不以为然，他认为"性"是学不来的。例如，眼睛可以看，耳朵可以听，这都是人的生理本能。视力不能离开眼睛，听力不能离开耳朵。眼睛的视力和耳朵的听力，都是学不来的。孟子认为，人的本性是善的。荀子反驳道：这样说就错了。如果人的本性生来就脱离了它纯朴的原始素质，那就一定丧失了本性。然而，人性并不能脱离其纯朴的原始素质，这好比听力和视力不能离开耳目一样。由此可见，人的本性显然是"恶"的。

荀子论证人性本恶的一条主要根据,就是"苟无之中者必求于外"。他说:"凡人之欲为善者,为性恶也。夫薄愿厚,恶愿美,狭愿广,贫愿富,贱愿贵,苟无之中者必求于外。故富而不愿财,贵而不愿势,苟有之中者必不及于外。用此观之,人之欲为善者,为性恶也。今人之性,固无礼义,故强学而求有之也,性不知礼义,故思虑而求知之也。然则生而已,则人无礼义,不知礼义。人无礼义则乱,不知礼义则悖。然则生而已,则悖乱在己。用此观之,人之性恶明矣,其善者伪也。"这是从心理上论证性恶论的合理性。他认为"苟无之中者必求于外",意谓只有本身没有才会向外面追求。这个人类普遍的要求,是从薄的要想变厚、丑的要想变美、窄的要想变宽、贫的要想变富、贱的要想变贵等归纳出来的。归纳出来的东西又被作为演绎的前提而进行推论。人之所以要求善,正是因为内部没有善;人之所以强学而求礼义,正是因为自己原来没有礼义。所以,人的本性是恶的。然而,这种论证太薄弱了,况且在逻辑上也有自相矛盾之处。荀子所谓的"无之中者必求于外",只是从几个简单的事实中概括而出,未必是人类普遍的要求。大前提既然成问题,那推论和结论就自不待言了。难怪后来有人对荀子这一论点在逻辑上的矛盾提出反驳:"荀子云:'人之欲为善者,为性恶也。'不知如果性恶,安有欲为善之心乎?即此有欲为之心,已足验人心之善矣。"(《宋元学案》卷1,《安定学案》黄百家案)如果说"无之中者必求于外"是例外比较少的原则,那"有之中者必不及于外"就几乎只是变例了。照常识来说,有的贪多,实比无的求有,是更普遍的现实。荀子在证明"有之中者必不及于外"时,只举了两个例子:一是"富而不愿财",二是"贵而不愿势"。但是,世上有几位这样的富贵人呢?这岂不是又把自己的前提否定了吗?如果真是"苟有之中者必不及于外",那不是恰恰证明人的本性有"善端"吗？这些矛盾，都是荀子性恶论中不可弥补缝合的漏洞。

一方面，荀子把人对于物质生活的欲求如"饥而欲饱，寒而欲暖"（《荀子·性恶》）等，作为研究人性的出发点，这比孟子空谈"恻隐之心，仁之端也；羞恶之心，义之端也；辞让之心，礼之端也；是非之心，智之端也"（《孟子·公孙丑上》）更为现实一些。如果说孟子的性善论是人类对于完美人性的向往，富有浪漫主义色彩的话，那么，荀子的性恶论则更符合人类发展的实际，颇有现实主义的味道。大家知道，人类是在不断解决物质生活问题的斗争中发展起来的。只有解决了物质生活问题，有了一定的物质生活基础和条件，才能谈得上人的精神生活，才能引出人的道德。当然，荀子把人在物质生活方面的欲求单纯看成一种自然本性和生理本能是有偏颇的，而又把这种情欲归纳为"恶"就更加片面了。但他所谓的"恶"之情欲，正是不自觉地说出了剥削阶级的"贪欲和权势欲"。他所谓的"从人之性，顺人之情，必出于争夺，合于犯分乱理而归于暴"，也比较真实地反映了对被人们视为"神圣事物之亵渎"，"对陈旧的、日渐衰亡的、但为习惯所崇奉的秩序的叛逆"，是合乎人性和顺乎人情的。

另一方面，荀子从性恶论出发，认为礼义辞让等道德观念，不是人的本性先天所固有的，而是由于后天积伪而成的。如说："凡礼义者，是生于圣人之伪，非故生于人之性也。故陶人埏埴而为器，然则器生于工人之伪，非故生于人之性也。故工人斫木而成器，然则器生于工人之伪，非故生于人之性也。"（《荀子·性恶》）在他看来，一切礼义，都是由圣人制作出来的，不是本来从人的本性产生出来的。比方说，陶工调和黏土来制造陶器，这些陶器是由陶工制造出来的，并不是由于陶工的本性产生的。木工砍木材制成各种器具，这些器具是由木工制造出来的，并不是由木工的本性产生的。至于圣人是怎样制作礼义的,这就涉及社会意识和社会存在的关系问题了,是荀子所不能解答的。但他看到了生活环境对人性的影响,如说:"蓬生麻中,不扶而直,白沙在涅,与之俱黑";"干、越、夷、貉之子,生而同声,长而异俗,教使之然也。"(《荀子·劝学》)荀子和许多旧唯物主义者一样,认为人是环境和教育的产物。荀子认为道德出于人为,教育在于"化性而起伪",不断地积累、学习之所得。正如"积土成山"、"积水成渊"一样,人"积善成德",所以道德之形成是"长迁而不反其初,则化矣"(《荀子·不苟》)。这是孟、荀的区别之点。

第四节　人的认识能力

　　荀子对早期儒学人学的第四个理论贡献,是比较系统地分析了人的认识能力。人的认识能力问题与人性相关,它的发展本身就表现了人类在自然面前、在社会面前提高了人的价值问题。

　　荀子从研究主体与客体的关系开始,来分析人的认识能力。他说:"凡以知,人之性也,可以知,物之理也。"(《荀子·解蔽》)从认识论的角度来看,"人"是认识的主体,"物"是认识的客体。这里区分了认识的主体和客体,但却没有把二者截然对立起来,而是肯定人有认识客观事物的能力,同时又肯定客观事物的规律是可以被人认识的。这就把主体与客体联系起来,既反对了怀疑人的认识能力的怀疑论,又反对了认为客观事物规律不可知的论调。但缺点是把人的认识能力仅仅看成一种自然属性,有自然主义的倾向性。这种倾向性,是由于离开人的社会性和历史发展来分析人的认识能力所造成的。但不能因此而抹煞荀子的见解,而只能说明他的见解是朴素的。这种朴素的唯物主义见解,还表现在他对人的认识能力和知识、才能的区分上。如说:"所以知之在人者谓之知,知有所合谓之智。智所以能之在人者谓之能,能有所合谓之能。"(《荀子·正名》)在这里,"所以知之在人者",是指人的认识能力,"知有所合"则是指人的认识能力与客观事物相接触。接触后就产生了认识,而这种认识被称作"智",也就是知识。"智所以能之在人者"是指人的主观能动性,"能有所合"则指人的主观能动性与客观事物相结合。结合后就产生了才能,而这种才能就是"能有所合谓之能"的后一个"能"。在荀子看来,光有"所以知""所以能",还不等于有知识和才能。现实的知识是客观事物在人们头脑中的反映,现实的才能是人处理实际事务的能力,这些都是在主体与客体"有所合"的过程中形成的。

荀子进一步把人的认识能力分为两种:一种是感觉能力,另一种是思维能力。人的这两种认识能力,分别来自耳、目、鼻、口、形和心。他说:"耳、目、鼻、口、形能,各有接而不相能也,夫是之谓天官;心居中虚,以治五官,夫是之谓天君。"(《荀子·天论》)意思是人的耳、目、鼻、口、形,各有接触外物的功能而不能互相调换,心处于中心地位而能思维,并统治着五种器官。五官具有感觉能力,用荀子的话来说就是"天官之意物"(《荀子·正名》)。所谓"意物",就是对客观事物的感觉能力。他指出:"形体、色、理,以目异;声音清浊、调竽奇声,以耳异;甘、苦、咸、淡、辛、酸、奇味,以口异;香、臭、芬、郁、腥、臊、洒、酸、奇臭,以鼻异;疾、养、沧、热、滑、铍、轻、重,以形体异。"(同上)这是说,"目"作为视觉器官,它可以辨别事物的不同形状、颜色和纹理;"耳"作为听觉器官,它可以辨别声音的清浊、和谐或不和谐;"口"作为味觉器官,它可以辨别甘、苦、咸、淡、辛、酸等不同的味道;"鼻"作为嗅觉器官,它可以辨别香、臭、芬芳、腐气、腥、臊、马膻气、牛膻气等不同的气味;"形体"作为触觉器官,它可以感觉到痛、痒、冷、热、滑、涩、轻、重的不同。荀子认为,客观事物是纷繁复杂的,各种事物又都有多种不同的属性,要认识事物的各种不同的属性,就必须通过各种不同的感觉器官。但每一种感觉器官所提供的感觉和印象,总会有局限性。如果认识不到这种局限性,那就是认识上的"蔽"。

荀子举了许多生动的事例,来说明人的感觉能力的局限性。他指出:"凡观物有疑,中心不定,则外物不清,吾虑不清,则未可定然否也。冥冥而行者,见寝石以为伏虎也,见植林以为后人也,冥冥蔽其明也。醉者越百步之沟,以为跬步之浍也;俯而出城门,以为小之闺也,酒乱其神也;厌目而视者,视一以为两;掩耳而听者,听漠漠而以为讻讻,势乱其官也。故从山上望牛者若羊,而求羊者不下牵也,远蔽其大也。从山下望木者,十仞之木若箸,而求箸者不上折也,高蔽其长也。水动而景摇,人不以定美恶,水势玄也。瞽者仰视而不见星,人不以定有无,用精惑也。有人焉,以此时定物,则世之愚者也。彼愚者之定物,以疑决疑,决必不当。夫苟不当,安能无过乎?"(《荀子·解蔽》)这是说,凡是观察事物时有所蒙蔽,心中不能决定,那么,对外物就不能认识清楚。自己思想不清楚,就不能决定对和不对。黑夜行走的人,看见躺着的石头认为是伏着的老虎,看见竖着的树木以为是站着的人,这是由于黑夜昏暗蒙蔽了他的目光。喝醉了酒的人,跨过百步宽的大沟,当作是半步宽的小沟,低着头走出了城门,以为是小的闺门,这是由于酒搅乱了他的精神。用指头按着眼睛去看东西,一件会成两件;用手掌掩着耳朵去听声音,本来没有声音也会嗡嗡地响,这是由于按和掩的外力搅乱了眼和耳的功能。从山上望牛好像是只羊,可是找羊的人不会下山来牵,因为他知道这是由于远蒙蔽了牛的大。从山下望树木,看那八丈高的树木像根筷子,可是寻筷子的人不会上山折取,因为他知道这是由于高蒙蔽了树的长。水动而其中的影子也动,人们不以水中摇动着的影子来判断美或丑,因为水的动荡把影子弄模糊了。瞎子仰着头看天而不见星星,人们不以瞎子看天来判断星星的有或无,这是因为瞎子的视力不可靠的缘故。假若有一个人,在这个时候来判定事物,那他就是世界上愚蠢的人。那种愚蠢人判定事物,以受蒙蔽的心来解决疑惑的问题,他所作出的决定必然不符合客观情况。如果不符合客观情况,又怎能没有错误呢?荀子在这里分析了感觉能力的局限性及其产生的主客观原因。他认为,当人心中疑惑和感觉不正常的时候,加上客观外界条件的作用和影响,就容易产生一些关于事物的片面印象,引起人们的错觉和误会。根据这些不正确的印象、错觉和误会,人们是不可能分辨是非而作出正确判断的,这就是感觉能力的局限性。

要克服这种局限性,就必须发挥"心"的作用。荀子认为"心"如果不起作用,那感觉能力就会失其敏感性。他说:"心不使焉,则白黑在前而目不见,雷鼓在侧而耳不闻。"(同上)所以,要正确地发挥人的感觉能力,就必须使"心"保持"清明"的状态,这就是荀子所谓的"清其天君,正其天官"(《荀子·天论》)。但他同时又认为,"心"的思维能力必须以感觉能力为基础。如说:"心有征知。征知,则缘耳而知声可也,缘目而知形可也。然而征知必将待天官之当簿其类然后可也。五官簿之而不知,心征之而无说,则人莫不然谓之不知。"(《荀子·正名》)所谓"征",有辨析、整理、验证等意。"征知"就是对感觉器官所取得的各种感觉材料进行分析、加工和整理,这是"心"的一种思维能力。正因为"心"有思维能力,所以它能凭着耳朵以辨别声音,凭着眼睛以识别形状。这样就能如实地把握关于声音、形象的概念,以作出正确的判断。但思维能力的发挥,必须以感觉和外物的接触为基础。如果感觉器官接触外物却无感知,或者"心"进行思维却不能作出判断推理,那人们便说这是不知。在荀子看来,人的认识过程,既包括感觉能力的发挥,也包括思维能力的发挥,前者是后者的基础,而后者则是前者的提高。也就是说,思维能力是高于感觉能力的。因为感觉能力只能把握事物的现象,而思维能力则能把握事物的规律。荀子把事物的规律称为"道",他说:"人何以知道?曰:心。心何以知道?曰:虚壹而静。"(《荀子·解蔽》)意思是"心"保持"虚壹而静",才能认识事物的规律。

何谓"虚壹而静"?"虚壹而静"是荀子对宋尹学派"静因之道"的理论概括。宋尹学派的"静因之道"是发挥人的思维能力之法则,其基本内容有三:一是"虚",就是要虚心地认识客观事物。要做到这一点,一方面要"洁其宫,开其门"(《管子·心术上》,下同),去掉心中的好恶杂念,打开感观的门户,才能正确认识客观事物;另一方面要"无藏"、"过则舍矣",对于某一事物的认识,过去了就要把它丢掉,不要老藏在心中,再拿它去认识另外的事物。二是"静",就是要静心地观察事物的规律。如说:"毋先物动,以观其则,动则失位,静乃自得。""静"是指"心"而言的,就是不要离开客观事物去胡思乱想,而要冷静地观察事物的规律。三是"壹",就是专心一意而不分散精神。如说:"专于意,一于心,耳目端,知远若近。"总之,以"虚"、"静"、"壹"为基本内容的"静因之道",主要是反对认识上的主观性,但却有片面性的缺点。例如,"虚"强调虚心地认识客观事物是对的,但说它"无藏"这就否定了知识的积累,"静"强调冷静地观察事物规律是对的,但对思维的能动性注意不够;"壹"强调专心一意是对的,但说它"无贰",这就否定了认识的兼知能力。

荀子直接继承了宋尹学派的思想,对"静因之道"的"虚"、"静"、"壹"之内容进行了扬弃,吸取其反对主观性的合理一面,克服其片面性的消极一面,从而形成了自己的"虚壹而静"的新概念。他说:"心未尝不臧也,然而有所谓虚;心未尝不两也,然而有所谓一;心未尝不动也,然而有所谓静。人生而有知,知而有志,志也者,臧也,然而有所谓虚,不以所已臧害所将受谓之虚。心生而有知,知而有异,异也者,同时兼知之,同时兼知之,两也,然而有所谓一,不以夫一害此一谓之壹。心卧则梦,偷则自行,使之则谋,故心未尝不动也;然而有所谓静,不以梦剧乱知谓之静。未得道而求道者,谓之虚壹而静。作之:则将须道者之虚,则入;将事道者之壹,则尽,将思道者之静,则察。知道察,知道行,体道者也。虚壹而静,谓之大清明。"(《荀子·解蔽》,下同) 在这里,"虚"与"臧"(藏)、"壹"与"两"、"静"与"动"不是绝然对立的。而是"心"的两个对立统一的方面。不能因为肯定了"虚"、"壹"、"静"的一面,就否定了"臧"、"两"、"动"的一面。关键在于全面、正确处理这两个方面的关系。首先,"心"有认识事物规律而获得知识的能力,并且能够把所获得的知识通过记忆积累起来,这就是所谓"臧"。但是,有认识能力并不等于有知识,同时,不能以已经得到的知识去妨碍认识新的事物,接受新的知识,这就是所谓"虚"。其次,"心"有分辨差异、同时认识多种事物的能力,可以得到各种不同的知识,这就是"两"。但是,要深刻认识事物,精通一种知识,就必须专心一意,集中思想,不要因为对另一种事物的认识而妨碍对这一种事物的认识,这就是"壹"。最后,"心"具有能动性,经常处在活动之中,在睡觉时会做梦,在放纵时会胡思乱想,在使用时会周密思考。所以,"心"不是不活动的。但是,它能在思维活动中保持清醒冷静,不让胡思乱想和各种烦恼来干扰思维活动,这就叫作"静"。总之,"心"只有保持"虚壹而静"才能认识"道"。寻求"道"必须虚心,才能入门;研究"道"必须专心,才能全面;思索"道"必须静心,才能深刻。对客观规律认识得深刻，又见诸行动，才算是真正掌握了"道"，达到全面清楚、透彻明白的境界。

荀子把"虚壹而静"称为"治心之道"，即充分发挥思维能力的法则。在这一点上，"治心之道"和宋尹学派的"静因之道"是相同的。但不同之点在于，"静因之道"主要是反对认识上的主观性，而"治心之道"主要是反对认识上的片面性。荀子说："凡人之患，蔽于一曲而暗于大理。治则复经，两疑则惑矣。"意谓人在认识上的通病是被一隅之偏见所蒙蔽，看不见客观规律的全面性。只有纠正偏见，才能恢复真理，如果混淆了偏见与真理，那就迷惑不解了。他又指出："凡万物异则莫不相为蔽，心术之公患也。"如果说前面是分析片面性产生的主观原因，那这里则是分析片面性产生的客观原因。一切事物都有差异，差异就是矛盾。凡矛盾都有对立统一的两个方面，而两方面又相互掩盖。如果只看到矛盾的一个方面，而看不到矛盾的另一方面，也会产生片面性。要克服片面性，就得"兼陈万物而中县衡"，全面分析各种事物的矛盾，从中找出规律性的东西。"何谓衡？曰：道。"这个"道"是客观真理，它像一杆秤来衡量人的认识。"离道而内自择，则不知祸福之所托。"（《荀子·正名》）如果离开客观真理而凭着自己的主观去决定一切，那就不知道把祸福寄托在什么地方了。荀子不仅反对片面性，也反对主观性。主观性是片面性的认识根源，片面性是主观性的一种表现。这就抓住了"解蔽"的关键。其所以如此，不仅在于他承认客观真理的存在，还因为他把"行"引入了认识论。前面所说的"知道行，体道者也"，就表明了这一点。认识"道"而又见诸行动，这才是掌握客观真理的体现。为什么呢？因为"知之不若行也，学至于行之而止矣。行之，明也"（《荀子·儒效》）。这说明，"行"高于"知"，是认识的目的和归宿，也是认识的检验标准。但荀子的所谓"行"不是真正的社会实践,而是指一般的个人活动,特别是指封建的政治伦理活动。尽管如此,但他把"行"纳入认识还是具有深刻意义的。因为这就使人的认识能力冲破了主观思维的圈子,面向实际,富有可贵的求实精神。

第五节　朴素的辩证思维

荀子所以对早期儒学人学作出了重大的理论贡献,是因为他有比较丰富的辩证思维。对于这一点,学术界是注意不够的。有的中国哲学史说,荀子对先秦的唯物主义作了重大的发展,但对辩证法却没有什么贡献。有的文章甚至认为,荀子的宇宙观是形而上学的。近几年来,个别学者提出了不同的看法。

其实,荀子的辩证思维是很清楚的。从本体论上看,宋尹学派曾用"精气"来解释老子的"道",把宇宙本体看成物质性的东西。如说:"精也者,气之精者也";"凡物之精,此则为生,下生五谷,上为列星,流于天地间";"万物以生,万物以成,命之曰道。"(《管子·内业》)这个"道"就是"气"。他们把人体看成了"道"、"气"的馆舍和房子,认为"道"、"气"进入这馆舍和房子,人才"浩然和平",聪明智慧。而荀子认为"万物为道一偏"(《荀子·天论》),"水火有气而无生,草木有生而无知,禽兽有知而无义;人有气有生有知亦且有义,故最为天下贵也"(《荀子·王制》),这就发展了宋尹学派的朴素唯物主义思想。在他看来,无机物和有机物、植物和动物、生物和人类,虽然都有区别,但同时又有共同的物质基础,这个物质基础就是"气"。所谓"万物为道一偏",也就是说"气"是万物的本原。"气"的特点是"大参乎天,精微而无形"(《荀子·赋》,下同)。它充满宇宙间,是一种"精微"的物质,而没有固定的形体。其所以没有固定的形体,是因为"气"在不停地流动,"圆者中规,方者中矩"。拿云气来说吧,它"微乎毫毛,而大盈乎大寓。忽兮其极之远也,攭兮其相逐而反也,卬卬兮天下之成塞也"。这是说云气细微得像毫毛,但它却充满了宇宙太空,它飘忽不定而高远莫及,互相角逐而回旋不停,凝结成雨而润泽天下。这个"功被天下而不私置者","托地而游宇,友风而子雨,冬日作寒,夏日作暑",所以"天下失之则灭,得之则存"。这些都是荀子从对云气的观察和思考中得出的结论。

荀子从"气"论出发,指出了物质世界运动变化的根本原因。他说:"列星随旋,日月递照,四时代御,阴阳大化,风雨博施。万物各得其和以生,各得其养以成。"(《荀子·天论》)这里所谓"各得其和"、"各得其养",都是指"气"而言的。"气"分"阴阳","阴阳"统一便形成一种"和"气,从而生养万物。万物的运动变化,如列星的相随旋转、日月的轮流照耀、四时的交替循环、风雨的普遍降施等,都是"阴阳大化"的结果。正常的现象如此,异常的现象也不例外。但当时的人对一些异常的现象,是无法作出科学解释的。所以每当这些现象出现的时候,如星坠木鸣等,人们就感到奇怪而惊恐,往往以为是灾祸降临的预兆。荀子指出:"夫星之队(坠),木之鸣,是天地之变,阴阳之化,物之罕至者也。怪之,可也;而畏之,非也。"(同上)他虽然也不能对星坠木鸣作出科学的解释,但却认为这是"天地之变,阴阳之化",从而排除了神秘的外因论,以自然界本身的矛盾来说明其运动变化,这是符合辩证法的。所谓"天地合而万物生,阴阳接而变化起"(《荀子·礼论》),就是这一辩证思维的精彩概括。

荀子继承并发展了孔子的人学辩证法思想,对事物矛盾的对立和统一有比较广泛而深入的认识。孔子所谓"叩其两端而竭",就是研究事物自身矛盾的一种方法。荀子说:"是有两端矣:有义荣者,有势荣者,有义辱者,有势辱者。志意修,德行厚,知虑明,是荣之由中出者也,夫是之谓义荣;爵列尊,贡禄厚,形势胜,上为天子诸侯,下为卿相士大夫,是荣之外至者也,夫是之谓势荣。流淫污曼,犯分乱理,骄暴贪利,是辱之由中出者也,夫是之谓义辱;詈侮捽搏,捶笞膑脚,斩断枯磔,藉靡舌繸,是辱之由外至者也,夫是之谓势辱。是荣辱之两端也。故君子可以有势辱而不可以有义辱,小人可以有势荣而不可以有义荣。"(《荀子·正论》)在他看来,"荣"和"辱"是矛盾的"两端"。他对这对立的"两端"作了具体的分析:那种由自身品行高尚所获得的荣誉是"义荣",而靠外在权势显赫所获得的荣誉则是"势辱"。正是基于这种辩证的分析,他不赞成宋钘所谓"见侮不辱"的笼统提法,而主张"君子可以有势辱而不可以有义辱,小人可以有势荣而不可以有义荣"。这对孔子的"叩其两端而竭"来说,不仅是灵活的运用,而且有深入的发展。其发展在于,矛盾双方的每一方也是一分为二的。更为精彩的是,荀子把这种思想从理论上进行了高度概括,提出了"天下有二"的矛盾对立观念。他说:"天下有二,非察是,是察非。"(《荀子·解蔽》)意思是天下的事物都有对立的两个方面,如认识中的是非问题,就是通过"非"来分辨"是",通过"是"来分辨"非"的。"是"与"非"、肯定与否定,都是对立的统一。用孔子的话来说,就是"和而不同","不同"是矛盾的对立,"和"则是矛盾的统一。统一存在于矛盾之中,没有对立也就没有统一。荀子根据这种思想,提出了"不同而一"的矛盾统一观念。他说:"斩而齐,枉而顺,不同而一。"(《荀子·荣辱》)意思是,只有不齐才能有"齐",只有不顺才能有"顺",只有对立才有统一。如果说孔子的"和而不同"是从矛盾的统一性中寻找矛盾的对立性,那么,荀子的"不同而一"则是从矛盾的对立性中寻找矛盾的统一性。因此,"不同而一"是对"和而不同"
的进一步发展。总之,"天下有二"和"不同而一"是对事物矛盾的对
立和统一之广泛而深入的认识。基于这种认识,他得出了"欲知亿万,
则审一二"(《荀子·非相》)的结论。也就是说,要认识天下的万事
万物,就必须研究矛盾的对立统一。

　　在研究矛盾的对立统一时,荀子特别注意对立面的转化。他说:
"有社稷者莫不欲强,俄则弱矣;莫不欲安,俄则危矣,莫不欲存,俄则
亡矣。"(《荀子·君道》)又说:"人苟生之为见,若者必死;苟利之为
见,若者必害;苟怠惰偷懦之为安,若者必危;苟情悦之为乐,若者必
灭。"(《荀子·礼论》)在他看来,"强"可以转化为"弱","安"可以
转化为"危","存"可以转化为"亡","生"可以转化为"死","利"可
以转化为"害"等。反则亦是,如说:"仁义德行,常安之术也,然而未
必不危也。污僈突盗,常危之术也,然而未必不安也。"(《荀子·荣
辱》)这说明,"安"与"危"的转化是相互的。对立面为什么会相互
转化呢? 这是因为对立面是相互依存、相互渗透的。如说:"凡人之
取也,所欲未尝粹而来也;其去也,所恶未尝粹而往也。……祸托于
欲,而人以为福;福托于恶,而人以为祸。"(《荀子·正名》)在这里,
"福"与"祸"、"恶"与"欲"、"去"与"取",都是对立的,但又有联系。
人所求取的、得来的并不纯粹是他所愿望的,人所除去的、去掉的并
不纯粹是他所厌恶的。祸往往依存于人们所愿望的事情中,人们把
所愿望的事情看作福,招来的却是祸;福往往存在于人们所厌恶的事
情中,人们把所厌恶的事情看作祸,舍弃的却是福。正因为对立面是
相互依存、相互渗透的,所以它们才能相互转化。对立面的相互转化
有没有一定的条件呢? 荀子认为是有的。比如他在谈到国家军事力
量由强向弱转化时就曾指出:"用强者,人之城守,人之出战,而我以

力胜之也,则伤人之民必甚矣;伤人之民甚,则人之民恶我必甚矣;人
之民恶我甚,则日欲与我斗。人之城守,人之出战,而我以力胜之,则
伤吾民必甚矣;伤吾民甚,则吾民之恶我必甚矣;吾民之恶我甚,则日
不欲为我斗。人之民日欲与我斗,吾民日不欲为我斗,是强者之所以
反弱也。"(《荀子·王制》)在他看来,丧失人心,树敌过多,得不到人
民的支持,就是由强向弱转化的条件。他还指出:"我欲贱而贵、愚而
智、贫而富,可乎? 曰:其唯学乎!"(《荀子·儒效》)也就是说,由"贱"
转化为"贵",由"愚"转化为"智",由"贫"转化为"富",其条件就在
于学习。通过学习,"庶人"可以变为"卿相士大夫","小人"可以变
为"君子","涂之人"可以变为"圣人"。这种思想是积极的。

　　荀子认为学习是一个积累的过程,而这个积累过程包含着量变
和质变,量的积累可以引起质变。他说:"积土成山,风雨兴焉;积水
成渊,蛟龙生焉;积善成德,而神明自得,圣心备焉。故不积跬步,无
以至千里;不积小流,无以成江海。骐骥一跃,不能十步;驽马十驾,
功在不舍。锲而舍之,朽木不折;锲而不舍,金石可镂。"(《荀子·劝
学》)"德"是"善"积累而成的,"山"是"土"积累而成的,"渊"是"水"
积累而成的。不积累细流,就汇合不成江海。不半步半步地走,就行
不到千里的路。好马一跃,超不过十步。劣马走的很远,是由于不停
的缘故。刻刻停停,朽木也刻不断。刻而不止,金石也能刻穿。这都
说明,量的积累可以引起质的变化。质变虽然来自量变,但质变又超
过了量变。如:"青,取之于蓝,而青于蓝;冰,水为之,而寒于水。"(同
上)但"冰"是由"水"积成的,"青"是由"蓝"积成的。荀子非常重
视积累。他说:"积微,月不胜日,时不胜月,岁不胜时。凡人好敖慢
小事,大事至然后兴之务之,如是则常不胜夫敦比于小事者矣。是何
也? 则小事之至也数,其县日也博,其为积也大。大事之至也希,其

县日也浅,其为积也小。"(《荀子·强国》)这是说,积微成著,与其月计,不如日计;与其季计,不如月计;与其岁计,不如季计。也就是说,应抓紧时间,从小事做起。但人往往怠慢小事,而等大事来了才干,这样就常常不如那些从小事做起的人。为什么呢?因为小事的发生频繁,所以时间也多,积累起来数量大。而大事不常见,所费的时间也少,积累起来数量小。所以,荀子得出了一个结论:"能积微者速成。"在他看来,能够注重量的积累,就可以促进事物的质变。

荀子还接触到事物的普遍和特殊、一般和个别的辩证思维。他说:"万物虽众,有时而欲遍举之,故谓之物。物也者,大共名也。推而共之,共则有共,至于无共然后止。有时而欲偏举之,故谓之鸟兽。鸟兽也者,大别名也。推而别之,别则有别,至于无别然后止。"(《荀子·正名》)也就是说,万物虽然众多,有时想要把它们概括起来,就把它们总称为"物"。"物"这个名称是一个"大共名"。由此类推,可以给多种事物加上一个共名,共了又共,一直达到无可再共然后停止。有时想要从万物中单举出一部分来,就把它们叫作"鸟兽"。"鸟兽"这个名称是个"大别名"。由此类推,可以给种种事物加上个别名,别了又别,一直达到无可再别然后停止。所谓"大共名",是指最高的类概念。所谓"大别名",是指最低的类概念。"大别名"是从最高的类推到最低类的最后结果,"大共名"是从最低的类推到最高类的最后结果。荀子以"物"为大共名,是正确的,但以"鸟兽"说明大别名,则不恰当,因为鸟兽不是最低的类。他所谈的实际上是关于"名"的普遍和特殊、一般和个别的关系,而"名"的"共"与"别",则是事物的共性和个性的反映。"共"是对事物的"遍举",反映事物的普遍性或共性。"别"是对事物的"偏举",反映事物的特殊性或个性。"共"与"别"是既有区别又有联系的,二者可以推移转化。某一"共名"

对其上位的"共名"来说,就成为"别名";某一"别名"对其下位的"别名"来说,就成为"共名"。荀子关于"共名"与"别名"的关系的论述,表明他把普遍和特殊、一般和个别的关系,即共性和个性的关系,看作既对立又统一,既互相区别又互相转化的关系。

　　综上所述,荀子的辩证法思维,是比较丰富的。这一方面与他所处的时代有关,社会的大变革显示出一幅现实而生动的辩证法图景,"社稷无常奉,君臣无常位"(《左传》昭公三十二年),"诸侯异政,百家异说"(《荀子·解蔽》),错综复杂的矛盾必然要反映在他的思想中。另一方面,他本人又有丰富的天文、历法、农学、医学、生物学等自然科学知识。这使他具有比较丰富的辩证思维。这在早期儒学和先秦诸子百家中,都是很有特色的。但是,他的辩证思维带有自发性,是以天然纯朴的形式表现出来的。有些观点只是像火花一样地闪耀,或者渗透在其他问题的分析中。对他来说,辩证法的规律还不是独立加以思考的对象,所以不可能有完备的理论形态。如说:"始则终,终则始,若环之无端也。"(《荀子·王制》)这种循环论在社会历史观中表现的十分突出:"千岁必反,古之常也"(《荀子·赋》);"百王之无变,足以为道贯。"(《荀子·天论》)对于诸如此类的糟粕不能回避,也不能夸大,应给予恰如其分的说明,把它从精华中剔除出去。回顾早期儒学的发展史,犹如一个大圆圈。这个大圆圈又由许多圆圈所构成,而荀子正好站在这些圆圈的汇合点上。他以一个演压轴戏的角色,出现在战国"百家争鸣"的高潮中,其思想体系之宽广,其思想内容之深邃,都是先秦各家各派所无法比拟的。

第四章 《大学》、《中庸》 在儒学史上的地位

第一节 《大学》、《中庸》的 著作时代和基本内容

《大学》、《中庸》是《礼记》中的两篇篇幅不大的论文,《大学》1754字,《中庸》3469字。这两篇论文不是讨论个别伦理范畴,也不是讨论丧葬等具体礼仪制度,而是综论儒家的政治伦理学说,在儒学发展史上占有重要地位。后来,《大学》、《中庸》受到宋明理学家推崇,与《论语》、《孟子》合称为"四书",成为封建社会知识分子必读的儒家经典。

司马迁说:"子思作《中庸》。"(《史记·孔子世家》)郑玄也认为《中庸》是"孔子之孙子思伋作之"(孔颖达《礼记正义》引郑玄《目录》)。近代有人甚至考证出子思作《中庸》的具体年代,谓子思"年十六适宋,遭宋大夫朔之围,宋君救之得免,乃撰《中庸》"(孔祥霖:《中庸讲义》,载《孔教会杂志》1卷,第11号)。然而早有人指出,《中庸》中的一些内容与子思作中《中庸》的说法矛盾,比如《中庸》说"今

天下车同轨,书同文,行同伦","载华岳而不重"以及称民为"黔首",都是秦汉之际的语言。《中庸》又说"生乎今之世,反古之道,如此者,灾及其身者也",表现出历史进化观点。这些都说明,《中庸》不可能是子思所作,只能是秦汉之际的儒家作品。

《大学》的作者是谁,宋以前无人论及。朱熹始以为曾子所作,他还将《大学》本文分为经、传两部分,推测说,经一章"盖孔子之言,而曾子述之;其传十章,则曾子之意而门人记之"(《大学章句》)。朱熹使用了一个"盖"字,说明这个判断并没有很大把握,只不过是一种推测。不过朱熹认为《大学》一篇中既有"孔子之言","又有曾子之意",一部分为"曾子述之",一部分为曾子之"门人记之",已经不把《大学》当作一时一人之作,而看成儒家学派发展过程的产物,这一观点对我们是有启发的。

我们认为,确定《中庸》、《大学》的著作时代除从内容上考察外,还应当注意儒家学派的一个学术传统,就是孔子提倡的"述而不作"原则。"述而不作",很大程度上影响着儒家著述的写作形式。由于"述而不作"的影响,汉代的儒家著述一般都大量引述先代圣贤言论和历史文献,以至臆造出许多孔子的话来,借以表述自己的思想。这样的著作,形式近乎先圣先贤言论辑录,作者直接出面所说的话占的分量不大。《中庸》一篇"子曰"、"诗云"占了大约一半篇幅。依照朱熹的分章,《中庸》共三十三章,有十八章(第二至第十一章和第十三至第二十章)全都冠以"子曰"的帽子,最后那一章短短215字,引语就有9处。《大学》一篇杂引《诗》、《书》、《论语》等21处之多。这种著述形式不能简洁明白地表达思想。朱熹以毕生精力研究《大学》,还未能摸清这篇短文的逻辑结构,不得不怀着"僭逾"负罪的心情,重新编排章次,并以己意拟写了"格物致知"传一章,才得以自圆其说。

我们这里要说明的是,"述而不作"的著述形式很容易以古旧经典的词句掩盖著作的真实时代,只在个别词句中无意透露出真实的写作时代来。《中庸》中"今天下车同轨,书同文,行同伦","载华岳而不重"等秦汉间流行的语言,正是透露出真实写作时代的关键词句,不可轻易判断为后人窜入。《大学》把儒家的政治伦理思想系统化、规范化,更是孔孟以至荀子著作中都没有过的。从思想发展的进程来看,《大学》必不能在孟子之前。因此,我们把《中庸》、《大学》确定为秦汉之际儒家学者的作品,在秦汉之际的时代背景下分析它们在儒学演变历史上的地位和作用。

依照《礼记·学记》的说法:"古之教者,家有塾、党有庠、术〔遂〕有序、国有学。"家、党、遂、国是古代社会的基层和地方单位,塾、庠、序、学分别是这些单位的教育机构的名称。塾、庠、序是家族、都遂的基层学校,属于初中级教育机构;学是国的学校,属于高级教育机构。初中级学校的教育内容是礼、乐、射、御、书、数方面的一般知识和训练,达到能够"离经辨志"、"敬业乐群"、"博习宗师"、"论学取友"的水平,叫作"小成"。高级学校教育的内容则是高深的政治伦理学说,达到"知类通达,强立而不反"的水平,叫作"大成"。学有"大成",便能够从政治国。《大学》所讲的就是这种"大成"的学问,所以说:"大学者,以其记博学可以为政也。"(《礼记正义》引郑玄《目录》)学有"大成"的人可以成为统治者,所以《大学》的学问又被称为"大人之学"。这是古人对《大学》篇名的解释。那么《大学》所讲的"大人之学"基本内容是什么呢? 《大学》开宗明义说:

> 大学之道,在明明德,在亲民,在止于至善。知止而后有定,定而后能静,静而后能安,安而后能虑,虑而后能得。物有本末,

事有终始，知所先后，则近道矣。古之欲明明德于天下者，先治其国。欲治其国者，先齐其家。欲齐其家者，先修其身。欲修其身者，先正其心。欲正其心者，先诚其意。欲诚其意者，先致其知。致知在格物。物格而后知至，知至而后意诚。意诚而后心正，心正而后身修，身修而后家齐，家齐而后国治，国治而后天下平。自天子以至于庶人，壹是皆以修身为本。其本乱而末治者，否矣。其所厚者薄而其所薄者厚，未之有也。此谓知本，此谓知之至也。

这段话是《大学》全篇的提要，也是《大学》的基本内容。后面的全部文字都是对这些基本内容的解说论证，所以我们把它全部引出，便于读者鉴别、分析。后来宋明理学家把这段话中的"明明德"、"亲民"、"止于至善"称为《大学》的三纲领，把这段话中的"格物"、"致知"、"正心"、"诚意"、"修身"、"齐家"、"治国"、"平天下"称为《大学》的八条目。三纲八目的概括极为简练明确，便于学者记忆，被普遍接受。

至于三纲八目的根本和中心是什么，历来的看法就很不一致。朱熹说三纲八目中最根本的是"格物"，王阳明说三纲八目中最根本的是"诚意"，都是从他们各自的思想体系出发所做的解释，与《大学》的原意并不相符。上述引文明确地说："自天子以至于庶人，壹是皆以修身为本。"从最高统治者到普通老百姓，包括社会中各个等级的人，毫无例外一概以修身为根本。齐家、治国、平天下是修身的目的，格物、致知、正心、诚意是修身的途径。对齐家、治国、平天下而言，修身是"本"，其他都是"末"；对格物、致知、正心、诚意而言，修身是"终"，其他都是"始"。所以修身是大学之道的中心。

《中庸》首章说：

> 天命之谓性，率性之谓道，修道之谓教。道也者，不可须臾离也，可离非道也。是故君子戒慎乎其所不睹，恐惧乎其所不闻。莫见乎隐，莫显乎微，故君子慎其独也。喜怒哀乐之未发，谓之中；发而皆中节，谓之和。中也者，天下之大本也；和也者，天下之达道也。致中和，天地位焉，万物育焉。

这段论道的话是《中庸》的总纲，包括五点内容：(1) 道与天命、人性的关系；(2) 道与人生的关系；(3) 修道的要领；(4) 修道的标准；(5) 中庸之道的意义。对这些问题的探讨构成《中庸》的基本内容。关于第一点，《中庸》认为"天命之谓性，率性之谓道，修道之谓教"，是说天所给予人的就是人性；发扬善的人性就是道；依照道的要求进行修养就是教化。人性来源于天命，人性与天命是一致的，教化只是实现道的手段。关于第二点，《中庸》说："道也者，不可须臾离也；可离非道也。"是说人生一刻也离不开道，道与人生有极密切的关系。从后文的解说可以了解，《中庸》所说的道是封建社会的五伦关系准则。它说："天下之达道五，所以行之者三。曰君臣也，父子也，夫妇也，昆弟也，朋友也，五者天下之达道也。知、仁、勇三者，天下之达德也。所以行之者一也。"道的内容就是按照伦理准则处理好五种社会关系。而要处理好这五种社会关系必须具备知、仁、勇三种优良品质和道德修养。而这三种优良品质和道德修养的形成，必须依据于"诚"。"所以行之者一"的"一"指的就是诚。第三点是从第二点引申出来的，进一步强调诚是道德修养的要领。它说："君子戒慎乎其所不睹，恐惧乎其所不闻。""君子慎其独。"戒慎、恐惧、慎独都贯穿着诚的精神。《中庸》所说的诚既有行事态度真诚执着的意思，也有道德修养达到高度自觉境界的意思。《中庸》对个人的道德修养提出博学、审问、慎思、明辨、笃行的要求,而且强调说:"有弗学,学之弗能,弗措也。有弗问,问之弗知,弗措也。有弗思,思之弗得,弗措也。有弗辨,辨之弗明,弗措也。有弗行,行之弗笃,弗措也。人一能之己百之,人十能之己千之。"要用千百倍的努力去体认和实行道,务求认识和行为完全符合道,这就是把诚解释为一种执着追求的行事态度。关于第四点,《中庸》认为修道要达到的最高标准就是"中和"。"中也者,天下之大本也;和也者,天下之达道也",这句话是"中和"的定义,"中和"也就是中庸。"喜怒哀乐之未发,谓之中;发而皆中节,谓之和",这里是说人们喜怒哀乐的感情是不可没有的,但是这些感情不论是潜藏于心里或发泄出来都要适度。至于第五点,《中庸》认为中庸之道具有极其博大的作用。"致中和,天地位焉,万物育焉",是说把中庸之道推而广之,不仅能够处理好五伦关系,即不仅能够治理好人类社会,而且能够使天地间一切都合乎正常秩序,万物都能顺遂地生长发育。这个思想在后文中作了不少发挥,说道不仅可以"成己",还可以"成物",可以使人"赞天地之化育","可以与天地参","至诚之道,可以前知",等等,都是对中庸之道意义的夸大形容。

从上述的基本内容可以看出,《大学》、《中庸》的主题是论述儒家政治伦理思想。其内容分三个层次:一是道德伦理修养的可能性与必要性,二是如何处理个人感情与道德伦理的关系,三是将个人的道德伦理修养与实现儒家的政治理想结合起来。两篇著作主题相同,但论述的角度各有所侧重。《大学》偏重于政治实践,《中庸》偏重于道德伦理。因而《大学》较为平易,被理学家视为"入德之门",《中庸》较为奥秘,被理学家视为儒学的精义所在。如果可以把儒学称为人学,那只是说儒学把人的一种重要社会关系即政治伦理关系作为中心,对中国社会特定历史发展阶段的政治伦理关系作了深入的研究。

《大学》、《中庸》本来只是秦汉之际儒家学者的众多著作中的两篇论文,后来被提升到儒家经典的地位,原因就在于这两篇论文抓住了儒学的中心内容,对早期儒学中关于政治伦理的内容加以综合、深化,适应封建宗法社会的需要作了系统论证。

第二节　修身为本的政治伦理观

《大学》把个人道德修养提高到政治之本的地位,它强调指出:"自天子以至于庶人,壹是皆以修身为本。其本乱而末治者,否矣。其所厚者薄而其所薄者厚,未之有也。此谓知本,此谓知之至也。"上自天子下至庶人,各个等级的人虽有贵贱不同,修身为本这一点则不异。只有修身才是本,没有任何别的可以称得上本。齐家、治国、平天下虽然重要,但对修身来说只是末,因为身不修则家不能齐、国不能治、天下不能平;身不修而能够齐家、治国、平天下的事是没有的。"厚"是亲厚、亲近,"薄"是疏薄、疏远。对己身而言,亲近者是家,疏远者是国与天下。如一个人齐家无方或对齐家漠然处之,反而能够治国平天下有方或对治国平天下能够尽心尽力,那是没有的事。懂得这个道理就是"知本",也就是抓住了根本。《中庸》也有同样的看法。它说:"知所以修身,则知所以治人,知所以治人,则知所以治天下国家矣。"《大学》、《中庸》强调的"修身为本",是儒家的一贯思想。孔子说:"苟正其身矣,于从政乎何有! 不能正其身,如正人何! "(《论语·子路》)能够"正身"就有资格从政,不能"正身"就不能"正人"。所以说君子的标准是"修己以敬",更高的标准是"修己以安人",最高的标准是"修己以安百姓"。君子成就的功业有大小不同,而无论层次高低，都要以修身为出发点，自己要能站得住，自己能正才能正人。这种伦理观虽然是建立在封建宗法制的基础上，但是其中包含有合理的内容。不过，儒家过于强调道德教化的作用，而忽视法治的作用，因而从政者个人的道德修养也很难得到检证，到后来也就成为空话了。

《大学》、《中庸》把早期儒家关于修身的论述加以综合，提出一套系统的理论，并对"修身为本"的思想作了详细论证。《大学》、《中庸》所论证的"修身为本"的理由如次。

第一，修身与齐家、治国、平天下有内在的统一性。身、家、国、天下包括自身和大小不一的社会单位。治理自身有"修身之道"；治理家族有"齐家之道"；治理国家天下有"治国之道"。修、齐、治、平统一于"道"。《大学》、《中庸》所讲的"道"是封建宗法社会的伦理准则。在宗法社会里，任何个人都处于五伦(君臣、父子、夫妇、兄弟、朋友)关系之中，处理这些社会关系有一定的道德伦理要求。《大学》说："为人君止于仁，为人臣止于敬，为人子止于孝，为人父止于慈，与国人交止于信。"仁、敬、孝、慈、信就是处理社会关系的道德伦理要求。这些宗法伦理要求，被认为是普遍适用和永恒不变的原则，故称为"天下之达道"(《中庸》)。五伦包括血缘关系和非血缘关系两类。在封建宗法社会里，家族是整个社会的基础，其他社会关系是家族关系的扩大，或依照传统被看作家族关系的扩大，天子自视为整个天下的大家长。所以封建宗法社会的五伦关系中血缘关系是基础，而血缘关系的伦理准则可以移用于非血缘关系。《大学》说："君子不出家而成教于国；孝者，所以事君也；弟者，所以事长也；慈者，所以使众也。"孝、弟(悌)、慈本来是父子兄弟之间的伦理准则，然而也是君臣、朋友伦理的出发点，是互通的。进一步讲，各种血缘关系中，父子关系是根

本,因而孝也就成为最重要的伦理准则。《中庸》有两段话讲到孝的实质,节录如下:

> 武王、周公其达孝矣乎！夫孝者:善继人之志,善述人之事者也。春秋修其宗庙,陈其宗器,设其裳衣,荐其时食……践其位,行其礼,奏其乐,敬其所尊,爱其所亲,事死如事生,事亡如事存,孝之至也。

> 舜其大孝也与！德为圣人,尊为天子,富有四海之内,宗庙飨之,子孙保之。故大德必得其位,必得其禄,必得其名,必得其寿……故大德者必受命。

孝的实质是"善继人之志,善述人之事",即善于继承祖先的遗志,不忘祖先的功业。这个要求又有具体的表现,那就是"践其位,行其礼,奏其乐,敬其所尊,爱其所亲,事死如事生,事亡如事存"。武王、周公继承太王、王季、文王的遗志,完成灭商兴周的大业,以至制礼作乐都被归结为孝。舜能够得天子之位和天子之禄,美名传播天下,活到一百多岁,也都归结为孝。修、齐、治、平四者统一于道,这个道的根本核心内容就是孝。

第二,"修身"是"治人"的先决条件。《中庸》说:"凡为天下国家有九经,曰:修身也,尊贤也,亲亲也,敬大臣也,体(体恤)群臣也,子庶民也,来百工也,柔远人也,怀诸侯也。"治理天下国家的这九条原则("九经")中,修身是治己,其他八项都是治人。所治之人具体对象不同,对待的原则也就不同。对待贤人的原则是尊,对待亲人的原则是亲,对待大臣的原则是敬,对待群臣的原则是体恤,对待庶民的原则是爱之如子,对待百工的原则是招徕,对待远方人的原则是柔和,对待诸侯的原则是怀恩。然而无论对哪一类人实行哪一项原则,都要依靠自身对这些原则的理解和贯彻,都离不开修身。

《大学》特别强调统治者榜样的影响,它说君子有"絜矩之道"。絜的本意是测量长度,矩的本意指画方的工具。有了度量和工具任何式样的图形都能准确地画出来。对于治人来说,这度量和工具就是治人者自身。自身是个什么样子,他治下之民就成为什么样子。以自身的榜样去影响整个社会就叫"絜矩之道"。"上老老而民兴孝,上长长而民兴弟,上恤孤而民不倍(背),是以君子有絜矩之道也。""尧舜率天下以仁,而民从之,桀纣率天下以暴,而民从之。其所令反其所好而民不从。是故君子有诸己,而后求诸人;无诸己,而后非诸人。"《中庸》引诗句"伐柯伐柯,其则不远"(《诗·豳风·伐柯》)说明修身与治人的关系。手拿着斧子去砍削一个斧柄,要砍削成什么样子,标准就在自己手里。要知道治天下的人是什么样子,治人者自身就是标准。治人者能够修身,使自己的思想行为合乎道德伦理准则,就能影响整个社会,人们都按照伦理准则办事,治人者的思想行为违背道德伦理准则,同样会影响整个社会,人们都会破坏道德伦理准则。《大学》还引用孔子的话说:"听讼,吾犹人也,必也使无讼乎?"孔子承认,处理争讼,他没有比别人高明的本领,他的高明在于能够不使争讼发生。怎样使争讼不发生呢? 就是通过修身树立起高大庄严的形象,使民心畏服,不敢虚言争讼,于是就不会有诉讼的事件发生。消弭各种争端于未发之时,这才是最可贵的,才是根本。善于判案折狱不过是争端发生之后的处理能力,算不得高明。这也说明修身与治国的本末关系。

第三,好制度必须依靠适当的人去执行,才能得到好的效果。《中庸》说:"大哉圣人之道! 洋洋乎发育万物,峻极于天。优优大哉! 礼仪三百,威仪三千,待其人而后行。故曰苟不至德,至道不凝焉。"圣人之道至高至大。圣人制定的礼仪制度体现着道,实行各种礼仪制度就能够完成道。但是任何一个礼仪制度都要由人去执行,没有道德高尚的人去执行礼仪制度,道就不能实现。《中庸》又说:"文武之政,布在方策。其人存,则其政举;其人亡,则其政息。人道敏政,地道敏树。夫政也者,蒲卢也。""文武之政"是儒家理想中最好的制度(把西周制度理想化了),这样好的制度都书写在简册上,现实中能否实行它取决于有没有能够执行它的人。有能够执行文、武之政的人,文、武之政就会变成现实,没有能够执行文、武之政的人,文、武之政在现实中就会销声匿迹。人实现制度,犹如土地生长树木;制度又如生长很快的蒲草芦苇,只要有适合的人,把文、武之政实行起来是很容易的。

第四,德为本财为末。《大学》说:"有德此有人,有人此有土,有土此有财,有财此有用。德者本也,财者末也。"这是说有德行才能深得百姓拥护,得到百姓拥护才能保有土地,保有土地才能获得财富,所以德行是根本,财富是枝末。如果统治者重财轻德,与人民争夺财富,等于诱导人民去争夺财富。这样的统治者争得了财富,便失去了民心,这叫作"财聚则民散"。正如一个人说话不讲道理,别人也就用不讲道理的话回答他一样,歪门邪道弄来的财富会轻易地挥霍掉,这叫作"言悖而出者,亦悖而入,货悖而入者,亦悖而出"。《大学》作者反对不顾道德声誉搜刮人民的财货,主张分散财货换取道德声誉,这并不是不要财货,这叫作"生财有大道"。生财的"大道"包括两方面,一是"生之者众","为之者疾",要让尽可能多的人努力从事生产;一是"食之者寡","用之者舒",要让不从事生产的人尽可能减少,并且注意节俭。生财之"大道"还有统治者不与民争利,不垄断生产的含义,《大学》引鲁大夫孟献子的话说:"畜马乘不察于鸡豚,伐冰之家不畜牛羊,百乘之家不畜聚敛之臣,与其有聚敛之臣,宁有盗臣。"畜养一乘马(四匹)的官家不喂养鸡和猪,祭祀用冰的等级不畜养牛羊,拥有百乘兵车的官家宁可任用盗窃自己财产的家臣,也不任用搜刮民财的家臣。要治理国家,就不能专想给自己搜刮财货。统治者贪图财货,必然逼得人民倾家荡产而起来造反,到那个时候"灾害并至",就无法挽救了。

从这些论述可以看出,《大学》、《中庸》"修身为本"的思想是早期儒家德治主义或人治主义政治伦理思想的继续和发展。它把个人的道德品质对于政治的作用强调到极端,与法家的法治主义对立。《大学》讲的"絜矩"和韩非讲的"规矩"都是用工具比喻治国原则,但《大学》的"絜矩"是指统治者的道德品质,韩非的"规矩"是指法律制度,两者不同。韩非的观点是,不依照法制办事,即便是尧那样的圣人也不能治理好一个诸侯国。只要依照法制办事,即便是平庸的君主也可以成就功业。"释法术而任心治,尧不能正一国……使中主守法术,拙匠执规矩尺寸,则万不失矣。"(《韩非子·用人》)《大学》、《中庸》的观点是,只要有品德高尚的君主,理想的政治局面就不难实现;没有品德高尚的君主,再好的制度也只是纸上的空话。法治与人治之争涉及政治思想史上一个难题:制度与人的关系问题。中外历史上的思想家都未能解开这个斯芬克斯之谜,原因是制度与道德都属于社会上层建筑领域,两者互为因果,哪一个也不是最终决定因素。

我们接着考察《大学》、《中庸》论述的修身途径的两个基本环节:正心诚意和致知格物。

关于正心诚意,《大学》对其有明确解释。什么是正心?《大学》说:

> 所谓修身在正其心者，身有所忿懥，则不得其正，有所恐惧，
> 则不得其正，有所好乐，则不得其正，有所忧患，则不得其正。心
> 不在焉，视而不见，听而不闻，食而不知其味，此谓修身在正
> 其心。

忿怒、恐惧、好乐、忧患是人的不同情绪。作者认为这种种情绪会影响人的正常思考。因为人们受情绪支配的时候，就不能辨别事物，虽有物而不能见，虽有声而不能闻，虽吃着食物也不能辨别出滋味。这几句话是从反面解释什么叫正心。正面来说，正心就应当是不受忿怒、恐惧、好乐、忧患种种情绪的影响，排除了情绪的影响，心就能辨别形色音声滋味。这样看来，正心其实就是专心、专一的意思。人的认识和情感的关系问题，是早期儒家和秦汉以后的儒家共同感兴趣的问题。这里算是《大学》探讨此问题的一个答案吧！

什么是诚意？《大学》说：

> 所谓诚其意者，毋自欺也。如恶恶臭，如好好色，此之谓自
> 谦。故君子慎其独也。小人闲居为不善，无所不至，见君子而后
> 厌然，掩其不善而著其善。人之视己，如见其肺肝然，则何益矣！
> 此所谓诚于中，形于外，故君子必慎其独也。曾子曰："十目所
> 视，十手所指，其严乎！"富润屋，德润身，心广体胖，故君子必
> 诚其意。

诚意就是不自欺，就是慎独。一个人在公开场合讲仁义道德，也许是为了让别人听到和看到，这一点并不难做到，难做到的是一个人独处，周围没有人，自己也能按道德伦理规范行事，这就叫作慎独。那些私下里"为不善，无所不至"的人，见到别人时把"不善"掩藏起来，

装出仁义道德的样子,但别人还是能够看透他的灵魂,掩盖是无益的。为什么?因为"诚于中,形于外",一个人内心的道德状况必然表现出来,众目睽睽,谁也逃不脱严格的监督。《大学》接着引《诗》说:"瞻彼淇澳,菉竹猗猗。有斐君子,如切如磋,如琢如磨。瑟兮僩兮,赫兮喧兮。有斐君子,终不可喧兮。"(《诗·卫风·淇澳》)看那淇水的河湾,绿竹长得茂盛,看这文雅的君子,像精心雕琢过的骨器玉器一般;君子仪态庄严胸怀宽广,人们一见到他便始终不能遗忘。《大学》引这节诗是为了证明"诚于中",必"形于外",要慎独而不能自欺。朱熹把这节诗离析出来编入第三章,说它是解释"止于至善"的,看来并不合适。

正心的内容是专一,诚意的内容是慎独(不自欺只是慎独的否定说法),但两者不能截然分割。后来清初大思想家王夫之说:"不知《大学》工夫次第,固云'欲正其心者先诚其意',然煞认此作先后,则又不得。……心之与意,动之与静,相为体用,无分于主辅。……欲正其心者必诚其意,而心苟不正,则其害必亦达于意而无所施其诚。"(《读四书大全说》)这个分析是对的。正心、诚意虽是作为修身的两个项目来讲的,包括专一和慎独,也可用一个诚字来概括。《中庸》里没有"正心"这个词,其实它反复讲的"诚"、"诚身"、"诚其意"也就是"正心"。《中庸》讲"诚身有道",诚身之道即"博学之,审问之,慎思之,明辨之",实行诚身之道的态度应当是"有弗学,学之弗能,弗措也。有弗问,问之弗知,弗措也。有弗思,思之弗得,弗措也。有弗辨,辨之弗明,弗措也。人一能之己百之,人十能之己千之"。这就是讲要专一。又说:"君子素其位而行,不愿乎其外。素富贵,行乎富贵;素贫贱,行乎贫贱;素夷狄,行乎夷狄;素患难,行乎患难。君子无入而不自得焉。"作为一种政治观点,它是企图把社会等级制度凝固化,但作为一种伦理观点,它却有不同的历史意义,它打破贫富、贵贱、穷通的界限,甚至打破种族界限,专以道德为标准区分君子小人,不能不说是儒学传统中的精华。依财产多寡说人有贫、富之分,依政治地位说人有贵、贱之别,种族地位有华夏、夷狄之分,遭时遇事有亨通、患难之别。对于处于种种不同状况的人,行道的要求不同,精神是一致的。如对于在上位的人主要要求"不陵下",对于在下位的人主要要求"不援上"。"不陵下"与"不援上"虽异,却同样体现着"正己而不求于人","上不怨天下不尤人"的精神,这种精神就是"君子之道"。相反,"陵下"的人,无论他的地位多高都只能算作小人,"援上"的人,无论他的地位多么值得同情,也只能算是一个小人。人们的地位遭遇不同,无论处于什么地位什么遭遇的人都可以是君子,同样可以是小人。"素其位而行"就是强调对行君子之道的专一,也就是诚。所谓"至诚无息"、"择善固执"也都是专一的意思。《中庸》讲:"君子戒慎乎其所不睹,恐惧乎其所不闻,莫见乎隐,莫显乎微,故君子慎其独也。"于人不睹不闻之境要戒慎,要恐惧,其理由是"莫见乎隐,莫显乎微",与《大学》所说的"诚于中,形于外"是同样的意思。

不同之处在于,《大学》对正心诚意的论述基本从道德实践的角度出发,比较平实朴素,更多显示出与荀子学说的联系。《中庸》对于诚的论述着重从道德理论的角度出发,把诚与天命联系起来而走向神秘化,更多显示出与孟子学说的联系。我们现在来考察这种区别。

《大学》论述正心诚意的必要性说忿怒、恐惧、好乐、忧患扰乱人心,使人心"不得其正",又说:

> 人之其所亲爱而譬焉,之其所贱恶而譬焉,之其所畏敬而譬焉,之其所哀矜而譬焉,之其所敖惰而譬焉。故好而知其恶,恶

而知其美者，天下鲜矣。故谚有之曰：人莫知其子之恶，莫知其
苗之硕。

亲爱、贱恶、畏敬、哀矜、敖惰是人的各种复杂的心态描述。"譬"读为
僻，是偏颇之意。任何一种心理状态都会影响人的认识过程，从而导
致片面性，例如一个人对他所偏爱的事物往往看不到其坏的方面，对
厌恶的事物往往看不到其好的方面。俗话说，人都不知道自己儿子
的坏处，人都不满足自己的庄稼的硕大。溺爱不明，贪得无厌，感情
蒙蔽了理智。《大学》对于正心的必要性的这种论述与荀子的解蔽思
想完全一致，论证方法的朴实无华也完全一致。

《大学》论述正心诚意的作用说：

> 《康诰》曰："如保赤子"，心诚求之，虽不中不远矣。未有学
> 养子而后嫁者也。一家仁，一国兴仁；一家让，一国兴让；一人贪
> 戾，一国作乱，其机如此。此谓一言偾事，一人定国。

这里说的"一人"当然不是指一个普通的人，而是指国君，即国家的
最高统治者。最高统治者个人的人品心术会影响全体国民。郑玄注：
"机，发动所由也。"正是指心是否正，意是否诚。心正意诚、专心致意
地去做，没有做不成的事。"未有学养子而后嫁者也"，然而每个当了
母亲的人都会把自己的孩子抚育成人，所靠的就是做母亲的那种专
一纯正之心。荀子讲："自古及今，未尝有两而能精者也。"(《荀子·解
蔽》)他举出许多传说中有成就的人物作为例子，说明专心致志才能
做好事情。"好书者众矣，而仓颉独传者，壹也。好稼者众矣，而后稷
独传者，壹也。好乐者众矣，而夔独传者，壹也。好义者众矣，而舜独
传者，壹也。倕作弓，浮游作矢，而羿精于射，奚仲作车，杜作乘马，而

造父精于御",无不得力于专一。《大学》和《荀子》都列举社会生活中种种具体事物作为例证,用以说明"诚心求之"的重要作用,落脚点都在治国。《大学》把正心诚意作为个人修养的重要环节加以提倡,目的在治国平天下。荀子也说:"夫诚者,君子之所守也,而政事之本也。"(《荀子·不苟》)可以看出,《大学》明显地接受了荀子学说的影响。

"诚"是《中庸》的重要范畴。《中庸》从天道与人道的关系出发对诚的必要性和作用进行详细论述。《中庸》写道:

> 诚者,天之道也。诚之者,人之道也。诚者,不勉而中,不思而得,从容中道,圣人也。诚之者,择善而固执之也。……自诚明,谓之性。自明诚,谓之教。诚则明矣,明则诚矣。

这段话意思是说:诚是天生的本性(或天给予人的道德品质),追求诚是人的职责(或为人的目标)。那天生真诚的人,不用气力自能合乎诚,不用思虑自能获得诚,从从容容做去自能合乎天道,这种人就是圣人。那些经过追求而做到真诚的人,则需要经过思考择取善道,并坚持善道。……前一种人由于天生的至诚而具有崇高的品质,后一种人是通过道德修养而达到至诚的境界。虽有由诚而明、由明而诚两种人,然而有至诚则必有明德,有明德则必有至诚。这段话从天道人道的关系论述诚的必要性,明显与孟子的观点有继承关系。孟子说:"诚者,天之道也。思诚者,人之道也"(《孟子·离娄上》),认为诚是天给予人的,追求诚是人生目标。然而对于追求诚的努力,孟子规定为"思诚",《中庸》规定为"诚之",两者有所不同。"诚之"包括博学、审问、慎思、明辨、笃行五项内容,大大超出"思诚"的范围。焦循解释说,《中庸》言诚详其条目,孟子"浑括其辞","惟思故能择善,惟思故能固执"(《孟子·离娄章句上》"思诚者,人之道也"注) 这种字面解释忽视了两者的重大区别。"思诚"把追求诚的努力限于内心意识范围,是从他的性善说出发的,认为任何人只要"求其放心",扩充其故有的善端就可达到至诚。"诚之"则要求把学问、思辨和笃行统一起来,对诚的追求不限于内心意识范围,还要见诸行动,做到内外统一。这是因为《中庸》不一般地主张性善说,而是把圣人与其他人区别开来。说到圣人时,《中庸》与孟子的看法是一致的,它认为圣人是"生而知之"、"安而行之",具有先天道德观念。说到其他人时,《中庸》与孟子的看法不同,认为圣人以外的人或"学而知之"、"利而行之",或"困而知之"、"勉强而行之",学知利行的人和困知勉行的人都不具备先天道德观念,所以需要经过学问、思辨和笃行才能达到至诚。《中庸》吸取了荀子强调"积礼义"、"化性起伪"的思想。《中庸》的生知、学知、困知之说,不是简单地回到孔子的看法,而是对孟子的性善说和荀子的性恶说进行反思的结果。因为笼统地主张性善或性恶都不能解释现实的人何以有善恶的差别,《中庸》为了解决这个难题,就人与伦理道德的关系把人分为生知安行、学知利行、困知勉行三个类型,又进而将此归结为"自诚明"、"自明诚"两种,从而论证诚的必要性,反映出《中庸》对先秦儒学的综合发展。

《中庸》从天道、人道关系的角度反复论述诚的重要作用。它说:

> 诚者,非自成己而已也,所以成物也;诚己仁也,成物知也;性之德也,合内外之道也,故时措之宜也。
>
> 唯天下至诚,为能尽其性;能尽其性,则能尽人之性;能尽人之性,则能尽物之性;能尽物之性,则可以与天地参矣。
>
> 故至诚无息,不息则久,久则征,征则悠远,悠远则博厚,博

厚则高明。博厚所以载物也，高明所以覆物也，悠远所以成物也。
博厚配地，高明配天，悠久无疆。

诚可以"成己"，是说它能使自己的品德修养得以自我完成。诚可以
"成物"，是说它能使万物得以完成。诚可以"与天地参"，是说它使人
性、物性得以充分发挥，具有赞助天地化育万物的作用。诚可以"配
天"、"配地"，是因为至诚无息能使人达到广博深厚、高大光明的境
界，具有天地般覆载万物的作用，所以诚可以与天地相匹配。

　　这些论述包含着主观道德观念与客观道德实践相统一的思想。
孟子把道德看作"求其放心"、自我扩充善性的内在意识活动，荀子
把道德看作"积礼义"的外在教化过程，都没有把主观与客观统一起
来。《中庸》把内在的主观道德意识和外在的客观道德准则统一起来，
这是儒家道德观的一个重要发展。道德何以具有统一主客观的作用
呢？《中庸》的作者思考回答这个问题时完全遵循着天人合一的模
式。所谓"天命之谓性"，就是说人性中的诚非由现实而来，反而是由
天命而来，天命是道德的本原。在这个前提下，又讲"诚则形，形则著，
著则明，明则动，动则变，变则化，唯天下至诚为能化"。"形"、"著"、
"明"是诚的外在表现，"动"、"变"、"化"是表现出来的诚对客观世界
的作用，关键在于表现出来的诚何以能使外部世界"动"、"变"、"化"。
对于客观世界的一个部分人类来讲，还可以理解为诚能够感动各种
人，使之发生变化。例如悦亲而亲悦，信友而友信，事上而上获，治民
而民治。而对客观世界的另一个部分自然世界来讲，诚如何能使之
感动而发生变化呢？《韩诗外传》有一个故事说，楚人熊渠子夜间行
路，见到前边一块大石头，以为是一只老虎，用力射出一箭，连箭杆都
钻进石头里去了。接着走近一看才知是一块石头。他惊奇自己有这

样大的力量,张弓再射却再也射不进石头去了。这故事被称为"熊渠子见其诚心而金石为开"。这个故事是可以理解的,但不能说明诚如何能使整个自然界变化的道理,尤其不能证明道德行为如何能与自然规律一致。《中庸》只能用抽象类比的方法虚构人与自然界的联系,而不顾人与自然界的本质区别。抽象类比必然使其论证具有神秘的性质。《中庸》极力夸大诚的作用,虽然在道德伦理方面作出了一些贡献,但是,它解释不了人与自然的关系。因此《中庸》自然带有神秘主义色彩。但它基本上还是一种哲学理论,而不是宗教神学。不过,当它再向前跨进一步就由"至诚配天"得出"至诚如神"的结论:

> 至诚之道,可以前知。国家将兴,必有祯祥;国家将亡,必有妖孽;见乎蓍龟,动乎四体。祸福将至,善,必先知之;不善,必先知之。故至诚如神。

这个结论已经为董仲舒的神学目的论做好了准备,成为先秦儒学通向董仲舒思想体系的桥梁。

关于致知格物,《大学》认为它是修身的起点。所谓"古之欲明明德于天下者,先治其国;欲治其国者,先齐其家;欲齐其家者,先修其身;欲修其身者,先正其心;欲正其心者,先诚其意;欲诚其意者,先致其知,致知在格物"是逆叙,是从结果追溯原因,层层追溯,最后以格物为终极原因。所谓"物格而后知至,知至而后意诚,意诚而后心正,心正而后身修,身修而后家齐,家齐而后国治,国治而后天下平"是顺叙,是从原因推论结果,层层推论,最后以治天下为终极结果。分析评价"大学之道"在儒学发展史上的意义,不能将这个要点忽略过去。然而《大学》本文中并没有直接解释致知、格物之义的文字。朱熹认为《大学》本文原来有一章释致知格物之义,流传过程中佚亡了。于是他依据程颢、程颐的观点补写了一段文字,作为格物、致知的解释编入《大学章句》。朱熹补写的那段文字对致知、格物的解释又与宋代以前公认的郑玄注不同,引起争论,异说众多。朱熹释格物为"穷致事物之理",认为《大学》以格物为起始,目的在于使学者"即凡天下之物,莫不因其已知之理而益穷之,以求致乎其极。至于用力之久,而一旦豁然贯通,则众物之表里精粗无不到,而吾心之全体大用无不明矣"。这是与他的"天理"论相关联的。他认为"天理"(实即仁、义、礼、智的纲常伦理)体现于万事万物之中,凡读书、论人、应接事物,目的皆在体认"天理",所以格物即从事物中穷究天理。

王守仁释"格物"之"格"为"正",释"格物"之"物"为心、意、知。他说:"格者,正也,正其不正以归于正之谓也。正其不正者,去恶之谓也;归于正者,为善之谓也,夫是之谓格。"(《王文成公全书》卷26《大学问》)"格物者,格其心之物也,格其意之物也,格其知之物也。"(同上卷2《答罗整庵少宰书》)这实际上把"格物"等同于"致良知"。他认为"良知"(实亦封建纲常伦理)即"天理",是"造化的精灵","生天生地"、"与物无对"的宇宙根源,"人若复得他完完全全,无少亏欠"(同上卷3《传习录》下),便完成了对宇宙的认识,所以格物只是内心的去恶存善功夫。

颜元释"格物"之"格"为"手格猛兽之格,手格杀之之格,乃犯手(动手)捶打搓弄之义"(《习斋记余》卷6《阅张氏王学质疑评》)。于"物"则直举《周礼》之"乡三物"(指"六德"、"六行"、"六艺"),尤其强调"六艺",认为"德"、"行"要通过"艺"来体现,"艺精则行实,行实则德成"(《四书正误》卷3)。这实际是把"格物"解释为习行实际事务,是他反对理学空谈心性命理、注重实学的功利主义的表现。然而,这种种解释都与《大学》致知格物的原意相去甚远,不能作为解释《大学》的依据。

欲求《大学》致知格物的本意,还应从郑玄的解释说起。《大学》"致知在格物"郑注:

> 格,来也。物,犹事也。其知于善深,则来善物,其知于恶深,则来恶物。言事缘所好来也。

《尚书·舜典》"格,尔舜"和《诗·大雅·抑》"神之格思"两处的"格"都是来的意思。《尔雅·释言》也训格为来。郑注训格为来是符合古义的,释格物为来物是有据的。然而郑注对于格物与致知的关系的解释则与《大学》本意不符。《大学》本文明确地说"致知在格物","物格而后知至",格物为原因,致知为结果,格物在前致知在后。郑注却说"其知于善深,则来善物,其知于恶深,则来恶物。言事缘所好来也",把致知看作原因,把格物看作结果,致知在前格物在后。这是对《大学》本意的颠倒。虽然孔子说过"我欲仁斯仁至矣"(《论语·学而》)的话,与郑注可以相通,但《大学》的致知格物说并不是对孔子这句话所作的发挥。《大学》的观点与《易传》、《荀子》、《乐记》的观点有联系。《易传》:"《易》无思也,无为也,寂然不动,感而遂通天下之故。"(《系辞上》)意思是说易卦的性质是无思、无为,易卦本身寂静不动,与事物相遇相接,则能与事物感通而获得对事物的知识。剥去神秘的易卦形式,就可看到它所讲的是认识论中主体与客体的关系。它认为认识主体具有"无思"、"无为"、"不动"的性质,本身不能自动产生认识,然而具有感受外物的能力,与客体接触则可以认识客体。这个观点近似《墨子·经上》:"知(智),才也。""知,接也。"《经说上》:"知材:知(智)也者,所以知也,而(不)必知。若明。""知:知也者,以其知过(孙诒让注:过当为遇)物而能貌之。若见。"承认人有认识能力,但指出仅有认识能力不足以构成认识,只有感官与外物相"接"、相"遇"才能构成认识。《易传》所谓"感而遂通万物"与《墨经》所谓"以其知(智)过物而能貌之"意思极为相近。荀子的阐述更为明白,他说:"心有征知。征知,则缘耳而知声可也,缘目而知形可也。然而征知必将待天官之当簿其类而后可也。"心有认识万物的能力,但必须通过感觉器官(天官)才能获得认识,通过听觉器官来认识声,通过视觉器官来认识形,而只有通过感觉器官与外物相近,才能获得感觉。"簿"应为"薄"之误,有迫近之意,"薄"与《易传》所谓"感通"、《大学》所谓"格物"之意思极相近。

《乐记》与《大学》同为收入《礼记》中的作品,更可以相证。《乐记》说:"人生而静,天之性也,感于物而动,性之欲也。物至知(智)知,然后好恶形焉。""物之感人无穷,而人之好恶无节,则是物至而人化物也。""物至知(智)知"就是"致知在格物""格物而后知至"的确切解释。以上比较说明,《大学》致知格物说吸取了《易传》、《荀子》的认识论观点,认为扩充知识在于与事物接近;事物与感官相接触,身有所感,心有所知,经验积累愈多,遂产生比较分析能力,认识也就随之提高。

需要指出的是,《大学》讲致知格物以修身为归宿,致知格物只是修身的起点,因而它把知识的对象归结为伦理道德而不重视自然知识,其价值标准是善恶而不是真假。它讲"如恶恶臭,如好好色"是一个比喻,要求强化道德感情,达到完全自觉的程度,要求遇到违背伦理道德的事物本能地加以抵制,遇到符合伦理道德的事物本能地加以认同,就像嗅觉讨厌臭味、视觉喜爱美好的色彩一样,成为一种本能。这就不是接触外物所能做到的了,而是正心诚意的功夫。不能正心诚意的人受外物引诱便会失去道德观念,从而失去人之所以为人的特点，变为一般动物了。这与孟子的人性观点完全一致，也就是《乐记》所说的"物之感人无穷，而人之好恶无节，则是物至而人化物也。人化物也者，灭天理而穷人欲也。"后来理学家一派人把格物解释为"捍御外物"，或解释为去恶存善，从而发挥出"存天理，灭人欲"的说教，虽与《大学》格物的原意正好相反，却与《大学》思想体系有着内在的联系，是儒学的伦理中心论的极端发展。

第三节　中庸之道之剖析

《中庸》开宗明义："天命之谓性，率性之谓道，修道之谓教。"这个贯穿天人的道就是中庸之道。中庸的中字，甲骨文作𠁁（《殷契粹编》1218），商代金文作𠁁（《大且已中觚》）或作𠁁（《中鉦》），本义是立于正中央的旗帜，反映着上古作战时军队以旗帜为中心的事实。西周时有一种礼仪叫射礼，举行射礼时，司射（评判员）手持一个盛策的木箱，用木箱里的策统计射者中鹄的次数，以确定成绩优劣。司射手拿的这个木箱名为中。司射必须依照策数秉公裁判，所以中从器物名称的含义引申出不偏不倚的含义。《中庸》说："子曰：道之不行也，我知之矣，知者过之，愚者不及也；道之不明也，我知之矣，贤者过之，不肖者不及也。"（《中庸》、《大学》以及汉代人的许多著作中，称"子曰"的引文，多于先秦著作中无考，不必是孔子的话，只是作者自己的观点，假借孔子之口出之，以加重语气，引起读者重视。这段引文即属这种情形。还有一些引文属于这种情形，我们不一一注出）说"过之"与"不及"不符合道，不是中，反过来说，中就是无过无不及。无过无不及，就是不偏不倚的意思。《中庸》还有几个地方，可以看作对中的举例解释。"喜怒哀乐之未发之谓中"。喜怒哀乐是人的不同感情,每一种感情都有所偏,人处于任何一种感情支配下都不是中,只有在任何一种感情都没有发生或已发生但它不影响人的认识判断的状态下,才算是中。这是从感情状态来说明什么是中。《中庸》还有一章论强的话,是借孔子答子路问的形式表述的。"子路问强。子曰:南方之强与?北方之强与?抑而强与?宽柔以教,不报无道,南方之强也,君子居之。衽金革,死而不厌,北方之强也,而强者居之。故君子和而不流,强哉矫!中立而不倚,强哉矫!国有道,不变塞焉,强哉矫!国无道,至死不变,强哉矫!"以宽柔为宗旨,能忍受蛮不讲理的欺侮的南方之强,有似于道家主张的强。披甲执兵与人拼命,死也不怕的北方之强,有似于法家主张的强。《中庸》认为,这是两种偏颇的强,不合乎中的要求,不是真正的强。"和而不流"、"中立不倚",无论国家有道无道,始终坚持平生的节守不变。这种在宽柔和拼命之间取其中的强,才是真正的强。这段论强的话可以看作以强为例说明中的含义。

《中庸》的庸字,最早见于西周金文,写作𩵋(《訇簋》),也是一种器具。因为这种器具经常使用,"庸"便具有"常"和"用"的意义,又由"常"和"用"引申出永恒和不变的意思。因此,庸字有三种含义:(1)使用的用。郑玄注《礼记·中庸》题解:"以其记中和之为用也。庸,用也。"(2)不变的常道。郑玄注《礼记·中庸》"君子中庸"章注:"庸,常也。用中为常道也。"二程说:"不易之谓庸","庸者天下之定理。"(《河南程氏遗书》卷7)(3)平常。朱熹《中庸章句》题解:"庸,平常也。"朱熹《中庸章句》"君子中庸,小人反中庸"注:"中庸者,不偏不倚,无过不及,而平常之理,乃天命所当然,精微之极致也。"同书"中庸其至矣乎"章注又说,中庸是"人所同得,初无难事"。用是庸的本意,《说文》也释庸为用。其他两种含义是由用的含义引申而来的。因为中庸的庸专指中之用,而中之用适用于一切领域,一切时间地点,不限于一事一时一地之用,所以取得了"不易"、"常道"的含义。这正如庄子所说的"不用之用",是一种绝对的大用。当然庄子以"不用"为大用,与儒家是不同的。中之用既然是绝对的,任何人任何时候都离不开它,时时处处都在用它,由此又引申出平常的含义。一言以蔽之,中庸就是"用中"。

我们考察古代文献发现,中庸观念在儒家文化传统中确实有久远的历史和广泛的内容。盘庚迁殷时要求殷人"汝分猷念以相从,各设中于乃心"(《尚书·盘庚中》),即要求全体殷人把心放在正中,跟他同心同德,使迁国得以顺利进行。周公派康叔监殷时说:"尔克永观省,作稽中德。"(《尚书·酒诰》)要求康叔体察治民之道,考稽"中德"。以上两处都把中作为道德规范。在执法用刑方面,《尚书》也提出"中"的要求,说"惟良折狱,罔非在中","民之乱(治),罔不中听狱之两辞,无或私家于狱之两辞"(《尚书·吕刑》),其他还有"列用中罚"(《尚书·立政》)、"慎中其刑"(《叔夷钟》)、"不中不刑"(《牧簋》)的说法。这些"中"已经涉及辨别真假,具有认识论的意义,不仅是道德论的范畴。古代诗歌用形象化的文学语言表达尚中的观念:"鞉鼓渊渊,嘒嘒管声。既和且平,依我磬声。"(《诗·商颂·那》),音乐的美在于"既和且平",这"和"、"平"也是中的体现。"马之刚矣,辔之柔矣! 马亦不刚,辔亦不柔,志气麃麃,取予不疑。"(逸诗,见《逸周书·太子晋》)这是描绘精湛的驾车技艺,它的风致和自如就在于不刚不柔、调和刚柔的美,这里没有说出中,同样体现着以中为美的观念。所以中的观念在中国古代文化里早已成为传统,包含着真善美的广泛含义。

孔子最早把中与庸两个字连在一起,使用中庸一词。他说:"中庸之为德也,其至矣乎,民鲜久矣。"(《论语·雍也》)这是把中庸看作一种道德范畴和认识方法,我们在孔子一章已作过详细分析,此处从略。汉初的儒家学派,借助于中庸的价值标准和方法论为杠杆,构建了儒学的仁义礼乐的思想体系。《易传》说:"立天之道曰阴与阳,立地之道曰柔与刚,立人之道曰仁与义。"(《说卦》)把仁义与阴阳、刚柔并列,显示出把仁与义当作对立观念看待的思想。《陆贾新语》说:"阳气以仁生,阴节以义降。"(《新语·道基》)《韩诗外传》卷4说:"子为亲隐,义不得正,君诛不义,仁不得爱。"《礼记》说:"除去天地之害,谓之义。"(《礼记·经解》)《易传》说义是"禁民为非"(《系辞下》),荀子说义是"限禁人之为恶与奸"(《荀子·强国》),帛书《五行篇》更说"有大罪而诛之"是义,"有小罪而教之"是仁。这些说法越来越明确地表示,仁与义是对立的范畴,然而儒家思想体系又要把仁义结合起来,就是借助中庸的方法论作杠杆使其相反相成的。礼乐的关系也是如此。《乐记》认为:"圣人作乐以应天,制礼以配地";礼法"天地之别",乐法"天地之和";"乐统同,礼辨异";"乐由中出,礼自外作";乐为"情之不可变者",礼为"理之不可易者"。从天地关系、同异关系、内外关系、情理关系方面论述了礼与乐的对立。然而儒家学说又认为礼与乐不可偏废,"达于礼而不达于乐,谓之素;达于乐而不达于礼,谓之偏"(《礼记·仲尼燕居》),也是借助中庸的方法论使其相反相成。一般认为儒家政治思想中的用人原则是"亲亲",这种看法并不全面。实际上,孔孟既主张"故旧不遗"(《论语·泰伯》)、"仕者世禄"(《孟子·梁惠王下》),也主张"举贤才"(《论语·子路》)、"贤者在位,能者在职"(《孟子·公孙丑上》),包括"亲亲"和"尚贤"两个对立的方面。他们主张兼顾"亲亲"、"尚贤",折中而求其最佳配合,也贯穿着中庸精神。《吕氏春秋》里有这样一个故事:

　　　吕太公望封于齐,周公旦封于鲁。二君者,甚相善也,相谓

　　曰:"何以治国?"太公望曰:"尊贤上功。"周公旦曰:"亲亲上恩。"

　　太公望曰:"鲁自此削矣。"周公旦曰:"鲁虽削,有齐者亦必非

　　吕氏也。"(《吕氏春秋·仲冬记·长见》,又见于《韩诗外传》

　　卷10)

这个故事当然出于儒者的虚构,用以解释后来田氏代齐和鲁国削弱
的历史事实。故事作者所要表达的正是兼用"亲亲"与"尚贤"两种
主张以求其中的政治思想。此外,儒家学说的许多重要范畴如和、同、
参、温良恭俭让无不渗透着中庸精神。据说,孔子的高祖正考父有一
则鼎铭,铭文为:"一命而偻,再命而伛,三命而俯,循墙而走,亦莫余
敢侮。饘于是,鬻于是,以糊余口。"(《左传·昭公七年》)意思是说
官位愈高表现愈谦恭,官愈大把头低得愈下,连行路也靠着墙急行。
官愈大愈节俭,吃的是稠粥稀粥。这当然不可能是事实,只是用形象
化的文字表达儒家的"持盈之道",体现着温良恭俭让的精神。孙叔
敖做了大官,有人告诉他做官有三利三害:"爵高者人妒之,官大者主
恶之,禄厚者怨归之",他说他的对策是"吾爵益高,吾志益下;吾官益
大,吾心益小;吾禄益厚,吾施益博"。这也是儒家的"持盈之道",以
恭谦节俭来克服高官厚禄带来的危险,这也渗透着中庸的精神。

　　在上述早期儒学提供的思想资料的背景下,《中庸》这篇论文沿
着早期儒学的基本方向,对中庸范畴作了充分发挥阐述,同时对先秦
儒家学者的观点作了一定修正,成为儒家著作中最富理论色彩的著
作之一。《中庸》的发挥阐述有三个主要方面:

　　(1) 强调中庸之道在实践上的普遍性和至上性。它提出"道不
远人"和"中庸不可能"两个判断,前者是说中庸之道存在于人们的

日用伦常之中,人人都能知能行,后者是说中庸之道实行起来极其困难,几乎没有人能够完全做到。两个判断互相对立,但在《中庸》的论述中是统一的。《中庸》说:

> 君子之道,费而隐,夫妇之愚,可以与知焉,及其至也,虽圣人亦有所不知焉;夫妇之不肖,可以能行焉,及其至也,虽圣人亦有所不能焉。天地之大,人犹有所憾。故君子语大,天下莫能载焉;语小,天下莫能破焉。《诗》云:“鸢飞戾天,鱼跃于渊。”言其上下察也。君子之道,造端乎夫妇,及其至也,察乎天地。

“费”指中庸之道用途广大,“隐”指中庸之道哲理的精微。从“费”的一面说,一般男女“可以与知”、“可以能行”。从“隐”的一方面说,连圣人也“有所不知”、“有所不能”。圣人虽然懂得更多行得更好,也不能彻底懂得和完全贯彻实行。天地(大自然)也有寒暑灾祥及万物不均的现象,不能完全符合中庸之道。《中庸》中更多地强调实行中庸之道的困难。它说:“天下国家可均也,爵禄可辞也,白刃可蹈也,中庸不可能也。”“人皆曰予知,驱而纳诸罟获陷阱之中,而莫之知辟也。人皆曰予知,择乎中庸而不能期月守也。”为什么呢? 它认为这是因为人受智、愚、贤、不肖的影响,产生过与不及的偏向,不能认识和实行中庸之道。“道不远人”与“中庸不可能”二者相结合,可以说是入门不难,但需追求不息,既纠正“愚者”、“不肖者”以为中庸之道不能明不能行的偏向,又纠正“知者”、“贤者”认为中庸之道不足明、不足行的偏向,目的在于强调中庸之道的意义,提高中庸之道的地位。《中庸》告诉人们,中庸之道目标极高,但不是不可达到,门径就在人们的日常人伦之中。“行远自迩”、“登高自卑”。每个人都有家庭,追求中庸之道就从处理好家庭关系做起吧! 妻子好合,兄弟协调,孝敬父母,就是在行道了。不过不要忘记,处好家庭关系只是行道的开始,目标还很高很远,不要停留在起始阶段。孔子论仁,一方面讲"我欲仁斯仁至矣"(《论语·述而》),另一方面又认为仁含众德,做到仁难乎其难。《中庸》论中庸之道与孔子论仁,手法如出一辙。

(2)恢复了传统的天人合一思想。天人合一是西周以来的传统观念,最初包含在宗教神学体系之中,春秋战国时期随着宗教神学的动摇而受到很大冲击。但是在先秦儒学中天人合一观念从来没有被清除,孔孟自不必说,就是荀子的学说也未能把天人合一的观念彻底清除。他的学说虽以"明于天人之分"为特色和逻辑起点,归结到社会政治思想时仍主张"事死如事生,事亡如事存"(《荀子·礼论》),认为"礼有三本",天地、先祖和君师各有其作用,要求"上事天,下事地,尊先祖而隆君师"(同上)。《中庸》讲的中庸之道通过人性与天命连接起来。在这里天人合一成为整个思想体系的逻辑起点,因而论述中庸之道时就不可能脱离天人合一思想。它说:

> 中者,天下之大本也;和者,天下之达道也。致中和,天地位焉,万物育焉。

中和就是中庸。中本来就是不偏不倚(如"喜怒哀乐之未发"),为什么又是"天下之大本"呢? 郑玄解释说:"中为大本者,以其含喜怒哀乐,礼之所由生,政教自此出也。"(《礼记正义》)礼仪政教本于中庸之道,中庸之道本于天命。反过来,"致中和"可以影响天地的运行、万物的生育。这就是天人合一的模式。联系《礼记》的整个思想体系来考察,便可看到中庸之道的天人合一思想非常清楚。《礼记》思想体系的特点就是宗教与哲学两种对立的意识形态并存,两者交错交织构成一幅复杂的图景。《礼记》中的许多篇,如《礼运》、《郊特牲》、

《祭义》、《哀公问》、《丧问》、《丧服四制》,都讨论"天道"与"人情"两个范畴。它们对天道时而赋予宗教神学的意义,时而赋予自然规律的意义,运用于人类社会则归结为礼仪制度。人情即人的宗法感情。中庸之道之所以是最高的美、最高的善,就是因为它体现着"天道"与"人情"的最佳配合。中庸之道恢复天人合一观念涉及真善美,宗旨并不是讨论美学问题,而是为封建宗法制度寻求依据。封建宗法制度不能没有宗教神学的支持,董仲舒的新儒学之新就在于用天人感应的神学说教为封建宗法制度提供了理论依据。中庸之道已经透出天人感应的端倪。不仅在《中庸》篇已经提出"至诚如神"的口号,在《礼记》的其他篇也已出现君主"盛德"可致"人民不疾、六畜不疫、五谷不灾"(《大戴礼记·盛德》),以及"男教不修"则天应以日食,"妇顺不修"则天应以月食(《礼记·昏义》)的说法,都已属于天人感应观念了。

(3) 对先秦儒学的人性论作了修正。荀子也认为中庸是一种美德,因为他主张"隆礼",又认为礼的实质就是中。他说:"曷谓中?曰:礼义是也。"(《荀子·儒效》)但是他又认为,礼义并不合乎人性,礼是圣人制定出来的用以矫正人性的客观外在准则。"凡礼义者,是生于圣人之伪,非故生于人之性也。"(《荀子·性恶》)只有用礼义改造人性,才能使人的思想行为符合中庸之道,成就中庸的美德。《中庸》则认为,天命、人性、中庸之道、教化四者是一致的,中庸之道与人性并不矛盾。从这点看,《中庸》的人性论接近于孟子。然而《中庸》的人性论也不是孟子的性善论。孟子强调人性中的"善端"与生俱来,只需通过存心养性的功夫将其发扬光大,便自然合乎伦理道德的要求。《中庸》则强调"发而皆中节","中节"与否有一个客观的标准。《中庸》说:"子曰:回之为人也,择乎中庸,得一善,则拳拳服膺,而弗失之矣。"做到中庸有一个择取善道和守之勿失的问题,不是任本性去做自然就可以得到的。能够择取善道守而勿失的成为君子,否则成为小人。中庸在人性中只是一种潜能,只有在已发之后与客观外在的准则相符合,中庸的美德才能实现。《礼记》说"人生而静,天之性也"(《礼记·乐记》),用一个"静"字判断人性,而不说人性是善还是恶。因为人得"五行之秀气"(《礼记·礼运》),所以人性自然不可能是恶的;又因为人有性有欲,"饮食男女,人之大欲存焉,死亡贫苦,人之大恶存焉"(同上),单凭本性所有的欲恶而行,未必能够"中节",所以人性也不可以说就是善。《礼运》的说法与《中庸》"发而皆中节"的说法一致,可以看作对《中庸》的人性论的解释。由此可见,《中庸》的人性论是对性善论和性恶论的综合。性善论注重于封建伦理的天然合理性,性恶论注重于伦理教化的必要性,《中庸》的人性论则把两者结合起来,目的是启发人们以高度的义务感履行宗法伦理。它包含着使感情与理智统一,使人主观内在道德修养与客观外在伦理准则统一的思想,不能不说是儒学发展史上人性论的深化。

《礼记》的中庸范畴有形而上学的若干特色,但也有辩证思维。

中庸之道从反对矛盾转化的立场出发,重视对立面的相互依存,重视(并且极端夸大)同一性在矛盾发展中的作用。它所推崇的中,是哲学上所说的矛盾同一性,是辩证法的一个片段。明末哲学家方以智用"交"这个概念表述对立面的同一性,他认为"两间无不交,无不二而一","交也者,合二而一"(《东西均·三征》)。方以智直接把他的观点与《中庸》联系起来。他说:"子思(指《中庸》)辟天荒以千古相传不可言之中,恐堕混洋,忽创'喜怒哀乐之未发'一语当之,而又创出中和之节,则明示未发之中即和合于已发之中矣。"(同上)"合二而一"与中庸之道思想的联系是十分清楚的。《中庸》极力强调主观努力的意义,它的名言"凡事预则立,不预则废"就是儒学传统中大量保福避祸方案的哲学概括。我们应当承认,儒、道、法各家的发展观,对于辩证法各有所见,亦各有所未见。对中庸之道的阻止转化、因循守旧、反对变革的倾向加以否定是完全必要的,这种否定不应当妨碍我们肯定其对矛盾同一性的正确认识,正如肯定法家对矛盾斗争性的犀利洞察不应当妨碍否定其抹煞矛盾同一性的观点一样。

中庸之道反对"过"与"不及",主张"执其两端而用其中于民",在哲学上还具有从量去找出与确定矛盾的质的规定性的意义。这个思想也符合辩证思维。

第五章　汉代的易学与儒学

第一节　汉代易学概况

春秋时代,周王室和诸侯国的史官们用《周易》占算吉凶的时候,往往对易作出自己的一些解说,《左传》中的周更、史墨、史鱼、史赵、史苏、蔡墨都有说易的言论。战国时代,儒、道、法、阴阳各家的著作中都涉及《周易》,并对《周易》作出各自的解释,在《孟子》、《荀子》、《管子》、《庄子》和《吕氏春秋》中都有反映(高亨:《先秦诸子之周易说》,收入《周易大传今注》,齐鲁书社1979年版)。两汉时代,儒家学者研究《周易》,其他学派也研究《周易》。《淮南子》的《缪称训》、《人间训》引《周易》发挥黄老之学,严君平的《道德经指归》引《周易》解说《老子》,扬雄的《太玄》更是《周易》与《老子》的混合物。汉末魏伯阳的《周易参同契》,以《周易》原理和黄老之术讲炼丹。由此而言,《周易》本不只是儒家的经典,易学也不都属于儒学。

儒家研究《周易》自孔子始,而孔、孟皆不以阴阳解说《周易》。战国后期有一派儒家学者,吸取道家道的观念和阴阳家的阴阳观念,用以研究《周易》。《彖传》、《象传》认为,《周易》卦象与卦爻辞有必然联系,提出爻位说以解释卦爻辞。爻位说将易卦的六个爻位中的

一、三、五爻位称为阳位,将二、四、六爻位称为阴位,用阴阳两爻在易卦中所居的爻位,用各爻位中爻象的关系以及爻象在爻位中的上下变化解说卦爻辞。《象传》解释卦象卦辞时主取象,规定了八卦所象的基本事物,然后以所象之事物比附社会人伦,形成一种思维方式。如解坤卦说"地势坤(顺),君子以厚德载物",解震卦说"洊(重)雷,震,君子以恐惧修省"等,表现出将天道、人道联系作统一理解的企图。《系辞》、《说卦》解说筮法时体现出一种观点,认为事物不仅具有象,还具有数,易卦从象和数两方面模写自然事物,而不是圣人任意创作的。《系辞》则提出"一阴一阳之谓道"和"刚柔相推,变在其中"的命题,则用阴阳观念表达了对事物的矛盾性以及矛盾推动事物变化的规律的认识,用以解说《周易》的原理,具有辩证思维的性质。《易传》中的这些基本观念奠定了易学的基础。

易学以《周易》为研究对象离不开占筮。《易传》对占筮的原则和体例进行解说的方法有取象和取义两种。取象是从卦爻象(包括卦爻形象所象征的事物和数字关系)出发进行解说,取义是从卦爻辞文意出发所作的解说。取象不等于只讲筮法,取义不等于只讲哲理。两种方法都是既讲筮法又讲哲理。但这样就形成两种不同的倾向:一种倾向偏重于从筮法的角度解释其中的哲理问题,另一种倾向偏重从哲理的角度解释其中的筮法问题(依朱伯崑《易学哲学史》之说,以下尚有采用朱先生《易学哲学史》之说处)。汉代易学发展了前一种倾向,形成象数派易学,或称易象数学,是易学的两大流派之一。象数学这一名称反映了汉代易学的特点,成为汉代易学的别称。

秦代焚书不及《周易》,易学传授未断。汉代尊崇儒学,《周易》列为五经之一,受到重视,发展成为专门的学问。据《史记·儒林列传》、《汉书·儒林传》和《汉书·艺文志》提供的史料,儒家易学的传授系统是这样的:孔子传于商瞿,经六世传于齐人田何。汉初,田何传于杨何,杨传于周王孙、丁宽、服生、司马谈。丁宽传于田王孙,田王孙传于施仇、孟喜、梁丘贺。孟喜传于焦延寿,焦延寿传于京房。至西汉宣帝、元帝时,施仇、孟喜、梁丘贺、京房四家易学皆列于官学。其中京房易学本属孟喜一家,但有较多发挥,所以与三家并列。《汉书·艺文志》说:"焦延寿独得隐士之说,托之孟氏,不相与同。"而京房又得焦延寿传授,所以被视为"异党"。这正说明京房易学在汉代易学发展史上有重要地位。以上是田何所传的今文经易学传授系统。另外,西汉还有一个古文经易学传授系统,它的来源不明,有费直、高相为代表在民间传授。西汉末年,刘向在天禄阁校书,发现费直所传与古文经相同。但古文易学没有被列为官学,始终作为民间易学存在着。到了东汉,古文经学势力相对增长,经学大师马融、郑玄等都兼采今古文经学说易,今古文易学的壁垒已不完全分明了。汉末易学家荀爽治费氏古文易学,又接受京房易学的影响。虞翻接受家传今文易学,同时又受荀爽易学的影响,扬弃了今文易学的灾变说。试将汉代儒家易学主要传授系统列表于下。

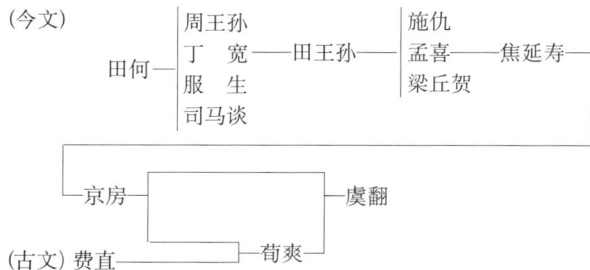

```
(今文)              周王孙        施仇
        田何—    丁  宽——田王孙——  孟喜——焦延寿
                 服  生        梁丘贺
                 司马谈

        —京房————————————虞翻
(古文)费直————————荀爽
```

汉代上述易学家的著作,绝大部分都已失传,清人有多种辑佚本。我们所依据的主要史料:一是《汉书》、《后汉书》、《三国志》中有关人物传记,二是唐代一行《卦议》中保存的孟喜易说(见于《新唐书》卷27、卷28),三是《京氏易传》,四是唐李鼎祚《周易集解》中保存的汉代易说。

此外,两汉之际,谶纬迷信泛滥,出现了一批纬书。《易纬》是以迷信解说《周易》的著作,其中也包含着一些科学思想内容。《易纬》在汉代易学中占有重要地位,也是汉代儒学的一个部分。与其他纬书一样,《易纬》的作者历来不能确知。可幸的是《易纬》的代表作《乾凿度》、《乾坤凿度》两篇经过漫长的时代而没有失传,我们得以此两篇为依据,参照其他辑集的《易纬》,对谶纬思潮中的易学思想可知其大概。

第二节　孟喜和京房的易学

孟喜是西汉今文易学孟氏学的开创者,生活在宣帝、元帝时期,参加过宣帝甘露三年(公元前51年)的经学讨论会——石渠阁会议。《汉书·儒林传》里说,孟喜得到一种“《易》家候阴阳灾变书”,诈称为其师田王孙临终所传,据以发挥自己的易说。他建立的卦气说(卦指易卦,气指气候)属于象数派易学,是汉代易学的主流派。卦气说赋予易卦变化以阴阳变化的含义,从分析易卦的卦爻象变化和数字关系出发,说明阴阳变化,又把易卦变化与四季气候相配,用来推测气候变化,附会人事吉凶。卦气说的特点是,把易卦的奇偶之数理解为阴阳二气,把易卦中奇偶变化理解为阴阳二气的消息变化。例如,《说卦》以坎卦配正北方和冬季,以震卦配正东方和春季,以离卦配正南方和夏季,以兑卦配正西方和秋季。孟喜说:

坎以阴包阳，故自北正，微阳动于下，升而未达，极于二月，凝涸之气消，坎运终焉。春分出于震，始据万物之元，为主于内，则群阴化而从之，极于南正，而丰大之变穷，震功究焉。离以阳包阴，故自南正，微阴生于地下，积而未章，至于八月，文明之质衰，离运终焉。仲秋阴形于兑，始循万物之末，为主于内，群阳降而承之，极于北正，而天泽之施穷，兑功究焉。故阳七之静始于坎，阳九之动始于震，阴八之静始于离，阴六之动始于兑。(《新唐书》卷27上)

坎卦的卦象☵是阴包阴，显示出阴气凝重之象，阴为寒冷，北方寒冷，故此卦居于正北方，它的阳爻居中，表示阳气开始萌动，还未上升。到二月，凝涸的阴气开始消解，坎所主的季节结束。震卦的卦象☳初爻为阳爻，表示万物初生之时，即春天开始，此一阳爻为震卦的生长方面，其上的两阴爻受其支配，意味着阳气兴起。震卦之气运行到正南方，它生育万物的功用已尽，它所主的季节结束。离卦的卦象☲是阳包阴，显示出阳气旺盛之象，阳为炎热，南方炎热，故此卦居于正南方，它的阴爻居中，表示阴气开始萌动，还未显示出来。到八月，草木衰落，离卦所主的季节结束。兑卦的卦象☱是阴爻居上位，为万物开始衰落之时，即秋天开始，此一阴爻为兑卦的生长方面，其下的两阳爻受其支配，意味着阴气升起。兑卦之气运行到正北方，它成就万物的功用已尽，它所主的季节结束。上段引文的最后说"阳七之静始于坎，阳九之动始于震，阴八之静始于离，阴六之动始于兑"，是对四季阴阳变化规律的概括，意思是说阳气初生于坎卦，到了震卦显现出来而发生变化，阴气始生于离卦，到了兑卦显现出来而发生变化。

再如，孟喜提出十二月卦说，以十二辟卦代表一年十二个月，其匹配如下：

复卦䷗	十一月	冬
临卦䷒	十二月	冬
泰卦䷊	正月	春
大壮卦䷡	二月	春
夬卦䷪	三月	春
乾卦䷀	四月	夏
姤卦䷫	五月	夏
遁卦䷠	六月	夏
否卦䷋	七月	秋
观卦䷓	八月	秋
剥卦䷖	九月	秋
坤卦䷁	十月	冬

为什么以这十二卦代表十二个月并作这样一个顺序排列？依据完全是卦象和卦象的变化，而卦象变化又被理解为阴阳消息。从复卦到乾卦是一个阳息阴消的过程，复卦中阳爻在初爻位出现，临卦、泰卦、大壮卦、夬卦中阳爻依次增加，到乾卦六个爻位全部为阳爻占据。从姤卦到坤卦是一个阴息阳消的过程，姤卦中阴爻在初爻位出现，遁卦、否卦、观卦、剥卦中阴爻依次增加，至坤卦六个爻位全部为阴爻占据。十二月卦作如此排列，使卦象显示的阴阳变化过程与一年中气候变化过程相一致。

京房是西汉今文易学京氏学的开创者，他的著作《京氏易传》吸收阴阳五行学说，发展了孟喜的卦气说，成为汉代易学的代表作。《京氏易传》改变了先秦易卦的排列顺序，以八宫说重新排列了卦序。八宫说将八经卦的重卦乾☰、震☳、坎☵、艮☶、坤☷、巽☴、离☲、兑☱称为八纯卦,每一纯卦率七卦成为一宫,每宫八个卦自成一系列。每一系列以八纯卦之一为首,称为上世卦,以下依次称为一世卦、二世卦、三世卦、四世卦、五世卦、游魂卦、归魂卦。又将一、二世卦合称为地易,三、四世卦合称为人易,五世卦和上世卦合称为天易,游魂卦和归魂卦合称为鬼易。八宫卦排列规则是孟喜十二月卦排列规则的扩大和补充发展。八宫卦的排列规则同样是以阴阳变化观念为依据的。《京氏易传》中对乾宫系列解释说:乾卦为"纯阳用事";姤卦为"阴遇阳";遁卦为"阴荡阳","阴来阳退也";否卦为"内象阳长","阴气浸长";观卦为"内象阴道已成","阴道浸长";剥卦为"柔长则刚减,天地盈虚","天气消灭";晋卦为"阴阳反复,进退不居";大有卦为"卦复本宫","内象见乾"。这就是说,乾宫系列各卦的变化过程基本是一个阴息阳消的过程,最后又有阳气复生的迹象。又对坤宫系列解释说:坤卦是"纯阴用事";复卦为"阴极则反,阳道行也","阳来荡阴,阴柔反去,刚阳复位";临卦为"阳长阴消";泰卦为"阳长阴危";大壮卦表示"阳盛阴而为壮","阳升阴降,阳来荡阴";夬卦为"刚决柔,阴道灭";需卦为"柔道消,消不可极,反于游魂";比卦为"归魂复本,阴阳相成万物生也"。这就是说,坤宫系列各卦的变化过程基本上是一个阴消阳息的过程,最后又有阴气复生的迹象。对其他各宫系列的解释皆类此。这些解释,就基本意思来说与十二月卦说相同,就内容而言比十二月卦说丰富得多了。

　　八宫卦说突出了易学的占术迷信性质,表现有两点。其一,八宫卦说将易卦的爻位从初爻到上爻分别定为元士、大夫、三公、诸侯、天子、宗庙之位,赋予爻位等级贵贱之义,又规定每卦六个爻位之一为该卦的世居爻位(或称为临世、治世爻位),以世居爻位上的爻象推断吉凶。六爻中初、四爻相对,二、五爻相对,三、七爻相对。世居爻位上的爻象若与相对爻位上的爻象相同(同为阴或同为阳)叫作相敌,此卦为凶。世居爻位上的爻象若与相对爻位上的爻象相反(一阴一阳)叫作相应,此卦为吉。这些烦琐的规定都是为占筮服务的。其二,八宫卦说解说卦象还有飞伏之法。称卦画呈现的卦象为飞,称卦画隐藏的卦象(即与卦画呈现的相反的卦象)为伏。凡六爻爻象相反的两卦,均互为飞伏。例如乾卦☰和坤卦☷互为飞伏,姤卦☴与复卦☳互为飞伏。解卦爻辞时既可以飞解释,也可以伏解释。飞伏说解卦增加了64卦的卦义,更便于附会人事,同样是为占筮服务的。

在八宫卦卦序的基础上,《京氏易传》调整了孟喜的卦气结构,又吸收了《易传·说卦》、《吕氏春秋·十二纪》、《礼记·月令》和《淮南子》的《天文训》、《地形训》中的资料,把易卦与气候、干支、星宿相配,特别是把易卦与五行相配,交织成一个庞大的世界图式。

以五行说解说《周易》是京房易学的发明。《易传》的《系辞》解说易卦时讲天地之数,以五为天数的中数,以五为贵,可以看作五行学说对易学已有影响,但《易传》还没有直接以五行说解释《周易》。京房则多方面吸取五行说的内容,用以解说《周易》,是汉代易学的重大发展。《京氏易传》将五行说与《周易》结合,包括四个方面的内容:

一是以五星配64卦。五星指土星镇、金星太白、水星太阴、木星岁和火星荧惑,是古代占星术名词,本与《周易》无关。《京氏易传》始将64卦与五星相配。64卦以八宫卦次第为序,五星以土、金、水、木、火为序(即五行相生之序),起于乾卦配土星镇,终于归妹卦配木星岁。相配结果如表:

五星配卦表

乾土	震木	坎金	艮火	坤水	巽土	离木	兑金
姤金	豫火	节水	贲土	复木	小畜金	旅火	困水
遁水	解土	屯木	大畜金	临火	家人水	鼎土	萃木
否木	恒金	既济火	损水	泰土	益木	未济金	咸火
观火	升水	革土	睽木	大壮金	无妄火	蒙水	蹇土
剥土	井木	丰金	覆火	夬水	噬嗑土	涣木	谦金
晋金	大过火	明夷水	中孚土	需木	颐金	讼火	小过水
大有水	随土	师木	渐金	比火	蛊水	同人土	归妹木

二是五行配八纯卦48爻。五行配八纯卦为乾金、坤土、震木、巽木、坎水、离火、艮土、兑金。五行配八纯卦的48爻是《礼记·月令》中所讲的五行四时关系与纳甲说结合的产物。《月令》已将十二月、十二支、五行三项内容相配,纳甲说已将八纯卦48爻与干支相配。《月令》与纳甲说有一个共相即地支。通过地支把48爻与五行联系起来,再增入上述五行与八纯卦相配的内容,就成为五行配八纯卦48爻的五行六位表,如下:

五行六位表

五行　　八纯卦 爻位	兑金	艮土	离火	坎水	巽木	震木	坤土	乾金
上爻	木	木	火	水	木	土	金	木
五爻	金	水	土	土	火	金	水	金
四爻	水	土	金	金	土	火	土	火
三爻	土	金	水	火	金	土	木	土
二爻	木	木	土	水	木	木	火	木
初爻	火	土	木	木	土	木	土	水

三是卦爻五行生克说,在五行六位表的基础上,此说进而讲卦与爻之间的生克关系,用以解释卦象吉凶。例如《京氏易传》解释乾卦卦爻生克关系说:

> 水配位为福德,木入金乡居宝贝,土临内象为父母,火来四上嫌相敌,金入金乡木渐微。

以卦为母,以爻为子。乾卦为金,初爻为水,母子是金生水关系,所以乾卦初爻为"福德"。二爻为木,母子是金克木关系,金克木生财,所以二爻为"宝贝"。三爻为土,母子是土生金关系,所以三爻"为父母"。四爻为火,母子关系是火克金,所以四爻有"相敌"之意。五爻为金,母子皆为金,金与金同气不相害,反而伤木,所以五爻有"木渐微"的含义。此说还认为,在卦爻五行生克关系中,子克母为"系"(束缚),母克子为"制"(制约),子生母为"义"(适宜),母生子为"宝"(财富)。这些说法都是以五行生克解释易卦的吉凶。其解释将逻辑思维因素与牵强附会混合在一起,给人以似是而非之感。如果说从金生水推出乾卦与其初爻联系有"福德"的意义,从火克金推出乾卦与其四爻联系有"相敌"的意义,思维过程中还包含着某种逻辑性,那么从金克木推出乾卦与其二爻的关系具有"宝贝"的含义就很牵强了,从土生金推出乾卦与其三爻的关系是"为父母"同样牵强。从金与金不相害推出乾卦与其五爻的关系,为什么必须是"伤木"而不是"生水"呢? 这可以作为一个例证,说明为了占术而牺牲逻辑,是象数易学不可避免的歧途。

四是八卦休王说。休为引退,王为主事。五行四时说中有五行休王说,认为五行在四时中轮流主事,一行主事时,其他四行分别生、死、废、休。如《淮南子·地形训》中说:"木壮,水老(休)、火生、金囚

(废)、土死。火壮,木老、土生、水囚、金死。土壮,火老、金生、木囚、水死。金壮,土老、水生、火囚、木死。水壮,金老、木生、土囚、火死。"这就是一种五行休王说。《京氏易传》以此提出八卦休王说,认为:乾主立冬,坤主立秋,震主春分,巽主立夏,坎主冬至,离主夏至,艮主立春,兑主秋分。二分二至四立,八卦各主其一;一卦主事时,其他各卦分别生、死、废、休,具体说法与五行休王说相对应,即一卦主事可理解为这一卦所代表的五行中的那一行主事,其他各卦依照各自代表的五行中的那一行,分别生、死、废、休。

透过《京氏易传》编制的种种占筮体例不难发现,阴阳五行思想贯穿于每一种占筮体例中。八宫卦说是以卦爻显示的阴阳变化为原则排列的,卦气说是以一年气候的阴阳变化解说《周易》的,纳甲说是以阴阳卦为基础与干支配合的,而在春秋以来的思想史上,五行早已被赋予阴阳的性质。

京房还通过对《周易》经传的解释从理论上发挥了阴阳思想。

首先,京房认为《周易》是讲变化的。《周易》所讲的变化就是阴阳变易。《系辞》谓"生生之谓易",《京氏易传》解释说:"乾坤震巽,坎离艮兑,八卦相荡。二气阳入阴,阴入阳,二气交互不停,故曰'生生之谓易',天地之内无不通也。"《系辞》谓"一阴一阳之谓道",《京氏易传》解释说:"阴阳之体,不可执一为定象。于八卦,阳荡阴,阴荡阳,二气相感而成体,或隐或显。"这就是说:生生是指阴阳二气的变易永无止尽,阴阳二气相感,或阳显阴隐,或阴显阳隐,变动不居,所以八卦卦象的变化不拘一象,又阴又阳。《京氏易传》对每一卦爻象的解说都是从这一原则出发的。

其次,京房以阴阳解释《周易》时,提出了阴阳变化的多种形式。《彖传》、《象传》说泰卦的卦象䷊为"天地交泰",《京氏易传》进一步解释说：

> 乾坤二象，合为一运，天入地交泰，万物生焉。小往大来，阳
> 长阴危，金土二气交合。《易》云：泰者，通也。通天地，长于品汇，
> 阳气内进，阴气升降，升降之道，成于泰象。

《彖传》认为屯卦的卦象☳为"刚柔始交而难生"，"雷雨之动满盈"。
《京氏易传》进一步发挥说：

> 内外刚长，阴阳升降，动而险。凡为物之始，皆出先难后易。
> 今屯则阴阳交争，天地始分，万物萌兆，在于动难，故曰屯。

《京氏易传》又以阴阳二气交互推移解释井卦☵说：

> 阴生阳消，阳生阴灭，二气交互，万物生焉。

《京氏易传》还以阴阳二气相合解释家人卦☲说：

> 火木分形，阴阳得位，内外相资，二气相合，君君臣臣，父父
> 子子，兄兄弟弟。《易》曰"家人嗃嗃"，父子嘻嘻，治家之道，分
> 于此也。

所谓相荡、交合、升降、交争、交互、相合都是阴阳变化的形式。提出
阴阳变化的种种不同形式，思维更加细密，是《彖传》、《象传》以阴阳
解易的发展。

再次，《京氏易传》中阐述了阴阳转化、物极则反的观念。如其
解升卦说："自下升高，以空于极，至极而反，以修善道而成体。"这是
说高极则反于下。其解艮卦说："阳极则止，反生阴象。"这是说阳极
则反于阴。解大壮卦说："内外二象动而健，阳胜阴而为壮。《易》曰'羝

羊触藩,羸其角',进退难也。壮不可极,极则败。物不可极,极则反。故曰:'君子用罔,小人用壮。'"末句引文是大壮九三爻辞,意谓:壮羊以角触篱,反而被系其角,进退两难。这是说阳极反于阴,壮极反于败。阴阳转化、物极必反的命题在中国思想史上早已有之,并不始于汉代,但是,在易学中引入这个命题并加以发挥则始于京房。

我们对孟喜、京房易学进行总体评价,探讨其与汉代儒学关系的时候,首先应该指出,灾异思想是孟喜、京房易学的基本特征,这在京房易学中表现特别突出。《京氏易传》说:

> 生吉凶之义,始于五行,终于八卦。从无入有,见灾于星辰。从有入无,见象于阴阳也。阴阳之义,岁月分也。岁月既分,吉凶定矣。故曰:"八卦成列,象在其中矣。"六爻上下,天地阴阳,运行有无之象,配于人事。八卦仰观俯察在乎人,隐显灾祥在乎天,考天时察人事在乎卦。

这段话把灾异思想表述得相当完整。在京房看来,天是有意志的宇宙主宰者,天通过星辰表达自己的意志("从无入有"),天又通过易卦表现自己将要让自然界出现什么变化("从有入无"),无论是把吉凶隐藏在易卦中,还是通过自然现象显现出来,都是由天决定的("隐显灾祥在乎天")。人的作用是通过易卦推知天时变化和人事吉凶。为什么易卦隐藏着天意呢?因为易卦体现着季节阴阳变化,而季节阴阳变化就代表着天意。京房的思路是:天定吉凶,又通过天象变化和易卦的阴阳变化两条途径将吉凶告诉人们,人可以通过考察天象变化和易卦的阴阳变化体认吉凶之义。这个思路与董仲舒的天人感应说是一致的,只不过强调了通过易卦体认天意这一条途径。可以说京房的易学思想是董仲舒代表的西汉官方哲学在易学中的表现。

不仅如此,京房还赋予阴阳、五行以政治和伦理的意义,通过解说《周易》直接为封建王道和伦常作论证。《京氏易传》说:"阴阳运行,五行互用,一吉一凶。以通神明之德,定之以人伦而明王道。八卦建,五气立,五常法象乾坤,顺于阴阳,以正君臣父子之义。"这就是说,易卦的二气运行五行生克体现着神灵的意志,规定出封建王道和人伦原则。五常(仁义礼智信)是效法易卦,依据二气五行变化法则制定的,所以是君臣父子关系的规范。这种维护封建王道伦常的思想,也是与董仲舒的儒学完全一致的。

孟喜、京房的灾异说不同于董仲舒天人感应说的特点是:第一,董仲舒是公羊春秋学专家,多用历史比附的方法说灾异。如他的《高庙失火对》把汉武帝时辽东高庙和高祖陵园便殿发生火灾与春秋时鲁定公、鲁哀公时的灾异比附,提出要求武帝诛杀亲贵中的骄横大臣的主张。孟喜、京房是易学专家,纯粹根据风雨气候推说灾异,而不用历史比附。与此相关,董仲舒推说灾异主要限于国家大事。孟喜、京房的卦气说则把易卦与一年的四时十二月三百六十五天的气候变化一一匹配,随时以气候的微小变化进行比附,用以解说任何事情。如京房与石显明争暗斗时编造说,卦气显示有人隔绝君臣关系,剥夺他面见皇帝奏事的权利。又编造说,卦气显示"日月相薄"、"邪阴同力,而太阳为之疑","臣得居内,星亡之异可去"。(《汉书·京房传》)。

第二,孟喜、京房的易学建立的以阴阳五行为间架的世界图式,包括了易学史上前所未有的广泛内容,代表着易学发展的一个新阶段。他们把易卦看成自然和社会的缩影,认为它体现着自然运行和社会变化的基本法则,在易卦的形式中把汉代的自然哲学系统化了。这对后来的思想家探讨世界的普遍联系有启发意义。他们借助当时的天文知识,以阴阳二气阐述《周易》的发展变化学说,对汉代哲学、思想文化也发生了很大影响。西汉哲学家扬雄仿《周易》作《太玄》,以阴阳二气盛衰为依据,提出一个独创的世界图式,显然受了孟喜、京房易学的影响。《太玄》许多"首"的名称与京房卦气说一致。卦气说起于中孚卦,终于颐卦,《太玄》起于"中首",终于"养首","中"即中孚,"养"即颐卦之颐。《太玄》讲阴阳之象,阴阳之数,以五行配"九赞",讲五行休王,均与《京氏易传》相同。孟喜、京房认为《周易》有推断吉凶的功用,扬雄也认为《太玄》有推断吉凶之用。

第三,孟喜、京房易学反映着西汉自然科学的许多成就。我们对孟喜、京房易学的自然科学意义不能评价很高,因为他们没有独创的自然科学成就,只是吸取了当时的天文、历法、气象知识,并用来为占筮服务。但是,他们的易学能够吸取自然科学的一些新成就(例如,京房卦气说中一年为365.25日,只比《太初历》少万分之一点六二日,对季节的计算已经相当精确),形成了一个相对完整的理论体系,对古代自然科学的发展是有影响的。刘歆制定的《三统历》(保存在《汉书·律历志中》),以乾坤两卦配十二律、十二月、十二辰就是效法卦气说。《三统历》以《系辞》中的"太极"为一元(4617年)之始,以"两仪"为春秋二季,以八卦配二分二至四立,均本于京房卦气说。东汉末的《乾象历》(保存于《晋书·律历志》中),北魏的《正光历》(保存于《魏书·律历志》中)以及唐代的《大衍历》都以卦气说为理论基础。

东汉王充、张衡赞成孟喜、京房的卦气说。王充说:"京氏布六十四卦于一岁中,六日七分,一卦用事。卦有阴阳,气有升降,阳升则温,阴升则寒。由此言之,寒温随卦而至,不应政治也……京氏占寒温以阴阳升降,变复之家以刑赏喜怒,两家乖迹。"(《论衡·寒温》)

张衡说:"律历卦候,九宫风角,数有征效,世莫肯学,而竟称不占之书。"(《后汉书·张衡传》)他们两人重视孟喜、京房易学中具有的自然科学内容是对的,否认其讲灾异迷信的性质,认为卦气说"不应政治",与谶纬本质不同,则是一大误会。清初王夫之不赞成孟喜、京房易学,谓:"《易》可以该律,律不可以尽《易》,犹《易》可以衍历,历不可以限《易》。盖历者,象数已然之迹,而非阴阳往来之神也。故一行智,而京房迷。"(《周易外传·系辞上传第四章》)他反对用卦气说代《周易》,指出孟喜、京房的易学讲灾异是迷误,同时,又承认"《易》可以衍历",包括着对其易学中科学成分的肯定,是公允的看法。

第三节　《易纬》的象数学

两汉之际,谶纬迷信思潮兴起。从西汉成帝、哀帝、平帝时期起,经过王莽当政时期,到东汉光武、明帝、章帝时期为止,在大约一个世纪里,谶纬迷信像洪水一样泛滥成灾。这种历史现象的产生,背景是当时的社会政治危机。西汉末年政治动乱,农民起义此起彼伏,统治阶级分崩离析,再也无法用正统经学维持思想统治了。有人编造谣言,借上帝、孔子之口神化帝王,更有人利用灾异指斥"人主自恣"(《春秋潜潭巴》),"邪臣蔽主"(《诗推度灾》),"君臣无道"(《孝经内事图》),发出"改王易正"(《河图圣洽符》)的呼声。这说明谶纬迷信思潮是动乱时代的社会危机意识。这种现象的出现,又是今文经学合乎逻辑的发展结果。思想发展史一再表明,一种思维模式一旦建立,如果不遇到阻碍,必然发展到它的逻辑的极端。以董仲舒为代表的今文经学倡言"天人感应",将自然现象和社会现象归结为天意,本来就具有浓厚的神学色彩。经过一百多年的发展,"天人感应"的思维模式走到了它的极端,神学压倒了科学,荒诞粗俗的编造代替了清醒的理性思维,正统神学孵化出一只怪鸟——谶纬迷信思潮。从学术发展的客观趋势来说,这只怪鸟负有整理西汉学术思想使之系统化的使命(参阅顾颉刚:《秦汉的方士与儒生》)。它是以术数思想为指导从事这一使命的,从而形成了谶纬思潮的独特面貌。

谶与纬有区别。谶是不依赖儒家经书的预言,纬是对儒家经书的迷信解说,谶不依托孔子,纬都假托出于孔子之口。后来,纬书中也引谶语,谶语也有依傍经书的。"六经"都有纬书,《易》、《诗》、《书》、《礼》、《乐》、《春秋》各有纬书数种至十数种。《孝经》也有纬书数种。

《易》的纬书统称《易纬》,其成书年代不能确知,大致与其他纬书同时出现于"成哀之际"、"哀平之际"(《后汉书·张衡传》)。《易纬》的作者也不能确知,东汉人荀爽认为纬书的作者是"终张之徒"(荀悦:《申鉴·俗嫌》),终张就是替王莽编造符命的田终术。

《易纬》流传至今的只有《乾凿度》和《乾坤凿度》两种(全部纬书传世的也只有这两种,其余都在隋唐之世失传)。清代乾隆时又从《永乐大典》中辑得六种,名称为《稽览图》、《通卦验》、《坤灵图》、《是类谋》、《辨终备》、《乾元序制记》,加上传世的两种共为八种。这些书名都很费解,显示出它们的神秘性质。《乾凿度》的乾指天,凿为开凿,度为道路,意为圣人凿开通向天庭的道路,沟通人神之间的关系。《乾坤凿度》与《乾凿度》的意思相近。《稽览图》是以卦气来占验吉凶,说明天人感应,以供帝王稽览的意思,书中有图,故称《稽览图》。《通卦验》是通过卦气占验吉凶的意思。《坤灵图》的坤灵指地之灵妙,也有图配合。《是类谋》是卜筮可行之事以类相通,预为谋划的意思。《辨终备》是通过占验通晓天人感应之理,辨其凶吉,为未来作好准备使无后患的意思。《乾元序制记》,乾指乾卦,元指乾卦卦辞"元亨利贞",意为乾元之德代表天意而定兴亡之序,王者效法乾元之德以兴。《易纬》有孙毂《古微书》辑本、《四库全书》辑本和黄奭《汉学堂丛书》辑本,内容互有出入。

在整个儒学范围内,《易纬》作为纬书,是谶纬迷信思潮的表现,其特点是将儒学神学化,充满粗俗的迷信,成为儒学史上最接近宗教的著作。但与宗教不同,它没有向人们提供一个宗教的"天堂",不引导人们脱离现实世界而到彼岸世界去追求精神的解脱。相反,它的出发点和归宿都是封建政治和伦理。它将孔子神化,然而被神化了的孔子所讲的仍然是儒学的纲常伦理和修齐治平,要求人们履行现实社会义务,而不引导人们超越现实去追求精神慰藉。因此它仍然是儒学而不是宗教。在易学范围内,《易纬》的特点是以象数解《易》。它依据孟喜、京房的卦气说,吸收西汉的元气说、阴阳五行说以及董仲舒的神学目的论,将卦气说作了理论总结,提出一个世界图式,为象数学提供了理论基础。在纬书范围内,《易纬》的特点是偏重讨论社会的发展变化,而与具体历史事件、历史人物的命运保持一定距离。例如,《书纬》、《孝经纬》、《春秋纬》中多次利用经书词句,直接附会两汉之际的政治事件,直接攻击后党专政,直接为王莽、刘秀受命编造神学依据,《易纬》中却极少有类似内容。再如,《春秋纬》、《孝经纬》、《书纬》、《乐纬》中都有关于孔子及其门徒出生和外貌的神奇描绘,唯独《易纬》中看不到类似文字(参阅周予同:《纬书中的孔圣与他的门徒》,载《周予同经学史论著选集》,上海人民出版社1983年版)。

《易纬》中的《乾凿度》相当于《易传》中的《系辞》,提出了易学中的一些通论性的问题,并作出了自己的回答,如《周易》的性质,八卦的起源,卦爻的结构以及筮法体例等。通过对这些问题的回答发挥思想,因而富有理论色彩,对后代易学发展影响很大。我们以《乾凿度》为主,结合其他《易纬》来研究其思想内容。

关于《易》名的含义,《易纬》提出易有三义说。《乾凿度》说:"孔子曰:易者易也,变易也,不易也。管三成为道德苞籥。"这是说,易这个名称兼有简易、变易、不易三种含义,乃是道德的纲要。简易、变易二义是《系辞》中提出来的。《系辞》论《易》的性质说:"显诸仁、藏诸用,鼓万物而不与圣人同忧,盛德大业至矣哉! 富有之谓大业,日新之谓盛德,生生之谓易。""鼓万物"即鼓动万物,也就是生万物并使万物发育成熟,这是《易》的"盛德大业"。它是在生生不已、日新不敝的永恒变化中完成其"盛德大业"的,所以易有变易之义。但它完成"盛德大业"又是出于无心,并不像帝王那样治国忧民,所以易又有简易之义。《乾凿度》说《易》的性质是"不烦不挠,淡泊不失",但它照耀天地,使天地通气、四时变化,不出简易、变易二义。易有不易之义则是《乾凿度》的新说。就字面看,不易与变易相互矛盾,二义不能并存。但依照《乾凿度》的解说,不易与变易是并存不悖的。它说:"变易者,气也。天地不变,不能通气。"天地之气变化形成四时,君臣之气变化出现朝代兴替,夫妇之气变化才有子女家族。"不变者,其位也。天在上,地在下,君南面,臣北面,父坐子伏,此其不易也。"天地之气变化,四时气候不同,而天的位置在上,地的位置在下,任何时候都不变。君臣之气变化,为君之人可以变成臣,为臣之人可以变成君,而君处于治臣的地位,臣处于事君的地位,任何时候都不变。同一个人对其父而言是子,对其子而言是父,但父子之间的尊卑地位是永远不变的。《乾凿度》说的变易是"气"在变化,所说的不易是"位"不变化,所以不易与变易二义并不矛盾。

《易纬》提出《易》名有不变之义,是为了论证封建等级制度不可

改变,《乾凿度》对此有直接论述:

> 故易者所以经天地、理人伦而明王道。是故八卦以建,五气以立,五常以行,象法乾坤,顺阴阳,以正君臣父子夫妇之义;度时宜,作网罟,以畋以渔,以赡人用。于是人民乃治,君亲以尊,臣子以顺,群生和洽,各安其性,八卦之用。

这种维护封建等级制度的思想,与道家的自然主义不同,与法家封建等级观念也有区别,儒学的特质却明显可见。强调"经天地"、"理人伦"、"明王道"是儒学的基本精神。将君与亲并提,臣与子并论,也是儒学的一贯思想。这段话中提倡的"君臣父子夫妇之义"就是董仲舒推崇的"三纲六纪"。

关于易卦的形成,《易纬》提出了太易说。

易学有一个基本概念,认为易卦是宇宙的缩影,甚至是宇宙的本体,因而论述易卦形成过程也就是论述宇宙形成过程,知道这一点有助于理解易学关于易卦形成的解说。对于易卦的形成过程,《系辞》解释说:"易有太极,是生两仪,两仪生四象,四象生八卦。""八卦成,列象在其中矣。因而重之,爻在其中矣。"这几句话中爻指易64卦的384爻,象指八卦的卦象,八卦即八经卦,四象指太阴、少阴、少阳和太阳,两仪指阴阳。后代对这几个概念有几种发挥,没有本质不同的异说。太极是什么,太极怎样生出两仪,后代的解说就很不相同了,《易纬》的解说自成一说。《乾凿度》说:

> 夫有形生于无形,乾坤安从生? 故曰有太易,有太初,有太始,有太素也。太易者未见气也。太初者气之始也。太始者形之始也。太素者质之始也。气形质具而未离,故曰浑沦。浑沦者,

万物相浑成而未相离。

"有形生于无形",这是《易纬》的易卦形成理论的根本观点,其实也是其宇宙形成论的根本观点。这个观点不是《易纬》首先提出来的,西汉初期已经出现而且流传很广。《淮南子·天文训》中说:"太始生虚霩,虚霩生宇宙,宇宙生元气。"扬雄《太玄·玄摛》中说:"玄者,幽摛万类而不见形也。资陶虚无而生乎规,擱神明而定摹,通同古今以开类,摛措阴阳而发气。"《淮南子》的生虚霩的"太始",扬雄散布(摛)万类而无形的"玄",都是无。他们所表述的思想都是有生于无。汉代人认为宇宙生成过程是有生于无,很大程度上是接受了先秦道家思想的影响。仅就认为宇宙生成过程是有生于无这点说,《易纬》与《淮南子》、扬雄的观点是一致的。但不能单凭这一点判别《易纬》宇宙生成论的性质,要说明《易纬》宇宙生成论的性质,关键要看对无作何解释,对无何以能生有作何解释。《乾凿度》问道:"有生于无,乾坤安从生?"所提的就是这样一个问题。既然有生于无,作为有的乾坤是怎样从无中生成的呢? 它回答说,宇宙是经过四个阶段形成的。"太易未见气",太易是无气无形无质的阶段;"太初气之始",太初是有气无形无质的阶段;"太始形之始",太始是有气有形无质的阶段;"太素质之始",太素是气形质都已具备的阶段。四个阶段也可以概括为两大阶段。太易是无的阶段,太初、太始、太素都是有的阶段。在有的阶段里,气、形、质先后出现,但没有分化为具体事物,无以名之,故叫浑沦即浑沌。这样看来,太初、太始、太素实相当于《易传》所说的二气未分的太极。《易传》没有说太极之前是什么,《乾凿度》说太始之前是太易,太易阶段连浑沦也没有,连气也没有,是绝对的无,也就是《乾坤凿度》所说的"虚无"。这个解释不能令人满意,因为它只是把宇宙生成过程描绘了一番，并没有说明无是怎样生出有的。对此，《乾坤凿度》作了回答："是上圣凿破虚无"，"圣人凿开虚无。"这存在于宇宙形成之前的"上圣"、"圣人"必不能是宇宙本身，不能是自然界，更不能是人，只能是神。

《乾凿度》又回到易卦形成问题上来，讲乾坤两卦形成过程说：

> 易无形畔。易变而为一，一变而为七，七变而为九，九者气变之究也。乃复变为二，二变而为六，六变而为八，二者形变之始。清轻者上为天，浊重者下为地。物有始有终有壮，故三画而成乾。乾坤相并俱生。物有阴阳，因而重之，故六画而成卦。

这段话是说，太易是无形的，可是太易"变而为一"，"一变而为七"，"七变而为九"。一即太初，七即太始，九即太素。一、七、九是阳数，阳数变化过程表示阳气变化过程，一表示阳气初生，七表示阳气旺盛，九表示阳气终极，所以说"九者气变之究也"。同时，太易"复变为二"，"二变而为六"，"六变而为八"。二、六、八是阴数，阴数变化过程同样表示阴气变化过程。阴阳二气具备，是宇宙有形发展过程的开始，所以说"二者形变之始"。阳气轻清，上升形成天，阴气重浊，下降形成地。有了阴阳之数和天地之形，也就有了乾坤卦之象。有形之物的形成过程经过太始、太初、太素三个阶段，乾卦之象即代表三个阶段，所以说"三画而成乾"。有了乾卦之象，也就有了与之相对的坤卦之象，所以说"乾坤相并俱生"。乾坤两卦各有三爻，相重为六爻。所以说"六画而成卦"。这是解释易卦形成过程，同时也是解说宇宙形成过程。解说中所用的阴阳之数和阴阳之气的概念是先秦易学史上就有的。在京房卦气说中，阴阳之数主要用来说明卦象的形成和节气的变化。《易纬》中则将阴阳之数与阴阳之气的形成发展密切结合起来,用阴阳之数代表太初、太始、太素几个阶段,一方面使阴阳之气发展过程具有量的规定性,另一方面用来说明宇宙从无到有的发展过程。这样,阴阳之数从筮法中的具体概念上升为宇宙形成论中的运动变化范畴,为易学的象数之学提供了理论基础。

关于《周易》卦序,为什么64卦分为上篇30卦和下篇34卦?为什么上篇从乾坤二卦开始以坎离两卦结束?为什么下篇从咸恒两卦开始以既济未济两卦结束?《乾凿度》回答说:

> 易卦六十四分而为上下,象阴阳也。夫阳道纯而奇,故上篇三十,所以象阳也。阴道不纯而偶,故下篇三十四,所以法阴也。乾坤者,阴阳之根本,万物之祖宗也,为上篇始者,尊之也。离为日,坎为月,日月之道,阴阳之经,所以终始万物,故以坎离为终。咸恒者,男女之始,夫妇之道也。人道之兴,必由夫妇,所以奉承祖宗,为天地主也,故为下篇者始,贵之也。既济未济为最终者,所以明戒慎而存王道。

这就是说,《易》64卦分为上下两篇是用以表示阴阳的。上篇30卦是用30这个数目中的奇数三表示上篇为阳,下篇34卦是用34这个数目中的偶数四表示下篇为阴。乾坤是阴阳的根本,万物的来源。上篇以乾坤两卦为始,表示对乾坤的尊崇。离代表日,坎代表月,日月之道是阴阳的主干("阴阳之经"),也就是《京氏易传》中说的"坎离者阴阳之性命"。坎离两卦代表日月之道,有使万物发育完成的功用,所以上篇以坎离两卦结束。以上是讲天道。咸恒体现男女夫妇之道,有生育子女、传宗接代的意义,是人道的由来,下篇从咸恒两卦开始,表示重视夫妇之道。以既济未济为64卦之终结,表示事物的完成是相对的,用以提醒王者要警惕谨慎而不可自满。这样解释卦序十分牵强，必非卦序本身所有之义。先秦《易》分上下两篇，很可能出于简策编排的需要，并没有多少深意。王夫之说："其分上下也有二，古之简策以韦编之，犹今之卷帙也。简多而不可编为一，故分上下为二，其简之多少必相称也。"（《周易内传发例》）上篇30卦，其中乾☰，坤☷，坎☵，离☲，颐☶，大过☱六卦没有其他卦象能够代替，必须各自独占一简。其余24卦为12对，每对的两卦卦象互相颠倒，如屯卦☵和蒙卦☶，将屯卦倒过来读是蒙卦，将蒙卦倒过来读是屯卦；需卦☵和讼卦☶，将需卦倒过来读即讼卦，将讼卦倒过来读即需卦。余皆如此。故每一个卦象可以代表两卦，24卦可用12个卦象代表。每两卦占一简，24卦占12简。上篇30卦共用18简。下篇34卦中中孚☱和小过☶两卦，没有其他卦象能够代替，必须各自独成一简，其余32卦为16对，情形与上篇中的24卦相同，只需占16简。下篇34卦亦共占18简。所以说上下两篇，"其简之多少，必相称也"。王夫之的这个推测，现在还没有在考古发现中取得实物证明，但要比《易纬》的解释合理得多。不过《乾凿度》对卦序的解释也不是毫无意义，其意义在于它通过解释卦序论证阴阳说，发挥阴阳统率天道和人道的哲理，显示出汉易象数学的特征。

《易纬》对象数学的发挥还体现在它提出的占筮体例中，特别是表现在八卦方位说的占筮体例中。《易纬》的八卦方位说是对京房卦气说的发展。京房卦气说是将八卦、二分二至四立、月份、地支四项相配。《易纬》将四项中的二分二至四立融于月份，成为八卦、月份、地支三项，增加了方位、五行、五常、阴阳始生四项，共为七项。将七项内容搭配起来，从八卦出发解释节气变化和社会伦理，成八卦方位说。其具体内容如图所示：

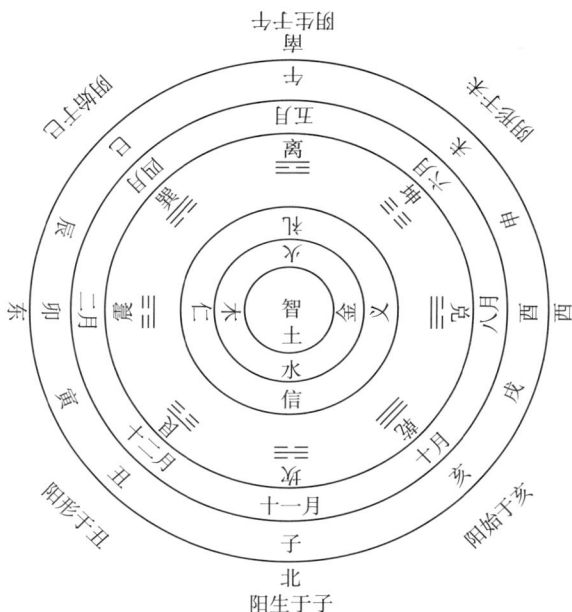

八卦方位图

八卦方位说主要是通过八卦的方位讲卦气运行的,所以八卦与方位的匹配最为重要。八卦的具体方位是:乾、坤、艮、巽依次分别居于西北、西南、东北、东南,坎、离、震、兑依次分别居于正北、正南、正东、正西。《乾坤凿度》解释说,这个八卦方位安排的含义是"四维正纪,经纬正序"。意思是,这个安排表示居于四维的乾、坤、艮、巽四卦起着统率四时变化的作用,居于南北("经")的坎离和居于东西("纬")的震兑四卦起着确定二至二分顺序的作用。这样看来,乾、坤、艮、巽四卦比坎、离、震、兑作用要大,地位要重要。其中乾坤两卦更加重要,《乾凿度》说:

　　孔子曰：乾坤，阴阳之主也。阳始于亥，形于丑，乾位在西北，
阳祖微据始也。阴始于巳，形于未，据正立位，故坤位在西南，阴
之正也。君道倡始，臣道终正，是以乾位在亥，坤位在未，所以明
阴阳之职，定君臣之位也。

八卦都与阴阳有联系，乾坤两卦更是"阴阳之主"。八卦方位图中乾
居西北，坤居西南，体现着乾坤两卦是"阴阳之主"的重要地位。这
是因为西南为十月，为亥，是阳气开始萌生之位，乾居西南表示阳气
"祖微据始"之义。坤不居于阴气开始萌生的东南，而居于阴气形成
的西南，表示阴气不能与阳气抗衡，它以卑顺为美德，起着成就阳气
创始的事业的作用。接着就从乾坤之位引申出君臣之道，认为乾为
阳、为君，阳气"祖微据始"，所以君道主倡始；坤为阴、为臣，坤"据正
立位"，所以臣道主守成。

　　《乾凿度》对八卦方位说中的卦位的解说，开始给易卦加上伦理
含义，对五常配八卦的解说进一步将八卦伦理化。《乾凿度》说：

　　孔子曰：八卦之序成立，则五气变形。故人生而应八卦之体，
得五气以为五常，仁义礼智信是也。……五者，道德之分，天人
之际也，圣人所以通天意、理人伦而明至道也。

这里说的"八卦之序"即八卦方图中的八卦顺序，"五气"即五行之气，
五常即仁义礼智信五种伦理规范。《乾凿度》认为，八卦之序建立起
来，五行之气就在八卦中依这个顺序运行，从而形成万物。人也是从
在八卦运行的五行之气中产生出来的，人生来就带有五行之气所给
予的五常。五常是道德的组成部分，又是天与人交往的中介，因而，
五常就成为"圣人"治理人伦、认识天意、了解天道的根本原理。《易

纬》推崇五常,这是与儒学完全一致的。不仅如此,《易纬》将五常与五行相配也可以从今文经学中找到来源。汉初的《孝经说》里就有"木神则仁,金神则义,火神则礼,水神则信,土神则智"的说法,董仲舒也以五常解释五行,认为五行体现着君臣父子之道,他说"五行者,五行也"(《春秋繁露·五行对》),前一个五行指金、木、火、水、土,后一个指仁、义、礼、智、信,《易纬》吸取今文经学的说法,又通过方位、节气把五行、五常与八卦联系起来,进一步将封建道德伦理准则神秘化。

第四节 荀爽、虞翻的卦变说

东汉易学的主流仍是象数之学,其发展趋势是,受古文经学兴起的影响,东汉易学趋于扬弃今文经学的阴阳灾变思想,理论思维的因素有所增长。《后汉书·儒林传》中说:"建武中,范升传孟氏易,以授杨政,而陈元、郑众皆传费氏易,其后马融亦为其传。融授郑玄,玄作易注,荀爽又作易传,自是费氏兴而京氏遂衰。"古文经学的费氏易学势力相对上升是事实。不过,今文经学并没有完全衰落,东汉经学大师马融、郑玄、荀爽、虞翻,虽接受古文经学传统,也都精通今文经。兼采今古文经说而不专主一说,成为东汉经学的风气。马融"博通经籍"(《后汉书·马融传》),且以注纬书闻名。郑玄是马融的高足,而在从马融学古文经之前,曾入太学学习今文《易》和公羊学,故能"括囊大典"(《后汉书·郑玄传》)。荀爽治费氏易,不大讲阴阳灾变,但也讲京房卦气说。虞翻出身于一个五代易学传家的家庭,又接受荀爽易学的传统,进一步发展了象数易学,成为汉代易学的最后一人,始开魏晋义理派易学的先河。东汉易学家解易主卦变说。卦变是易卦中的爻象阴阳互变,用卦变解说《周易》经传的规则和理论就是卦变说。由于对卦变规则规定不同,卦变说有不同形式。

　　荀爽的乾升坤降说是卦变说的一种形式。他认为乾坤两卦是易卦的基础,此两卦阴阳爻位变化对解说《周易》经传有重大意义。乾卦九二爻升居坤卦六五爻位,坤卦六五爻降居乾卦九二爻位,则坤卦上卦变为坎卦,乾卦下卦变为离卦,故坎离两卦为经上篇之终。坎离相配,离下坎上为既济卦,坎下离上为未济卦,故既济、未济为经下篇之终。此说认为乾坤坎离四卦特别重要,本于京房“乾坤者阴阳之根本,坎离者阴阳之性命”的观点。

　　荀爽以乾升坤降解释《周易》乾坤两卦经传文字。例如,《文言》中有“本乎天者亲上,本乎地者亲下”,“与日月合其明”两句。荀爽解释前一句说:“谓乾九二本出乎乾,故曰本乎天;而居坤五,故曰亲上。谓坤六五本出乎坤,故曰本乎地;降居乾二,故曰亲下也。”(《周易集解》引,下同) 在乾升坤降中,升居于坤卦五爻位的那个阳爻是从乾卦中来的,乾为天,故曰“本乎天”;这一阳爻从乾卦的二爻位上升到坤卦的五爻位,故曰“亲上”。在乾升坤降中,降居于乾卦二爻位的那个阴爻是从坤卦中来的,坤为地,故曰“本乎地”;这一阴爻从坤卦的五爻位降到乾卦的二爻位,故曰“亲下”。他解释后一句说:“谓坤五之乾二成离,离为日。乾二之坤五为坎,坎为月。”坤卦五爻位的那个阴爻降到乾卦二爻位,则乾卦下卦变为离,乾卦二爻位的那个阳爻升到乾卦五爻位,则坤卦上卦变为坎。离为日,坎为月,故曰“日月合其明”。再如,《象传》中解释乾卦有“云行雨施天下平”和“大明终始”两句话。他解释前一句说:“乾升于坤曰云行,坤降于乾曰雨施。乾坤二体成两既济,阴阳和均而得其正,故曰天下平。”这是从乾升坤降联想到云向上蒸腾,雨自上降下,又从乾升得坎,坤降得离,坎离相合为既济（䷾）进行联想，因为既济由一阴卦一阳卦组成，所以说"阴阳和均"。因为代表日的离居上，代表月的坎居下，所以说"得其正"。他又解释后一句说："乾起于坎而终于离，坤起于离而终于坎。离坎者，乾坤之家而阴阳之府，故曰大明终始也。""乾起于坎"的"乾"也指阳气，"坤起于离"的"坤"也指阴气。在卦气说中，阳气始于十一月终于五月，阴气始于五月终于十一月。十一月为坎位，五月为离位。所以说坎离是"乾坤之家"、"阴阳之府"。坎离意味着乾坤终始、阴阳二气消长的终始，这就是"大明终始"包含的意思。

荀爽还用乾升坤降说解释《周易》的基本原理。《周易》中说："大哉乾元，万物资始，乃统天。""至哉坤元，万物资生，乃承顺天。"（《彖传》）这是讲《周易》的一个基本原理，认为"乾元"（乾卦中的基本因素阳爻）和"坤元"（坤卦中的基本因素阴爻），在全部易卦中具有根本意义。对此，荀爽解释说："谓分为六十四卦，万一千五百二十册（策），皆受始于乾也。册取始于乾，犹万物之生禀于天也"，"谓万一千五百二十册皆受始于乾，而由坤生也。册生于坤，犹万物成形出乎地也。"11520策是筮法中演成64卦的全部策数，代表384爻64卦，也代表万物。荀爽的意思是，构成384爻64卦的是11520策，11520策都从乾卦的阳爻开始，又得到坤卦的阴爻配合而形成的。乾卦得到坤卦的阴阳爻的配合，阴阳爻互为升降成为64卦，如同天地始生物一样，因而"乾元"、"坤元"在《周易》中具有根本的意义。《系辞》说："乾道成男，坤道成女。"《说卦》认为，乾坤二卦为父母，震、坎、艮三卦为子，巽、离、兑三卦为女。这是《易传》中提出的《周易》的又一个基本原理。对此，荀爽解释说："男谓乾初适坤为震，二适坤为坎，三适坤为艮，以成三男也。女谓坤初适乾为巽，二适乾为离，三适乾为兑，以成三女也。"荀爽的意思是，三子卦是由于乾卦中的某一阳爻移入坤卦而形成的,三女卦是由于坤卦中的某一阴爻移入乾卦而形成的。这就是说,如果没有乾坤两卦以及乾坤两卦中阴阳爻的交易变化,就没有三子卦和三女卦。《系辞》说,包牺氏"仰则观象于天,俯则观法于地"而作八卦;又说"天下之理得,而成位乎其中矣"。这是讲易卦形成的原理,认为八卦是效法天地而作的,天下事物的理都体现在爻位之中。对此,荀爽解释说:"谓阴升之阳则成天之文也,阳降之阴则成地之理也。""阳位成于五,五为上中。阴位成于二,二为下中。故易成位乎其中也。"荀爽的意思是,"天之文"是阴气上升而形成的,"地之理"是阳气下降而形成的,观察天地可以知阴阳二气的交错变化,这是仰观俯察之所以能作出八卦的原因。易卦中的五爻位为阳位又是上卦之中位,二爻位为阴位又是下卦之中位,所以阳爻居五爻位阴爻居二爻位,是符合天下事理的。

需要说明,荀爽的阳升阴降说,不限于讲乾坤两卦阴阳爻的升降。用阳升阴降作为一个基本方法来解释《周易》经传,还推广到乾坤两卦以外的各卦,从而提出一些大同小异的规则。如果某一卦中二爻位为阳爻,五爻位为阴爻,他便用这一卦九二爻与六五爻互为升降的方法解释其卦爻辞;有时也用某一卦中九三爻与六四爻互为升降的方法解释其卦爻辞;有时不是一个阳爻与一个阴爻互为升降,而是下卦三爻与上卦三爻互为升降,用以解释卦爻辞;甚至还有用阴爻上升阳爻下降的方法解释卦爻辞的。这说明荀爽的阳升阴降说作为一种解释易卦的体例,有很大任意性,甚至存在着逻辑混乱。

荀爽的阳升阴降说来源于《彖传》、《象传》的爻位说,其中有两个主导观念。第一,认为易卦的六个爻位中,五爻位和二爻位特别重要。五爻位为阳位,又处于上卦之中,具有尊贵的含义,被认为是"尊位"、"君位"、"帝位"。二爻位为阴位,应当承顺第五爻位,但是它居于下卦的中位,也有重要作用。强调九二应上升居五爻位,使得阳爻居阳爻位,且居于阳爻位之中位;六五应下降居二爻位,使得阴爻居阴爻位,且居于阴爻位之中位。认为这是最为合理、最为正常的关系,如此则吉利,相反则不吉利。这种观念与儒学的社会等级尊卑观念是一致的,从政治上来说与儒学的君主至尊观念是一致的。从这里可以看出儒学在荀爽易学中的反映。第二,认为中爻位有"中和之德",代表最高的品德,易卦的中和之象乃王者之象。六二与九五相应,则表示阴阳和谐、风调雨顺、天下太平。这是以《中庸》的"中和"观念解释《周易》,同样是儒学在荀爽易学中的反映。

虞翻推崇荀爽的易学,认为"自汉初以来,海内英才,其读《易》者,解之率少"。唯有虞翻解《易》"有愈俗儒"(《三国志·虞翻传》注引)。他将荀爽的阳升阴降说加以发展,成为东汉以卦变解《易》的首要代表人物,也成为两汉象数派易学的重要代表人物。

虞翻用卦变说,解释乾坤两卦怎样变为六子卦及一些规则。虞翻的卦变规则,同样具有任意性。卦变说主要以卦象解释《周易》经传,本来就是违背《周易》经传实际的主观臆想。当一种规则解释不通时,就另立一种规则,力求自圆其说。第二种规则又解释不通时,就提出第三种、第四种规则。规则越来越多,越来越烦琐,越来越混乱,越来越不成其为规则。为了自圆其说,另一种办法是增加易卦所象征的物象。八卦象征事物的观念出现很早,《左传》中已有反映。《易传》将八卦象征的事物加以扩大。基本卦象还能反映出一定逻辑思维,而有些说法已经不合逻辑。汉代易学中以八卦象征的事物更加繁多。据清人惠栋《易汉学》中的统计,汉易八卦之象,乾卦60,坤卦82,震卦50,坎卦46,艮卦38,巽卦20,离卦19,兑卦9。某卦取什么象,也与卦变规则一样,最初还有一定原则,遇到不能自圆其说时便按照需要增加,越来越没有原则,越来越繁杂混乱。不仅如此,虞翻有时还把一卦中的二、三、四爻看作一个卦象,三、四、五爻看作一个卦象。如把坎卦的二、三、四爻看作震卦,三、四、五爻看作艮卦,这叫作约象互体。有时,他又从八单卦的三爻中取出两爻之象进行解说。如坎☵取☳或☶,巽☴取☱或☰,这叫半象变爻。王夫之评论说:"汉儒泥象,多取附会。流及于虞翻,而约象互体,半象变爻,曲以象物者,繁杂琐屈,不可胜记。"(《周易外传·系辞下传第三章》)"繁杂琐屈"是整个汉代儒学的特色之一。试将虞翻用卦变说对《周易》经传作的解释与《公羊传》对《春秋》经文作的解释加以比较,或与《白虎通》对三纲五常作的解释加以比较,不难发现"繁杂琐屈"是其共同之点。由于易学本身具有一套独特的概念、体系和方法,使用一套特殊的语言表达思想,更加幽隐难明,使人难以得其要领。

虞翻运用卦变说对《周易》经传所作的解释,很难说与《周易》本来的意思有多大关系。例如晋卦☷卦辞"康侯用锡马蕃庶昼日三接",本来讲的是周武王之弟康侯封养马的故事,或进献俘获马匹的故事(参阅顾颉刚:《周易卦爻辞中的故事》,高亨:《周易大传今注》)。虞翻却作了如下解说:

> 坤为康,康,安也。初动体屯,震为侯,故曰"康侯"。震为马,坤为用,故"用锡马"。艮为多,坤为众,故"繁庶"。离日在上,故"昼日",三阴在下,故"三接"矣。(《周易集解》引)

这是把晋卦卦辞分为五个孤立的词逐一解释,认为每个词都是从该卦卦象来的。因为晋卦卦象下为坤,坤为安康;初六与上九互变成屯卦,屯卦下为震,震为侯,故从晋卦卦象中得出"康侯"一词。震为马,坤为用,故从晋卦卦象中得出"用锡马"一词。晋卦的二、三、四爻为艮,艮为多;晋卦下卦为坤,坤为众,故晋卦卦象中又可引出"繁庶"一词。晋卦上卦为离,离为日,日在上为"昼日"。晋卦下卦为坤,坤为三阴爻,在离之下,故曰"三接"。这个解释用了几种体例,牵强附会,煞费苦心,结果与卦辞本意毫无关系,反而弄得莫名其妙,使人通看全句仍不知所云。再如,蛊卦《彖》文有"先甲三日,后甲三日,终则有(又)始,天行也"之句。本意是说从甲日之前的第三日至甲日之后的第三日为七日,天道运行的规律是始于一而复于七,即复卦卦辞"反复其道,七日来复"之意(据高亨:《周易大传今注》)。对这句《彖》文,虞翻却作如下解释:

> 谓初变成乾,乾为甲。至二成离,离为日。谓乾三爻在前,故"先甲三日",贲时也。变三至四,体离,至五成乾。乾三爻在后,故"后甲三日",无妄时也。易出震,消息,历乾坤,象乾为始,坤为终,故"终则有始"。乾为天,震为行,故"天行也"。(《周易集解》引)

这是把《彖》文分成"先甲三日"、"后甲三日"、"终则有始"、"天行"四个词语,对每个词语的每个字逐一作解释。蛊卦初爻由阴变阳成大畜卦,大畜下卦为乾,乾配天干甲。蛊初六与九二互易成贲卦,贲下卦为离,离为日,而此离之前是大畜下卦的三阳爻,故曰"前甲三日"。贲卦九三与六四互易成噬嗑卦,噬嗑上卦为离下卦为震。贲卦九三与六五互易成无妄卦,无妄上卦为三阳爻,在噬嗑上卦离之后,离为日,故曰"后甲三日"。无妄上乾下震,乾为天,震为行,故曰"天行也"。汉代人认为《周易》经传是文王、周公、孔子之作,虞翻又说是如此这般作出来的。这样一来,圣人们岂不成了盯着八卦符号胡言乱语的精神病患者吗? 这种解释苦心孤诣,看来精细之极,实际只是一种象数游戏,与《周易》经文原意毫不相干。解经背离原意也是汉代儒学的通病,虞翻解易表现得更为突出。

虞翻的卦变说提出种种体例,目的无非是取得更多的卦象,企图用感性形象解说《周易》经传。这种方法不是从感性出发使认识上升到理性,而是停留于感性,甚至使《易传》中已取得的某些理性认识退回到感性,在认识论上是极端经验主义。它不能使人们获得正确认识,而是堵塞了获得正确认识的道路。抛弃象数易学,转而探讨义理,成为易学发展的必然趋势。

虞翻的易学有一个可取之处,就是他不讲阴阳灾变。据《三国志·虞翻传》讲,有一次孙权与张昭谈论神仙,虞翻指着张昭说:"彼皆死人,而语神仙,世岂有仙人也(邪)!"他不相信有神仙,也不用《周易》推说灾变。他的易学继承了荀爽,用卦变说取代了阴阳灾变说,是易学史上的一个进步。虞翻的易学还有一个可取之处,其卦变说蕴藏着一种理论思维,即对立面的推移变化。他把卦变概括为"阳变阖阴,阴变辟阳"(《周易集解》引),依次提出种种卦变规则。后来朱熹《周易本义》中的卦变图取义于虞翻卦变说。朱熹把易解释为"交易",说"交易"是"阴阳交易之理",说阴阳是"对待"的(《朱子语录》卷65),也是受了虞翻卦变说的影响。

第六章 汉代儒学概述

第一节 汉代儒学的两重性

在汉代,儒学具有两重性。一方面,它作为一种丧失了早期儒学中人学思想特色的统治哲学,成为倾向于精神压迫的独断主义。其主要表现有三:一是汉武帝采纳董仲舒的建议,实行"罢黜百家,独尊儒术"政策;二是与神秘的阴阳五行说相结合,以天人感应论为封建皇权装饰圣光,给儒学披上了神学的外衣;三是与谶纬相结合,在儒学中增添了迷信的成分。另一方面汉代儒学并不限于政治范围内的儒学,多种儒学经典的笺注中,若加仔细提炼,则不难发现其中还包含有理性主义因素。其主要表现有三:一是继承和发扬了"和而不同"的文化观,主张融汇百家之学,反对文化专制;二是"究天人之际,通古今之变",把人文精神和唯物主义的道、气与阴阳五行说沟通起来,反对以天人感应论为中心的正宗神学;三是与自然科学结成联盟,破除谶纬迷信。这种理性主义与独断主义是对立的,但又是统一的。二者交织在一起,杂出并见,始终贯穿在汉代的整个历史时期之中。不过,在不同的历史阶段中,独断主义和理性主义因素显示了不同的特点。

在西汉的初期阶段，儒学的理性主义色彩比较浓厚，但独断主义也可见端倪。从早期儒学到汉初儒学，中间有过断线。秦始皇以法家为本，下令禁废"诗书百家语"，"焚书坑儒"，使儒学遭到沉重的打击。秦亡汉兴，诸子百家虽曾活跃一时，但儒学仍未受到重视。汉高祖"不好儒"，对儒生很不礼貌。据《史记》记载，"陆生时时前说称《诗》、《书》。高帝骂之曰：'乃公居马上而得之，安事《诗》、《书》！'陆生曰：'居马上得之，宁可以马上治之乎？且汤、武逆取而以顺守之，文武并用，长久之术也。昔吴王夫差、智伯极武而亡；秦任刑法不变，卒灭赵氏。向使秦已并天下，行仁义，法先圣，陛下安得而有之？'高帝不怿而有惭色，乃谓陆生曰：'试为我著秦所以失天下，吾所以得之者何，及古成败之国。'陆生乃粗述存亡之征，凡著十二篇。每奏一篇，高帝未尝不称善，左右呼万岁，号其书曰《新语》。"（《史记·陆贾列传》）这段生动的记载说明了两个问题：一是刘邦从"不好儒"转到向儒学寻找统治理论，二是陆贾著《新语》为刘邦提供了统治理论。《新语》今存《道基》、《术事》、《辅政》、《无为》、《辨惑》、《慎微》、《资质》、《至德》、《怀虑》、《本行》、《明诫》、《思务》等十二篇，与《史记》所说相符。这十二篇主要是继承了荀子的儒家思想，同时也吸取了一些道家思想，其理性主义是比较明显的。陆贾认为，自然现象和社会现象都是有序可寻的。他说："尧、舜不易日月而兴，桀、纣不易星辰而亡，天道不改而人道易也。"（《新语·明诫》）这里所谓的"天道"，就是气和阴阳五行的变化秩序。如说："张日月，列星辰，序四时，调阴阳，布气治性，次置五行，春生夏长，秋收冬藏，阳生雷电，阴成霜雪，养育群生，一茂一亡，润之以风雨，曝之以日光，温之以节气，降之以殒霜。"（《新语·道基》）而所谓"人道"，则是仁义道德等政治伦理的规定。如说："君子握道而治，据德而行，席仁而坐，杖义而强，虚无寂奠,通动无量。"(同上)他强调从实际出发,按客观规律办事,但不能墨守成规。如说:"制事者因其则,服药者因其良。书不必起仲尼之门,药不必出扁鹊之方。合之者善,可以为法,因世而权行。"(《新语·术事》)这些见解都是很宝贵的,闪烁着理性的智慧之光,但他并没有摆脱神秘主义的影响,如说天对社会要"罗之以纪纲,改之以灾变,告之以祯祥"(《新语·道基》)。这种天人感应的观点在陆贾的思想中虽不占主导地位,但却开了独断主义的先河。

继陆贾之后,贾谊对儒学的理性主义作出了重要的贡献。这主要表现在两个方面。一方面,他继承和发展了孟子的民本主义思想,这与秦末的农民大起义有关。在他看来,秦始皇"鞭笞天下",秦二世"重以无道",弄得"百姓怨而海内叛",以致陈胜"斩木为兵,揭竿为旗,天下云合响应"(《新书·过秦》),冲垮了秦王朝。秦亡的教训就在于"无道",所以贾谊说:"夫道者,万世之宝也。"(《新书·修政语下》)什么是"道"呢?"道"就是一种民本主义。他说:"民者,万世之本也。"(《新书·大政上》)这是他"察盛衰之理"、"知存亡之由"(《新书·过秦》)而得出的一个结论。秦亡汉兴,说明"天下者,非一家之有也,有道者之有也"(《新书·修政语下》)。有道无道,主要的就看是否得民。他说:"闻之于政也,民无不为本也,国以为本,君以为本,吏以为本。故国以民为安危,君以民为威侮,吏以民为贵贱。"(《新书·大政上》)也就是说,国家的安定和危乱,君主的尊严和屈辱,官吏的尊贵和卑贱,都要以是否得民为标准。他警告统治者说:"自古至于今,与民为仇者,有迟有速,而民必胜之";"夫民者,多力而不可适也。呜乎!戒之哉!戒之哉!与民为敌者,民必胜之!"(同上)这些见解比孟子的民本主义思想深刻得多,可惜的是并未引起当时统治者的重视。贾谊受排挤被贬谪长沙后,虽蒙汉文帝召见,但仅"问

鬼神之本",这有什么用呢?正如唐代诗人李商隐在《贾生》中所云:
"可怜夜半虚前席,不问苍生问鬼神!"另一方面,贾谊还继承和发展
了荀子的辩证思维,他说:"万物变化兮,固无休息;斡流而迁兮,或推
而还。形气转续兮,变化而蟺;沕穆无穷兮,胡可胜言!祸兮福所倚,
福兮祸所伏;忧喜聚门兮,吉凶同域。……且夫天地为炉兮,造化为
工;阴阳为炭兮,万物为铜。合散消息兮,安有常则?千变万化兮,未
始有极!忽然为人兮,何足控抟;化为异物兮,又何足患!"(《鵩鸟
赋》)在这幅千变万化的世界图景中,"形气"是一个关键的范畴。他
为什么要用"形气"来说明"万物变化"呢?"形气"强调气本身是
有形体的,但它的形体在不断地变化,这正是万物变化的物质基础。
所谓"阴阳为炭",就是这个意思。无论自然或人事,万事万物皆有矛
盾。祸与福、忧与喜、吉与凶,都是对立的统一。事物矛盾的对立和
统一,引起了"千变万化"。这种变化在时间上无穷,在空间上无限。
不过,贾谊认为这里有一个"造化"者,是会导致外因论,给独断主义
留下了可乘之机。

西汉中期以后,儒学的独断主义占了统治地位。这主要表现在
两个方面。一方面,汉武帝"罢黜百家,独尊儒术"。这条建议是董仲
舒首先提出来的。他是广川(今河北枣强)人,汉景帝时以治《公羊
春秋》与胡母生同为博士。汉武帝时,董仲舒因献"天人三策"得宠,
任江都相,后入任太中大夫。以后,他为公孙弘所嫉,出为胶西王相,
恐怕获罪,借病回家。晚年家居,朝廷仍经常派人向他征询政事。汉
武帝即位那年即公元前140年,"冬,十月,诏举贤良方正直言极谏之
士,上亲策问以古今治道,对者百余人"(《资治通鉴》卷17)。董仲
舒是其中的一员,曾在对策中提出了"罢黜百家,独尊儒术"的建议:
"《春秋》大一统者,天地之常经,古今之通谊也。今师异道,人异论,

百家殊方,指意不同,是以上亡以持一统,法制数变,下不知所守。臣愚以为诸不在六艺之科、孔子之术者,皆绝其道,勿使并进。邪辟之说灭息,然后统纪可一而法度可明,民知所从矣。"其结果是,"天子善其对,以仲舒为江都相。会稽严助亦以贤良对策,天子擢为中大夫。丞相卫绾奏:'所举贤良或治申、韩、苏、张之言,乱国政者,请皆罢。'奏可"。公元前136年,又置五经博士,把儒学抬高为官学。公元前130年,"征吏民有明当世之务、习先圣之术者",齐人公孙弘对策,"天子擢弘为第一,拜为博士,待诏金马门"(《资治通鉴》卷18)。这些措施加起来,就叫"罢黜百家,独尊儒术"。从此以后,儒学成了"正统",与此稍有不同即成为"异端"。这就结束了战国时期各种学派相互争鸣的生动局面。由此独断主义占了上风。

另一方面,儒学的独断主义则表现为神秘的天人感应论。董仲舒的儒学虽然吸收了孔孟关于人格完善的学说,但更多地吸收了荀子从政治方面探讨"人"的思想。在二者的结合点上,他选择了阴阳家的学说。他附会《公羊春秋》,利用阴阳家的神学观把思孟学派的"天人合一"论和荀子的君主专制主义政治哲学结合在一起,为封建皇权装饰圣光,从而给儒学披上了神学的外衣。在他的思想体系里,已经看不到"和而不同"的观点。他把孟子的性善论和荀子的性恶论塞进阴阳五行的框架里,加上一个最高的主宰"天",成为一种神秘的天人感应论。他所谓的"天",是"百神之大君"的上帝。他说:"道之大原出于天,天不变,道亦不变。"(《汉书·董仲舒传》)在这个形而上学的神学体系中,也不是没有一点合理的因素。如说:"天地之气,合而为一,分为阴阳,判为四时,列为五行。……比相生而间相胜也。"(《春秋繁露·五行相生》)但阴阳五行等,最终都统一于天。阴为天的刑罚之表现,阳为天的恩德之表现。五行相生体现了天的恩德,五行相胜体现了天的刑罚。天是有目的和意志的,它通过阴阳五行的变化来主宰人事。阴阳五行的变化不正常就会出现灾异,"灾者,天之谴也;异者,天之威也。""凡灾异之本,尽生于国家之失。国家之失乃始萌芽,而天出灾害以谴告之。谴告之而不知变,乃见怪异以惊骇之。惊骇之尚不知畏恐,其殃咎乃至!"(《春秋繁露·必仁且智》)不仅天的灾异能影响人,人的行为和精神活动也能感动天。如说:"五行变至,当救之以德,施之天下,则咎除。"(《春秋繁露·五行变救》)因此,他得出了"五行者乃孝子忠臣之行也"(《春秋繁露·五行之义》)的结论。同时,他认为君臣、父子、夫妻都是阴阳相合的关系:君臣为一合,君为阳,臣为阴;父子为一合,父为阳,子为阴;夫妻为一合,夫为阳,妻为阴。所以,"王道之三纲,可求于天"(《春秋繁露·基义》)。董仲舒所强调的不是从道德伦理意义上探讨人格的完善,而是着重论证君臣、父子、夫妻之间"三纲"之不可移位。总之,他虽推崇孔子,但这个孔子已不完全是本来的孔子;这种神化了的儒学失去了早期儒学的生动活泼的理论思维,而成为精神压迫的教条。

在独断主义占统治地位的历史阶段里,理性主义也不曾泯灭。司马迁的《史记》中,有一篇记述其父司马谈论六家要旨的文章。其中说:"《易大传》:'天下一致而百虑,同归而殊途。'夫阴阳、儒、墨、名、法、道德,此务为治者也,直所从言之异路,有省不省耳。尝窃观阴阳之术,大祥而众忌讳,使人拘而多所畏;然其序四时之大顺,不可失也。儒者博而寡要,劳而少功,是以其事难尽从;然其序君臣父子之礼,列夫妇长幼之别,不可易也。墨者俭而难遵,是以其事不可遍循;然其强本节用,不可废也。法家严而少恩;然其正君臣上下之分,不可改矣。名家使人俭而善失真;然其正名实,不可不察也。道家使人精神专一,动合无形,赡足万物。其为术也,因阴阳之大顺,采儒墨之善,撮名法之要,与时迁移,应物变化,立俗施事,无所不宜,指约而易操,事少而功多。"(《史记·太史公自序》)司马谈对阴阳、儒、墨、法、名各家既有肯定,又有否定;主张以道家思想为主,吸取各家之长。他所引用的"一致而百虑,同归而殊途",是"和而不同"文化观的再现,与"罢黜百家,独尊儒术"是对立的。司马迁不是儒家,但他受到这种理性主义的影响。他与其父有所不同。他在《史记》里并没有完全依照六家要旨发挥道家高于诸子之说。由他列《孔子世家》看来,是比较推重孔子的,并把早期儒学与汉代儒学区别开来。在《史记·儒林列传》中,他委婉地记述了董仲舒附会《公羊春秋》的目的是拿阴阳灾变的迷信以取悦汉武帝。在《史记·伯夷列传》中,他对那种神秘主义的天道观作了深刻的讽刺。如说:"或曰:'天道无亲,常与善人。'若伯夷、叔齐,可谓善人者非邪?积仁洁行如此而饿死!且七十子之徒,仲尼独荐颜渊为好学,然回也屡空,糟糠不厌,而卒蚤夭。天之报施善人,其何如哉?盗跖日杀不辜,肝人之肉,暴戾恣睢,聚党数千人横行天下,竟以寿终,是遵何德哉?此其尤大彰明较著者也。若至近世,操行不轨,专犯忌讳,而终身逸乐,富厚累世不绝。或择地而蹈之,时然后出言,行不由径,非公正不发愤,而遇祸灾者,不可胜数也!余甚惑焉。傥所谓'天道',是邪非邪?"这实际上是对天人感应论的批评!他写《史记》是为了"究天人之际,通古今之变"而"稽其成败兴亡之理",这也是理性主义的一种表现。

西汉末年,理性主义的另一种表现是古文经学的兴起。汉武帝以后,经学在王权的支持下压倒了其他各家,《诗》、《书》、《礼》、《易》、《春秋》五部儒家经典被推崇到神圣的高度,只许信奉,不准怀疑。但这些经典是用当时通行的文字(隶书)记录的,大都没有先秦的古文旧本,而由战国以来学者师徒父子传授,到汉代才一一写成定本。如《书》出于伏生,《礼》出于高堂生,《春秋公羊传》出于公羊氏和胡母生。武帝表彰儒家经典,建立经学博士,所用的都是今文经籍。西汉中叶以后,今文经学逐渐衰微,古文经学逐渐抬头。古文经与今文经不同,它是指秦以前用古文书写而汉代学者读出并加以训释的儒家经典,早在汉景帝时就有发现。鲁恭王拆毁孔子住宅,在墙壁中间发现了用六国古文字体写成的《尚书》、《礼记》、《论语》、《孝经》等数十篇。当时曾有学者加以研究,但没有得到广泛的承认。到成帝、哀帝时,刘向、刘歆父子在国家藏书的地方整理文献,研究了古文经。建平元年(公元前6年),刘歆提出要把古文经列于学官,以取得与今文经同样的地位,结果今文经的博士群起反对,这是经学今古文的第一次争论。在这次争论中,刘歆失败了。但过了不久就赶上了王莽夺取刘氏政权推行复古改制的政治形势,古文经学中所讲的一套周公居摄称王的史实及相传为周公所手订的典章制度,正好迎合了王莽的需要,终于立了学官,取得了胜利。刘歆当了王莽的国师,成为文化事业的中心人物。他利用王权的力量推行古文经学,打击今文经学的势力。作为经学家来说,刘向、刘歆父子的世界观依然桎梏在神学的藩篱里。刘向的《洪范五行论》大谈阴阳灾异、天人感应,刘歆甚至因为看到《河图赤伏符》中有"刘秀发兵捕不道"的话而改名为"秀",以求应合谶记。不过,他们在文献整理的专业上,却表现出背离神学的趋向,而从人事的演进来考察学术史的发展。他们在论述先秦学术史时,以孔子为古代思想的开山祖师,把孔子以后的诸子学说分为九流十家。刘向在《别录》中说:"昔周之末,孔子既殁,后世诸子各著篇章,欲崇广道艺,成一家之说,旨趣不同,故分为九家:有儒家、道家、阴阳家、法家、名家、墨家、纵横家、杂家、农家。"刘歆的《七略·诸子略》在九家之外，又加上"不入流"的小说家，总称九流十家。为什么在历史上会出现这些学派呢？刘歆认为，这是时势所造成的。他主张"兼包大小之义"，反对偏绝诸家、"专己守残"的政策，反对"雷同相从，随声是非"的陋习。这在当时的历史条件下，不失为一种具有理性主义精神的见识。因为他在一定程度上肯定诸子的出现是时代的需求，客观上反对了"罢黜百家"的独断主义。

　　两汉之际，独断主义的新动向是儒学的谶纬化。"谶"是一种迷信的预言，企图用一种隐语来为朝代兴亡和所谓真命天子出世等附会神秘的理由。其起源很早，如在秦朝就流行着"亡秦者胡也"（《史记·秦本纪》）的谶语。"纬"与经对称，是用宗教迷信的观点对儒家经典《诗》、《书》、《礼》、《乐》、《易》、《春秋》等的解释。纬和谶的应用范围虽有不同，但二者的内容是相通的。纬中往往夹杂着谶语，谶有时也依托儒经。如《孝经援神契》说，宝玉上有刻文，"孔子跪受而读之曰：宝文出，刘季握卯金刀，在轸北，字禾子，天下服。"所谓"卯金刀"，是"刘"字，而"禾子"则是"季"字。这是说，刘邦当有天下。谶纬盛行于西汉哀平之际，后经王莽、刘秀用政治权力宣扬、推广，成为独断主义的主要形式。东汉光武帝建武中元年（公元56年），曾"宣布图谶于天下"，把谶纬当成了"国宪"。桓谭上书说："今诸巧慧、小才、伎数之人，增益图书，矫称谶记，以欺惑贪邪，诖误人主，焉可不抑远之哉！"（《后汉书·桓谭传》）他反对谶纬迷信，引起了皇帝的不满。刘秀在要用图谶决定灵台地址时，曾问及桓谭。桓谭"默然良久"，说"臣不读谶"。刘秀又问其故，桓谭"复极言谶之非经"。这一下子激怒了刘秀，骂他"非圣无法"，下令斩头。桓谭"叩头流血，良久乃得解"，被贬为六安郡丞，在路途中忧病而死。东汉章帝建初四年（公元79年），"下太常、将、大夫、博士、议郎、郎官及诸生、诸儒会白虎观，讲议《五经》同异，……帝亲称制临决，如孝宣甘露石渠故事，作《白虎议奏》"（《后汉书·章帝纪》）。《白虎议奏》在隋唐时代已经佚失，现存的《白虎通义》是班固奉命撰集的，简称《白虎通》。《白虎通》主要杂引图谶纬书，把谶纬法典化、系统化了。如果说董仲舒是用神秘的阴阳五行说对早期儒学进行了改造，那《白虎通》则是用谶纬迷信对早期儒学进行了再改造。这一次改造是以前一次改造为理论基础的，但却比前一次改造走的更远。以五行说而论，在董仲舒那里还有所谓改制思想。到西汉末便发展为"易姓而王"的"禅让"之说，东汉统治者看出了这种学说的危险性。《白虎通》针对这一点，特别突出了"土居中央"的理论。董仲舒只提到"土者天之股肱"，而《白虎通》却说："木非土不生，火非土不荣，金非土不成，水非土不高，土扶微助衰，历成其道，故五行更王，亦须土也，王四季，居中央，不名时。"五行之一的土被说成五行之首，土为君而又代表中央。这种解释，显然是董仲舒神学目的论的进一步贯彻。在董仲舒那里，君臣、父子、夫妻之"三纲"已明确提出。而《白虎通》则把君为臣纲作为"三纲"的纲中之纲，说"臣可以为君，君不可更为臣"。从逻辑上看，这两句话是矛盾的，但其目的在于为刘姓王朝统治提供理论根据。所谓"臣可以为君"，是说刘邦、刘秀本来是臣，后来爬上了皇帝的宝座是"可以"的。所谓"君不可更为臣"，是说刘姓为君之后，就再也"不可"为臣了。君臣关系被永恒地固定下来，天下永远是刘氏一家的天下，这真是独断主义的恶性膨胀！

　　但在东汉时期，儒学的理性主义也有发展。它从两个途径吸取了早期儒学中人学的优秀理论思维：一个途径是"和而不同"的融汇百家之学的精神，以王充为代表。他的思想虽属道家，但与先秦的老庄之学显然不同，带有浓厚的儒学色彩。他一度学儒，曾受孔孟思

想的影响,但并不迷信"圣贤",《问孔》、《刺孟》就是证明。他继承和
发展了荀子思想,在反对谶纬的斗争中把我国古代的理论思维推到
了一个新阶段。他针对天人感应的神学目的论,首先提出了元气论。
如说:"天禀元气"(《论衡·超奇》),认为自然界是由"元气"构成的。
这就赋予"气"以"元初"、"元始"的含义,说明它是万物变化的本原。
在元气论的基础上,他又提出万物"自生"的辩证观点。如说:"天地
合气,万物自生";"阳气自出,物自生长;阴气自起,物自收藏。"(《论
衡·自然》)在他看来,万物的生成既不是天意的安排,也不是外因的
推动,而是来源于本身内在的矛盾,即阴阳的对立统一。而阴阳的对
立统一,又被他称为"道"。如说:"夫阴阳和则谷稼成,不则被灾害。
阴阳和者,谷之道也。"(《论衡·异虚》)他还以朴素唯物辩证法的观
点,批判了在五行问题上的谶纬迷信谬论。当时,有人以水、土、木、
金、火附会十二支(时辰),再以十二支附会生物的种类,说属于哪一
类时辰的,就禀哪一种气性。例如,寅属木,和它相适应的动物是虎;
戌属土,和它相适应的动物是狗;丑未也属土,和丑相适应的动物是
牛,和未相适应的动物是羊。按照五行相胜的原理,木能胜土,所以
狗和牛羊为虎所制服。又如,亥属水,和它相适应的动物是猪;巳属
火,和它相适应的动物是蛇。水胜火,所以猪吃蛇。其结论是,天"欲
为之用,故令相贼害,贼害相成也"(《论衡·物势》)。这是企图用五
行的框子来概括生物界生存竞争的复杂现象,以为神学目的论张目。
正如恩格斯所指出:"根据这种理论,猫被创造出来是为了吃老鼠,老
鼠被创造出来是为了证明造物主的智慧。"(《自然辩证法》,人民出
版社1971年版,第11页)王充的最高荣誉在于:他没有被此引入迷
途,而是坚持从世界本身来说明世界。如说:"审如论者之言,含血之
虫,亦有不相胜之效。午,马也,子,鼠也,酉,鸡也,卯,兔也。水胜火,

鼠何不逐马？金胜木，鸡何不啄兔？亥，豕也，未，羊也，丑，牛也。土胜水，牛羊何不杀豕？巳，蛇也，申，猴也。火胜金，蛇何不食猕猴？猕猴者，畏鼠也。啮猕猴者，犬也。鼠，水，猕猴，金也。水不胜金，猕猴何故畏鼠也？戌，土也，申，猴也。土不胜金，猴何故畏犬？……凡万物相刻贼，含血之虫则相服，至于相啖食者，自以齿牙顿利，筋力优劣，动作巧便，气势勇桀。……力强角利，势烈牙长，则能胜；气微爪短〔诛〕〔铢〕，胆小距顿，则服畏也。"（《论衡·物势》）王充以理性主义的观点来解释生物之间的生存竞争是正确的，有力地打击了神学目的论和谶纬迷信的独断主义。

东汉儒学吸取早期儒学中人学的优秀理论思维的另一条途径是自然科学的发展，可以张衡为代表。他出身儒家，"通《五经》，贯六艺"，深受荀子"至人"学说的影响，在自然科学方面作出了重大贡献。他从政三十七年，官至尚书，但对功名利禄不太看重。如说："君子不患位之不尊，而患德之不崇；不耻禄之不夥，而耻智之不博，是故艺可学，而行可力也。"（《后汉书·张衡传》）他不仅品德高尚，而且敢于坚持真理。安帝延光二年（公元123年），梁丰等人借口当时实行四分历不合图谶，提出要废除四分历，恢复太初历，掀起了一场关于历法的大辩论。四分历是根据天体运行的实测资料修改太初历得来的，自章帝元和二年（公元85年）开始使用，是当时比较精密的历法。张衡和另一位天文学家周兴根据多年对天象的观测，对各种历法作了深入的研究、比较，认为四分历比较精密，反对恢复古历。在辩论中，他们摆事实、讲道理，驳得梁丰等人张口结舌，"或不对，或言失误"，使四分历得以继续沿用。张衡不仅反对用图谶来附会历法，还冒着"非圣无法"的罪名，向皇帝上疏揭露图谶之虚妄。顺帝阳嘉二年（公元133年），他在《请禁绝图谶疏》中，公开指斥图谶是那些"虚伪之徒"

想升官发财而编造出来的欺人之谈。如说："譬犹画工,恶图犬马而好作鬼魅,诚以实事难形,而虚伪不穷也。宜收藏图谶,一禁绝之,则朱紫无所眩,典籍无瑕玷矣。"(同上)像他这样富有理性精神,不畏强权而敢于向独断主义挑战的人物,在当时的确是凤毛麟角。

第二节　儒学的理性主义与自然科学

在汉代,儒学的理性主义主要表现于自然科学。

汉代是自然科学的奠基时期。在这个时期里,以天、算、农、医等为代表的传统学科搭成了骨架,为我国自然科学的发展奠定了基础。在医药学方面,《黄帝内经》奠定了中医发展的基础,《神农本草经》奠定了中药发展的基础,张仲景的《伤寒杂病论》奠定了中医治疗学的基础。在农学方面,《氾胜之书》奠定了我国传统农学发展的基础。在数学方面,《九章算术》奠定了我国传统数学发展的基础。在天文学方面,先后出现了太初历、四分历和乾象历,同时盖天说、浑天说、平天说、宣夜说、地动说等丰富多彩的宇宙理论也展开了争鸣,这都为我国传统天文学发展奠定了基础。在地理学方面,班固编纂的《汉书·地理志》为我国疆域地理志的发展奠定了基础。在炼丹术方面,魏伯阳的《周易参同契》奠定了我国炼丹术发展的基础。这都说明,我国自然科学发展到汉代,已经构成了具有独特思想体系的雏形。

汉代自然科学的发展,为儒学理性主义的形成铺下了一块块的奠基石。汉代儒家和带有儒学色彩的思想家们,正是踏着这些奠基石在理性主义的道路上不断前进。陆贾的理性主义思想,就与自然科学知识有关。他认为,"天生万物,以地养之",而人则利用天生、地养的规律以化万物、成万事。这就要"知天"、"知地","知天者,仰观天文;知地者,俯察地理"。所谓"天文",就是"张日月,列星辰,序四时,调阴阳,布气治性,次置五行,春生夏长,秋收冬藏"的规律,所谓"地理",就是"封五岳,画四渎,规洿泽,通水泉,树物养类,苞植万根,暴形养精,以立群生"的规律。在天地之间,"跂行喘息,蜎飞蠕动之类,水生陆行,根著叶长之属",都是"天地相承,气感相应而成者也"(以上见《新语·道基》)。贾谊则把这个过程概括为:"天地为炉兮,造化为工;阴阳为炭兮,万物为铜。"(《鹏鸟赋》)他所谓的"阴阳",就是陆贾讲的"气"。早在先秦,《考工记》就曾用"气"来解释青铜的冶铸。如说:"凡铸金之状,金与锡黑浊之气竭,黄白次之;黄白之气竭,青白次之;青白之气竭,青气次之,然后可铸也。"这些自然科学知识经过提炼,就形成了贾谊的自然观。后来,王充也曾用"天地为炉,造化为工"来说明"禀气不一","阴阳自和,无心于为,而物自化,无意于生,而物自成"(《论衡·自然》)。不仅如此,他还依据冶铁技术来阐发阴阳理论。如说:"当冶工之消铁也,以土为形,燥则铁下,不则跃溢而射。"(《论衡·雷虚》)为什么用泥土制作的模型不干,把铁水铸进去就会喷溅而射出呢? 因为,"阳气之热,非直消铁之烈也;阴气激之,非直泥土之湿也"。意思是炽热的阳气比熔化的铁还要热,爆炸性的阴气比泥土更加潮湿,二者相遇,必然"跃溢而射"。可见,铸铁也要掌握阴阳二气的变化之道。王充气一元论之提出,也与农学知识有关。西汉后期成书的《氾胜之书》谈"气"的地方很多,有"天气"、"春气"、"寒气"、"阳气"、"和气"、"地气"、"土气"和"粪气"等。这些"气"是农业生产的天时、地利和水肥等客观因素的理论概括,其特点有三:一是具有物质性,如"地气"、"土气"就是土壤状况的概括,而"粪气"则是肥力的表现;二是具有变动性,如"天气"是时令气候的变化,而"寒气"则是一种可变的水温;三是具有综合性,如"阴气"是低温和多水的综合反映,"春气"是时令与"地气"的合称,而"和气"则是天气与地气的协调统一。这些可贵的探索推动了气一元论的形成。王充指出:"天地合气,万物自生。"(《论衡·自然》)如果说这是他对农学知识的理论概括,那么,"五常之气所以在人者,以五藏在形中矣;⋯⋯形须气而成,气须形而知"(《论衡·论死》),则是根据医学知识所作出的哲学结论。这一切都说明,自然科学是理性主义形成的坚实基础。

正因为理性主义是以自然科学为基础的,所以它能够促进自然科学的发展。这种促进作用,主要是通过道、气与阴阳五行说来实现的。先秦时期的哲人们在探索自然奥秘的过程中,铸造了"道"、"气"、"阴阳"和"五行"等一系列的范畴。这些范畴错综复杂地交织在一起,形成丰富多彩的理论思维。理论思维在古代,是一种朴素的辩证思维。恩格斯指出:"古希腊的哲学家都是天生的自发的辩证论者,他们中最博学的人物亚里斯多德就已经研究了辩证思维的最主要的形式。"(《马克思恩格斯选集》第3卷,人民出版社1972年版,第59页)亚里斯多德研究古希腊的理论思维成果,曾经提出"一"和"多"是辩证思维的基本形式。他说:"所有的东西都或者是相反者,或者是由相反者构成的,而'一'和'多'乃是一切相反者的起点。"(《形而上学》第4卷第2章)古希腊的哲人们始终是在"多"中寻找"一",也就是从万物中寻找"始基",而"始基"被说成是"水"、"火"等元素,或者是"原子"。如果说古希腊的自然科学思想主要是围绕着"始基"、"原子"、"一"与"多"等范畴展开的话,那么,我国古代的自然科学思想则主要是围绕着"道"、"气"、"阴阳"和"五行"等范畴展开的。无论中外,自然科学都是以理论思维的方式来把握自然界。然而,中外的理论思维方式是不同的。中国古代理论思维方式的特色就在于它有自己的独特范畴体系,这就是道、气和阴阳五行说。如果把中国古代自然科学比作交响乐,那它的主旋律就是道、气和阴阳五行说。这条主旋律虽在先秦初步形成,但它还没有同自然科学的各个学科结合而形成学科的思想体系。到了汉代,这条主旋律经过一些富有理性主义精神的儒学家、带有儒学色彩的思想家和科学家们的共同努力而逐渐完备,并把它的触觉伸向了天文学、农学、医药学和炼丹术的领域,有力地促进了自然科学的发展。

首先,理性主义通过主旋律促进了医药学的发展。《黄帝内经》非一时一人之作,而主要是一批前后相继的医学家从战国到西汉时期集体写成的。其成书时间下限当在西汉晚期。除原作之外,还有后补和伪托之作,分为《素问》和《灵枢》两部分。《黄帝内经》以气和阴阳五行说为指导,总结了我国古代医疗实践的丰富经验,把医学和哲学密切地结合起来,形成了一个比较完整的中医思想体系。它认为,"气"是不断运动着的物质实体,是天地万物及其变化的本源,是构成人体和维持生命活动的基础。如说:"天覆地载,万物悉备,莫贵于人。人以天地之气生,四时之法成。"这里的关键在于"人以天地之气生",而"天地之气"作为一种不断运动着的物质实体,它是构成人体和维持生命活动的基础。《黄帝内经》指出:"人有精、气、津、液、血、脉,余意以为一气耳,乃辨为六名。"由于"气"的升降、出入,才保证了生命活动的正常进行。《黄帝内经》认为,"气"分"阴阳",而阴阳的对立统一既是天地万物变化的普遍规律,也是人体结构和生命活动的根本法则。如说:"阴阳者,天地之道也,万物之纲纪,变化之父母,生杀之本始,神明之府也。"这里的所谓"神明",不是指鬼神,而是指自然生化的功能。拿人来说,"生之本,本于阴阳"。也就是说,阴阳的对立统一是人之生命活动的根本法则。《黄帝内经》应用这个根本法则,划清了健康与疾病的界限。这个界限就在于"阴阳有余不足、平与不平",也就是看人体的阴阳是有余还是不足,平衡不平衡。如果阴阳平衡,人就健康无病。假若阴阳不平衡,那人就得病了。如说:"阴胜则阳病,阳胜则阴病。阳胜则热,阴胜则寒。重寒则热,重热则寒。"意思是阴偏胜,则阳必衰而受病,阳偏胜,则阴必衰而受病。阳胜的病就热,阴胜的病就寒,这是阴阳偏胜而致病的一般规律。但物极必反,所以,重寒反见热象,重热反见寒象。根据这种辩证思维,《黄帝内经》提出了"正者正治,反者反治"的医疗原则。如果说"阴阳"是对立统一学说,那"五行"则是一种朴素的系统论。《黄帝内经》认为,天地万物具有"五行"的系统,人也具有"五行"的系统。如说:"天地之间,六合之内,不离于五,人亦应之。"其中的"五",就是"五行"。在"五行"中,木、火为阳,土、金、水为阴。阴阳的对立统一,由木、火、土、金、水的相生相胜、乘侮胜复表现出来,并构成一个完整的功能系统。如说:"木得金而伐,火得水而灭,土得木而达,金得火而缺,水得土而绝。"所谓"伐"、"灭"、"达"、"缺"、"绝",都是指五行相胜的一面。五行还有相生的一面,如说:"五藏受气于其所生,……肝受气于心,……心受气于脾,……脾受气于肺,……肺受气于肾,……肾受气于肝。"肝、心、脾、肺、肾,依次分属于木、火、土、金、水五行。所谓"五藏受气于其所生",就是病气按五行相生的关系由"子"脏传及"母"脏。

《黄帝内经》有一个专有名词叫"平气",是指五行相生相胜的正常情况,也就是人体的动态平衡。如果这种动态平衡失常,那就会出现"太过"或"不及"的异常现象。例如,火气太过,便要对其所胜的金发生超过正常限度的克制,这就叫"相乘";并反过来抑制本来克制自己的水,这就叫"反侮"。假若火气不及,则水会来乘火,金要反过来侮火,受火所生的土也会异常。也就是说,当五行中某一行出现太过或不及时,不仅这一行与其他一行之间的不平衡关系加剧,而且该行与其他四行的关系在总体上也出现了不平衡。但《黄帝内经》认为,五行系统在整体上有一种自行调节使之平衡的功能。它把由于太过和不及所引起的"对己所胜"的过度克制,称为"胜气",说"有胜之气,其必来复也"。也就是说,这种"胜气"必然招致一种相反的力量,将自己压平下去,称为"复气"。正因为如此,五行系统才能在反常情况下,通过自行调节而继续维持整体的动态平衡。如果人体失去了这种动态平衡,那就要得病,得病后还须以五行系统论来指导诊断和治疗。总之,《黄帝内经》以"气"为基石、以"阴阳"为核心、以"五行"为系统,来分析病理和指导医疗实践。东汉末年,张仲景的《伤寒杂病论》发展了《黄帝内经》的思想。他的病因说,六经(太阳、阳明、少阳、太阴、厥阴、少阴)传变规律和辨证论治原则,都是以气和阴阳五行说为理论基础的。《神农本草经》的中药思想体系,也是以气和阴阳五行说为理论基础的。如在序录中说:"药有阴阳配合,子母兄弟,根茎华实,草石骨肉";"药有酸、咸、甘、苦、辛五味,又有寒、热、温、凉四气。"四气、五味和阴阳配合,就成为中药学的一套独特的思想体系。

其次,理性主义通过主旋律促进了天文学的发展。这主要表现在宇宙理论方面,宇宙理论要回答宇宙结构的模式问题。

所谓宇宙结构模式,是把宇宙作为一个整体,来研究天地在其中所占的位置、天地的形状和关系及其有限、无限问题。在这些问题上,汉代流行着盖天、浑天、平天和宣夜等不同的学说。盖天说认为,天在上而地在下,天像一个半圆的罩子,大地是方形或拱形的。拱形之说以西汉前期成书的《周髀算经》为代表,其主要论点是:"天象盖笠,地法覆槃。"(《周髀算经》卷下)这是说,天穹像一个斗笠,大地犹如一个倒扣着的盘子。方形之说则认为,"天员如张盖,地方如棋局"(《晋书·天文志》)。这种天圆地方说出现于先秦,在汉代有所发展。如说:"天形南高而北下,日出高,故见,日入下,故不见。天之居如倚盖,故极在人北,是其证也。极在天之中,而今在人北,所以知天之形如倚盖也。日朝出阳中,暮入阴中,阴气暗冥,故没不见也。夏时阳气多,阴气少,阳气光明,与日同辉,故日出即见,无蔽之者,故夏日长也。冬天阴气多,阳气少,阴气暗冥,掩日之光,虽出犹隐不见,故冬日短也。"(同上)也就是说,天不在地的正上方,而是斜斜地倚着,南边高而北边低。值得注意的是用气和阴阳说,解释了日出日没、朝暮之不同与夏日长、冬日短的问题。这说明,主旋律推动了盖天说的发展。

浑天说以落下闳、鲜于妄人、耿寿昌、扬雄、桓谭为代表,认为天是浑圆的,日月星辰会转入地下。扬雄原来主张盖天说,但被桓谭说服了。有一次,他们俩人坐在白虎殿的廊下,等待见皇帝奏事。因为天气冷,两人让太阳晒脊背。过了一会,太阳光就偏开了。桓谭对扬雄说:"天既盖转,而日西行,其光影当照此廊下而稍东耳,无乃是反应浑天家法也。"(《新论》,《四部备要》第48册)意思是若按盖天说,太阳向西边走,阳光应该照着这廊下的东面。如今阳光竟然偏去了,不正好说明浑天有理吗?扬雄被说服后,反而提出八个问题来责难盖天说。其一曰:"天至高也,地至卑也。日托天而旋,可谓至高矣。纵人目可夺,水与影不可夺也。今从高山上,以水望日,日出水下,影上行,何也?"(《隋书·天文志》)若按盖天说,太阳在天上运转,总是高出地面之上的,为什么在高山之上看日出,却见太阳从地平线上升起来呢?这就抓住了盖天说的要害,并给它以致命的打击。浑天说虽比盖天说进步,但它却认为大地飘浮在水上。这在解释天体视运动时便遇到了一个难题:附在天球内壁、随着天球绕地旋转的日月星辰,当它们运行到地平线以下时,如何从水中通过呢? 这正是王充不能同意浑天说的根本原因所在。他指出:"旧说天转从地下过,今掘地一丈辄有水,天何得从水中行乎? 甚不然也。日随天而转,非入地。"(《晋书·天文志》)因此,他提出平天说,认为天和地是两个无限大的平面,其中的空间也是无限的。如说:"天平正与地无异。"(《论衡·说日》)何谓"平正"? "平正,四方中央高下皆同。"这是说天与地是直线平行的,二者之间的距离处处相同。实际上这比《周髀算经》那种曲线平行,还倒退了一步。但他在倒退中又有前进,既没有规定天地之间的距离,也没有规定天地只有向四方伸延才是无限的,而是说:"天地相去,广狭远近,不可复计。"(《论衡·谈天》)为什么呢? 因为,"天去人高远,其气苍茫无端末。"(《论衡·变动》)这是说,充满着茫茫气体的宇宙空间是广阔无垠的,谁也找不到它的边沿。他认识到宇宙在空间上是无限的,这比浑、盖两说都要高明。由此可见,气的理论又把他向前推进了一步。

宣夜说的代表人物是郄萌,他认为天没有固定的形质,而是无边无际的、充满着气的空间,日月众星都飘浮在气体之中。如说:"天了无质,仰而瞻之,高远无极,眼瞀精绝,故苍苍然也。譬之旁望远道之黄山而皆青,俯察千仞之深谷而窈黑。夫青非真色,而黑非有体也。日月众星,自然浮生虚空之中,其行其止皆须气焉。是以七曜或逝或住,或顺或逆,伏见无常,进退不同,由乎无所根系,故各异也。故辰极常居其所,而北斗不与众星西没也;摄提、填星皆东行,日行一度,月行十三度;迟疾任情,其无所系著可知矣。若缀附无体,不得尔也。"(《晋书·天文志》)这里没有谈天地关系以及地球的形状、位置,只讲了"天"的性质和天体的运动。但从这方面来看,宣夜说已经达到很高的水平。它认为"天了无质",这就在历史上第一次否定了有形质的"天"。自古以来都认为"天"是一个带有硬壳的东西,这种观点无论在外国还是在中国都是根深蒂固的。中国的盖天说、浑天说和平天说,都没有摆脱这种传统观念。古希腊的亚里斯多德—托勒密体系,也是以一个缀附着恒星的天球作为宇宙的边界。16世纪,哥白尼的天文学革命,虽然取消了地球在宇宙中心的位置,但却保留着一个硬壳仍然作为宇宙的范围。而宣夜说打破了这个僵硬的天壳,认为天色苍苍,是因为它"高远无极",犹如远山色青,深谷体黑,而青与黑都不过是表象,透过现象看本质,并不是真的存在一个有形体、带颜色的天壳。既然如此,那么,日月众星是怎样待在天上的? 宣夜说认为,天边无际的宇宙空间充满了气体,日月众星都自由自在地飘浮在气体之中。在气一元论的基础上,宣夜说又进一步研究了日月众星的运动问题。在它看来,满天恒星东升西落,同日旋转,其中一部分天体还有自己独特的运动规律;北极星总是不动,其附近的北斗也不东升西落,而只是绕北极团团转动,有两颗行星——"摄提"(木星)、"填星"(土星),是自西向东移行的;太阳每天一度,月亮每天十三度;它们运动的快慢都各依自己的特性而定,这表明它们不是系着在任何物体上的。假若它们被缀附在固体的天壳上,那就不能如此了。这是从日月众星的不同运动状况,来反证固体的天壳是不存在的。天的界限被打破了,在人们面前展现出来的是一个茫无涯际、无穷无尽的宇宙空间。

张衡以道、气和阴阳理论为指导,认真研究了盖天说、浑天说、平天说和宣夜说,觉得浑天说比较符合观测的实际。他发展了浑天说,提出了球形大地的概念,阐述宇宙的无限性,创立了我国古代宇宙结构的基本模式。如说:"浑天如鸡子。天体圆如弹丸,地如鸡中黄,孤居于内,天大而地小。天表里有水。天之包地,犹壳之裹黄。天地各乘气而立,载水而浮。周天三百六十五度四分度之一;又中分之,则一百八十二度八分度之五覆地上,一百八十二度八分度之五绕地下。故二十八宿,半见半隐。其两端谓之南北极。北极乃天之中也,在正北,出地上三十六度。然则北极上规经七十二度,常见不隐。南极天之中也,在正南,入地三十六度。南极下规七十二度,常伏不见。两极相去一百八十二度半强。天转如车毂之运,周旋无端,其形浑浑,故曰浑天也。"(《浑天仪》)简而言之,浑天说的宇宙模式是这样的:一个中空的圆形的天球,其中一半贮了水,圆形的地球就浮在水上。天和地的关系,犹如鸡蛋壳和鸡蛋黄。整个天球内壳,分为三百六十五度又四分之一。它有北极和南极两个极。北极在地平线上三十六度,南极则在水下。因此整个天球对于地球来说,是倾斜的。天球绕着北极和南极这根轴线如车轴辘般转,一半常在水上,一半常在水下,因此嵌在天球内壳的二十八宿,也就半见半隐。至于日月五星,也是在天球内壳中绕地球运转的。为了证明浑天说的正确性,张衡制作了水运浑象——浑天仪。据《隋书·天文志》记载:"桓帝延熹七年,太史令张衡,更以铜制,以四分为一度,周天一丈四尺六寸一分。亦于密室中,以漏水转之。令司之者,闭户而唱之,以告灵台之观天者,璇玑所加,某星始见,某星已中,某星今没,皆如合符。"这番表演引起了轰动,人们称赞他"数术穷天地,制作侔造化。"(崔瑗:《张平子碑文》)其实,这不仅说明张衡个人的"数术"神妙,而且说明浑天说在长期发展过程中,对于天体运行规律的理解达到相当高的水平。他对古代宇宙理论的最重要贡献,是在中国历史上第一次明确地提出了球形大地的概念,这在人类认识宇宙的历史上也

是一个里程碑。此项成就的取得,是与他研究天地生成的过程分不
开的。他把天地生成的过程分为三个阶段:第一阶段叫"溟涬",是"道
之根",即自然界的开始;第二阶段叫"庞鸿",是"道之干",即自然界
的奠基;第三阶段叫"太元",是"道之实",即自然界的形成。在前两
个阶段里,元气是"幽清玄静"、"混沌不分"的;到了第三个阶段,"元
气剖判,刚柔始分,清浊异位,天成于外,地定于内。天体于阳,故圆
以动;地体于阴,故平以静。动以行施,静以合化,埂郁构精,时育庶
类"(《灵宪》)。意思是元气一分为二,有刚有柔,有清有浊,天形成
于外,地固定在内。天体属阳,地体属阴,一动一静,相互构合,随着
四时的变化,就生育出万物来。天地万物的生成是元气分离、阴阳统
一的过程,这正是自然物质本身的一种辩证运动。

　　有人认为,在这个宇宙生成模式里,大地不是球形,而是平直的。
其根据是:"天体于阳,故圆以动;地体于阴,故平以静。"我们觉得,这
种看法似乎不妥。那句话是说,天体由阳气构成,因为阳气圆滑,所
以天体转动;地体由阴气构成,因为阴气平稳,所以地体不动。可见,
"平"不是"平直"之平,而是"平稳"之平;它是描述阴气的,而不是
形容地体的。《周髀算经》卷上有这样一句话:"方属地,圆属天,天圆
地方。"三国吴人赵君卿注曰:"物有圆方,数有奇耦。天动为圆,其数
奇。地静为方,其数耦。此配阴阳之义,非实天地之体也。"(《算经
十书》上册,中华书局1963年版,第22页)张衡所谓的"圆"和"平",
也不是实指"天地之体",而是以"阴阳之义"来说明天地的动静。如
说:"天以阳回,地以阴浮。是故天致其动,禀气舒光;地致其静,承候
施明。"(《灵宪》)在他看来,阴阳是性质不同的气:阳气刚强,清轻,
圆滑,外露;阴气柔弱,浊重,平稳,内藏。正因为他有这样的观点,才
得出了"天成于外,地定于内"的结论。这与"天之包地,犹壳之裹

黄",在理论上是完全一致的。由此可见,张衡在《灵宪》和《浑天仪》这两篇文章中,都是以气和阴阳理论为指导的。也正是这样,他才把古代的宇宙理论推向了一个新的阶段。但他并没有停留在这里,还进一步阐发了天地的有限与无限的问题。在他看来,天地像个鸡蛋,地如蛋黄,天如蛋壳。这个"壳"有多大呢?他明确指出:"八极之维,径二亿三万二千三百里,南北则短减千里,东西则广增千里。自地至天,半于八极;则地之深,亦如之。通而度之,则是浑也。"(《灵宪》)也就是说,天是有边界的,其平均直径是200032300里;地是有深度的,深度是100016150里。由此可见,天地是有限的。但他又说:"惟天地之无穷兮,何遭遇之无常!"(《思玄赋》)这岂不是矛盾的吗?是的,天地的有限和无限是矛盾的。张衡企图用宇宙的无限性来解释这个矛盾,幻想自己乘着神奇的车子遨游太空,当他依次访问了"紫宫"、"太微"、"王良"、"何鼓"等星座和"云汉"之后,便倚在"招摇"、"摄提"星座上回过头来向下观察了日月五星的行貌,接着又"逾庞淟于宕冥兮,贯倒景而高厉。廓荡荡其无涯兮,乃今穷乎天外。"(同上)这里所谓的"庞淟",就是前面说的"庞鸿",所谓"冥",就是前面说的"溟涬"。也就是说,越过浑沌不分的"庞淟"到达了"幽清玄静"的境界,看到了日月众星从下面反照上来的景象。浩荡无边,这就是天的外面。他说:"过此而往者,未之或知也。未之或知者,宇宙之谓也。宇之表无极,宙之端无穷。"(《灵宪》)在天外面是什么呢?张衡说不知道,他把这叫作"宇宙"。"宇"是空间,"宙"是时间。"宇宙"在时间和空间上,都是无穷无尽的,这是一种无限性。恩格斯说:"无限性是一个矛盾,而且充满种种矛盾。无限纯粹是由有限组成的,这已经是矛盾,可是事情就是这样。物质世界的有限性所引起的矛盾,并不比它的无限性所引起的少,正象我们已经看到的,任何消除这些矛盾的尝试都会引起新的更坏的矛盾。正因为无限性的矛盾,所以它是无限的,在时间上和空间上无止境地展开的过程。如果矛盾消灭了,那就是无限性的终结。"(《马克思恩格斯选集》第3卷,第90—91页)张衡似乎猜到了这一点,所以他自觉或不自觉地反映了这种矛盾。在天文观测所及的范围,天地都是有限的。但天地不等于宇宙,宇宙则是无限的。在无穷无尽的宇宙中,天地有限。俗话说:"天外有天。"在人们观测所及的"天地"之外,还别有"天地"。无数的"天地",便构成了无穷无尽的宇宙。所以,张衡才发出了"惟天地之无穷兮,何遭遇之无常"的慨叹。但他没有编织"天国"之类的神话,而是根据当时天文学发展的水平,作出了科学的解释。

最后,理性主义还通过主旋律促进了炼丹术的发展。东汉后期的《周易参同契》标志着我国炼丹术思想体系的形成,而这个体系就是以道、气和阴阳五行说为理论基础的。有人说,"《参同契》的作者没有试图制造任何理论体系"。其实并非如此,魏伯阳就曾说过:"不得其理,难以妄言。"他认为,以往的炼丹者之所以失败,都是因为不懂得炼丹是一种理性活动。他作《周易参同契》,是有建立炼丹理论体系的意图的。在他的理论体系中,物质性的"气"是一块基石。如说:"山泽气相蒸兮,兴云而为雨。"这里的山泽之"气",就是物质性的东西。他认为,气分阴阳。如说:"乾刚坤柔,配合相包,阳禀阴受,雄雌相须;须以造化,精气乃舒。"天地万物的一切变化,都是"阳禀阴受"、"精气"舒发的结果。"兴云而为雨"是这样,人体也不例外。所谓"淫淫若春泽,液液象解冰,从头流达足,究竟复上升。往来洞无极,怫怫被容中",就是对人体"精气"舒发的生动描述。凡是对气功、太极拳和针灸疗法略有体会的人,都会觉得这种描述是真实无妄的。他还指出:"物无阴阳,违天背元。牝鸡自卵,其雏不全。夫何故乎? 配合未连。"言下之意,事物若无阴阳之分,或者阴阳不能配合,这都是违背自然法则的,犹如没有受精的鸡蛋一样,是孵不出小鸡的。他把这个法则称为"阴阳之道",说:"覆冒阴阳之道,犹工御者,执衔辔,准绳墨,随轨辙。"也就是说,"阴阳之道"是必须遵循的客观规律。这个规律既包括阴阳的对立,又包括阴阳之统一。统一有三种含义:一是阴阳相互依存,如说"雄不独处,雌不孤居";二是阴阳相互作用,如说"阴阳相饮食,交感道自然";三是阴阳相互转化,如说"阳往则阴来","道穷则反"。魏伯阳把这三种含义,统称为"阴阳配合"。在他看来,"阴阳配合"是有一定条件的,条件就是"宜以同类者。……类同者相从,事乖不成宝"。只有同类事物的阴阳配合,才能产生变化。例如,"还丹"由铅汞炼成,因而它才能还原为铅和汞。所以说:"变化由其真,终始自相因。"魏伯阳把"阴阳"自因论与炼丹实践结合起来,提出了龙虎化合律。所谓"龙虎",乃是"青龙"和"白虎"的简称,均系隐语,代表铅、汞。铅、汞化合的过程是:"龙呼于虎,虎吸龙精,两相饮食,俱相贪并,逐相衔咽,咀嚼相吞,……杀气所临,何有不倾?"这是说铅汞化合不是简单的结合,而是一种相互呼吸、饮食、贪并、衔咽、咀嚼和吞并的复杂过程。从哲学上讲,这是矛盾双方相互依存、渗透、转化的同一性。但同一性离不开斗争性,铅汞化合过程充满了斗争。所谓"杀气所临",就意味着相互斗争。斗争的结果是"何有不倾",一物制伏一物,完成了化合的过程。魏伯阳还用"五行错王,相据以生","五行相克,更为父母",来说明铅汞化合的过程,从而发现了链锁反应律。以五行而论,代表汞的"青龙"(即天文用语"东方七宿"的总称)居东方,为木;代表铅的"白虎"(即天文用语"西方七宿"的总称)居西方,为金。汞铅化合是以金克木开始的,这就是"金伐木荣"。在金伐木时,木将予以抵抗,便生火克金,这是因为"火性销金"。当火销金时，金又予以抵抗，便生水以灭火，即"举水以激火，奋然灭光荣"。最后，"水盛火消灭，俱死归厚土"。这个链锁反应的过程包括三个环节：一是金克木生火，二是火克金生水，三是水克火生土。这条规律是魏伯阳在炼丹实验中发现的，他说："以金为堤防，水入乃优游。金计有十五，水数亦如之。临炉定铢两，五分水有余，二者以为真。金重如本初，其三遂不入，火二与之俱。三物相含受，变化状若神。下有太阳气，伏蒸须臾间，先液而后凝，号曰'黄舆'焉。岁月将欲讫，毁性伤寿年，形体如灰土，状若'明窗尘'。捣治并合之，驰入赤色门，固塞其际会，务令致完坚。炎火张于下，昼夜声正勤，始文使可修，终竟武乃陈。候视加谨慎，审察调寒温。周旋十二节，节尽更亲观。气索命将绝，休死亡魄魂。色转更为紫，赫然成'还丹'。"这里说的"金"是金属铅，"水"指水银即汞。由铅汞炼丹经历了三变：第一变是由铅与汞作用生成"黄舆"，即铅汞齐。也就是先把铅熔化，再加入汞相合。铅、汞各取十五分。但经试验发现，汞多了一些，实际上只要加入原量的五分之二就够了。因铅的用量不变，所以有五分之三的汞不能溶于铅，另外，还要加入二分炭火。铅、汞、炭火相互含受，发生了神奇的变化。从下面加热，先是液体，然后凝固，叫作"黄舆"。第二变是在放置中进行的。随着岁月的流逝，铅汞齐崩解为粉末，形似灰土，状若明窗上的飞尘。第三变是粉末在鼎器中经长时间的反复加热，最后成为"还丹"。具体地说，就是先把粉末捣治一下，再放入鼎器中，把器缝密封好，务必使其完整和坚固。然后加热，使熊熊的火焰从下面包围鼎器，昼夜值班不停，开始缓缓加热，最后施以强热。要谨慎地注意火候的变化，使温度高低适宜，经过"十二节"后，更要仔细观察。如果反应物都化尽了，颜色变为紫色，就成了"还丹"。以上三变如同锁链，一环套着一环。这说明，魏

伯阳发现链锁反应律是有真凭实据的。也正因为此,他才被推崇为
"丹经之祖"。

第三节 儒学的独断主义与自然科学

在汉代,理性主义虽然有力地促进了自然科学的发展,但它并不
占统治地位。而占统治地位的是儒学的独断主义,这种独断主义是
违背自然科学的理性主义精神的,所以它严重地阻碍着自然科学的
发展。

首先,汉武帝的"罢黜百家,独尊儒术"的文化专制政策,给自然
科学带来了消极的影响,这在数学方面表现的最为明显。我国古代
数学体系的形成,是以西汉后期大体定型的《九章算术》为标志的。
这部书直到清末都是中国数学的代表性之古典,所以被誉为"中国的
欧几里得"(〔日〕小仓金之助之语)。如果把《九章算术》和欧几里
得的《几何原本》加以比较,就会看出东西方数学的不同特点:《几何
原本》擅长逻辑证明而不讲究计算,不注重实用而理论性较强,在数
论和几何方面见长;而《九章算术》则相反,在算术和代数方面见长,
擅长计算而不讲究逻辑证明,注重实用而理论性不强。也就是说,前
者之长为后者所短,而后者之长又为前者所短,这大体代表了东西方
数学的特色。

值得研究的问题是《九章算术》的缺点,为什么不讲究逻辑而理
论性较差呢?早在先秦,《墨经》就开辟了重视逻辑推理的数学理论
化之道路。但这条道路在汉代中断了,其原因是很复杂的。先秦墨
家主要是手工业者的政治代表,这种学派与中古封建制度是不相容
的。汉代统治者为了巩固封建制度,在经济上采取了"强本抑末"的

政策,削弱了手工业者的社会力量。随着封建经济的发展,手工业者
处于经常分化的状态,除了少数上升为地主或富商大贾外,大多数沦
落为游民或贫苦农民。这些人在经济上受剥削,在政治上受压迫,在
学术上也没有地位。墨家学说被封建统治者视为"役夫之道",逐渐
地销声匿迹。在这个过程中,汉武帝的"罢黜百家,独尊儒术"的文
化专制政策起了恶劣的作用。实际上真正被"罢黜"的,恐怕只有墨、
名两家。其他各家虽然不像儒家那样处于独尊的地位,但并没有销
声匿迹。汉代统治者的"独尊儒术",不过是"饰以儒术"而已。汉宣
帝就曾明白表示:"汉家自有制度,本以霸王道杂之,奈何纯任德教,
用周政乎?"(《汉书·元帝本纪》)"霸王道杂之"的思想产生于先
秦,是由荀子开其端的。他主张"德"、"威"并用,建立封建统治。从
这一政治需要出发,他在孔子"正名"的基础上建立了概念、判断和
推理的逻辑思想体系。但这种逻辑思想体系主要用于政治伦理方
面,而与自然科学很少联系。而《墨经》的逻辑思想体系则与自然科
学有密切的联系,列举了关于数学名词的定义,开辟了数学理论化的
道路。但这却被荀子认为"役夫之道",同时又和名辩思潮纠缠在一
起,其精华不为大多数人所理解和重视,所以数学理论化的道路不得
不中断。与此同时,荀子又在逻辑方面提出"约定俗成"的思想。他
说:"名无固宜,约之以命,约定俗成谓之宜,异于约则谓之不宜。名
无固实,约之以命实,约定俗成谓之实名。"(《荀子·正名》)这种思
想在汉代比较流行,对我国古代数学体系的形成是有影响的。据《汉
书·食货志》记载:"宣帝即位,……时大司农中丞耿寿昌以善为算,
能商功利,得幸于上。"在汉宣帝时,《九章算术》经耿寿昌"删补"而
定型。其中所有的名词,如直田、圆田、开方、开立方、阳马、鳖臑、方
程、勾股之类,都是"约定俗成"的,所以没有重新定义的必要。数学

概念没有明确的定义,当然影响了理论研究的开展。《九章算术》246题的解法,除了个别错误解法外,大都是正确的。但"术"文中没有写出问题解法所依据的理论,当然谈不上这些理论的逻辑证明了。《九章算术》的编纂者似乎认为:所有具体问题得到解答已尽"算术"之能事,不讨论抽象的数学理论无害于"算术",掌握数学知识的人应该满足于能够解答生活实践中提出的应用问题,数学的理论虽属可知,但很难全部搞清楚,学者应该有适可而止的态度。按照儒家的正统观点来看,"算术"虽为六艺之一,有一定的重要性,但终究不过是一种技艺而已。作为一个"通儒",固然是要懂得一点数学的,但又不必把主要精力放在这上面。而所谓"修身、齐家、治国、平天下"才是最重要的学问。正如南北朝时期的颜之推所说:"算术亦是六艺要事,自古儒士论天道定律历者皆学通之,然可以兼明,不可以专业。"(《颜氏家训·杂艺》)这种思想,对于学习和掌握一般的数学知识或许是有促进作用的,但对于探讨和研究比较高深的数学理论问题,显然是不利的。后来,刘徽冲破了这种传统观念,在《九章算术注》中恢复和发扬了《墨经》所开辟的重视逻辑推理的数学理论化之优良传统,把我国数学推向了一个新阶段。但从《墨经》到刘徽的几百年间,形式逻辑处于衰落时期。恰好在这个时期,《九章算术》问世了,因而从学术思潮上就决定了它的数学体系是一种非逻辑结构。特别是"罢黜百家,独尊儒术"的独断主义,压抑了理性主义精神,给《九章算术》带来不良的影响,是其理论性不强的重要原因之一。

其次,董仲舒天人感应的神学目的论严重地阻碍着自然科学的发展,这在天文历法方面表现的最为明显。秦颛顼历行用了一百多年,到汉武时进行了新的改历。新改的是著名的太初历,它有许多比颛顼历进步的地方。如规定以无中气之月为闰月,就比年终置闰的办法合理;首先记有日、月食周期,为日、月食预报打下了基础;所测定的五星运行周期,也比过去有显著的进步。但是,太初历也有缺点。它以 $29\frac{43}{81}$ 日为一朔望月的长度,由于分母为81,所以又称八十一分法。从而,按十九年七闰的规律,回归年的日数为 $365\frac{385}{1539}$ 日。这两个数值都比四分历的误差更大。为什么要这么取? 因为 $29\frac{43}{81}$ 日与四分历的 $29\frac{385}{940}$ 日极为相近,而81这个数却可以附会上一种神秘的意义,叫作黄钟自乘。黄钟是古代音调的名称,为十二音律之首。汉代认为,用一根九寸长的铜管或竹管吹出的音调是黄钟。黄钟自乘就是以其长九寸自乘得81。另一说,黄钟管的周围为九分,以围乘长得81。无论如何,太初历的八十一分法是从黄钟来的。《汉书·律历志上》说:"八十一为日法,所以生权、衡、度、量,礼乐之所由出也。"把历法的数据和毫不相干的音律联系在一起,是为了表明历法数据的神圣性,而颁行这种历法的帝王就更具有"神性",这是董仲舒天人感应的神学目的论在天文历法上的一种表现。御史大夫兒宽在向汉武帝议论改历时说:"帝王必改正朔,易服色,所以明受命于天也。"(《汉书·律历志》,下同) 这种君权神授论削弱了太初历的科学性,使其两个基本数据的精确度反而倒退了。但它毕竟还是一部进步的历法,这部历法颁布后却遭到了天人感应论者的反对。汉昭帝元凤三年(公元前78年),太史令张寿王上书说:"历者,天地之大纪,上帝所为。传黄帝调律历,汉元年以来用之。今阴阳不调,宜更历之过也。"他不承认元封七年(即太初元年) 十一月朔旦冬至这个较准的推步起点,认为合朔时刻亏了 $\frac{3}{4}$ 日,从而主张用殷历,这无疑是倒退。当时,西汉政府组织主历使者鲜于妄人、治历大司农中丞麻光等二十余人，做了三年的天文观测，比较了太初历、黄帝调律历、殷历等十一家历法。结果证明，太初历比较符合天象。张寿王的主张被否定了，罢官而去。

到了西汉末年，刘歆把太初历改造成三统历，并撰附了一篇主要用来说明《春秋》和其他古史的《三统历谱》。他进一步扩大了太初历的落后方面，利用与天文学毫无关系的《易传》中的神秘数字来解释太初历的基本数据，使三统历变得更加神乎其神。尤其错误的是，他把董仲舒的历史循环论——三统之说引进了太初历。本来，按太初历的朔望月和回归年数据，从历元时刻起，过1539年之后，朔和冬至时刻又回到同一天的夜半；过三个1539年之后，朔和冬至又回到同一个甲子日的夜半，这是很自然的结果。但刘歆却把这1539年的周期称为"一统"，三个1539年就是"三统"。所以，他把自己的历法定名为三统历。如说："三代各据一统，明三统常合，而迭为首。"所谓"三代各据一统"，就是董仲舒所主张的：夏为黑统，商为白统，周为赤统。三统依此循环，每换一统就要更换一个朝代。换一个朝代就要改正朔、易服色，以表示其获得了这一统的天命。这种神秘的历史循环论，本来是为西汉统治集团加强其封建专制统治的需要而炮制出的。然而，它却也很适合西汉末年统治集团面临崩溃时地主阶级换马的需要。

刘歆把三统说引入太初历，显然是为王莽篡位而获得新"天命"作舆论准备的。作为一个天文学家，刘歆在天文学上也曾有所发现。但他用天人感应的神学目的论来附会历法，却给天文学带来了恶劣的影响。三统历还来不及施行，刘歆就以谋反罪被王莽所杀，而王莽政权也在农民起义的烈火中垮台了。太初历继续施行，一直到东汉章帝。由于出现了"历稍后天,朔先于历"的情况,即月食出现的时间大多早于历书上指明的日期,又对太初历进行改革。汉章帝元和二年(公元85年),正式颁布了李梵、编䜣等人编的四分历,史称后汉四分历。这个历法改进了太初历的数据,采用四分法,取一年的长度为$365\frac{1}{4}$日,并测定了五大行星的会合周期,其结果除土星外都比太初历准确,特别是很难观测的水星,定出其会合周期为115.88日,竟和现在观测的结果相合。它还列入了二十四节气的昏旦中星,以及昼漏刻、晷影长短的实测结果,这在历法上都是首创的。但后汉四分历遭到多次反对,如说:"孝章改四分,灾异卒甚,未有善应。"(《后汉书·律历志中》)后来,冯光、陈晃等人又说后汉四分历的"历元不正",不合图谶,所以造成了社会的动乱。这些议论,先后被张衡、蔡邕所驳斥。东汉末年,刘洪发现四分历的缺点是斗分(即回归年365.25日的奇零部分0.25)太大,便改以$365\frac{145}{589}$日为一年,制定了乾象历。他改进了推算日月蚀的方法,求出交食年为346.615日,比现代测定值仅小千分之五日。乾象历纵然优秀,但未被采用。直到东汉王朝灭亡为止,太史令只能死守一部后汉四分历。这一切都说明,独断主义阻碍着天文学的发展。

最后,天人感应的神学目的论给阴阳五行说灌注了神秘主义的内容,并与谶纬迷信的形式结合在一起,严重地阻碍着自然科学的发展。这主要表现在农学、地理和炼丹术等方面。

一是农学方面,在《氾胜之书》中有明显的反映。阴阳五行说,在西周末和春秋时代原是一种朴素的唯物论。到了战国中叶,这种学说向神秘主义方面转化,于是产生了"舍人事而任鬼神"的阴阳五行家。当时,"臣主共忧患,其察祎祥、候星气尤急",邹衍便"以阴阳主运显于

诸侯"。司马谈指出:"尝窃观阴阳之术,大祥而众忌讳,使人拘而多所畏。"(《史记·太史公自序》)

　　董仲舒利用阴阳五行学的理论框架,建立了一套天人感应的神学体系。由于汉武帝的推崇,宫廷、官府和民间到处都浸润着对神秘主义的迷信,西汉末期尤甚。生活在这个时代的氾胜之,在朝廷附近做了"教民三辅"的亲民官,不受神秘主义的影响是不可能的。因而在《氾胜之书》中夹杂着不少迷信的东西,归纳起来有三种:第一种是"占卜岁宜"。氾胜之说:"欲知岁所宜,以布囊盛粟诸物种,平量之,埋阴地,冬至后五十日,发取,量之。息最多者,岁所宜也。"(石声汉:《氾胜之书今释》,第10页)意思是要想知道明年年岁最合宜的谷类,可以用布袋装上各种粮食的种子,平平地量好,埋在不见太阳的地方。冬至后五十天,掊出来再量。涨出的分量最多的,就是明年年岁最合宜的。这种"占卜岁宜"的方法没有科学根据,是一种迷信。第二种是"厌胜之术"。他指出:"牵马,令就谷堆食数口;以马践过。为种,无蚼蛴等虫也。"(《氾胜之书今释》,第34页)这是说牵着马,让马就着谷堆吃几口,再牵马从谷堆踏着走过。用这样的谷作种,可以免除蚼蛴等虫害。这实质上是一种迷信的"厌胜之术",在汉代颇为流行。自汉武帝以来,从皇帝到百姓的日常生活中,马这种牲口占有极重要的地位:皇帝的"卤簿"要马,军队要马,交通要马,耕地也要马;民家还要替"官家"义务养马。张骞通西域,动机之一就是要得到大宛的名马。而马吃几口种谷,再从种谷堆里走过,所起的神秘作用,可以使这些种谷后来所成种苗,免于某种虫灾。这种迷信思想波及农学,在《氾胜之书》中留下了阴影。第三种是"播种忌日"。氾胜之说:"除日不中种。"(《氾胜之书今释》,第10页)何谓"除日"?西汉以来,每一日,除了用天干地支循环记次第,用二十八宿记大致的

"月周期"之外,还有一套"建除家"定出的"建除"。建除是用"建、除、满、平、定、执、破、危、成、收、开、闭"这十二个字,连续循环;而且在每次循环中,还依次序将某一个字重复一次,来增加复杂,作为"日建"。例如,第一次十三日的循环中,第一日是"建",第二日还是"建",第三日是"除",……;第二次十三日的循环中,第一日是"建",第二日和第三日便都是"除",……。这里所谓的"除日",不是"岁除(即年终)之日",而是指日建中逢"除"的日子。氾胜之认为,在这个日子不可以播种。他还说:"小豆,忌卯;稻、麻,忌辰;禾,忌丙;黍,忌丑;秫,忌寅、未;小麦,忌戌;大麦,忌子;大豆,忌申、卯。凡九谷有忌日;种之不避其忌,则多伤败。此非虚语也!其自然者,烧黍穰则害瓠。"(《氾胜之书今释》,第9页)这些"忌日",都是根据干支定的。播种时不避开"忌日",就会遭到失败损伤。氾胜之认为这不是假话,而是一种自然的道理,正像在家里烧黍秸,田地里的壶卢就受了损害一样。可见迷信之深!后来,贾思勰抛弃了这些糟粕。他说:"《史记》曰:'阴阳之家,拘而多忌。'止可知其梗概,不可委曲从之,谚曰:'以时及泽,为上策也。'"(《齐民要术·种谷》)意思是不可拘泥于阴阳五行家的这一套,以四时气候和土壤墒情来确定播种的日期,才是最好的办法。相形之下,氾胜之就大为逊色。在独断主义占统治的时代里,他无法摆脱迷信的束缚。

二是地理学方面,在《汉书·地理志》中有所反映。班固的《汉书·地理志》开辟了沿革地理研究的新领域,但却忽视了对于山川本身的地貌形态与发展规律的探索。这是不是偶然的疏忽呢?不是,他是《白虎通》的编纂者,信奉董仲舒天人感应的神学目的论和谶纬之说。董仲舒认为,事物的名称概念不是对客观存在及其规律的反映,而是"皆鸣号而达天意者也"(《春秋繁露·深察名号》)。这种观点在地理领域中也有具体表现,如纬书《孝经援神契》说:"河者,水之伯,上应天汉。"在这种观点指导下,人们不可能对于山川各自的地貌与发展规律作出任何探索。所以,汉代的自然地理没有得到很大的发展。到三国魏晋南北朝时期,这种局面才被打破。

三是炼丹术方面,在《周易参同契》中有明显的反映。这部书过去一向被认为词韵皆古、奥雅难通,为什么呢?朱熹指出:"《周易参同契》,魏伯阳所作,魏君后汉人,篇题盖放纬书之目,词韵皆古,奥雅难通。"(《周易参同契考异》)在他看来,"难通"的主要原因在于"盖放纬书之目"。前面说过,纬是对经而言的。具体地讲,纬有广、狭之分。广义的纬,是指混杂谶文及术数之书;狭义的纬,专指七纬:《诗》、《书》、《易》、《礼》、《乐》、《春秋》、《孝经》之纬。如诗纬《记历枢》,书纬《考灵曜》、《帝命验》,易纬《稽览图》,礼纬《含文嘉》,春秋纬《演孔图》、《文命道》、《保乾图》,孝经纬《援神契》、《钩命诀》,等等。这些纬书都起了一个离奇怪诞的书名,含义诡秘,令人费解,以此增强其内容的神秘性。纬书是经义的衍伸,以荒诞不经的预言、神话传说、原始迷信附会儒学的经义。当然,在纬书中也保留一些自然科学知识,表达了一些被神学歪曲了的科学观点。但总的来看,它是封建迷信与儒学思想的混合物。明陆深说:"魏伯阳作《参同契》本之纬书。"(《经义考》卷9)我们觉得,《周易参同契》不是纬书,而是一部关于炼丹术的自然科学专著。但是它却模仿了纬书的形式,其书名犹如易纬《稽览图》、孝经纬《援神契》之类;在表述炼丹术时,也采用了隐晦诡秘的语言。为什么要这么做?这既与东汉的神学独断、谶纬迷信的时代风尚有关,也与炼丹家的传统有关。炼丹家有一个传统,就是好用隐秘的语言,故意神乎其辞,使人看了玄妙莫测。据说直截了当地说出炼丹方法,就泄露了天机,是会受到上天惩罚的。但不传授炼丹术也是不对的,因"可授不授为'闭天道',不可授而授为'泄天道'"(葛洪:《神仙传·孔元方》)。犯此二者,"皆殃及子孙"。这就是魏伯阳所说的:"结舌欲不语,绝道获罪诛,写情寄竹帛,恐泄天之符。"(《周易参同契·上篇》)所以他在"犹豫增叹息"之后,虽然明知"陶冶有法度",也"未忍悉陈敷",只能"略述其纲纪"(《周易参同契·上篇》),"露见枝条,隐藏本根"(《周易参同契·下篇》)。这固然使人们像猜谜一样,只能根据谜面的暗示去猜测谜底,但更重要的是限制了炼丹术的发展。天人感应论、谶纬迷信这两块独断主义的夹板紧紧扣在一起,卡在自然科学的脖子上,不要说发展,就是喘气也是很困难的。

总之,"罢黜百家,独尊儒术"的文化专制政策、天人感应的神学目的论和谶纬迷信,在汉代严重地阻碍了自然科学的发展。但自然科学的本质是偏爱理性,它没有也不会变成独断主义的恭顺婢女。汉代的自然科学家们,大都是一批具有独立人格的学者。在"罢黜百家,独尊儒术"的年代里,他们没有屈服于统治者的文化专制的大棒。以《黄帝内经》的作者而论,他们探讨学问是为了给人治病,因而对诸子百家的学术思想并不抱门户之见,凡是有用的好东西,都加以吸取利用。在《黄帝内经》的理论中,既有儒家的思想,又有墨家的主张;既有道家的观点,又有法家的见解;同时还可见到名家、兵家的思想。关于阴阳五行家,那就更不用说了。博采众家之长不是为了别的,唯一目的是更深刻地认识自然,从而更好地解决人的问题。

《黄帝内经》虽然没有像孔子所说的"仁者爱人"之类的话,但却强调一个优秀的医生对于患者,不论是什么人,都要一视同仁,必须给以无微不至的关怀,设身处地为病人着想,细心观察,精心治疗,耐心护理。这实际上是早期儒学人道主义精神的张扬,而同那种假借

"独尊儒术"而摧残人性的神学目的论是根本不同的。桓谭既是一位哲学家，又是一位自然科学家，他"博学多通，遍习五经"，"而憙非毁俗儒"（《后汉书·桓谭传》），曾以医药知识为武器批判了神学目的论。当时，刘歆的侄子刘伯玉说："天生杀人药，必有生人药也。"这是神学目的论的提法，即认为"天"生万物都有一定的目的。桓谭反驳道："钩吻不与人相宜，故食则死，非为杀人生也。譬若巴豆毒鱼，礜石贼鼠，桂害獭，杏核杀猪，天非故为作也。"（《新论·祛蔽》）"钩吻"就是断肠草，是一种毒药。他认为，人吃毒药而死，是由于毒药的本性与人不相适宜，而不是"天"故意生出毒药来杀人的。言下之意，天是没有意志和目的的。东汉时期，统治者提倡谶纬迷信，认为鬼神主宰人的生死祸福，使医学蒙上一层神秘主义的色彩。这在张仲景的医学著作中有所反映，如说："妇人脏躁，喜悲伤欲哭，象如神灵所作，数欠伸，甘麦大枣汤主之。"（《金匮要略·妇人杂病脉证并治》）意思是妇人患脏躁症，容易悲伤想哭，精神失常，连续打哈欠，伸懒腰，用甘麦大枣汤主治。他又说："妇人伤寒发热，经水适来，昼日明了，暮则谵语，如见鬼状者，此为热入血室。"（《伤寒论·辨太阳病脉证并治下》）意思是妇人患太阳伤寒症而发热，月经刚好来潮，病人在白天神智清楚，到了晚上就神昏胡说，这是热入血室。以上两段话虽然谈到"神灵"、"鬼状"，但都是打比方，并没有肯定鬼神的存在。相反，张仲景在分析妇女病时则否定了鬼神的存在。他说："妇人之病，因虚、积冷、结气，为诸经水断绝，至有历年，血寒，积结胞门，寒伤经络，凝坚在上：呕吐涎唾，久成肺痈，形体损分。在中：盘结，绕脐寒疝；或两胁疼痛，与脏相连；或结热中，痛在关元，脉数无疮，肌若鱼鳞，时若男子，非止女身。在下：未多，经候不匀，冷阴掣痛，少腹恶寒，或引腰脊，下根气街，气冲急痛，膝胫疼烦，奄忽眩冒，状如厥癫，或有忧惨,悲伤多嗔。此皆带下,非有鬼神。"(《金匮要略·妇人杂病脉证并治》)这段话,首先说明了妇女月经致病的根源;其次说明病变不一,分上、中、下三个部位来加以论述;最后指出这些病都是由于妇女带脉病所致,并不是什么鬼神作祟。在他看来,鬼神是不存在的,更谈不上能主宰人的生死祸福了。这就从医学的角度,着实地给神学目的论和谶纬迷信有力的一击。

自然科学在打击独断主义的统治时,所采取的斗争方式是不同的。一种是迂回作战的策略,以司马迁为代表。他是杰出的历史学家,对天文学也深有研究。在汉武帝"罢黜百家,独尊儒术"时,他没有公开反对,但却在《史记·太史公自序》中记述了父亲的论六家要旨,迂回曲折地表达了对文化专制政策的不满。在《史记·儒林列传》中,他虽为董仲舒立了传,但只有数百字,讥刺其一生谈"灾异之变",写《灾异之记》,后获罪死里逃生,又"不敢复言灾异",迂回曲折地暗示后世,董仲舒对自己的那套天人感应的神学目的论,也并不敢坚持和真正信仰。在《史记·天官书》中,他也没有鲜明地否定"灾异之变",但却说:"星气之书,多杂禨祥,不经;推其文,考其验,不殊。""所见天变,皆国殊窟穴,家占物怪,以合时应,其文图籍禨祥不法。"甚至说:"臣主共忧患,其察禨祥、候星气尤急。……而皋、唐、甘、石因时务论其书传,故其占验凌杂米盐。"讥讽搞占星的前人都是"合时应"、"因时务",去迎合统治者的心理,讲他爱听的话。占星术是天人感应论的一个思想来源。司马迁批评占星术,是实有所指的。他是汉武帝时改历的倡导者,但没有想到太初历改变四分历的计算方法,而采用八十一分法这种宣扬"君权神授"的东西。在《史记·历书》中,司马迁没有提八十一分法,而仍以四分法编出他的《历术甲子篇》附在后面。这说明他是不同意八十一分法的,也是对天人感应的神学目的论的迂回作战。作为一个身受辱刑的人,司马迁深知独断主义的可怕。如果不采取迂回作战的策略,那很可能遭到比辱刑更残酷的横祸。另一种是公开批评的策略,以桓谭、王充、张衡为代表。桓谭公开上书,批判谶纬迷信,并同光武帝展开了面对面的斗争,因而获罪遭贬,忧死在途中。王充著书立说,旗帜鲜明地批判天人感应的神学目的论和谶纬迷信,曾被视为"异端",虽然穷困潦倒,但却在理论上立下了不世之功。所以,后人称他为"一代英伟,汉兴以来,未有充比"(《北堂书钞》卷100引《抱朴子》)。张衡也曾公开上疏揭露谶纬迷信的虚妄,堪称自然科学家的楷模。

自然科学家反对独断主义,是有许多理论思维的经验教训可以记取的。张衡反对谶纬迷信促进了自然科学的发展,使他站在了当时天文学的高峰。但他在反对谶纬迷信时也是有缺点的,例如在《请禁绝图谶疏》中就夹杂着一些术数思想,而这些思想限制了他对数学的研究。不仅如此,他对纬书也缺乏仔细鉴别和具体分析的态度。前面说过,纬书是封建迷信和儒学思想混合的产物。但其中也包含着一些自然科学知识和思想,如春秋纬《元命苞》说:"天左旋,地右动。"尤其是在春秋纬《运斗枢》中有一句话——"地动则见于天象",这不仅描述地球运动,而且指出地球的自转可依靠观测天象来认识。直到现在,这仍然是一种检验地球自转的科学方法。

比起地球自转来,对地球公转的认识要复杂一些,因为它反映在日、月、行星等在恒星间自西向东的移行上。尚书纬《考灵曜》说:"地有四游,冬至地上北而西三万里,夏至地上南而东三万里,春秋二分其中矣。"(《太平御览》卷36)这里描述了春分、夏至、秋分、冬至地球在运动轨道上的不同位置,显然是为解释这四个节气时太阳视运动的不同高度:冬至地球偏北,相对来说,太阳偏南;夏至则地球偏南,因而太阳相对偏北。所谓"地有四游",是说无论春夏秋冬,地球都在运动。不仅如此,尚书纬《考灵曜》还指出:"地恒动不止,而人不知,譬如人在大舟中,闭牖而坐,舟行不觉也。"有趣的是这个生动形象的譬喻,几乎和哥白尼在叙述地球运动时所用的譬喻完全相同。哥白尼说:"为什么不承认天穹的周日旋转只是一种视运动,实际上是地球运动的反映呢?正如维尔吉尔(Virgil)的诗中所引艾尼斯(Aeneas)的名言:'我们离港向前航行,陆地和城市后退了。'因为船只静静地驶去,实际上是船动,而船里的人都觉得自己是静止的,船外的东西好像都在动。由此可以想象,地球运动时,地球上的人也似乎觉得整个宇宙在转动。"(《天体运行论》,科学出版社1973年版,第22页)后来由于精密仪器的制造,恒星视差和海王星的发现,哥白尼学说才从一个假设变为相对真理。但在我国由于实验科学一直未能得到相应的发展,所以地动说始终停留在零星的臆测阶段,未发展成系统的科学理论。特别是由于谶纬迷信的扼杀,地动说不仅得不到发展,还时常遭到反对。

张衡在反对谶纬迷信时,按理说可以把地动说这个婴儿从污水中拯救出来的,可惜的是他没有这样做,由于缺乏仔细鉴别和具体分析的辩证思维,所以在倒污水时连婴儿也一同泼了出去。其结果是张衡无法抛弃传统的地静观念,仍然固执着以地球为中心的宇宙体系。为什么呢?因为地球中心体系是建立在一个不正确的基点上:假定地球是静止不动的。然而,我们所看到的天体的视运动实际上却是它们真正的运动和我们地球的运动之复合。犹如我们坐在一条航行的船上,看别的航船时快时慢,时而前进,时而后退,并不只是决定于这些船的航行状况,也决定于我们自己的航行状况。我们不是在一个静止的坐标系上,而是在一个运动的坐标系上去观测天象的。

只有把基点改正过来,才有可能合理地阐明天体的运动规律。后来,哥白尼正是从回答行星的复杂的视运动这个问题上着手建立太阳中心体系的。他认为,地球不是宇宙的中心,它和别的行星一样地围绕太阳旋转,而且本身也在不停地作自转运动。这个学说之所以是一场真正的革命,就因为它把天文学从传统的地静观念中解放出来了。

　　国际上有一些喜欢作中西比较研究的学者,曾以对汉代天文学所作的社会学研究来解释在建立一个“统一的科学体系”上的失败。其根据之一是:中国天文学家“不关心各门应用的技术科学,例如,不关心控制炮弹飞行或者指导船只安全渡海提供理论上的工具”(The Political Function of Astronomy and Astrononers in Han Dynasty,in J. K. Fairbank ed., *Chinese Thought and Institutions*, Chicago:The University of Chicago Press,1957)。这个论据是不能成立的。依张衡而论,他是很关心各门应用的技术科学的,如发明自动车、指南车、滑翔机(自飞木鸟)、浑天仪和候风地动仪等。像哥白尼那样的天文学革命之所以没有在中国发生,这不能归罪于自然科学家,因为有许许多多的社会因素在起作用,是历史演变的必然结果。不过,自然科学家在理论思维方面的经验教训是值得我们记取的。

第七章　魏晋南北朝时期儒学的变化

第一节　儒家经学的沉沦与玄学的兴起

经学在东汉盛行一时,郡国各地都有经师讲授经学,聚集了成百上千的学生。到了东汉末年,从国家设立的太学到郡国设立的郡国学,配合着党争,展开了所谓"清议"的活动,豪族地主利用互相标榜和对人物、时政的评论,形成与皇权相对峙的舆论。主持清议的名流,有以陈蕃为首的"三君"("君",指一代宗师)、以李膺为首的"八俊"("俊",指人中的豪杰)、以郭泰为首的"八顾"("顾",指能以德行引导他人)、以张俭为首的"八及"("及",指引导他人追随宗师)、以度尚为首的"八厨"("厨",指能以财济人)。

"清议"的论题涉及现实中的许多问题,如社会动乱、对羌人的战争、经济困难以及外戚、宦官干预政事等问题。在"清议"盛行期间,有些不满现实的言论也乘机兴起,他们指斥统治者"谓杀害不辜为威风,聚敛整辨为贤能","视民如寇仇,税之如豺虎"(《后汉书·左雄传》);东汉王朝已经是"仇满天下"(《群书治要》节引崔寔《政论》)。

"清议"导致了"党锢"(对清议人物的禁锢)之祸。这是皇权对豪族地主议论朝政的反击。许多倡导清议的著名人物,或死于狱中,或受到监禁。第一次党锢发生在桓帝延熹九年(公元166年),第二次党锢发生在灵帝建宁二年(公元169年),直到中平元年(公元184年)的黄巾起义,统治集团的内部纷争暂息,党锢才告撤销。

"清议"被禁以后,太学也受到摧残,为鸿都门学所代替,师生们谈论的话题已从评议时政转为探求玄理,对五经大义不感兴趣,而去评论辞赋、书画、尺牍、方俗、闾里小事。经学从此便趋于衰微,不得不另求出路。

通过军事力量发迹起来的曹操,为了打击豪族地主,选拔人才不用察举制度。他在献帝建安十九、二十二年(公元214、217年)一再颁布关于用人唯才的命令,以便使出身门第不高、不通经学的人也能出来做官。后来,曹丕又用"九品中正"的选举办法,力求贯彻曹操的主张,虽然由于豪族地主势力的强大,只能做到"上品无寒门,下品无势族"(《晋书·刘毅传》),但却打破了通经致仕的旧传统,淡化了人们通过"穷经"途径而获得高官的意识。

东汉末年,中原战乱,文物典籍受到极大的破坏。董卓变乱以前,洛阳是全国文物图书荟萃的中心。东汉时期的太学生最多时有三万多人。董卓退出洛阳时,纵兵焚掠,屠杀无辜,造成了文化史上无可弥补的损失。此后,章句之学已没有条件恢复,通经致用也很难再作为察举的凭借,连通经的人才也很难找到。魏齐王正始年间,朝廷大小官吏及太学生在京师者约有一万人,能通古礼的寥寥无几。

东汉的经学家马融是儒学经学转向中的一位启蒙人物。马融生于章帝建初四年(公元79年),卒于桓帝延熹九年(公元166年)。他虽是一位通晓五经的大师,但却不受传统的束缚,颇重视早期儒学中人本思想的恢复。他注《论语》"伤人乎,不问马"条说:"贵人贱畜也,故不问也。"注"未知生,焉知死"条说:"死事难明,语之无益,故不答。"(《世说新语·简傲》注引)他还对他的朋友说:"古人有言:'左手据天下之图,右手刎其喉,愚夫不为。'所以然者,生贵于天下也。"(《后汉书·马融传》)他注经主张独立思考,不受前人的束缚。他不为《春秋》作注,而著"三传"(《左传》、《公羊传》、《穀梁传》)异同说,比较"三传"的得失,这与汉儒以《春秋》宣传阴阳灾异及图谶之学不同,在经学界实为一种革新的思想。这样,他就很自然地同道家思想发生共鸣,成为汉代儒家学者中首先注释《老子》的人。史书说他注《孝经》、《论语》、《诗》、《易》、"三礼"、《尚书》、《列女传》、《老子》、《淮南子》、《离骚》。《隋书》和《唐书》的《经籍志》都没有记载马融注《老子》,可能这方面的注释已经佚失。在马融之后,王弼以前,还有一些学者曾对《老子》进行注释,这里透露出儒道合流的影子。

　　郑玄也是东汉末年有独立思考精神的儒家学者。他大约生于安帝永初二年(公元108年),卒于献帝建安六年(公元201年),是马融的学生。他的经学思想与马融相同的方面,是他注释儒家经书,不受汉代经有数家,家有数说,壁垒森严的束缚,而以古文经为主,兼采今文经说,融会贯通,创造了一个兼容并包的经学体系,称为"郑学"。郑学在社会上声望很高,影响遍及伊(水)、洛(水)以东,淮(河)、汉(水)以北,他的学生最多时超过一万人,史书称赞他"最为大师"。他注《礼记·乐记》"好恶无节于内, ……天理灭矣"条说:"理犹性也。"并解释:"道谓仁义也。"这里,把性与"理"、仁义与"道"相联系,在儒学发展史上是个创举。与马融相异的方面,是他致力于经学内部的改造,并保持了经学的历史性和知识性的特点。郑玄对先秦儒家经典中记载的许多古代的礼乐典章制度与秦汉时文献记载的礼乐典章制度加以比较,以便看出制度变化的过程和轨迹,历史层次清楚而没有烦琐的毛病。

　　魏晋时期,相继有人起来批评郑学。除一部分人以正统的今文经学观点反对郑玄败乱"家法",坚持抱残守缺,不思变革以外,多数人则主张越出经学的窠臼,从汉末魏初注《太玄》,治《易》、《老》的学术活动中寻求出路。在这方面,王肃做了成功的尝试。他生于汉献帝兴平二年(公元195年),卒于魏高贵乡公甘露元年(公元256年)。他在经学衰微的时代,引进了道家思想,把儒家的名教与道家的无为相互融合,建立了一种新的思想体系的雏形。

　　王肃主张用道家的无为学说改造儒家的天道观和伦理观。他假托孔子的口说:"如日月东西相从而不已是天道也,不闭而能久(原注:不闭常通而能久,言无极)是天道也;无为而物成是天道也;已成而明之是天道也。"(《孔子家语·大婚解》)这是说,天道如同日月一样按照一定的规律而运行不息,它没有给万物增加什么或减少什么,万物的形成正是体现了这种自然而然的作用。目的在于说明天道就是无为,顺应天道也就是效法自然规律来治国、驭民、固位和保身。因此,他不同意经学中关于天命的说法,当他在回答"国家之存亡祸福,信有天命,非唯人也"的问题时,说:"存亡祸福皆己而已,天灾地妖不能加也"(《孔子家语·五仪解》),并以历史上的帝辛(殷纣王)迷信天命,"不修国政,亢暴无极","殷国以亡",以及大戊(又称太戊,商王)因占得亡国的卜,而"侧身修行","明养民之道",三年之后,国家昌盛的例子,指出:"灾妖不胜善政,寤梦不胜善行,能知此者,至治之极也"(同上),认为只要统治者行善政,有"善行",就可以化祸为福,转危为安,强调人为的努力是天下大治的决定因素,清除了郑玄经学思想中的若干谶纬迷信成分。

　　王肃不完全赞同儒家关于"修身、齐家、治国、平天下"的观点,反对把修身屈从于齐家、治国、平天下的需要。他认为修身的目的不是治国;国家得到治理是修身的自然而然的结果。所以他说:"唯能不忧世之乱,而患身之不治者,可与言道矣。"(《孔丛子·抗志》,下同) 国家的治与不治且不要去管它,修身才是最重要的。他讽刺那些忧国忧民的人,就像"是忧河水之浊,而以泣清之也,其为无益莫大焉"。他还认为,修身的目的也不是追求功名利禄。他说:"与屈己以富贵,不若抗志以贫贱。屈已则制于人,抗志则不愧于道。"这是说,追求功名利禄,势必"屈己"而受制于人,表面上看是有所得,实际上却不能保全自己。他以卫人垂钓得到鳏鱼(大鱼) 为例说,卫人先投以鲂为饵,"鳏过而弗视",再投以"豚之半体"(半个小猪),鳏终于上钩了。他称这是"贪以死禄矣",嘲笑那些皓首穷经、追逐利禄而丧失个性的人。

王肃认为人们只要内心"无愧于道",就是最大的乐趣。他所说的"道",既有道家无为的意思,又包含着儒家所歌颂的道德内容。他把先王的德行归纳为"父慈、子孝、兄良、弟悌、夫义、妇听、长惠、幼顺、君仁、臣忠"(《孔子家语·礼运》)等所谓"十义"。他认为不应该强制人们信奉什么或不信奉什么,而是要启发每个人的道德自觉性,使人人根据自己的等级名分,在"十义"中属于自己的那一部分里面自觉地思考,这样就可以真心实意地实践自己的道德信条,从而社会秩序也就和谐了。由此可见,王肃已经提出了自然与名教的关系问题。

在儒家经学向玄学转变的过程中,王弼是一位关键性人物。他生于魏文帝黄初七年(公元226年),卒于齐王嘉平元年(公元249年),只活了二十四岁。据我国当代学者汤用彤先生的考证,王弼出身于经学世家,父、祖两代都是经学大师,与荆州学派的关系密切。荆州学派是刘表领导的一个学术中心,他曾开立学宫,编定五经章句,以古文经为主,重视《易》与《太玄》。在他那里聚集了一批像宋忠那样的兼注《周易》和《老子》的专家。王肃曾向宋忠学习《太玄》，而王弼则是"祖述(王)肃说"。这说明王弼在注《易》、《太玄》和《老子》的潮流中，糅进了儒、道两个学派合流的内容，从而成为玄学的创始人之一。在王弼前后，夏侯玄宣传"天地万物，以无为本"(《晋书·王弼传》)，何晏著《道论》(已佚。佚文散见于《列子》张湛注)，向秀著《儒道论》(已佚。见《世说新语·言语》注引)，江惇"博览坟典，儒道兼综"(《世说新语·赏誉》注引)，阮修主张老庄与圣教"将无同"(《世说新语·文学》)，形成了一股以儒、道合流而代替经学的新思潮。由此可以看到，中国秦汉以后的儒学和早期儒学已有所不同，增加了符合时代要求的内容。由于历史的变动，儒学在每一个历史时期所表现的形态也在不断发生变化。这具体表现在：儒学需要不断地从其他思想学派中吸取营养，如魏晋时期的儒、道合流是一个明显的例证，后来从唐代开始，历经宋、元、明几个朝代，儒学又从佛教中吸取了不少思想资料和思辨方法。

　　魏晋时期人们的一些观念和习俗也发生了变化。魏国的王昶要求其子弟"遵儒者之教，履道家之言"(《三国志·王昶传》)。在葬礼方面，汉代盛行厚葬，以尽孝道。据王符《潜夫论·浮侈篇》记载："今京师贵戚，郡县豪家，生不极养，死乃崇丧。"崔寔《政论》也说："送终之家，亦无法度，至用襦梓黄肠，多藏宝货，烹牛作倡，高坟大寝。"这种风气到汉魏之际发生了很大的变化。马融临终时曾遗令薄葬，以贯彻他的生贵于天下而死事难明的思想。马融的学生卢植临终时也要求薄葬于土穴，不用棺椁，身穿单帛而已。汉末，主张薄葬的理论认为，人死是一种自然现象，其形体类同粪土，没有必要在葬礼上区分薄厚。王充《论衡》中的《死伪》、《论死》、《订鬼》、《薄葬》、《对作》等篇都是主张薄葬理论的。他说："今著《论死》及《死伪》之篇，明死无知,不能为鬼,冀观览者得以晓解约葬,更为节俭。"(《论衡·对作》)王充的这些说法,都运用道家的自然之意来改造儒家的葬礼以及天命鬼神思想,但不主张废除丧葬的礼仪形式。到了魏正始年间,儒家的丧礼更被看成名教所说的一种桎梏。

魏晋时期的学校教育也很不景气,贵族子弟中没有多少人愿意去太学苦读儒家经书。曹丕和曹叡都曾明确提出设太学,习经书,读章句,以"尊儒贵学",但"兵乱以来,经学废绝,后生进趣,不由典谟"(《三国志·明帝纪》),而收效甚微。西晋时期,也曾设国子学、太学,置博士、助教,以授生徒,"而世尚庄老,莫肯用心儒训"(《宋书·礼志》)。东晋孝武帝太元十年(公元385年),国子学生竟"因风放火,焚房(校舍)百余间"(《晋书·五行志》)。可见,玄学已风靡社会,渗透到社会生活的各个方面,儒家经学向玄学的转向已经成为思想文化发展的必然趋势。

魏晋时期的玄学不能归属于儒学,但它本身却具有儒学的成分或因素。玄学家据以发挥议论的理论资料,即《老子》、《庄子》和《周易》所谓的"三玄",其中的《周易》便是儒家的重要典籍之一,而解释这些经典又采用了注经的思想形式。特别是玄学家一般都很推崇孔子,力求把孔子部分地道家化,使孔子与老子相统一。他们声称,孔子是"体无"的圣人,而老子则是"体有"的贤人,这是做人的高低不同的两个层次,其间存在着由此达彼的联系。

玄学在中国思想文化史上的贡献,从一个侧面在一定程度上曲折地反映了这个时期儒学演变的特色。这表现在思想家们对"人"的认识的深化,他们从人与社会、人与自然等方面探讨减轻人们所受的精神压迫问题。汉代经学所宣传的天人感应与纲常名教是维护封建秩序而形成的思想理论。玄学中的贵无之辩、自然与名教之辩都与此有关,但这种辩论不限于经学问题,而是在儒、道合流的新形势下,思想家们对理性与人性的思考,因而具有时代的特色。

三国魏荀粲率先提出:六经只是"圣人之糠秕"(《三国志·荀彧传》注引),因为它们不能表达圣人的言外之意,批评汉儒固守章句训诂的教条,而不知去追求真"蕴"(理),从而揭开了改造儒学的序幕。何晏、王弼以老子学为主,辅以易学,糅合《老子》的"道"和《周易》的"太极",提出"以无为本"的学说,实质就是企图回答真理何在的问题。他们把世界上的一切事物和现象概括为"有"和"无"两大类,按他们的解释,一切有形、有名、有象的东西都有其局限性。如水,或是温的,或是凉的,不能是又温又凉;如音,或是宫或是商,不能同时是这又是那。所以,具体形象和具体音响只能表现为一种性质,它们不能概括所有的形象和音响,不能成为形象之本和音响之本。因此,他们认为在具体事物和现象之后,还有更本质的东西,只有先掌握了它,才能够以简驭繁,不为纷纭的各种现象所迷惑。他们说,这种本质的东西是"不温不凉,不宫不商",是"听之不可得而闻,视之不可得而彰,体之不可得而知,味之不可得而尝",即一种超物质、超感觉的抽象物,因为它无名、无形、无象,所以称为"无"。它不代表任何具体,但是任何具体都能包容;它不具有人格和意志,它是一切形迹赖以存在的基础;它要通过具体形迹才能够表现出来。他们并用方、圆的东西与方、圆的原理关系作为比喻,说只有掌握了方、圆的原理,才可以认识天下无限个方、圆的东西;如果不从方、圆的东西,提到方、圆的原理,见一件认识一件,穷年累月也无法认识天下的方、圆的东西。他们由此向上推,认为天下必有一个总的原理,这个总原理就是天地万物的本质——"无",而认识"无"的途径,既需要语言("言")、概念("象")作工具,又需要注意语言、概念同认识对象的区别和自身存在的局限性。由此可见,何晏、王弼"以无为本"的学说,已经从现象的领域进入本质的领域,尽管他们认为本质可以脱离现象而存在,但毕竟向人们证明,追求真理是一项理性的思维运动,不是只靠背诵儒家经书,熟记圣人之言,或在冥冥中祈求天命所能得到的。对此,清代的朱彝尊曾经评论说:"汉儒言《易》,或流入阴阳灾异之说,弼始畅其义理"(《王弼论》),肯定了何晏、王弼在汉代经学统治了三百多年以后,用理性反对迷信所起的思想解放作用。

何晏、王弼把上述观点运用到政治、伦理领域,提出名教本于自然的命题,试图在自然(政治上的无为而治、人性上的无所拘束)的名义下,松弛名教的禁锢。在现实的政治生活中,他们首先关注的是如何发展和保存自己而不是忠君。清初大学者顾炎武在评论"正始之音"时,说何晏、王弼等人"视其主之颠危,若路人然"(《日知录》卷13"正始"条)。这些玄学家的确不关心"其主之颠危"。司马氏不忠于曹魏王朝,这是人所公认的。其实曹爽、何晏这一批曹魏系统的贵族也是不忠于曹魏王朝的,他们只是利用这一种家族关系,利用曹魏政权的机构以满足自己的利益,因而在这一时期,忠是叫不响的口号。面对篡位弑君、大臣倾轧的严酷现实,他们感到"时将大变,世将大革",常常提醒名士们说,只有存不忘亡、居安思危才能保全自己,否则,将遭受灭顶之灾。为此,他们要求名士们"动静有适",只要能保存自己,即使"动天下,灭君主"亦可置之不理。在个人的道德实践方面,他们追求的是满足生活和生理上的欲望,而不是用道德来净化心灵。他们认为,人人都有喜怒哀乐的情感,这种自然而然的情感,都要表现为各种欲望和行为,圣人与一般人不同的是,他们能"应物而不累于物","有欲"而不"逐欲迁"。这种说法,十分巧妙地为名士们的贪财、好色、放任不羁以至作威作福找到了人情自然的根据,同时又在他们的身上披了圣人的外衣。所以何晏、王弼的学说在当时产生了很大反响。

西晋中叶玄学家向秀、郭象企图从理论上调和名教与自然的对立，寻求在封建君主专制制度下名士们获得个人自由的途径。他们认为，名教与自然没有矛盾，它们各有自己存在的根据，对于世界都是不可缺少的，这样，个人自由也就可以在君主专制的夹缝中寄生。所以他们说："人之生也，形虽七尺，而五常必具，故虽区区之身，乃举天地以奉之。故天地万物，凡所有者，不可一日而相无也。"（《庄子·大宗师》注）这是说，人不能没有自然之躯，也不能不知名教的"五常"。引申开来就是说，人们不能不要君主制度，也不能没有个人自由，这两者都是"天理自然"的表现。按他们的设想，如果社会安定，尊卑、贵贱、君臣上下，各守其位，有识之士可以出来做官，施展自己的才能与抱负，把礼法刑政看成一种"自为"、"自行"的力量，而与之融为一体；如果个人受到压抑，就退居山林，等待时机，不要去做那些"以外伤内"、"以物害己"的事情，以免招来丧身失性的后果。他们把这种以个人为中心的进退观，概括为"内圣外王之道"（郭象：《庄子序》），这正是对孟子所说的"穷则独善其身，达则兼济天下"思想的新解释，以及对自然与名教关系的补充说明。

第二节　儒学在南北朝发展的两种趋势

南北朝时期，宗教学术思想比较活跃，从而引起了各个学派，特别是儒家学者的注意，这就揭开了儒学和道教、佛教相互排斥、相互融合的序幕。

在这个时期儒学与道教接近，以求加强各自的思想地位，并对抗佛教的势力渗透。有一批儒家学者转向道教,其中以东晋的葛洪为代表。葛洪转向道教,主要不取决于他个人的好恶,这是当时的社会和思想发展趋势的一种反映。他出身在吴国的士族家庭,祖、父世代为官。十三岁时丧父,以后生活艰难,加之司马氏政权歧视江南的士族,规定贡士一律不能参加经术考试,使年轻的葛洪备感吴国灭亡的悲哀。虽然在西晋惠帝至东晋元帝年间,他曾因战功封侯食邑,但动乱的社会现实,使他心灰意懒,自然界的现象又不能激发起他的研究兴趣。在他看来,世界上没有什么可以留恋,于是专心寻求长生之道,做一名神仙道教的传播者。

葛洪不仅是一位宗教宣传家,也是儒学的改革者,他企图在道教的思想形式下,力挽"儒教沦丧,文武之轨,将遂凋坠"(《抱朴子·勖学》)的狂澜。"兴儒教"(《抱朴子·嘉遁》)是他转向道教的另一个重要原因。他说的"兴儒教",并不是要求回到汉代去读经、注经,恢复章句训诂之学,而是要复兴以君臣关系为中心的儒家名教,以便依靠一个强有力的君主来结束混乱的政局。为此,他不赞成玄学思潮,更不同意当时的无君论思想,为此专门写了《诘鲍篇》,同主张无君论的鲍敬言进行了一场辩论。

葛洪认为,君主的出现是社会进步的标志。他依据荀子等人的历史观点,并利用鲍敬言反对剥削制度,同时也反对社会进化的理论弱点,反复论证人类的精神生活、文化生活不能倒退,有君也不能恢复到无君的时代。他说,在原始时代,人们居无房屋,死无墓穴,渡河没有舟船,行路没有车马。食物不辨有毒无毒,疾病缺乏医药治疗。"后世圣人"出来,发明了交通工具、医药等,才使得人们有了文明生活的条件。难道人们还愿意回到古代原始生活状态去吗?在葛洪看来,无君只是同人类的原始生活状态相联系的落后状态,而有君则是同社会文明相联系的进步局面,既然如此,就不应当主张无君。

葛洪认为,有君是由天意规定的、人力无法逆转的现象。他依据《周易·系辞》中的儒家经义推衍说:"乾坤定位,上下以形。远取诸物,则天尊地卑,以著人伦之体,近取诸身,则元首股肱,以表君臣之序,降杀之轨,有自来矣。"(《抱朴子·诘鲍》)这是说,有天地就有上下之分,有人伦就有尊卑之别,有元首(头)股肱(胳膊和腿)就有君臣之序,这种"降杀(指上下的等级)之轨(指法规、制度)"是有它存在的根据的。因此,他宣称:"君,天也,父也。君而可废,则父亦可改,天亦可易也。"(同上)

葛洪还认为,有君可以调节人与人之间的关系。他发挥荀子等人的"性恶论",把争夺说成是人的本性,认为人的争夺欲望"萌于受气之初",在母胎中就已具备了。他渲染古代部落之间的争夺战争是"交尸布野,流血绛路",人类都要灭绝了。后来有君主在上面治理,整个世界才和谐起来。君主的地位是由于百姓的拥护,不是依靠暴力等手段获得的。这里,葛洪从国家的某些职能上论证了君主专制的必要性,从而在他的社会进化论、君权天授论以外,又为封建名教的存在制造了人际关系方面的理由。

在葛洪从儒学转入道教的前后,也有一批道教学者致力于研讨儒家五经,以便把名教引入道教的体系。其中以寇谦之、陆修静、陶弘景为代表,他们三人对待儒学的态度各有特色。北魏的寇谦之主要是吸取儒家名教以充实他所改建的新道教(北天师道),力求做到"儒道兼修"。他曾向北魏的崔浩请教有关儒学的知识,"因谓浩曰:'吾当兼修儒教,辅助太平真君,而学不稽古。为吾撰列王者政典,并论其大要。'浩乃著书二十余篇,上推太初,下尽秦汉变弊之迹,大旨先以复五等为本"(《北史·崔浩传》)。所谓"复五等"就是复五常。

崔浩的讲解，为寇谦之引儒入道提供了资料。寇谦之在《女青鬼律》中把当时社会动乱，以及水旱等自然灾害的原因，都归罪于起义的农民破坏了封建的纲常秩序，致使"尊卑不别，上下乖离，善恶不分"，"亡仁违义，法令不行"。为此，他把严禁"散乱五常"作为道教的基本规戒，在《正一法文天师教戒科经》中记有奉道不可行的事共二十五条，其中就有十六条是为维护封建伦理关系而设的，并强调说："臣忠子孝，夫信妇贞，兄敬弟顺，内无二心，便可为善，得种民矣。"他在《老君音诵戒经》中把"教生民佐国扶命"作为传道中的一项基本职责。

　　南朝的陆修静则以儒家的礼法为主，制定道教的斋戒科仪，来整饬濒于涣散的南方五斗米道组织（南天师道）。他编著《陆先生道门科略》等有关斋戒仪范方面的作品共一百多卷，对道教的组织、编户、修道的场所，以及衣着服饰等作了详细的规定，要求"奉道者皆编户著籍，各有所属"，经常接受"科禁威仪"的教育，"知法"守法，确保"家国太平"；婚丧嫁娶生育均应申报增减户口，并且规定"道家法服，犹世朝服。公侯士庶，各有品秩。五等之制，以别贵贱。故《孝经》云：'非先王之法服不敢服。'"这是说，奉道者的衣食住行都必须严守等级名分，不得僭越，否则将受到惩罚。据说这样就可以"使民内修慈孝，外行敬让。佐时理化，助国扶命"。

　　比陆修静稍晚的南朝陶弘景则以儒、释、道三教合流的思想，对早期道教学者的思想作了总结。他认为："万物森罗，不离两仪所有；百法纷凑，无越三教之境。"（《茅山长沙馆碑》）又在授弟子《十赉文》中说："崇敬唯善，法无偏执。"他不仅援佛入道，而且更加重视援儒入道。为此，他精心研究汉代经学，著有《孝经论语集注并自立意》、《三礼序并自注》、《注尚书毛诗序》等，以发挥章句之学，与当时流行的崇尚义理的学风相对抗。其著作《真诰》、《真灵位业图》等道教典籍，有的在体例上模仿纬书,有的则明确地宣传儒家的纲常名教。他在《真灵位业图》中把道教的所有真灵,包括天神、地祇、人鬼及诸仙真,分成若干等级,并指出:"虽同号真人,真品乃有数;具目仙人,仙亦有等级千亿。"在《登真隐诀》中,他把道教的道君、真人、真公、真卿比喻为封建的帝王、诸侯,下设"御史、玉郎诸小号,官位甚多",在众多的官位中又分为"太上"、"太清"、"太极"等几大类别。在"太极"类中,就有"太极仙侯、真伯、仙监、仙郎、仙宾"。陶弘景把神仙世界严分等级,实际上是为人世间的尊卑贵贱寻找宗教根据,既然连神仙都受到等级制的制约,人间的等级制就更是合理的了。

由此看来,南北朝时期儒家与道家的结合,旨在通过宗教的力量来恢复受到冲击的封建名教秩序,这是儒学经过玄学反思以后的一次再反思。

南北朝时期,儒学与佛教的关系却比较紧张。虽然南北朝的大多数统治者都提倡佛教,也有少数儒学家附和赞同,但就儒学界的基本倾向而言,他们对佛教采取排斥的态度。如果说儒学与道教联盟的纽带是名教,那么,儒学排斥佛教的出发点也是名教,从东晋的庾冰到南朝梁的范缜都是如此。不过,在东晋时,儒学家批评佛教基本上没有超出名教自身的范围。他们的主要论据有两条,一条认为名教是治国的纲领,损害名教,必将败乱国家。如果像佛教那样"易礼典,弃名教",尊卑不分,那么人们就会无视国家礼法,天下就会大乱。另一条是引用儒家典籍中所记载的传统,来证明佛教理论的不验。如戴逵指出:"尧舜大圣,朱均是育;瞽叟下愚,诞生有舜。颜回大贤,早夭绝嗣;商臣极恶,令胤克昌。……凡此比类,不可称数。验之圣贤既如彼,求之常人又如此。故知贤愚善恶,修短穷达,各有分命,非积行所致也。"(《释疑论》)这是说,尧、舜是古代圣王,但他们却生了不肖的儿子丹朱和商均;舜的父亲瞽叟十分愚顽,他却生了舜这个非常孝顺的儿子。颜回是著名的贤人,却短命早死,没有留下后代;楚国太子商臣弑君自立,子孙却显达兴旺。这一系列不胜枚举的事例,都说明好人不得好报,恶人反而得到富贵,说明决定人的寿命长短、境遇好坏的,不是佛教的"因果报应",而是命运。

宋、齐、梁、陈时的何承天、刘峻、范缜等人除了继续在名教的范围内批评佛教的发展使国家缺乏兵源,政府缺少官吏,打下的粮食被游手好闲的僧侣耗尽,积累的财富也都用于建寺庙塑佛像,把整个民族引向绝嗣弃亲的道路以外,更从思想的深层结构上揭露佛教实质上是一种新的精神束缚,从而把儒学对佛教的批评,从以名教反对宗教推向用理性反对迷信的高度,并对魏晋以来自然与名教的争论作了总结。

何承天、刘峻和范缜等儒者在批评佛教的活动中,一致认为不能夸大精神的作用,不能把精神理解为不受物质实体的制约而无所不能。为此,他们研究了精神现象的本质,并提出以下观点:

第一,精神活动要以形体为基础。何承天在同居士宗炳辩论时沿用前人的薪火之喻,重申火不能离开薪而独传下去,精神也不能离开形体而单独存在,这就叫作"形神相资"。范缜则进一步提出"形质神用"的命题,作为对"形神相资"、"形神相即"的深化和发挥。他说:"形者,神之质;神者,形之用。是则形称其质,神言其用。形之与神,不得相异。"(《神灭论》)这里所说的"质",是指物质实体;"用",是指物质实体与其作用的统一。他并用"利刃之喻"解释说,精神和产生它的物质实体的关系,如同锋利和刀刃的关系一样;形体和它所产生的作用的关系,如同刀刃和锋利的关系一样。锋利不等于刀刃,刀刃也不等于锋利。但是离开了锋利就无所谓刀刃,离开了刀刃就无所谓锋利。从来没有刀刃不存在而锋利犹存的事,哪里能说形体死亡而精神会不灭呢?

第二,精神现象是人类所独具的特性。范缜认为,不是任何质体都能产生精神活动,精神活动是人的生理器官的功能。范缜把人的精神活动分为两部分,一是能感受痛痒的"知",即知觉,一是能判断是非的"虑",即思维。他说:"手等有痛痒之知,而无是非之虑","是非之虑,心器所主。"这是说,知觉是手等感觉器官的功能,而思维则是心器(范缜对思维器官的理解)的功能,两者是有区别的,"浅则为知,深则为虑",知觉比较浮浅,思维比较深刻,所以他说"五脏各有所司",不能把它们的功能加以混淆。但是两者也有联系,"知即是虑",知觉也是一种精神现象。作为精神现象而言,无论是"痛痒之知"还是"是非之虑",都离不开人的生理器官。如果认为思虑不需要通过心器,那正好证明是你的心器出了毛病。心器受到损伤,思虑就要发生错乱。他认为,不能设想一个失去正常思维功能的人能够获得精神自由。

第三,人的感应(反映)能力要以被反映者为对象。何承天曾用匠人冶炼做比喻,他说:"犹观大冶销金,冀其能自陶铸,终不能亦可知也。"(《答宗居士书》)这就好比观看匠人熔炼金属,而希望他不用原料,不用原料是熔炼不出金属的。同样,没有被反映的对象也不会有人的反映活动。否则,只能产生诸如"崩城、陨雪"(古代迷信传说。杞梁的妻子对城恸哭,城为之崩。邹衍被燕国拘困,当夏五月,仰天长叹,天为下雪),遨游在"七宝之乡"(喻指佛教"天堂")之类的臆想,在错误的认识道路上越走越远而不能醒悟。

第四,人在一定的范围内可以有所作为。刘峻在批评"因果报应"时认为,人的生死、贵贱、贫富、治乱、祸福都决定于命运,而不以人的意志为转移。他认为任何改变这种命运安排的企图或把它们同"因果报应"相联系,都是认识上的片面性。他坚持用自然命定论反对佛教的因果报应说。但他又指出,一个人是愚蠢还是聪敏,做好事还是做坏事,则取决于人自己的主观意向,既不是来源于前生的报应,也不受制于命运。所以他要求人们"自强不息","修道德,习仁义,敦孝悌,立忠贞,渐礼乐之腴润,蹈先王之盛则"(《辨命论》),在自然命定论的前提下,发扬儒学的道德伦理精神,力求解决社会的现实问题。

何承天、刘峻和范缜三位儒者吸取了早期儒学的理性因素,又吸取了当时的自然科学成果,很有理论深度地批评了佛教的"神不灭论",而且也简洁地回答了如何看待玄学家们所长期讨论的精神自由问题,尽管他们还不能摆脱自然命定论和儒家有神论的影响,但终究为儒学的发展注进了若干理性主义的成分,并为后代的儒学家对待宗教的态度提供了借鉴。在南北朝时期儒学如何深入吸收佛学的若干思想内容,还没有提到议事日程上来。

还应当指出,儒家与道教的联盟,其间不是没有分歧;儒家对佛教的排斥,其间也不是没有融合。由于儒学家和佛教学者的交往,他们曾把当时佛教所用的讲解经义、编写义疏的传教方法移植到儒学中来,把儒学的讲经记录,编成讲疏、义疏,发展了汉代的治经方法。汉代经学家治经,都以经文为主要根据,所作的传或注,为的是解释经文。南北朝时期的儒学家治经,多数以经注为主要根据,或引一家的注予以诠释,或引诸家的注作比较研究。总之,他们的写作目的都是为了明注。于是,以明注为目的的讲疏、义疏一类的作品,构成了这一时期经学著作的主流。所以在佛学的影响下,中国儒学史上以传明经、以注明传、以疏明注的治经体系才得以完善,并成为唐代疏注之学的先河。

第八章 魏晋南北朝时期的
儒学与自然科学

第一节 自然科学发展的理论化倾向

　　魏晋南北朝的自然科学在汉代的基础上,有了重大的发展。在医药学方面,王叔和的《脉经》、皇甫谧的《针灸甲乙经》、葛洪的《肘后备急方》、陶弘景的《本草经集注》、雷敩的《雷公炮炙论》、徐之才的《雷公药对》等,都在不同程度上丰富和发展了我国医药思想体系。在炼丹术方面,葛洪的《抱朴子内篇》比《周易参同契》有了新的发展,在化学上作出了重要贡献。在数学方面,刘徽的《九章算术注》重新开辟了数学理论化的道路,并创立了举世闻名的割圆术;祖冲之利用割圆术,推算出了当时世界上最精确的圆周率;其子祖暅之关于球体积的计算公式,在世界上也是很先进的。在天文学方面,虞喜发现岁差,张子信开辟了太阳和五星视运动研究的新方向;当时还出现了许多新的历法,如孙吴颁行了刘洪的乾象历,曹魏颁用杨伟造的景初历,后秦颁行姜岌造的三纪甲子元历,北凉颁行赵𢾺造的元始历,刘宋颁行何承天撰的元嘉历,萧梁颁行祖冲之的大明历。宇宙理论也有新的发展,出现了穹天论、听天论、安天论和浑盖合一论,盖天说仍在演变,浑天说占优势,平天说受到责难,宣夜说不断发展。在地理学方面,裴秀提出制图六体的原则,创立了我国古代地图学的基本理论,也是世界上最早的地图学纲要,郦道元的《水经注》,则是我国古代水文地理学知识的第一次大综合。农学方面,贾思勰的《齐民要术》是我国现存最早的一部完整农书,标志着农学思想体系的成熟。在这个时期里,自然科学的发展出现了一种理论化的倾向。其主要表现有五:

一是魏晋时代的数学家刘徽注《九章算术》,重新开辟了数学理论化的道路。早在先秦,《墨经》就开创了数学理论化的道路。但到秦汉时期,这条道路被截断。《九章算术》虽然标志着我国古代数学体系的形成,但其缺点是理论性不强。其中的数学概念都是“约定俗成”的,因而缺乏明确的定义,不讲究逻辑证明,同时对于各种计算方法也没有从理论上加以探讨。这种状况不改变,势必会妨碍数学的进一步发展。

刘徽敏锐地看到了这一点,他在注《九章算术》时,首先给其中的许多数学概念如幂、列衰、开平方、开立方、立圆、壤、坚、墟、阳马和率下了定义。除个别定义外,大都是比较明确的。如说:“短面曰句,长面曰股,相与结角曰弦。”(《九章算术·句股》注) 这是给直角三角形的三条边所下的定义,短直角边为句,长直角边为股,斜边为弦。三条边被区分得清清楚楚,一点也不含糊。刘徽认为,在《九章算术》中,“率”是一个最基本的概念,必须详加定义。他指出:“凡数相与者谓之率。率者,自相与通。有分则可散,分重叠则约也。等除法实,相与率也。”(《九章算术·方田》注)“相与”是指数与数的相关,这里是指相比的关系。数与数的相比关系称为率,如圆周长与直径有相比关系,故称为周率与径率。所谓"率者,自相与通",是说一组率的诸数之间是彼此相通的。如周率三与径率一就是彼此相通的,当周为三时其对应的径为一。"有分"是指带分数,以分母乘整数部分的积将整数部分散化了。当分子、分母含有公因数时,可看作公因数的重叠。遇到这种重叠的分数时,应以公因数约分。当率中有分数时,则可同乘以一数而去掉分母。当各率有公因数时,则可约去。公因数就是等数,约分实际上就是用等数去除分母、分子,即所谓"等除法实"。这样便得到一组用互质的正整数表示的率,称为"相与率",它是一组率的最简的标准的表示。由此可见,"率"是一个相当广泛的数学概念。刘徽明确地规定了这个概念的外延和内涵,既给它下了定义,又指出了它的性质,为数学的理论化奠定了基础。

其次,他抓住"率"这个基本概念,从理论上探讨了各种算法。例如,齐同术就是以"率"的概念为理论基础的。什么是齐同术?齐同术是一种通分的方法。刘徽说:"齐同以通之,此其算之纲纪乎。"(《九章算术·方田》注)为什么呢?因为没有通分的方法,分母不同的分数便无法相通,那分数运算只能像古埃及人一样,沿着单分数表示法的道路走向绝境。齐同术更一般的意义是,为使数量相通,率之全体在"不失本率"条件下的变形规则。分数被定义为法与实之比,因而分数的通分乃是比率齐同的特例。刘徽说:"凡率错互不通者,皆积齐同用之。"(《九章算术·均输》注)可见,齐同术是用来将错互不通之率演变为相通之率的。《九章算术》的粟米、均输、盈不足、句股等许多问题,都可用这一方法来解决,只要找出各种数量之间的"相与"关系便可。这也说明,率的概念是《九章算术》中各种算法的理论基础。刘徽抓住它,大大促进了古代数学的理论化。

日本数学史家三上义夫说:"在中国古代的数学思想中,最大的缺点是缺少严格求证的思想。"(转引自李约瑟：《中国科学技术史》第3卷,科学出版社1978年版,第337—338页) 这个说法太笼统了,缺乏具体分析。如果是指《九章算术》而言,那是可以理解的。但刘徽注《九章算术》时,已经克服了这个缺点。他对其中的许多定理和公式,都进行了严密而精巧的推理证明。南北朝时期,祖暅之在刘徽工作的基础上提出："缘幂势既同,则积不容异。"(《九章算术·少广》唐李淳风注) 其意为介于两平行面之间的两立方体,若任一等高处的截面面积对应相等,则两立方体的体积必然相等。这就是后来西方所谓的卡瓦列里公理。1954年,杜石然同志建议把它改为祖暅之定理。祖暅之利用这个定理,求得了球的体积为 $\frac{\pi}{4} \times \frac{2}{3} D^3 = \frac{\pi}{6} D^3$。这说明,刘徽重新开辟的数学理论化道路,有力推动了数学的发展。

二是医药学理论化倾向有所加强。西晋名医王叔和的《脉经》是我国最早的一部系统的脉学专著,奠定了中医脉学诊断的理论基础。从先秦以来,我国就积累了不少关于脉诊的资料。《黄帝内经》记载的脉象有十多种,《伤寒论》中也有近二十种。但都比较零散,没有形成系统的理论。王叔和搜集了扁鹊、仓公、张仲景、华佗等医家有关脉学的论述,根据自己的临床经验加以整理,将脉象厘定为二十四种：浮、芤、洪、滑、数、促、弦、紧、沉、伏、革、实、微、涩、细、软、弱、虚、散、缓、迟、结、代、动。他对这些脉象作了简明扼要的理论概括,通过具体分析找出了各种脉象的特殊性。《黄帝内经》说："察色接脉,先别阴阳。"阴阳脉象的分辨虽然可以掌握疾病的表里、寒热、虚实之变化,但有时病情复杂,不能简单地用"阴证"、"阳证"来概括。如阳中有阴、阴中有阳、由表出里、由里出表、寒热错综、虚实并见等,变化非常复杂。这些情况反映在脉象上,也不能简单地只用"阴脉"、

"阳脉"来区别,而必须根据疾病在两手寸、关、尺三部脉上所反映的全部情况和疾病的深浅程度,相互参照,才能作出正确的判断。王叔和在这方面作了理论探索,归纳出许多脏腑病脉辨识的法则。

晋代著名针灸学家皇甫谧,根据《黄帝内经》的《素问》、《针经》(即《灵枢》)和《明堂孔穴针灸治要》三部著作,参照其他书籍,并结合自己的治病心得,"使事类相从,删其浮辞,除其重复,论其精要"(《针灸甲乙经·自序》),总结整理为《黄帝三部针灸甲乙经》(简称《针灸甲乙经》)。这部书包括脏腑、经络、腧穴、病机、诊断、治疗等内容,纠正了晋以前经穴纷乱的现象,厘定了当时的经穴六百五十四个,包括单穴四十八个,对所有的穴位都按照头、面、四肢、胸、背等解剖部位作了系统介绍,并具体地指出了针刺的深度、留针时间和艾灸时间,还结合中医辨证论治的精神说明了针灸的适应症和禁忌症等。它是我国现存最早的针灸学专著,为针灸疗法的理论化作出了重要贡献。

针灸是我国创造的一种独特的医疗方法,它所以能够卓有成效地治疗各种疾病,除了由于针法的器械性刺激和灸法的温热性刺激本身的性质和强度等因素可以调整人体机能、增强防病能力外,还同针灸的刺激部位和针灸所引起的机体传导作用有关。这就是我国中医特有的经络学说,它是针灸学的理论基础。皇甫谧认为,人体经络是循环往复的。他说:"阴之与阳,异名同类,上下相会,经络之相贯也,如环之无端。"(《针灸甲乙经·病形脉诊》)他论述了十二经络的起止路线,以表示各有通路,但又不是孤立的。在针灸治疗方面,他指出:"四时元气,各有所在,灸刺之道,气穴为宝";"病有浮沉,刺有深浅,……过之则内伤,不及则生外壅";"刺毫毛腠理无伤皮,刺皮无伤肉,刺肉无伤脉,刺脉无伤筋,刺筋无伤骨,刺骨无伤髓。"(《针灸甲乙经·针灸禁忌》)这些经验之谈,都是对针灸实践的理论概括。

南朝著名医药学家陶弘景的《本草经集注》,是继《神农本草经》之后对我国药物学知识的又一次综合。自《神农本草经》问世后,陆续有《蔡邕本草》、《吴普本草》、《李当之药录》等出现。这些著作在《神农本草经》基础上增加了魏晋以来所发现的新药,但其体例不够系统,内容比较简单,亦有许多错误。正如陶弘景所说:"魏晋以来,吴普、李当之等更复损益,或五百九十五,或四百四十一,草石不分,虫兽不辨。且所主治互有得失,医家不能备见。"(《本草经集注·序》)因此,他下决心勘订整理本草著作。一方面,他对《神农本草经》中原有的药物进行整理和校订、鉴别和补充,另一方面,他汇集整理魏晋以来所发现的三百六十五种药物,写成《名医别录》,作为《本草经集注》的一部分。《本草经集注》共收药物七百三十种,比《神农本草经》增加了一倍。

陶弘景在药学理论上有所创新,他改变了《神农本草经》以上、中、下三品进行分类的方法,创立了新的药物分类法。三品分类法既不能准确区别药物的性能,又难于掌握和寻检,有时还容易造成治疗上的差错。他对此加以改进,以药物的自然来源和属性来分类,把七百三十种药物分为玉石、草木、虫鱼、禽兽、果菜、米食、有名未用七类。这种独创性的分类方法具有一定的科学性,后来成为我国古代药物分类的标准方法,一直沿用了一千多年。唐朝的药典《新修本草》和明朝李时珍的《本草纲目》之分类法,都是在这个基础上发展起来的。与此同时,陶弘景还首创按治疗性能的药物分类法。这种分类法总括"诸病通用药",以病症为纲,按照药物的治疗功效,把它们分别归入不同的病症项下,共有八十多类,便于临症用药和处方参考。另外,陶弘景在药物的性味、效用以及形态、采集、鉴别、加工炮灸和配制方法上也有不少新的论述。

三是宇宙理论有了新的发展。如果说汉代是我国古代宇宙理论的形成时期,那么,魏晋南北朝则是宇宙理论的发展时期。这个时期对于宇宙理论的探讨十分活跃,不同的学派和观点围绕着汉以来的盖天说、浑天说、平天说和宣夜说等展开了激烈的争论。总的来看,浑天说是占优势的。自张衡以来,主张浑天说的学者比较多,如蔡邕、陆绩、王蕃、何承天等。其中对浑天说发展最大的是何承天,他说:"详寻前说,因观浑仪,研求其意,有悟天形正圆,而水居其半,地中高外卑,水周其下。"(《隋书·天文志》)所谓"地中高外卑,水周其下",正是球形大地浮于水面的生动写照。如果说张衡所说的"地如鸡中黄"还是一个比喻,那么,何承天所谓"地中高外卑"就成为有明确规定性的大地球形概念,这是浑天说的主要理论表现之点。

浑天说虽然占优势,但盖天说并没有销声匿迹,一直是绵绵若存。其原因之一是浑天说本身存在缺陷,它不能完全取代盖天说。三国时吴人姚信指出:"若使天裹地如卵,地何所依立而自安固?若有四维柱石,则天之运转将以相害,使无四柱,因水势以浮,则非立性也。"(《太平御览》卷2《昕天论》)意思是浑天说的"天地各乘气而立,载水而浮",是站不住脚的。同时,他提出了一种昕天论:"人为灵虫,形最似天。今人颐前侈临胸,而项不能覆背。近取诸身,故知天之体南低入地,北则偏高。"意思是人有灵性,形最象天。人的身体前后不对称,前面下额可低到胸上,后脑勺却碰不到背上去。天似乎也应如此,南北不对称,南低北高。这实际上是"天如欹车盖"的盖天说之变形,说明盖天说不能原封不动地保持老样子了。

东晋虞耸的穹天论,则是天圆地方说的变种。他说:"天形穹隆如鸡子,幕其际,周接四海之表,浮于元气之上。譬如覆奁以抑水,而不没者,气充其中故也。"(《晋书·天文志》)意思是天很高,呈拱形,像一个鸡蛋壳,其边缘连着四海的表面,浮在元气之上。它像一个翻过来的镜匣扣在水面上,之所以不会下沉,是因为中间充满了空气。这基本上沿袭了盖天说的观点,但他可能做过实验而对气体的性质有所认识。

南北朝时,有人还想用盖天说来代替浑天说。"梁武帝于长春殿讲义,别拟天体,全同《周髀》之文,盖立新意,以排浑天之论而已。"(《隋书·天文志》)但盖天说代替不了浑天说,于是出现了浑盖合一论。如三国初赵爽说:"浑天、盖天兼而并之。"(《周髀算经序》)北齐信都芳认为,浑、盖"覆仰虽殊,大归是一"(《北史·信都芳传》)。梁朝的崔灵恩也主张,"以浑、盖为一焉"(《梁书·崔灵恩传》)。

在浑盖合流的同时,王充的平天说遭到主张浑天说的葛洪的责难。王充认为,天和地是两个无限大的平面,天像磨盘一样在地上团团转,太阳沿着东南西北四方循环不停。葛洪指出:"今视诸星出于东者,初但去地小许耳。渐而西行,先经人上,后遂西转而下焉,不旁旋也。其先在西之星,亦稍下而没,无北转者。日之出入亦然。若谓天磨右转者,日之出入亦然,众星日月宜随天而回,初在于东,次经于南,次到于西,次及于北,而复还于东,不应横过去也。今日出于东,冉冉转上,及其入西,亦复渐渐稍下,都不绕边北去。了了如此,王生必固谓为不然者,疏矣。"(《晋书·天文志》,下同)王充还认为,日月星辰出没地平线上下,是人眼的错觉,因为它们只是在天上兜圈子,转到北方,远了就看不见,所以觉得是落下去了。葛洪反驳道:"日光既盛,其体又大于星多矣。今见极北之小星,而不见日之在北者,明其不北行也。若日以转远之故,不复可见,其比入之间,应当稍小,而日方入之时乃更大,此非转远之征也。王生以火炬喻日,吾亦将借子之矛以刺子之盾焉。把火之人去人转远,其光转微,而日月自出至入,不渐小也。王生以火喻之,谬矣。"这个批驳是很有力的。王充不是认为太阳晚上转到北方,太远了看不见吗?那为什么又看得见北极附近的小星星呢?可见,太阳并不是转到北方去了。他又指出:"日之入西方,视之稍稍去,初尚有半,如横破镜之状,须臾沦没矣。若如王生之言,日转北去有半者,其北都没之顷,宜先如竖破镜之状,不应如横破镜也。如此言之,日入北方,不亦孤子乎?"他认为,按照王充的理论,太阳转北时只能呈竖破镜状态,但事实上人们看到的却是横破镜状态。这说明,王充的观点是难以立足的。经葛洪责难后,平天说就没有多大的影响了。

自郗萌以来,宣夜说有了更大的发展。早在东汉中期,黄宪就主张宣夜说。他说:"天地果有涯乎?曰:日、月之出入者,其涯也。日、月之外,则吾不知焉。曰:日、月附于天乎?曰:天,外也,日、月,内也。内则以日、月为涯,故躔度不易,而四时成。外则以太虚为涯。其涯也,不睹日月之光,不测躔度之流,不察四时之成,是无日月也,无躔度也,无四时也。同归于虚,虚则无涯。"(《天文》)这里提出了一个新概念——"太虚",而"太虚"就是伸展到日月星辰一切天体之外无穷无尽的宇宙空间。如果把这种宇宙无限论同郗萌的宣夜说比较一下,那就会发现:郗萌所谓天"高远无极"过于粗略,而没有任何科学上的论证。黄宪的宇宙无限论就不是泛泛之谈,而有了初步的论证,并且言之成理。三国时期,杨泉对宣夜说有了新的发展。他说:"夫天,元气也,皓然而已,无他物焉。"(《物理论》)这里的"元气"不单纯是哲学概念,而且是物理的概念了。他又把天和地加以对照,进一步论证说:"夫地有形而天无体。譬如灰焉,烟在上,灰在下也。"(同上)地有形而天无体,可以说是十分精确的科学概念。以烟和灰作譬喻,虽失之简略,但却是气体和固体两种不同的物质形态的形象化说法。尘埃云经过凝集而生成天体和地球的星云假设,不也是通过物质形态的转化以说明宇宙的发展么?

在宣夜说的发展过程中,曾产生过一个十分有趣的问题:既然日月众星都飘浮在空气中,那它们会不会掉下来呢? 《列子·天瑞篇》有个杞人忧天的故事:"杞国有人忧天地崩坠,身亡所寄,废寝食者。又有忧彼之所忧者,因往晓之曰:'天,积气耳,亡处亡气。若屈伸呼吸,终日在天中行止,奈何忧崩坠乎?'其人曰:'天果积气,日月星宿不当坠耶?'晓之者曰:'日月星宿,亦积气中之有光耀者。只使坠,亦不能有所中伤。'其人曰:'奈地坏何?'晓者曰:'地,积块耳,充塞四虚,亡处亡块。若躇步跐蹈,终日在地上行止,奈何忧其坏?'其人舍然大喜,晓之者亦舍然大喜。长庐子闻而笑之曰:'虹蜺也,云雾也,风雨也,四时也,此积气之成乎天者也。山岳也,河海也,金石也,水木也,此积形之成乎地者也。知积气也,知积块也,奚谓不坏? 夫天地,空中之一细物,有中之最巨者。难终难穷,此固然矣;难测难识,此固然矣。忧其坏者,诚为大远;言其不破者,亦为未是。天地不得不破,则会归于坏。遇其坏时,奚为不忧哉?'"这里所表述的观点,不仅比郄萌、黄宪前进了一步,而且比杨泉也有所发展。首先,它不但认为天空充满气体,而且认为日月星辰也是气体,并特别指出这是一种发光的气体。这与现代科学所掌握的知识,的确有惊人的相似之处! 其次,它论证了天地在宇宙中所占的位置:"空中之一细物,有中之最巨者。"也就是说,天地在无限广大的空间里只不过是一个小小的东西,可是在有限的范围里又是最巨大的。这就辩证地阐明了有限和无限的关系。最后,它认为人们担忧天地会坏,那实在忧虑得太远了,若说它们根本不会坏,那也不一定正确。为什么呢? 因为天地都是物质性的东西,它们也都遵从物质世界的客观规律——既有形成之日,就有毁坏之时。

为了回答杞人忧天一类的问题,东晋天文学家虞喜又作"安天论"。他说:"天高穷于无穷,地深测于不测。天确乎在上,有常安之形,地魄焉在下,有居静之体。当相覆冒,方则俱方,员则俱员,无方员不同之义也。其光曜布列,各自运行,犹江海之有潮汐,万品之有行藏也。"(《晋书·天文志》)这里批判了天圆地方的盖天说,但却认为天在上常安而地在下居静,显然是错误地采用了盖天说的基本出发点。所谓"天高穷于无穷",比宣夜说更明确地点出了宇宙的无限性,但认为"地深测于不测"则是不对的,因为地球的体积毕竟是有限的。王充错把大地当作无限大的平面,而虞喜又错把大地当作无限深厚的积块,这都是认识上的片面性所造成的。不过,虞喜还有一个很出色的见解,他认为日月星辰的运行是有规律的,犹如海洋的潮汐和万物秩序之井然。总之,宇宙理论到魏晋南北朝,可以说达到了极盛时期。

四是地理学的理论化,主要表现在两方面。一方面,魏晋著名地图学家裴秀创立了制图六体理论,奠定了我国传统制图学的理论基础。地图是地理学的主要内容之一,最初地理知识的表达很可能不是用文字而是用图。我国地图的出现,由来已久。裴秀对长期以来无数地图工作者辛勤积累起来的经验进行了卓有成效的总结和提高,提出了制图六体的系统理论。他说:"制图之体有六焉。一曰分率,所以辨广轮之度也。二曰准望,所以正彼此之体也。三曰道里,所以定所由之数也。四曰高下,五曰方邪,六曰迂直,此三者各因地而制宜,所以校夷险之异也。有图象而无分率,则无以审远近之差;有分率而无准望,虽得之于一隅,必失之于他方;有准望无道里,则施于山海绝隔之地,不能以相通;有道里而无高下、方邪、迂直之校,则径路之数必与远近之实相违,失准望之正矣。故以此六者参而考之。然远近之实定于分率,彼此之实定于道里,度数之实定于高下、方邪、迂直之算。故虽有峻山巨海之隔,绝域殊方之迥,登降诡曲之因,皆可得举而定者。准望之法既正,则曲直远近无所隐其形也。"(《晋书·裴秀传》) 这就是绘制地图的要求和原则,其原则有六条:第一条"分率",就是要有反映地区长宽大小的比例尺。第二条"准望",就是要确定地物彼此间的方位。第三条"道里",就是要知道两地之间的人行路程。第四条"高下",第五条"方邪",第六条"迂直",是说人行的路程有高低、方斜、迂直的不同,制图时要因地制宜,采取逢高取下,逢方取斜,逢迂取直的方法,确定水平直线距离。这六条虽有主次之分,但彼此之间又是相互联系、相互制约的。绘制地图如果没有明确的比例尺表示,就无法正确表现地物间的实际远近。如果只有比例尺表示而没有方位的确定,那么某地的方位虽然从某一方向看是对的,但从其他方向看就不对了。如果只有方位的确定而没有道路的实际路线和距离的表示,那么在有山水相隔的地方就不知道怎样通行了。如果只有路线和距离的表示,而没有地物的高程、山体的倾斜度以及道路的迂回、转折的表示,并且用这些来校正,那么道路的远近一定和实际距离不符,方向也会搞错。因此,这六条必须综合运用,相互参考,才能确定一个地方的位置、距离和地势情况。这样,高山的险峻、河海的浅深、道路的迂回曲折、两地的实际远近都可以从地图上看出来了。裴秀的制图六体是绘制平面地图的科学理论,它指导中国制图学的发展达一千七百多年之久。

另一方面,北魏著名地理学家郦道元的《水经注》,为我国水文地理的系统化和理论化作出了开创性的贡献。在他之前,我国的水文地理知识已有相当的积累。先秦的《山海经》、《禹贡》,司马迁的《史记·河渠书》和班固的《汉书·沟洫志》、《汉书·地理志》,都有不少的水文地理资料。三国时期,出现了我国第一部描述水系分布的专著——《水经》。其中记述了黄河、长江等一百三十七条河流,改前人按政区为纲记述水系的方法,是古代水系观念趋于成熟的产物,但不够系统,也缺乏理论性。郦道元指出:"昔大禹记著《山海》周而不备,《地理志》其所录简而不周,《尚书》、《本记》与《职方》俱略,都赋所述裁不宣意,《水经》虽粗缀津绪又阙旁通,所谓各言其志而罕能备其宣导者矣。"(《水经注·原序》)也就是说,《山海经》虽记述详细,但不完备;《尚书·禹贡》、《周礼·职方》和《汉书·地理志》等又过于简略,使人不容易看懂;都赋一类作品为体裁限制,更不能畅述达意;《水经》虽然记述了全国主要河流水道,但缺少发展脉络,不够系统;而且各书所记互不相同,十分混乱。从《水经》问世到北魏的二百多年间,又积累了大量的水系分布的知识,面临着一个大综合的趋势。顺应这种趋势,郦道元写《水经注》,完成了我国水文地理的大综合。其中记述大小河流一千二百五十二条,比《水经》增加了上千条。《水经注》名义上是注释《水经》,实际上是以《水经》为蓝本的再创作。从体例上看,它以水道为纲,详细记述全国地理概况,开创了古代综合地理著作的一种新形式。从内容上讲,它不仅记述每条河流的水文情况,而且把每条河流的地质、地貌、土壤、气候、物产等自然现象与民俗、城邑兴衰、历史古迹以及神话传说等综合起来,作了全面、系统的记述,既赋予地理描写以时间的深度,又给予许多历史事件以具体空间的真实感,特别具有理论性。

郦道元在《水经注》中,根据水体、水质等进行分类命名,创立了许多水文地理的类型概念。例如,他按照运动状态把水体分为"瀑布"、"逆河"、"潮汐塘"等。他说:"瀑布也,水出山腹,挂流三四百丈,飞湍林表,望若悬素,注处悉成巨井。"(《水经注·卢江水》)又说:"悬百余丈,水势高急,声震水外,上泄悬二百余丈,望若云垂,此是瀑布。"(《水经注·浙江水》)据此,他将"瀑布"定为"乘岩悬河注壑"(《水经注·清水》),这是科学的理论概括。他还对逆河现象作了科学的解释,说"海水上潮,江水逆流"(《水经注·浙江水》)。意思是河流受到海洋潮水逆入及其顶托河水而产生的倒流现象,就是现在所说的感潮河段。关于"潮汐塘",他也有科学的理论概括。如说:"漓水县南有潮汐塘,水出东山西南。南水从山下注塘,一日再增再减,盈缩以时,未尝愆期,同于潮水,因名此塘为潮汐塘矣。"(《水经注·漓水》)潮汐塘是补给源受海潮或间歇泉影响的池塘,这里记载的是后一种情况。再如,关于"寒泉"、"温泉"的区别,则是按水质状况的不同来划分的。他说:"滍水又历大和川,东径小和川,又东,温泉水注之。水出北山阜,七源奇发,炎热特甚。阚骃曰:'县有汤水,可以疗疾。'汤侧又有寒泉焉,地势不殊而炎凉异致,虽隆火盛日,肃若冰谷矣。"(《水经注·滍水》)这里的"炎凉异致",反映了温泉与寒泉的水质不同,故以"温"、"寒"而命名之。在《水经注》中,还兼容了峡、砥柱、浅滩、急滩、河源以及分水岭等概念。郦道元曾引《汉中记》说:"嶓冢以东,水皆东流;嶓冢以西,水皆西流。即其地势源流所归,故俗以嶓冢为分水岭。"(《水经注·漾水》)这种以相邻河流"地势源流所归"的不同,作为划分分水岭的方法也是科学的。这都说明,郦道元为我国古代水文地理学的理论化奠定了基础。

五是农学理论水平的提高,这主要表现在北魏杰出农学家贾思勰所著《齐民要术》一书中。早在西汉后期,就有农学专著《氾胜之书》问世。这部书为我国传统农学体系奠定了基础,它在把气和阴阳五行说与农业生产实践结合的过程中,既作了可贵的理论探索,也走了一些弯路。由于受谶纬迷信的影响,氾胜之在运用阴阳五行时陷入了神秘主义,如"占卜岁宜"、"厌胜之术"和"播种忌日"都是其表现。如说:"凡九谷有忌日;种之不避其忌,则多伤败。此非虚语也!"(《氾胜之书今释》,第9页)贾思勰不相信这一套,他在引上面《氾胜之书》的话下,加了双行小注:"《史记》曰:'阴阳之家,拘而多忌。'止可知其梗概,不可委曲从之。谚曰:'以时及泽,为上策也。'"(《齐民要术·种谷》)意思是阴阳家拘泥得很,有很多忌讳,只可了解它的大概情况,不能照着去办。以四时气候和土壤墒情为根据,才是最好的办法。在破除迷信的基础上,他把农学的理论水平大大提高了一步。

首先,他提出了按照自然规律搞农业的基本原则。如说:"顺天时,量地利,则用力少而成功多;任情返道,劳而无获。"(《齐民要术·种谷》)这里的"道",就是指"天时"和"地利"的自然规律。他认为,按照自然规律搞农业,就可以少用些人力而多得到些成功;否则,随心所欲地违反自然规律,那就会白费劳力而没有收获。这就如同到泉水里去砍树,到山顶去捉鱼,只能空着手回来,又像逆着风向泼水,从平地往坡头滚球,势必是很困难的。所以,一定要按照规律搞农业,做到因时制宜、因地制宜、因地为时,充分发挥人的主观能动性,靠人力去战胜自然、改造自然,夺取丰收。

接着,贾思勰从按照规律搞农业的思想出发,对生物的遗传性和变异性作了比较系统的论证。他认为,不同生物都有适应一定环境的遗传性。如果违背了这种遗传性,生物就难以生存。"夫移树者,失其阴阳之性,则莫不枯槁。"(《齐民要术·栽树》)所谓"阴阳之性"是指不同树种的特性各不相同,如有阴性树种和阳性树种之别。在移栽树木时,一定要"阳中者还种阳地,阴中者还种阴地";"阴阳易地则难生,生亦不实";如樱桃"性生阴地",移到"阳中,故多难得生"
(《齐民要术·种桃李》)。再如楩枣,"阴地种之,阳中则少实"(《齐
民要术·种枣》)。但是,不同生物适应一定环境的遗传性是可变的。
所谓适应,就意味着在外界环境作用下,生物获得了某些不是由父母
遗传而来的新特性,产生了有利于个体生存的变异,并传给下一代。
在适应和遗传的交互作用下,不同个体传给后代的不仅是从上代那
里继承到的特性,还包括自己通过适应而产生的新特性。这种新特
性,就是变异性。贾思勰认为,生物普遍具有变异性。他说:"凡谷,
成熟有早晚,苗秆有高下,收实有多少,质性有强弱,米味有美恶,粒
实有息耗。"(《齐民要术·种谷》)谷物的高矮和强弱、籽粒的大小、
成熟的早晚、味道的好坏等,都是变异性的表现。贾思勰认为,生物
的变异性是由于环境的变化而引起的。他根据四川引种到山东青州
的蜀椒,了解到这种植物在原产地"性不耐寒",是"阳中之树",冬天
必须用草裹起来,不裹就会冻死;如果是"生小阴中者,少禀寒气,则
不用裹",也就是说,生在阴凉的地方,从幼树锻炼增强了抗寒力,那
冬天就不用草裹也能越冬。这就是"所谓'习以性成'。一木之性,
寒暑异容;若朱蓝之染,能不易质"(《齐民要术·种椒》)?

　　贾思勰认为,生物的变异是可以控制的。控制的途径有三:一是
人工选择。达尔文在《物种起源》说:"如果以为选择原理是近代的
发现,那么未免和事实相差太远,……在一部古代的中国百科全书
中,已经有关于选择原理的明确记述。"据专家考证,在达尔文所看
到的这部书中,有关人工选择的原理是来自《齐民要术》的。达尔文
在谈到羊的人工选择时指出,改变它们的品种在于特别细心地选择
那些预定作为繁殖之用的羊羔。这与贾思勰所说"羊羔,腊月、正月
生者,留以作种;……所留之种,率皆精好,与世间绝殊,不可同日而

语之"(《齐民要术·养羊》),十分吻合。除羊之外,牛、猪、鸡、鸭、鹅
等都要选择良种而留之。二是人工杂交,分有性杂交和无性杂交二
种。有性杂交,如"马覆驴,所生骡者,形容壮大,弥复胜马"(《齐民
要术·养牛马驴骡》)。无性杂交突出的是嫁接法,如"棠,梨大而细
理"(《齐民要术·插梨》)。这是以棠梨为砧木,以梨为结穗,进行嫁
接,梨结得大而果肉细密。三是定向培育,改变旧的遗传性,创造新
的品种。如用春化法改变小麦的遗传性,用雪汁提高小麦的抗旱性,
有计划地"使稼耐旱",结果"则收常倍"(《齐民要术·种谷》)。这是
我国古代遗传育种理论的宝贵遗产,在世界农学史和生物学史上都
占有重要地位。

　　最后,贾思勰在农学研究方法上也有重要贡献。他的研究方法
是:"采捃经传,爰及歌谣,询之老成,验之行事。"(《齐民要术·序》)
也就是采集文献资料,参照农谚歌谣,访问有经验的人,通过农业生
产实践来检验农学理论。

　　从数学、医药学、天文学、地理学和农学都可看出,魏晋南北朝时
期自然科学的发展的确出现了一种理论化倾向。这种倾向的出现是
有思想背景的,特别是与儒学的理性主义有关。儒学的独尊地位被
否定后,在魏晋南北朝的思想领域里呈现出一派活跃的景象。其中
对自然科学理论化影响显著的有三种思想倾向:

　　一是墨、名两家学说的复苏,形成了一种"辨析名理"的思潮。
自从魏武帝曹操崇尚法术以后,名理思想得到了一个再兴的机会。
先秦名家的那些话题又被重新提了出来,被遗忘的墨学一度受到重
视。鲁胜作《墨辩注》和《形》、《名》二篇,就充分说明了这一点。他
在《墨辩注序》中说:"自邓析至秦时名家者,世有篇籍,率颇难知,后
学莫复传习,于今五百余岁,遂亡绝。《墨辩》有上下经,经各有说,凡

四篇;与其书众篇连第,故独存。今引说就经,各附其章,疑者阙之。又采诸众杂集为《形》、《名》二篇,略解指归,以俟君子,其或兴微继绝者,亦有乐乎此也。"(《晋书·隐逸传》)《墨辩注》和《形》、《名》二篇虽然遗佚,但对逻辑和自然科学发展的影响是比较大的。刘徽作《九章算术注》时,就运用了逻辑推理。他说:"事类相推,各有攸归,故枝条虽分而同本干者,知发其一端而已。又所析理以辞,解体用图,庶亦约而能周,通而不黩,览之者思过半矣。且算在六艺,古者以宾兴贤能,教习国子。虽曰九数,其能穷纤入微,探测无方。至于以法相传,亦犹规矩度量,可得而共,非特难为也。"(《九章算术注·原序》)在他看来,数学有实用的一面,也有理论的一面。依据相传的成法解答具体问题是比较简单的工作,而深入钻研,发现真理,则是相当艰巨的任务。单纯由经验归纳出来的数学公式和法则并非完全可靠,只有揭示出它们成立的根据即给出逻辑证明,才能保证其正确性。在《九章算术注》中,到处都闪耀着逻辑推理的思想光辉。形式逻辑的类比法、归纳法和演绎法,都被他运用在数学中。他对于《九章算术》中每一个原本正确的解法,都从理论上说明所以能解的原因,有时还提出新解法;对于原本错误的解法,加以纠正,并提出理性的推断。不仅如此,他还把墨家、名家的极限思想,第一个创造性地运用到数学中去,从而正确地解决了许多数学难题。战国时期,惠施说:"至大无外,谓之大一。至小无内,谓之小一。"(《庄子·天下》)其他辩者同他谈论说:"一尺之捶,日取其半,万世不竭。"(《庄子·天下》)《墨经》则指出:"非半不斱,则不动,说在端。"刘徽把这些极限思想用于割圆术、弧田术、阳马术、开方术,都取得了辉煌的成就。

　　二是道家的辩证哲学和佛学的细密思维,对自然科学理论化也有重要的贡献。这在医药学方面表现的比较明显,如王叔和、皇甫谧、葛洪、陶弘景都分别受过道、佛的影响。拿陶弘景来说,就是一位道士,晚年还皈依佛门。他曾指出:"方术之书,卷帙徒烦,拯济盖寡,就欲披览,回惑多端。抱朴此制,实为深益。然尚有阙漏,未尽其善。辄更采集补阙,凡一百一首,以朱书甄别,为《肘后百一方》,于杂病单治,略为周遍矣。昔应璩为百一诗,以箴规心行。今予撰此,盖欲卫辅我躬。且佛经云:'人用四大成身,一大辄有一百一病。'是故身宜自想,上自通人,下逮众庶,莫不各加缮写,而究括之。余又别撰《效验方》五卷,具论诸病证候,因药变通,而并是大治,非穷居所资,若华轩鼎室,亦宜修省耳。"(《肘后百一方·序》)由此可见,在他的医药思想中,佛、道的东西是杂出并见的。他有一本著作叫《老子内外集注并自立意》,大概对老子的辩证思维是有研究的。这反映在他的药学思想中,如说:"药有阴阳配合,子母兄弟,根叶花实,草石骨肉,有单行者,有相须者,有相使者,有相畏者,有相恶者,有相反者,有相杀者。凡此七情,合和视之,当用相须相使者,勿用相恶相反者。若有毒宜制,可用相畏相杀者,不尔,勿合用。"(《本草集注·叙录》,下同)"相须"是并用功效相同的药物,"相使"是配用功效不同的药物。一般来说,配药应该相须相使,不用相恶相反的药。可他又说:"今检旧方用药,亦有相恶相反者,服之乃不为忤。"比如世俗所用"五石散",有栝楼、干姜,但栝楼恶干姜,二者合用,却能起"制持"的作用。又有一种"甘草丸",用防己和细辛。但防己恶细辛,二者合用,能消解不利因素,毕竟也不为害。再如"半夏有毒,用之必须生姜。此是取其所畏,以相制尔。"半夏是有毒的,可是它畏生姜,配用生姜,正所以制止它的毒性。由此可见,药虽能治病,但有些药也会产生不利于某种病的副作用。如果掌握了诸药的性能,运用辩证的观点,就能使相反相畏的药合用起来,起到相互抑制作用。假若服了这些药,也没有什么妨害。这充分说明,道家思想促进了自然科学的理论化过程。

三是儒学的理性主义,有力地推动了天文、地理和农学等沿着理论化的道路前进。如天文学家杨泉虽然站在儒家立场上反对道家的“虚无之谈”,但他亦不抱门户之见。相反,他认为在科学的问题上抱门户之见,则是“见虎一毛不知其斑,道家笑儒者之拘,儒者笑道家之放,皆不见本也”(《物理论》,下同)。什么是“本”呢? “本”就是“道”,即客观规律的理论概括。他主张对各家学说“审其宗而后学,明其道而后行”。这个主张没有独断主义的味道,而充满着理性主义的精神。他说:“圣人之道如天地,诸子之异如四时,四时相反,天地合而通焉。”这里所谓的“圣人”,是指能“合而通焉”的人,不一定是指孔子。但孔子的“和而不同”的文化观,在这里却得到了充分的体现。杨泉认为,各家虽异,但都有所长,是可以“合而通焉”的。在他的宇宙理论中,就吸取了道家的“自然”之义。如说:“地,形有高下,气有刚柔,物有巨细,味有甘苦。镇之以五岳,积之以丘陵,播之以四渎,流之以四川。盖气自然之体也。”(见《北堂书钞·地理部》、《太平御览·地部》)正是以这个“自然”之“气”为基础,他才发展了宣夜说,并论证了无限的宇宙空间中充满了气体,从而构成各种星球乃至无限的宇宙。这是很有见地的结论,因为现代宇宙科学证明星际空间就充满着尘埃云。而杨泉正是凭借着理性主义,在一千七百年前猜测到了这一点。

郦道元也是一位富有理性主义精神的学者,他曾提出了“物无不化之理”的光辉命题。在洛水流域的“温泉水”旁边有一个“僵人穴”,“穴中有僵尸”,“尸今犹在”。郦道元看后说:“夫物无不化之理,魄无不迁之道。而此尸无神识,事同木偶之状,喻其推移,未若正形之速

迁矣。"(《水经注·洛水》)他认为,人死之后,精神不复存在。尸体
没有知觉,犹如木偶一般。不过,有的尸体腐烂得慢一些。但要说它
不变,那是不可能的。因为"魄无不迁之道","物无不化之理"。当时,
佛、道盛行。老子被奉为道教之祖,传说他得道成仙,长生不死。但
在槐里县,流传着有"老子陵"的说法。郦道元认为,这种传说是有
道理的。因为,"人禀五行之精气,阴阳有终变,亦无不化之理。以是
推之,或复如传"(《水经注·渭水》)。在"物无不化之理"思想的指
导下,他探索了古代水系演变的规律。如说:"虽千古茫昧,理世玄远,
遗文逸句,容或可寻,沿途隐显,方土可验。"(《水经注·河水》)意
思是历史虽然久远而茫昧,但河湖水系的变化,大致还可以用史料中
有关的"遗文逸句"为线索去寻找;河湖沿途的古迹征兆,也可以参
考当地的有关情况去验证。郦道元用这种方法,研究水系的复杂变
化。从水系复杂的变化中,他发现地理名称与实际情况存在着种种
的矛盾:一种是河流"随地为名",如金城河本是黄河的一段,"河至金
城县,谓之金城河,随地为名也"(《水经注·河水》),或"异名互见,
犹为汉、漾矣"(《水经注·漾水》),以至还有同名异河的情况,但都
不是河流发生了改道。另一种是"故名旧传,遗称在今",但实际都已
"川渠状改"了。例如《水经》说:"白水出朝阳县西,东流过其县南。"
郦道元注曰:"应劭曰'县在朝水之阳',今朝水径其北而不出其南也。
盖邑都沦移,川渠状改,故名旧传,遗称在今也。"(《水经注·白水》)
第三种是河道和名称都发生了变化。如渭水一个支流,"水出丽山
东北,本道原北流。后秦始皇葬于山北,水过而曲行,东注北转。始
皇造陵取土,其地污深,水积成池,谓之鱼池也"(《水经注·渭水》)。
他认为,造成这些矛盾的原因来自两个方面:一方面是社会因素引起
的变化。如说:"自昔匈奴侵汉,新秦之士率为狄场,故城旧壁尽从胡

目。地理沦移，不可复识。"（《水经注·河水》）又说："地理参差，土无常域，随其强弱，自相吞并……自魏徙大梁，赵以中牟易魏，故赵之南界，极于浮水；匪直专漳也。"（《水经注·渠水》）另一方面是自然因素引起的变化。如说："流杂间居，裂溉互移，致令川渠异容，津途改状，故物望疑焉。"（《水经注·汝水》）又因"今古世悬，川域改状"（《水经注·河水》），"世去不停，莫识所在"（《水经注·伊水》）。对于这些变化，郦道元都作了实事求是的分析，把实际和理论水乳交融地结合在一起。

应当指出，理性主义在农学领域也有反映，这集中表现在贾思勰的农学研究方法中。据姚振宗《隋书经籍志考证》，贾思勰出身于经学世家。他在研究农学时，首先注意"采捃经传"。在《齐民要求》中，他所采集的"经传"有一百五十七种，包括《诗经》、《管子》、《孟子》、《周礼》、《吕氏春秋》、《史记》、《汉书》等经史子集。他虽然重视经传，但并不迷信经传。如《周礼》说："仲冬斩阳木，仲夏斩阴木。"郑玄注曰："阳木生山南者，阴木生山北者。冬则斩阳，夏则斩阴，调坚软也。"对于这个注释，贾思勰是有不同看法的。他指出："柏之性，不生虫蠹，四时皆得，无所选焉。山中杂木，自非七月、四月两时杀者，率多生虫，无山南山北之异。郑君之说，又无取，则《周官》伐木，盖以顺天道调阴阳，未必为坚韧之与虫蠹也。"（《齐民要术·伐木》）其次，他也很重视农业生产经验的收集，如说："爰及歌谣，询之老成。"但是，他并没有停留在经验阶段，而是把经验提升到理论的高度，使之成为系统的科学知识。同时，他还要"验之行事"。这种思想来源于荀子所谓"知之不若行之"，"行之，明也"（《荀子·儒效》），意思是"行"高于"知"，是"知"的检验标准。但是，荀子并没有把群众性的生产活动纳入"行"的概念之中。贾思勰则不同，他比较重视群众在生产活动中创造的丰富经验,说明"行"中包括着群众性的生产活动。他用这种"行"来检验农学理论,在古代真理观的发展史上是一个飞跃。总之,他注意"采掇经传",但又不迷信"经传";重视经验的总结,但又不停留在经验阶段;注重理性,但又强调"验之行事"。而在他的"行事"之中,又包含着群众性的生产活动。这样一来,他就把理性主义推向一个新阶段,从而提高了传统农学的理论化水平。

第二节 儒学与自然科学的相互结合

在魏晋南北朝时期,儒学理性主义的发展,有一定的自然科学背景,而自然科学发展的理论化倾向又有儒学理性主义的背景,这说明儒学与自然科学是相互结合的。但这种结合,只是儒学与自然科学的多层次、双向联系的一种表现。除此而外,儒学还通过朴素的辩证思维、人道主义和人定胜天的精神以及"国格"观念等促进自然科学的发展,同时又通过"诬天背经"、神秘主义和笺注主义等阻碍自然科学的发展,这里是有许多理论思维的经验和教训可以总结的。从儒学对自然科学发展的促进来看,主要表现在以下四个方面。

一是儒学的朴素辩证思维促进了数学的发展。伟大数学家刘徽就受过早期儒学思想的熏陶,他说:"昔在包牺氏始画八卦,以通神明之德,以类万物之情,作九九之术以合六爻之变。暨于黄帝神而化之,引而伸之,于是建历纪,协律吕,用稽道原,然后两仪四象精微之气可得而效焉。记称隶首作数,其详未之闻也。按周公制礼而有九数,九数之流,则《九章》是矣。往者暴秦焚书,经术散坏。自时厥后,汉北平侯张苍、大司农中丞耿寿昌皆以善算命世。苍等因旧文之遗残,各称删补。故校其目则与古或异,而所论者多近语也。徽幼习《九章》,

长再详览。观阴阳之割裂,总算术之根源,探赜之暇,遂悟其意。是以敢竭顽鲁,采其所见,为之作注。"(《九章算术注·原序》)这里叙述了《九章算术》的形成和他作《九章算术注》的经过。其中涉及"八卦"、"六爻"和"两仪四象",说明他读过《周易》。《周易》是儒家的经典之一,分经、传两部分。《易经》的六十四卦是由"八卦"重叠组合而成的。而"八卦"又是由"—"和"——"两个符号排列组合而成。"——"和"—"的原始意义是否即阴和阳,《易经》没有明说,不过阴阳学说在这里有了开端,则是可以肯定的。《易经》试图用两个具有对立性质的原理("—"和"——")以及它们之间的排列组合(特定的数量关系)来概括自然界和人类社会的种种现象,这就是以理论思维的方式来把握世界,亦可说有了朴素辩证的因素。

《易传》说"一阴一阳之谓道"(《易传·系辞上》),意谓万物有两类,一类为"阴",一类为"阳",阴阳的对立统一是根本的规律。这种朴素的辩证思维,对刘徽是有影响的。他所谓的"观阴阳之割裂,总算术之根源,探赜之暇,遂悟其意",就充分地说明了这一点。正因为《易传》的朴素辩证思维加深了他对"自然界中到处盛行的对立运动"(《马克思恩格斯选集》第3卷,第534页)的认识,所以"遂悟其意"而作《九章算术注》。在《九章算术注》中,到处充满着朴素的辩证思维。例如对于正负数,他的定义是很辩证的:"今两算得失相反,要令正负以名之。"(《九章算术·方程》注)古代以筹入算,这里的"算"应理解为数。如果两数得失相反,就以正负来命名之。为什么要以"得失相反"来说明正负数的含义呢?因为人们在实践中都会经历得与失,"得多少"、"失多少",便逐渐形成了相反意义的量。所以,刘徽要用"得失相反"来给正负数下定义。从这一定义出发,他认为在一个方程组的问题中,建立方程时,哪个未知数取作正,哪个未知数取作负,是没有限制的,只要按照"得失相反"的原则就行。因此,他得到这样一个结论:"每一行之中虽复赤黑算无伤。"(同上) 所谓"赤黑",乃算筹之颜色。赤色算筹表示正数,黑色算筹表示负数。每一方程各项系数虽有正负,若全部变号,则与算无伤。也就是说,在一个方程式中,正与负可以同时变号。根据这个结论,他论证了方程组解法中的减法消元与加法消元可以统一为一种方法。也就是说,原来两个方程式首位系数同号时采用减法消元,异号时采用加法消元;由于在一个方程式中可以同时变号,因此,异号也可以变成同号,加法消元也就可以改用减法消元了。由此可见,正负不仅得失相反,还可以相互转化,二者是对立的统一。他创立的"割圆术",就是这种辩证思维的运用。

要指出,所谓"割圆术",就是在圆内作内接正多边形,然后用正多边形的面积代表圆面积来计算圆周率的近似数值(不足近似值)。刘徽说:"以六觚之一面乘半径,因而三之,得十二觚之幂。若又割之,次以十二觚之一面乘半径,因而六之,则得二十四觚之幂。割之弥细,所失弥少。割之又割,以至于不可割,则与圆合体,而无所失矣。"(《九章算术·方田》注) 我国古代用来书写的六或八面体木简称为"觚"。在这里,"觚"是指正多边形。而所谓"面",是指正多边形的一边。如"六觚之一面",就是正六边形的一边。将圆周分成六等分,便可得到圆内接正六边形。圆内接正六边形的一边与圆半径相乘,三倍起来,即得圆内接正十二边形的面积。圆内接正十二边形是对圆周再分割的结果,它的一边与圆半径相乘,六倍起来,则得到圆内接正二十四边形的面积。刘徽明确指出,圆内接正多边形的面积小于圆的面积。但是,"割之弥细,所失弥少。割之又割,以至于不可割,则与圆合体,而无所失矣"。所谓"割之弥细",是指分割的次数越多,被分割的圆弧和所对应正多边形的边就越短。所谓"所失弥少",是指边数成倍地增加下去,则圆内接正多边形的面积与圆面积的差越小。若分割次数无限增加时,则正多边形势必与圆重合。如此,正多边形面积就与圆面积相等。也就是说,当分割次数无限增加时,圆内接正多边形面积的极限就是圆面积。这里包含着极限思想,为圆周率的计算奠定了理论基础。刘徽用割圆术推算的圆周率是3.1416,这是当时世界上圆周率的最佳数据。后来,祖冲之应用刘徽的割圆术,在3.1416的基础上,继续推算,求出了精确到第七位有效数字的圆周率:$3.1415926 < \pi < 3.1415927$。这个数值远远走在世界的前列,直到一千年后,阿拉伯数学家阿尔·卡西和法国数学家维叶特才求出更为精确的数值。正如英国科学史家李约瑟所说:"在这个时期,中国人不仅赶上了希腊人,并且在公元5世纪祖冲之和他的儿子祖暅之的计算中又出现了跃进,从而使他们领先了一千年。"(《中国科学技术史》第3卷,第226页)

二是儒学的人道主义精神促进了医药学的发展。早在汉末,名医张仲景就说:医生的宗旨就在于"上以疗君亲之疾,下以救贫贱之厄"(《伤寒杂病论集》)。这话浸润着儒学的人道主义精神。华佗医术高超,不愿为官,一直在民间为百姓治病。为了减轻和消除病人的疼痛,他发明了一种全身麻醉剂——麻沸散。他曾用针刺治好了曹操的"头风症"。曹操怕旧病复发,强留他做自己的侍医,但习惯于在民间行医的华佗不愿久居官府,因此而得罪曹操,被捕下狱,后被曹操杀害。临死前他把整理出来的医书交给狱吏说:"此可以活人。"(《三国志·华佗传》)但狱吏怕受牵累,不敢接受。华佗在极度悲愤中把书稿烧毁了,但他的人道主义精神却长存人间。陶弘景的思想虽以道家为主,但也深受儒学的影响。他曾著《孝经论语集注并自立

意》、《三礼序并自注》、《注尚书毛诗序》等,说:"万物森罗,不离两仪
所育。"(《茅山长沙馆碑》)"夫立人之道,曰仁与义。周、孔所云'闻
声不食,斩伐以时'者,盖大明仁义之道。于鸟兽草木尚曰其然,况在
人乎?"(《难镇军沈约均圣论》)这种人道主义精神,突出地反映在
医药学方面。他致力于医药学研究,可能是在隐居以后。如说:"余
宅身幽岭,迄将十载。虽每植德施工,多止一时之役。可以传芳远裔
者,莫过于撰述。见葛氏《肘后救卒方》,殊足申一隅之思。夫生民
之所为大患,莫急乎疾疹。疾疹而弗治,犹救火而不以水也。今辇披
左右,师药易寻;郊郭之外,已自难值;况穷村迥陌,遥山绝浦,其间夭
枉,焉可胜言!"(《肘后百一方·序》)由此可知,他在隐居之前,身
居皇城,并未发现病人求医之难,而隐居山乡之后,则发现山村中医
生寥寥无几,百姓患病后得不到及时治疗,以致夭枉者甚多。除了炼
丹之外,这种人道主义精神也是促进他研究医药学的一个动力。

　　三是荀子的人定胜天精神促进了医药、化学、地理和农学的发
展。葛洪虽系神仙道教家,但他出身于儒,是出儒入道的,或者说他
是"从儒家正宗入手"的道教学者。其代表作《抱朴子》中,把讲仙
道炼丹术的内容作为《内篇》,讲儒术的内容作为《外篇》,提出一个
新的"修齐治平"的理论体系,追求"内宝养生之道,外则和光于世;
治身而身长修,治国而国太平"(《抱朴子·释滞》)的理想,这个体系
明显地因袭了儒学的理论模式。而纳于这个模式中的《抱朴子内篇》
则是我国炼丹术的成熟著作,它对于祖国医药学的贡献和作为近代
化学先驱的意义,都是不应低估的。在医药学方面,他指出"分蓍问
祟,不肯信良医之攻病,反用巫史之纷若"(《抱朴子·至理》)是不对
的;并认为人的体质不同,因而抵抗力亦异,虽在同一条件下,但有病
与不病之分。当人感觉有病的时候,"唯怨风冷与暑湿,不知风冷暑

湿,不能伤壮实之人也,徒患体虚气少者,不能堪之,故为所中耳。何以较之?设有数人,年纪老壮既同,服食厚薄又等,俱造沙漠之地,并冒严寒之夜,素雪堕于上,玄冰结于下,寒风摧条而宵骇,欬唾凝冱于唇吻,则其中将有独中冷者,而不必尽病也。非冷气之有偏,盖人体有不耐者耳。故俱食一物,或独以结病者,非此物之有偏毒也。钧器齐饮,而或醒或醉者,非酒势之有彼此也。同冒炎暑,而或独以暍死者,非天热之有公私也。齐服一药,而或昏瞑烦闷者,非毒烈之有爱憎也。是以冲风赴林,而枯柯先摧;洪涛凌崖,而拆隙首颓;烈火燎原,而燥卉前焚;笼椀坠地,而脆者独破。由兹以观,则人之无道,体已素病,因风寒暑湿者以发之耳。苟能令正气不衰,形神相卫,莫能伤也。”(《抱朴子·极言》)这就透彻地说明了增强人本身的体质,对于抵抗外部因素的侵袭和预防疾病是很重要的,是对荀子“养备而动时,则天不能病”(《荀子·天论》)的精彩发挥。

在炼丹术方面,葛洪指出:“凡草木烧之即烬,而丹砂烧之成水银,积变又还成丹砂,其去凡草木亦远矣。”(《抱朴子·金丹》)这里所谓的“丹砂”,就是硫化汞。而“丹砂烧之成水银”是说,锻炼红色的丹砂,其中所含的硫变成二氧化硫,而游离分解出水银。用化学实验的反应公式表示即:$HgS + O_2 \rightarrow Hg + SO_2$。所谓“积变又还成丹砂”是说,再使水银和硫黄化合,便生成黑色的硫化汞,在密闭的状态下,加热硫化汞,便升华为赤红色的结晶硫化汞。这就是葛洪常说的“还丹”,用化学实验的反应公式表示即:$Hg + S \rightarrow HgS$(黑色)$\rightarrow HgS$(赤红色)。若把上述两个反应的过程概括起来,就是“丹砂烧之成水银,积变又还成丹砂”。实际上,这已经认识了化学反应的可逆性。他认为,化学反应的可逆性是天地万物相互转化规律的一种表现。如说:“水火在天,而取之以诸燧。铅性白也,而赤之以为丹。丹性赤也,而白之而为铅。云雨霜雪,皆天地之气也;而以药作之,与真无异也。至于飞走之属,蠕动之类,禀形造化,既有定矣;及其倏忽而易旧体,改更而为异物者,千端万品,不可胜论。人之为物,贵性最灵;而男女易形,为鹤为石,为虎为猿,为沙为鼋,又不少焉。至于高山为渊,深谷为陵,此亦大物之变化。变化者,乃天地之自然,何为嫌金银之不可以异物作乎? 譬诸阳燧所得之火,方诸所得之水,与常水火,岂有别哉?"(《抱朴子·黄白》)在他看来,天地万物之所以能够相互转化,是因为它们有共同的物质基础——"气"。比如云雨霜雪,都是由天地间一种物质性的"气"变化而来的。如果人们掌握了这种自然变化的规律,就可以用药物把它们制造出来。人工制造出来的东西,与自然的东西没有什么不同。比如水火,这本来是自然的东西,但人用凹铜镜(即"阳燧")向日可以取火,人用方铜镜(即"方诸")在月下可以取水,人工水火与自然水火有什么区别呢? 由此推论,金银也是可以通过人工方法用其他不同的东西制造出来的。这不同于从矿石中冶炼金属,因为冶炼出来的金属与矿石中的金属没有什么性质上的变化,只是把非金属的杂质游离分解出去了。至于从本来不是那种东西,而用人工方法把它变成那种东西,其意义就大不相同了,这是一种巧夺天工的创造!

人定胜天的精神在地理学中也有所反映,如在《水经注》中就记载了许多兴修水利、战胜自然灾害的动人事迹。郦道元曾记载了晋代司马孚关于兴修水利的一份表章,其中有几句是这样的:"若天赐旱,增堰进水。若天霖雨,陂泽光溢,则闭防断水。空渠衍涝,足以成河,云雨由人。"(《水经注·沁水》)所谓"云雨由人",是说人类通过兴修水利可以达到改造自然的目的,其关键在于充分发挥人的主观能动性。他指出:"枝渠东注以溉田,所谓智通在我矣。"(《水经注·河水》)又说:"引之则长津委注,遏之则微川辍流。水德含和,变通在我。"(《水经注·巨马河》)无论是"变通在我"还是"智通在我",都是强调在改造自然中要发挥人的主观能动性。这种思想是积极的,来源于荀子的"骋能而化之"(《荀子·天论》)。

贾思勰也有这样的思想,他引用汉末仲长统的话说:"天为之时而我不农,谷亦不可得而取之。青春至焉,时雨降焉,始之耕田,终之簠簋。惰者釜之,勤者钟之;矧夫不为,而尚乎食也哉?"(《齐民要术·序》)"簠簋"是古代装粮食的器具,圆筒形,这里引申为收获。这段话的意思是,如果我们不进行农业生产,即使风调雨顺,也不能得到粮食。春天到了,及时下雨,从耕种开始,到收获为止。懒惰的人只能收到一釜(即六斗四升),而勤劳的人则能收一钟(即十釜);什么都不干,难道还有吃的吗? 这也说明,只有充分发挥人的主观能动性,才能获得丰收。但是,人的主观能动性再大,也不能违背客观规律。贾思勰引用《淮南子》中的话来说明这个道理:"禹决江疏河,以为天下兴利,不能使水西流;后稷辟土垦草,以为百姓力农,然而不能使禾冬生。岂其人事不至哉? 其势不可也!"(《齐民要术·种谷》)如此说来,人在客观规律面前不是无能为力了吗? 也不是。他又用《淮南子》中的话来回答这个问题:"夫地势,水东流,人必事焉,然后水潦得谷行。禾稼春生,人必加功焉,故五谷遂长。听其自流,待其自生,大禹之功不立,而后稷之智不用。"(同上)总之,既不能搞自然主义,也不能搞主观主义,只有把客观规律和主观能动性辩证地结合起来,在尊重客观规律的前提下充分发挥人的主观能动性,才能搞好农业生产。

四是儒学的"国格"观念促进了地理学的发展。早期儒学的"人格"观念,到西汉时期演化成为明确的"国格"观念。"国格"观念比

"夷夏之辨"进了一步,因为"夷夏之辨"是一种狭隘的观念,而"国格"观念则是一种爱国主义思想。这种爱国主义思想在《水经注》中,有非常鲜明的反映。郦道元生活在南北朝对峙的时期,祖国不幸处于暂时分裂割据的状态之中。在这种情况下,不少人往往尊本地政权为正宗。郦道元不是这样,他虽然在北魏作官,但并没有把眼光局限于北魏所辖的一隅之地。在他的心目中,祖国不限于北魏,而是包括南北朝的完整中国。因此,他选择《水经》为客观依据,以注释的形式表达了对统一祖国的向往,并且为统一作了自然科学方面的准备工作。他的《水经注》不以北魏统治区为限,所涉及的范围极其广阔,东北到朝鲜的坝水(即大同江),南到扶南(今越南和柬埔寨),西南至印度新头河(即印度河),西至安息(伊朗)、西海(咸海),北至流沙(蒙古沙漠)。《水经注》记载了不少保卫祖国边疆的英勇将士,如汉代的耿恭等为保卫祖国的安全曾多次立功。有一次,他们被匈奴围困,坚守孤城。"匈奴又来攻之,壅绝涧水。恭于城中穿井深一十五丈,不得水。吏士渴乏,笮马粪汁饮之。恭乃仰天叹曰:'昔贰师拔佩刀刺山,飞泉涌出。今汉德神明,岂有穷哉?'整衣服向井再拜,为吏士祷之。有顷,水泉奔出。众称'万岁',乃扬水以示之,虏以为神,遂即引去。后车师叛,与匈奴攻恭,食尽穷困,乃煮铠弩,食其筋革。恭与士卒同生死,咸无二心。围恭不能下。"(《水经注·河水》)等援军到时,耿恭手下只剩二十六人,"衣屦穿决,形容枯槁",其他士卒都为国捐躯。郦道元不仅以崇敬的心情歌颂了保卫祖国边疆的英雄,而且以优美的语言描写了祖国的锦绣河山。例如,他曾这样记述黄河流过龙门的情景:"其中水流交冲,素气云浮。往来遥观者常若雾露沾人,窥深悸魄。其水尚崩浪万寻,悬流千丈,浑洪赑怒,鼓若山腾,濬波颓叠,迄于下口。方知慎子下龙门流浮竹,非驷马之追也。"(同上)只用了六十多个字,就把龙门河水奔腾宣泄的自然景色描写得淋漓尽致,惟妙惟肖。

再举一例,郦道元描写长江流经三峡的山水风光,更是有声有色。现摘录如下:"江水历峡东,径新崩滩。此山,汉和帝永元十二年崩,晋太元二年又崩。当崩之日,水逆流百余里,涌起数十丈。今滩上有石,或圆如箪,或方似屋,若此者甚众,皆崩崖所陨,致怒湍流,故谓之'新崩滩'。其颓岩所余,比之诸岭,尚为竦桀,其下十余里,有大巫山,非惟三峡所无,乃当抗峰岷、峨,偕岭衡、疑,其翼附群山,并概青云,更就霄汉辨其优劣耳。……其间首尾百六十里,谓之巫峡,盖因山为名也。自三峡七百里中,两岸连山,略无阙处。重岩叠嶂,隐天蔽日。自非停午夜分,不见曦月。至于夏水襄陵,沿溯阻绝,或王命急宣,有时朝发白帝,暮到江陵。其间千二百里,虽乘奔御风,不以疾也。春冬之时,则素湍绿潭,回清倒影。绝𪩘多生怪柏,悬泉瀑布,飞漱其间,清荣峻茂,良多趣味。每至晴初霜旦,林寒涧肃,常有高猿长啸,属引凄异,空谷传响,哀转久绝。故渔者歌曰:'巴东三峡巫峡长,猿鸣三声泪沾裳!'"(《水经注·江水》)这不仅绘声绘色地描写了江水,而且生动地描写了两岸的景物,山石树木,飞泉哀猿,情景历历如画,使人读后,宛如身临其境。诸如此类的精彩描写,在《水经注》中比比皆是,文笔清丽、深峭、浑厚,开一代山水游记之新风,洋溢着爱国主义的热情。

儒学在促进自然科学发展的同时,也阻碍了自然科学的发展。历史就是这样的复杂和矛盾。这在形式逻辑上是讲不通的,可是在辩证思维上则是一个通例。这主要表现在以下三个方面:

首先,"诬天背经"说曾经阻碍了历法改革。祖冲之曾钻研儒学,并著有《易义辨》、《孝经注》和《论语注》。他对天文历法有系统的研究，主张改革历法，并在宋孝武帝(刘骏)大明六年(公元462年)编成大明历。大明历是当时比较先进的历法，有不少的更新和创造。其中最主要的有两点：他最早把"岁差"引进历法，"今令冬至所在，岁岁微差"(《南齐书·祖冲之传》)，使太阳的宿度和节气等的推算比以前准确了；再就是修改闰法，定出了比较精密的闰周，在391年中设置144个闰月。但这两项重大改革，遭到了太子旅贲中郎将戴法兴的反对。他认为，在制历时考虑岁差是任意加减数据，不符合"天"的意志。如说："冲之既违天于改易，又设法以遂情，愚谓此治历之大过也。"(《宋书·律历志下》，下同)在他看来，如果岁差之说成立，那么，《尧典》、《诗经》、《左传》等儒家经典中所载的星象就都要改变了。因此，他攻击祖冲之是"诬天背经"。他还认为十九年七闰法是"古人制章，立为中格"，其结论是"此不可革"。戴法兴是宋孝武帝的宠臣，所以"天下畏其权，既立异议，论者皆附之"。

面对权臣和孤立，当时年不过三十三岁、官不过南徐州从事的祖冲之没有畏缩，而进行了针锋相对的斗争。他上了一道辩析的奏章，摆事实，讲道理，逐条予以驳斥。他根据元嘉十二年(公元435年)以来二十三年间发生的四次月食观测，证明冬至点的位置与古代相比是变化的，事实具在，不能"信古疑今"。古今的星象是变化的，"亦犹夏礼未通商典，《濩》容岂袭《韶》节，诚天人之道同差，则艺之兴，因代而推移矣"。所以，戴法兴的引经据典是对不上号的。

关于少日、失闰的问题，祖冲之举出自己所测定的冬至数据，证明元嘉历行一定年限后已经明显落后于天象，至于四分历的情况更是这样，所以回归年长度应该比元嘉历和四分历的要小。也就是说，少日是对的，减闰也如此。十九年七闰是个很粗略的数据。假若就因为这是古人所制，谁也不能更改，而应永远循用下去，那么，按照戴法兴的意见,就应该重新使用四分历了,这能行吗?祖冲之坚信天文数据"非出神怪,有形可检,有数可推";并针对戴法兴所谓的"据文于图谶"的迷信思想,明确表示:"谶记碎言,不敢依述";"合谶乖说,训义非所取。"这就与神秘主义、谶纬迷信划清了界限,坚持了科学的精神。

　　但祖冲之也有缺点,首先他把近点月、交点月以及五个行星的运动周期等都列入了上元积年的考虑因素之内,以至把过去已经很复杂的上元积年计算搞得更复杂了,所得的数据也格外庞大。在这个问题上,杨伟的景初历和何承天的元嘉历都有比较简单的处理方法,可是祖冲之却没有发展这个先进经验。戴法兴的批评中也指出了这一点,他说:"《景初》所以纪首置差,《元嘉》兼又各设后元者,其并省功于实用,不虚推以为烦也。"这是不错的,但他却斥责祖冲之说:"迟疾之际,非凡夫所测",从而根本否定了祖冲之的近点月工作。所以,祖冲之加以反驳也是有理由的。其次,戴法兴提到"日有缓急",虽然是为十九年七闰法辩护,但其本身并没有错。而祖冲之对这一点采取了简单否定的态度是不对的,他说:"日有缓急,未见其证,浮辞虚贬,窃非所惧。"正因为如此,"日有缓急"的思想又被延缓了一个多世纪,直到北齐时才由张子信经过三十多年的天文观测加以证明。但总的来说,祖冲之与戴法兴辩论的实质是革新与守旧、科学与迷信的一场斗争。经过这场斗争,宋孝武帝虽然同意改历,但还没有来得及施行就死了。以后,又由于种种原因,大明历一再被搁下。在祖冲之死后,经过其子祖暅之的努力,才在梁武帝天监九年(公元510年)正式颁用,但这已经是编成后近五十年的事了。从这件事可以看出,戴法兴的"诬天背经"说阻碍了历法的改革,而祖冲之否定一切的态度也是不对的。革新与保守、科学与迷信是有本质区别的。但二者往往纠缠在一起。如果不加以细致的辨别和具体的分析,都是有碍于自然科学发展的。

其次,儒学的神秘主义对自然科学的阻碍作用表现在许多地方。如杨泉说:"轩辕,主雷雨之神。云雨于是乎出,霜雪于是乎降。"(《北堂书钞·天部》)他将轩辕看成自然界的主宰,这显然是神秘主义的一种表现。这种神秘主义与汉儒董仲舒的神学目的论有关,而神学目的论虽经王充等的批判,但在魏晋南北朝时期仍然束缚着许多自然科学家的头脑。王充在提出平天说时,曾反对过浑天说的天转地下、出入水中的观点。他认为天,太阳要从水中通过是不可能的。按古人的观念,日为火精,当天半绕地下时,不是火使水受损,就是水使日受损,否则是不可思议的。葛洪则反驳道:"若天果如浑者,则天之出入行于水中,为的然矣。故黄帝书曰'天在地外,水在天外',水浮天而载地者也。又《易》曰:'时乘六龙。'夫阳爻称龙,龙者居水之物,以喻天。天,阳物也,又出入水中,与龙相似,故以龙比也。圣人仰观俯察,审其如此。故晋卦坤下离上,以证日出于地也。又明夷之卦离下坤上,以证日入于地也。需卦乾下坎上,此亦天入水中之象也。天为金,金水,相生之物也。天出入水中,当有何损而谓不可乎?"(《晋书·天文志》)这里用儒家经典《周易》的神秘主义来附会天入水的问题,夹杂着荒诞无稽的臆测,恰好暴露了浑天说难以克服的弱点。后来,何承天又为这个弱点辩护说:"日为阳精,光曜炎炽,一夜入水,所经焦竭。百川归注,足以相补,故旱不为减,浸不为益。"(《隋书·天文志》)这个解释虽然涉及当时的物理学观念,但也是不科学的。正因为地球浮于水的说法站不住脚,所以后来浑天说就更改为地球浮于气中了。但在修改错误的过程中,儒学的神秘主义起了阻碍的作用。

　　何承天以自然科学为武器而进行反对佛教的斗争,这是难能可贵的。但由于他受儒学神秘主义的束缚,不敢彻底否认鬼神的存在,并且有天人感应的思想。他曾把白鸠看作天降的祥瑞之兆,并说:"五德所覃,物以应显。"(《白鸠颂》)正因为如此,他不仅在反佛教的斗争中不够坚决,而且在天文学上也缺乏坚决革新的勇气。例如,他曾主张在历日安排上采取定朔而废除平朔,这本来是一种革新思想,但由于怕遭到一些保守儒学神秘主义的人的反对,便撤回了定朔的建议,回过头来仍然采用平朔。

　　在郦道元的地理学思想中,也保留了不少儒学神秘主义的成分。如《水经注》中就有这样一条记载:渭水流域有一座朱圉山,"山在梧中聚,有石鼓,不击自鸣,鸣则兵起。汉成帝鸿嘉三年,天水冀南山有大石自鸣,声隐隐如雷,有顷止。闻平襄二百四十里,野鸡皆鸣。石长丈三尺,广厚略等,著崖胁,去地百余丈。民俗名曰'石鼓',石鼓鸣则有兵。是岁,广汉钳子攻死囚,盗库兵,略吏民,衣绣衣,自号为仙君,党与漫广。明年冬伏诛,自归者三千余人。信而有征矣!"(《水经注·渭水》)这里说的"广汉钳子"事,实际上是鸿嘉三年(公元前18年)广汉郡郑躬领导的一次农民起义。农民起义是封建统治阶级残酷压迫剥削的结果,与"石鼓鸣"这样的自然现象是没有什么必然联系的。如果说有联系,那也是偶然的巧合。把这种偶然的巧合看成一种必然的联系,说什么"石鼓鸣则有兵",显然是一种神秘主义的说法。而郦道元却认为"信而有征",这说明他也深受其影响。他还说,北海外有钟山,"上有金台玉阙,亦元气之所含,天帝居治处也"(《水经注·河水》)。在他的眼中,金台玉阙既是"天帝居治处","亦元气之所含"。如果说"元气"是一种朴素的唯物论,那"天帝"则是一种神秘主义。但二者却交织在一起,是杂出并见的。

在《齐民要术》中，也有此类情况。贾思勰一方面批判了农学上的许多谶纬迷信，另一方面又不加批判地引用了一些占卜迷信，说什么选择适当的地点，种植一定株数的枣、桃等，就可以避免病疫，延年益寿，免除凶祸，造福子孙。如何摆脱儒学神秘主义的束缚？古代科学家也摸索到一些经验教训。如贾思勰说："余昔有羊二百口，茭豆既少，无以饲。一岁之中，饿死过半；假有在者，疥、瘦、羸、弊，与死不殊；毛复浅短，全无润泽。余初谓家自不宜，又疑岁道疫病。乃饥饿所致，无他故也。"（《齐民要求·养羊》）意思是他曾亲自养过二百只羊，因为家里的干草和豆子积的少，没有东西喂它们，一年之中，就饿死了一大半。纵使活着留下的，也都满身疮，瘦弱得像快死的样子，毛短而粗，没有一点润泽。最初，他自以为家里不适合养羊，又怀疑是年岁遭瘟疫。其实只是饿死，并无其他原因。这说明，科学家的亲自实践是摆脱神秘主义束缚的一条道路。

最后，儒学的笺注主义对自然科学发展的束缚也是很大的。从汉代以来，儒学著作普遍采用笺注经典的形式，形成了"经学"的传统。这种传统对自然科学的影响，也是不可忽视的。许多自然科学家往往是在经籍注疏或论释的外衣下，表达自己的科学思想和研究成果。如刘徽的《九章算术注》，甄鸾的《五经算术》，陶弘景的《本草经集注》，郦道元的《水经注》等，都是这样。这说明自然科学知识积累的连续性，无论数学、医药学或地理学等，它们作为自然科学分工的一个特定领域，都具有其先驱者传给它们由以出发的特定的知识积累作为前提。自然科学家们从这种前提出发，进行改造、深化和开拓，促进了自然科学的发展。以《九章算术注》而论，刘徽的辩证思维是相当突出的，但没有形成系统的理论，多半是像火花一样的闪耀，而不是有联系地出现。为什么呢？原因当然很复杂，但与笺注主

义的束缚是有关系的。他的辩证思维是在注疏和论释的外衣下表达
出来的。而这个外衣犹如一个套子束缚着辩证思维的发展,那一字
一句、一条一段的注释,又把辩证思维弄得支离破碎,难于形成系统
的理论,只能从衣缝里迸发出思想火花来。甄鸾的《五经算术》,则专
为《尚书》、《诗经》、《周易》、《周官》、《礼记》、《论语》等有关数学知识
或计算技能之处作注。这些注释没有活力,缺乏创造性,对于数学的
发展毫无贡献,对于经学是否有所裨益,也是成问题的。陶弘景汇集
魏晋以来医家所发现的、没有载入《神农本草经》的三百六十五种药
物,写成《名医别录》一书,对医药学的贡献是不小的。但他却将这
部有创新精神的书作为《本草经集注》的一部分,纳入笺注主义的框
子,其必要性是不大的。郦道元的《水经注》虽说是以《水经》为蓝
本的再创作,但他受笺注主义之兼蓄并取方法的影响,往往分不清精
华与糟粕。如对"河水"的注释就是明显的一例,他写道:"《释名》曰:
'河,下也,随地下处而通流也。'《考异邮》曰:'河者,水之气,四渎之
精也,所以流化。'《元命苞》曰:'五行始焉,万物之所由生,元气之腠
液也。'《管子》曰:'水者,地之血气,如筋脉之通流者。'……《孝经
援神契》曰:'河者,水之伯,上应天汉。'……"在这条注释里,既有
科学的水文地理观,又有神秘主义的水文地理观。郦道元在引用时
未作鉴别分析,不加区别地混合在一起,使人难以剔去糟粕而取其精
华。这些历史的教训,都是值得总结的。

第九章　隋唐时期的儒学

第一节　儒学思想演变的倾向

公元581年杨坚灭北周,建立隋朝,589年灭陈,统一中国,结束了南北朝分裂的局面。公元618年隋朝在农民起义的冲击下覆灭。李渊、李世民父子在隋朝的废墟上建立的唐朝,统治中国近三百年。唐以后出现了五代十国的封建割据政权,历时五十多年。

在唐代,儒学思想的演变出现了一种承前启后、推陈出新的过渡趋势。中国封建社会前期的统治思想——天人感应论和谶纬迷信,在唐代受到了比较集中的批评。天人感应论和谶纬迷信盛行于汉代,成为一种统治思想。魏晋时期玄学盛行,南北朝时期佛教较为流行,而儒学的天人感应论和谶纬迷信日趋衰落,但仍不失为一种统治思想。曹丕为汉帝作“禅让册”,就宣称:“皇灵降瑞,人神告征”,“天之历数在尔躬。”(《三国志·文帝纪》)司马炎代魏,也说:“八纮同轨,瑞祥屡臻,天人协应,无思不服”,“予一人畏天之命,用不敢违。”(《晋书·武帝纪》)南朝刘裕代晋,打的是“四灵效瑞,川岳启图”(《宋书·武帝纪》)之旗。萧道成代宋,则标榜“象纬昭澈,布新之符已显;图谶彪炳,受终之义既彰”(《南齐书·高帝纪》)。萧衍代齐时也说:

"灵瑞杂沓,玄符昭著","八表呈祥,五灵效祉,岂止鳞羽祯奇,云星瑞色而已哉!"(《梁书·武帝纪》)北朝皇帝也大都信奉谶纬迷信,如北魏道武帝拓跋珪说,朝代之更替,均有"蛇龙之征,致云彩之应,五纬上聚,天人俱协,明革命之主,大运所钟,不可以非望求也。"(《魏书·太祖纪》)据《北齐书·高浚传》记载,北齐文宣帝高洋听信"亡高者黑衣"的谶语,以为黑者莫过于"漆",于是囚禁自己的七弟高浚(因七与漆同音),并亲手刺浚,将他烧死。直到隋文帝杨坚代周时,仍说:"赤雀降祉,玄龟效灵,钟石变音,蛟鱼出穴,布新之贶,焕焉在下。"(《隋书·高祖纪》)这都说明,在我国封建社会的前期,统治阶级一直把天人感应论和谶纬迷信作为改朝换代和进行思想统治的工具。但这种旧的意识形态,随着历史的变迁,逐步失去了原有的生命力。这就迫使统治阶级不得不试图抛弃这一套,而另寻新途。北魏孝文帝曾下诏焚毁图谶、秘纬,唐代虞世南、魏征劝太宗李世民修德不信祥瑞等,都表明了这种动向。但从理论上进行批评,则是由一些儒学思想家来承担的。

这种批评在唐代中期达到高潮,其代表人物是刘知几、柳宗元和刘禹锡。刘知几是著名史学家,对天人感应论和谶纬迷信的批评作出了重要贡献。他首先指出,所谓"祥瑞",在秦汉以前,史书记载极少,考之于《尚书》、《春秋》,"上下数千载,其可得言者,盖不过一、二而已"(《史通·书事》,下同)。但秦汉以后,此说泛滥,乃"主上所惑,臣下相欺"所致,故曰:"德弥少而瑞弥多,政逾劣而祥逾盛!"例如,汉代桓、灵两帝的政治最混乱,他们的祥瑞比汉代太平盛世的文、景时代还多。曹魏和司马氏的政治已经够坏了,五胡十六国的刘渊、刘曜和石勒这些残暴的统治者比曹氏和司马氏更坏些,他们的祥瑞比曹氏、司马氏两朝还要加倍。这些说明,君主的道德越差,国家的政治越坏,祥瑞就编造的越多。刘知几还指出,董仲舒、京房、刘向、刘歆、班固等人附会历史上的灾异和人事的关系,"皆不凭章句,直取胸怀,或以前为后,以虚为实,移的就箭,曲取相谐,掩耳盗钟,自云无觉。……如斯诡妄,不可殚论"。其结果是"每叙一灾,推一怪,董、京之说前后相反,向、歆之解父子不同",互相抵牾,矛盾百出。这就把历史和逻辑结合起来,有力地批评了天人感应论和谶纬迷信。

柳宗元对谶纬迷信进行了更为系统的批评,他说:"受命不于天,于其人;休符不于祥,于其仁。惟人之仁,非祥于天,非祥于天,兹惟贞符哉! 未有丧仁而久者也,未有恃祥而寿者也。"(《贞符》,下同)意思是受命不在天,而在人;真正美好的"符"不是什么吉兆,而是仁德。人的仁德,并非天降的吉祥;并非天降吉祥的这种仁德,才是贞符。不会有丧失仁德而能统治长久的国君,也不会有靠着符瑞而能长久统治的帝王。在他看来,政权不是神授的,只有得到百姓支持的政权,才能维持长久。"唐家正德受命于生人之意,累积厚久,宜享年无极之义。"这句话虽然是为唐王朝歌功颂德的,但却提出了"生人之意"的观点。所谓"生人之意",就是得民心。只有得民心,才是长安久治的"正德"。那些奸诈邪恶、愚顽昏庸的好怪之徒,宣扬"大电、大虹、玄鸟、巨迹、白狼、白鱼、流火之鸟以为符",都是诡诈荒谬的,十分可笑,根本不知道得天下的真正原因在于有"德"。"德昭者嗣,道怠者奇。"这里的"道"和"德",都是指人事而不是天命。柳宗元说:"圣人之道,不穷异以为神,不引天以为高,利于人,备于事,如斯而已矣。"(《时令论上》)他主张一切从对人有利出发,而不是从神出发。"古之所以言天者,盖以愚蚩蚩者耳,非为聪明睿智者设也。或者之未达,不思之甚也。"(《断刑论下》)古人之所以大讲天意,只不过是为了欺骗老百姓,并不是讲给聪明睿智之人听的,有人不明白这

一点,那是他太不动脑子的缘故。这就有力地戳穿了天人感应论和
谶纬迷信的虚伪骗人的本质,也在一定程度上揭露了它产生的社会
根源。

刘禹锡则进一步分析了天命论产生的社会根源。他说:"法大行,
则其人曰:'天何预人也?我蹈道而已。'法大弛,则其人曰:'道竟何
为耶?任天而已。'"(《天论》,下同)这里的关键在于法制能否实行:
如果法制畅行,就不会产生天命论;否则,法制废弛,人们就听天由命
了。刘禹锡把法制称为"道",这个"道"是"人道"。他指出:"生乎
治者,人道明,咸知其所自,故德与怨不归乎天;生乎乱者,人道昧,不
可知,故由人者举归乎天。非天预乎人尔!"也就是说,生在治世的
人,由于实行法制而是非分明,都知道赏罚的原因,所以恩怨都不归
于天;生在乱世的人,由于法制废弛而是非不明,不知道赏罚的原因,
所以把本来是人为的事情都归于天。其实,这并不是天在干预人事。
他不仅分析了天命论产生的社会根源,而且分析了天命论产生的认
识根源。如说:"夫舟行乎潍、淄、伊、洛者,疾徐存乎人,次舍存乎人。
风之怒号不能鼓为涛也,流之溯洄不能峭为魁也。适有迅而安,亦人
也;适有覆而胶,亦人也。舟中之人未尝有言天者,何哉?理明故也。
彼行乎江、河、淮、海者,疾徐不可得而知也,次舍不可得而必也。鸣
条之风,可以沃日;车盖之云,可以见怪。恬然济,亦天也;黯然沉,亦
天也;陆危而仅存,亦天也。舟中之人未尝有言人者,何哉?理昧故
也。"也就是说,船在潍、淄、伊、洛这些河中行驶,快慢由人操纵,开停
由人决定。狂风怒号,不能掀起波涛;回流旋涡,不能形成浪峰。有
时行驶迅速而安稳,这是人驾驶的缘故,有时搁浅或翻船,也是人驾
驶的缘故。船上的人没有说这是天造成的,为什么呢?因为人们认
识和掌握了客观事物的规律。那些在江、河、淮、海中行驶的船,慢快

不得而知,开停也不好掌握。吹动树枝的小风,可以掀起遮蔽日光的大浪;车篷一般大的云朵,也可以引起莫测的变幻。安然渡过,在于天;不幸沉没,也在天;临近危险而侥幸独存,还在于天。船上的人没有不说这是天造成的,为什么呢? 因为人们还没有认识客观事物的规律性。这正是天命论产生的认识根源。刘禹锡坚持并发展了荀子"天人相分"、人定胜天的思想,详细地论证了天是一种有形的物质实体,提出了"天与人交相胜"、"还相用"的命题,特别强调指出:"人诚务胜乎天者,何哉? 天无私,故人可务乎胜也。"因为天没有意志,所以,人一定可以胜过它。总之,经过这次比较集中、深刻、系统的理论探讨,天人感应论和谶纬迷信再也不能成为统治思想。

第二节　儒、佛、道的合流趋势

隋唐的统治者实行的是儒、释、道三种学术思想并立的政策,因此除儒学外,佛教和道教在隋唐时期也得到很大发展。佛教寺院林立,僧侣众多,在唐高祖武德年间,全国人口只有二百多万户,而"天下僧尼,数盈十万"(《旧唐书·傅奕传》),并且在寺院经济的基础上,建立了天台、唯识等佛教宗派,在中国思想界占有重要地位。道教也加速了自己封建化的过程,建立了和封建制度相适应的教职制度和思想体系,尽管他们在人数上还不及佛教的二十分之一,但仍能与儒、佛并存而成鼎足之势。隋唐统治者的文化政策,不能不引起一批儒学家的思考,使他们认识到在中外文化和民族文化的交流时期,用一种思想不能适应大唐经济和文化发展的要求,这需要儒学有一个变化,在保存儒学基本思想的同时,吸取佛、道二家的研究成果,创立一种新的儒学体系。所以,隋及唐初儒学的统一,是兼容佛、道学说的统一。

北朝末期至唐初,在儒学发展史上第一次出现了主张融合佛、道学说的三位儒学家。一位是颜之推,他在南朝梁为散骑侍郎,入北齐为黄门侍郎,进入隋代,官至内史。他认为"内外两教,本为一体,渐积为异(渐,是渐教,指佛理;积同极,意为宗极,指儒学),深浅不同"(《颜氏家训·归心》),并把儒学的"五常"(仁、义、礼、智、信)同佛教的"五戒"(不杀生、不偷盗、不邪淫、不饮酒、不妄语)加以比附,其目的就是以儒学证明佛学的不诬,借以融佛于儒。对于道教的成仙之说,他持存疑的态度,并告诫他的子孙不要"专精于此"。但另一方面,他又认为"神仙之事,未可全诬"(《颜氏家训·养生》),其中的养生方法,有益于人体,"无损于事,亦可修也",不妨加以效法,修正了他的前辈们容佛排道或容道排佛的立场。

另一位是隋朝的王通,又称"文中子"。他出生在儒学家庭,幼年时期就受到儒学的熏陶。仁寿三年(公元603年)西游长安,见隋文帝,上太平策,"尊王道,推霸略,稽古验今",未能得到采用。后被授职于蜀郡,任职不久,便回乡里,讲学终老。

王通把颜之推融合儒、释、道的主张,概括为"三教可一"的命题。他认为三教"不可废"(《中说·周公》),儒、释、道对于统治者来说都是有用的,都有可以辅政的内容,不能把国家的败亡,归罪于三教。他说:"《诗》《书》盛而秦(周)世灭,非仲尼之罪也;虚玄长而晋室乱,非老庄之罪也;斋戒修而梁国亡,非释迦之罪也。《易》不云乎,苟非其人,道不虚行。"(同上)这是说,周、晋和南朝梁的灭国,是统治者自己的过失造成的,是他们没有真正实行三教之"道"的结果。他还认为三教"各有弊"。他承认佛教也是"圣人"之教,但声称这是"西方之教",如果不加变通就难以实行,犹如大车无法畅行于水泽地区,中国的服饰不适合西方人穿着一样。他对道教"仁义不修,孝悌不立",专讲"长生神仙之道"(同上《礼乐》)甚为不满,认为是人的贪得无厌的一种表现。他通过北魏太武帝和北周武帝的两次排佛事件,隐晦地批评儒学家对佛教势不两立的僵化态度。他在回答佛、道二教"废之何如"时,说:"非尔所及也。真君、建德之事,适是推波助澜,纵风止燎耳。"(同上《问易》)北魏太武帝太平真君年间、北周武帝建德年间企图用行政手段确立儒学的正统地位,排抑佛教的发展,可是到了隋代,佛教反而更迅猛地发展起来,这种"纵风止燎"的办法是收不到预期效果的。他主张学习司马谈在学术上"善述九流"的精神,把儒、释、道三种学术思想加以融合,做到"通其变",即对各家中的弊端加以变通、改造,使彼此之间相互通融,取长补短。不过,王通"三教可一"的主张,没有强调儒学在融合佛、道学说中的主导地位,因而后来受到理学家的批评,他们说王通"浑三家之学","使浮屠、老子之教,遂与儒学鼎立于天下"(《陆九渊集·策问》)。因此,王通的"三教可一"主张,经过唐代许多思想家的实践与改造,才成为宋代理学可以利用的思想资料。

再一位就是唐初的孔颖达。他主编的《五经正义》,以儒学为主,兼取佛、道学说。这在客观上是对颜之推、王通思想的继承与实践,对后来的"三教归儒"思潮产生了影响。当然,《五经正义》各经正义的思想内容还是有差别的,其中《周易正义》因以王弼、韩康伯的注文为依据,所以儒、道结合的痕迹比较鲜明。

在《周易正义》中,孔颖达提出并分析了"道"、"形"、"器"、"气"这四个范畴。他认为"道"就是"无","无"能生"有",所以由"道"产生"形","道"是世界的本源。这与道家的思想出入不大。孔颖达又认为,"形"指"形质","器"指"器用"。"既有形质,可为器用",即

"器"是"形"的功能、作用。因此，"器"是依附于"形"的，"形"与"器"不能分割。这就是说，"道"有道之用，"器"有器之用，两者虽然有联系，但不能把两者混而为一。这种说法，道家是没有的，也与王弼的观点不尽相同。王弼只承认依"体"为用，而不承认"用"自为用，要求人们"反本即反于无"，"若有物安于形器之域而昧于本源"，就不能摆脱世俗的争端与烦恼。而孔颖达所强调的观点，从一个侧面反映了儒学对现实世界的关注。还有一点，孔颖达认为，从"道"到"形"，需要有一个物质性的中介，这就是"气"。他声称"阴阳之气"有规律的变化，才引起了从"道"到"形"的转化。关于这一点，他在《礼记正义》中说的更加明白。他把《易乾凿度》（《易纬》之一）所说的太极、太初、太始、太素与《老子》中"道生一，一生二，二生三，三生万物"的宇宙生成系列相比附。他认为太极（或称太易）就是指无形的"道"，"道生一"的"一"，就是指"浑元之气，与太初、太始、太素同"。也就是说，"道"通过"气"才产生出天地和万物。这里，孔颖达接受了汉代古文经学家"主万物依元气而始生。元气永存而执为实物"（汤用彤：《魏晋玄学论稿·王弼大衍义略释》）的部分见解，在他的从"道"到"形"的论述中，既肯定了"道"的地位，又强调"气"的作用。

　　孔颖达对儒、道的学术观点已如上述，那么，他对佛教的观点又是如何呢？他在《周易正义序》中批评"江南义疏十有余家，皆辞尚虚玄，义多浮诞，……若论住内住外之空，就能就所之说，斯乃义涉于释氏，非为教于孔门也。"这里所谓的"住"，是佛教名词，指事物形成以后的相对稳定状态。"住内住外"，就是指事物的本体和现象。"能所"也是佛教名词，即"能知"和"所知"的简称，指认识主体和认识对象的关系。孔颖达认为，不能用佛教"空"的观点，或以否认认识对象真实性的观点去解释《周易》，而主张排斥这种援佛入儒的做法。可是在《周易正义》的疏文中,他又违背了《序》言所说的宗旨。他在《周易·乾卦象正义》"大哉乾元,万物资始,乃统天"条下作疏时说,"含生之属"(佛教名词,指人及一切有情知的生物,即众生)只求保全自己,因而忧心忡忡,若要获得精神上的自由自在,就应当像"天"那样恩泽万物而不计己功,做到有形而无累。这样,孔颖达又悄悄地把道家的"无欲"、佛家的"无生"、儒家的"爱人"糅合在一起。

孔颖达在兼容佛、道学说的时候,颇重视对名教这一儒学主体思想的阐发。他把名教概括为"贱事贵,卑承尊"的等级制度,即"礼"。他认为天地未分之前就有"礼","礼"的作用是"经天地、理人伦",为天地规定道路,为人伦规定原则,它是自然界和人类社会所应遵循的法则。有了天地,有了人类之后,"礼"就为它们规定尊卑的次序,尊卑也是自然而有,与生俱来的,类似人类的一种生理本能。为使"尊卑有常",就需要君臣来掌握"礼"。孔颖达的这些言论,无疑是韩愈《原道》篇的雏形。

第三节　唐中叶儒学与佛学的结合

唐中叶,儒学和佛学加强了相互吸取和融合。这实际上是一个问题的两个方面,以佛学方面来说,一直在研究同中国传统文化,主要是同儒学的关系。经过佛学家们七八百年的探索,到唐中叶已经基本上完成了佛学儒学化的过程。概括地说,他们在佛学理论中融合了儒学的基本观点,把佛学的佛性说与儒学的心性说,佛学的出世理论与儒学的经世理论有机地统一起来。本来在印度佛教中,佛性与实相、法性、真如等概念,含义基本相同,都是指现象的本质、本体。心性是中国儒学的传统范畴,指心和性的关系,也就是指人的本质、本性,以及认识和完善人性的途径、方法。可见,佛性主要是以外部世界为对象,而心性则是以人的精神世界为对象,这二者之间本来没有多少联系。但佛经中有一阐提(指断灭善根的人)不能成佛的说法,这就同儒学中占主导地位的性善论发生了矛盾。所以,从晋宋以来,佛学家们就企图利用儒学中有关平等的人性论,来建立平等的佛性论,从而逐步改变了佛性的对象和内涵。特别是到了唐中叶,华严宗依据《大智度论》"在众生数中,名为佛性,在非众生数中,名为法性"的说法,规定佛性是众生的本性,不能用于说明无情识的万物,这就把佛性的对象等同于心性的对象。至于禅宗,更是集中讲心性的宗派,其"自性自悟"的宗旨,就是用信仰主义宣传儒学的"尽心、知性、知天"的修养理论与修养工夫。

中国儒学从产生时起,就带有较强的政治意识。到了汉代,儒学家提倡的"经世"理论更成为儒学政治观的主要内容。佛教则不同,它以超出三界、六道、生死轮回的世界(简称"出世界")为觉悟的标记。所以佛教传入中国以后,一直受到中国儒学界的非难和批评。僧人出家,不拜皇帝,不孝父母,逃丁逃税,被视为违反名教的行为。为了改变这种被动局面,中国佛教也从出世间求解脱向不离世间求解脱的方面发展,逐渐把忠君孝慈,甚至家法家规都引进佛教教义。如华严宗的宗密曾撰《盂兰盆经疏》,宣传释迦牟尼及其弟子目连出家都是为救护父母而尽孝道,把《盂兰盆经》作为佛教的孝经。禅宗的怀海制订了《百丈清规》,把寺院组织家族化。慧能则进一步拆除世间与出世间的界限,认为修行在家亦可,不必非要住进寺院,主张在日常生活中就能实现成佛的理想。所有这些说法,都是为了使佛教教义与儒家名教相适应。如果说在魏晋南北朝时期出现了一批玄学化的僧侣,那么到唐中叶就出现了更多的儒学化的和尚。像同韩愈交往的大颠和尚,同柳宗元交往的文畅、灵彻、元浩、浩初、重巽和尚,同李翱交往的惟严和尚等,都属于这一类型。

从儒学方面来说,在唐中叶也出现了儒学佛学化的某些趋势,如在思想体系上,利用和改造了佛教的法裔传承来建立儒学的学术渊流关系;在思想内容上,引进佛教对人的主体的研究成果,强化心性的作用和地位;在思想方法上,吸取佛教的一些抽象思辨,来提高儒学的理论化程度,等等。这样,唐中叶的儒学家就有可能摒弃传统的经学笺注形式,建立以儒学为主体,对佛学有所取舍的思想体系,即被人们称为新儒学的体系。

新儒学的开创者有韩愈、柳宗元等人。韩愈字退之,河南河阳(今河南孟州西)人,因其祖先曾居昌黎(今辽宁义县),所以又称韩昌黎。青年时代的韩愈就推崇儒学和提倡古文。唐德宗贞元年间中进士,后任监察御史、国子祭酒、兵部侍郎、吏部侍郎等职。仕途屡贬迁。元和十四年(公元819年)因上书反对唐宪宗把陕西凤翔法门寺里收藏的"佛骨"迎到宫中供养,几乎丧失性命,但他反佛的思想始终不变。

韩愈所开创的新儒学,实际上是想解决魏晋时期所提出的封建主义的名教礼法如何与个人的自觉性相协调的问题,但其答案是不同的。韩愈的答案是"道统"论和"治心"论。所谓"道统",是韩愈吸取佛教祖统说的思想资料,虚构出的一个儒学学术传统。据他说这个学术传统从古至今,世代相传,所以称为"道统"。本来佛教,特别是中国禅宗是最讲求祖师法裔继承关系的,唐代和尚智炬(一作智矩)曾作《宝林传》(宝林,即韶州曹溪宝林寺,慧能的传法基地),对禅宗的传法世系作了说明和概括。韩愈洞悉佛教的演变情况,为对抗佛教的"祖统"说,提出了儒学的"道统"论。这个"道统"可以追溯到尧、舜、禹、汤：“尧以是传之舜,舜以是传之禹,禹以是传之汤,汤以是传之文、武、周公,文、武、周公传之孔子,孔子传之孟轲,轲之死,不得其传焉”(《原道》),直到韩愈才把“道统”恢复起来,使之相续不断。这里,韩愈把儒学渊流同中国古代的圣王、贤君相联系,借以强调儒学是华夏正统思想,坚定人们对儒学的信仰,解决魏晋以来儒学所面临的信仰危机。与此相联系,韩愈还提出“治心”论,而“治心”论发端于孟子。韩愈把孟子讲的“尽心”、“知性”、“知天”与佛学对人的主体研究的论点结合起来,强调自我意识的作用,通过自我意识的克制或扩张,去实现某种理想或追求某种精神寄托。韩愈的“治心”论,无疑是佛学和早期儒学中孟子学说相交织的产物。他的“治心”论和佛、道的宗教哲学是一致的,所不同的是他不但主张“治心”,而且主张“治世”,主张把自我意识的作用落到齐家、治国、平天下上去。为此,他利用和改造儒、释、道等学派所共同使用的范畴——道,在其中充实儒学的内容。

　　韩愈提出“道”是由形式和内容所组成的整体。他说:“仁与义为定名,道与德为虚位。”(同上) 这是说,“道”是形式(“虚位”),仁义是“道”的内容(“定名”)。“道”这种形式哪一个学派都可以用,但仁义的内容却是确定不移的。为了阐述仁与义的关系,韩愈又在儒家经典中找到《大学》作为理论依据。《大学》一书,在唐以前没有多大的思想影响,很少有人提到它,从韩愈开始就有了知名度,因为它里面讲了一套修身、齐家、治国、平天下的道理。根据韩愈的解释,“修齐治平”,既讲“治心”又讲“治世”,而仁是存于内的,是“治心”(修身),义是见于外的,是“治世”(齐家、治国、平天下),仁与义结合起来就是“道”。这样,儒家的“道”就可以用来对抗佛教只欲“治心”,不谈“治世”的理论,从而把人的自我意识转变为履行封建主义名教礼法的巨大力量。韩愈把名教礼法部分地哲理化的论点,要比汉儒的粗俗说教高明得多,因而能够成为联结宋代理学的环节。

韩愈的学生李翱,进一步吸取了禅宗的思想资料,对老师的学说作了修正。他不承认人在品性和修养上有什么先天的差别。他认为圣人与凡人、好人与坏人的品性都是相同的;每一个人的品性都是先天地符合封建道德标准的,都有成为圣人的可能性。有人成不了圣人,这是受到后天情欲的干扰,所以他说:"人之所以为圣人者,性也;人之所以惑其性者,情也。喜、怒、哀、惧、爱、恶、欲,皆情之所为也。情既昏,性斯匿矣。非性之过也,七者循环而交来,故性不能充也。"(《复性书》)人的七情不断地从各方面迷惑人的品性,使人的品性得不到扩充。他把情欲比喻为使河水混浊的泥沙,使火光不能显露的烟雾,所以他认为情欲是不善的根源,只有去掉生活的情欲,才能恢复人的本性。而达到"灭情复性"的途径就是所谓的"弗思弗虑",即否定一切具体知识,排除一切思维活动,使"心寂不动",达到"邪思自息,唯性明照"的境界,这同禅宗所说"内无一物,外无所求"的信仰主义已经没有差别。李翱的"复性"主张,实际是想通过信仰的力量强化自我意识,借以提高人们践履名教礼法的自觉性。换句话说,只要人内心认为名教礼法是神圣的,就会忠实地遵循它,任何力量也改变不了他的决心,他也不会有不自在的感觉。创立一个没有上帝,而以名教为信仰的新儒学,这就是韩愈、李翱学说的宗旨。

在唐代儒学中,援佛入儒的主要代表,还有柳宗元和刘禹锡。他们与韩愈的排佛态度相反,而是"好佛"的。但对他们的"好佛",应作具体分析。因为佛法之被中华,约有二端:一曰教,二曰理。或偏教,或偏理。柳、刘的"好佛",则是偏理而不偏教的。他们主张区分佛之"迹"与"言",取其韫玉。所谓"迹",就是佛教创始人和僧侣的行为，"言"就是佛教学说，相当于"理"。柳宗元说："退之所罪者，其迹也。曰髡而缁，无夫妇父子，不为耕农蚕桑而活乎人，若是，虽吾亦不乐也。"（《送僧浩初序》）他对佛教僧侣毁弃人伦、不劳而食这类"迹"是不满意的，与韩愈比较相近。但他批评韩愈"忿其外而遗其中，是知石而不知韫玉也"（同上）。在这一点上，他比韩愈高明。佛学经过长期传播，已经在中国的土壤里生根。对于这种已经民族化了的佛学，是不能简单抛弃的。

　　柳宗元和刘禹锡努力从佛学之"石"中琢取"韫玉"，吸取"合理"成分，为丰富儒学所用，应该说是近似于"扬弃"的。例如，他们在吸取佛理中虚实相即、有无统一的思维方法之时，摈弃了佛教以空为本、以无为体的世界观。刘禹锡指出："上士解空而离相，中士著空而嫉有，不因相何以示觉，不由有何以悟无"（《牛头山祖融大师新塔记》），"若所谓无形者，非空乎？空者，形之希微者也。为体也不妨乎物，而为用也恒资乎有，必依于物而后形焉。……古所谓无形，盖无常形耳，必因物而后见耳。"（《天论》）这种因相示觉、由有悟无的思想，柳宗元是很赞赏的。他曾寄书刘禹锡说："所谓无形为无常形者，甚善。"（《答刘禹锡天论书》）在许多地方，柳宗元都阐发了同样的思想。如说："今之言禅者，有流荡舛误，迭相师用，妄取空语，而脱略方便，颠倒真实，以陷乎己，而又陷乎人。又有能言体而不及用者，不知二者之不可斯须离也。离之外矣，是世之所大患也。"（《送琛上人南游序》）由此可见，他对佛理并非一味推赞服膺，而是有分析批判的。他毫不含糊地抨击言禅者之"妄取空语"、"颠倒真实"的做法，并直截了当地反对离有言无的思想，指出："言至虚之极，则荡而失守；辩群有之伙，则泥而皆存者，其不以远乎？"（《送巽上人赴中丞叔父召序》）在他看来，林林总总的大千世界，既不是一无所有、"至虚之极"，也不是永恒不变、"泯而皆存",而是处于不断从有形到无形、从无形到有形的转化过程之中。他称赞龙安海禅师说:"北学于惠隐,南求于马素,咸黜其异,以蹈乎中,乖离而愈同,空洞而益实,作《安禅通明论》。推一而适万,则事无非真;混万而归一,则真无非事。推而未尝推,故无适;混而未尝混,故无归。块然趣定,至于旬时,是之谓施用;茫然同俗,极乎流动,是之谓真常。"(《龙安海禅师碑》)这种"真"与"事"、"流动"与"真常"相互统一的辩证思维,被柳宗元当作"韫玉"撷取过来纳入儒学体系,促进了儒学思想的理论化。所以,他说:"吾之所取者与《易》、《论语》合,虽圣人复生不可得而斥也。"(《送僧浩初序》)他主张"真乘法印,与儒典并用"(《送文畅上人登五台遂游河朔序》);"悉取向之所以异者,通而同之,搜择融液,与道大适。"(《送元十八山人南游序》)这里所谓的"道",就是儒学。凡是适合儒学的"融液",都是应该"搜择"的。例如,"释之书有《大报恩》十篇,咸言由孝而极其业。世之荡诞慢诡者,虽为其道而好违其书。于元暠师,吾见其不违且与儒合也。"(《送元暠师序》)除了"孝道"之外,"其教人,始以性善,终以性善"(《曹溪第六祖赐谥大鉴禅师碑》),"去鬼息杀,而务趣于仁爱"都是"有以佐教化"的(《柳州复大云寺记》)。

刘禹锡也从有益于教化这个角度来考虑问题,他认为佛教对儒学的伦理道德思想是一种补充,特别是在乱世,它能起到"革盗心于冥昧之间,泯爱缘于死生之际,阴助教化,总持人天"(《袁州萍乡县杨岐山故广师碑》)的作用。但柳、刘对佛教的社会作用之估价,毕竟是过高了。这个缺陷被李翱所纠正。

第十章　唐代儒学与自然科学

第一节　唐代自然科学发展的开放性特点

唐代是中国封建社会的盛世。国家的统一、社会较为安定、经济繁荣、生产技术提高和中外文化交流的加强,有力地促进了自然科学的发展。无论从广度或深度上看,自然科学都达到了成熟阶段,主要表现在以下五点。

一是医药化学的发展。早在隋朝,太医博士巢元方就总结了魏晋南北朝以来的医疗经验和成就,编著成《诸病源候论》。这部书论述了内、外、妇、儿、五官等科的病因、病理和症状,反映了我国医学理论的发展和临症实践的提高,是我国最早的一部内容丰富、比较系统的病因病理学专著。到了唐代,医药学的发展呈现出一派蓬蓬勃勃的景象。唐初伟大医药学家孙思邈著《备急千金要方》和《千金翼方》,把我国医药学的发展推向了新阶段。他精于医道,崇尚医德,注重养生,专在于药,具有丰富的医药学思想。首先,他的医道来源于《黄帝内经》的气和阴阳五行说,并吸取了儒、道、佛的思想,还受到印度医药学理论的影响。其次,他提出了医生不为名利、救死扶伤、认真负责、谦虚谨慎的四条医德标准,创立了我国的医学伦理学。同时,他总结出养生的三条原则——节护"三宝"("啬神"、"爱气"和"养形")、注意"饮食"、经常"运动",揭示了养生的秘密。特别是在药学理论方面,他论证了药与物、药与时、药与地的关系,集唐代以前医方之大成,作出了卓越的贡献,被后世尊为"药王"。

中唐时期,王焘在《诸病源候论》、《备急千金要方》和《千金翼方》的基础上,编撰《外台秘要》,促进了医药学的进一步发展。8世纪左右,著名藏医学家宇陀·元丹贡布编成《四部医典》(藏名《居悉》),奠定了我国藏族医学的基础。

在药学方面,唐朝组织苏敬等集体编成的《新修本草》,是我国也是世界上由国家颁行的最早的一部药典。这部药典共分54卷,分药图、药经、本草三部分,收载药物850种,其中考证过去本草经籍所载有差错的药物四百多种,增补新药114种。这不仅是一部药物学著作,而且是一部动植物形态学著作,在生物学史上也有一定的意义。尔后,陈藏器的《本草拾遗》,则对《新修本草》遗漏的药物进行了增补。此外,当时留居中国的波斯人李珣著有《海药本草》,专记由海外传入中国的药物。

在唐代,由于炼丹术的发展,化学上取得了重大成果。8、9世纪左右,炼丹家就知道了"以硫黄、雄黄和硝石,并密烧之",则"焰起,烧手面及屋宇"(《真元妙道要略》)。据研究,这里的"密"字应是"蜜"字之误,蜜加热后,分解出炭,因而实际上是硫黄,硝石与炭混合在一起。这三种东西的混合物就是初始的黑火药,对近代世界起重大作用的火药就是由此发明创造出来的。

二是农学的发展。早在隋代,诸葛颍就撰写《种植法》77卷,篇幅很大。到了唐代,由于农业生产技术发达、作物栽培种类增加以及学术文化水平的提高,农学著作比过去任何时代都多。根据现存目录来看,这一时期的农书,不仅在体裁和内容上继承了前代农书的若干特点,而且在专业农书上有一定的发展,既有综合性的一般农书,也有畜牧兽医、园艺、经济作物、农具等专业性农书,共计二十多种。在综合性的一般农书中,比较重要的有《兆人本业》(已佚)。这部书是武则天执政时,召集文学之士周恩茂等撰写,并颁行天下的。据《困学纪闻》卷5记载,它是讲农俗和四时种莳之法的。以后唐代皇帝把进呈《兆人本业》定为制度,"每年二月一日,以农业方兴,令百寮具则天大圣皇后所删定《兆人本业记》进奉"(《吕衡州集》卷4《代文武百寮进农书表》)。中唐时期,韦行规撰写的《保生月录》,也是一部重要的农学典籍。但它早已失传,据说"凡饮馔、服饵、种艺、盖藏之法,皆本月书之"(章如愚:《山堂考索前集》)。唐末,韩鄂的《四时纂要》是"遍阅农书,取《广雅》、《尔雅》定土产,取《月令》、《家令》叙时宜,采氾胜种树之书,掇崔寔试谷之法,兼删韦氏《月录》、《齐民要术》编成"(《郡斋读书志》)。这部书后来失传,最近日本发现了一个明万历十八年的朝鲜刻本,已经影印出版。

在专业性农书中较重要而又现存的,是《茶经》和《耒耜经》。《茶经》是在唐朝前期,由陆羽写成的。它记述了茶的性状、品质、采制、烹饮和产地等,是我国和世界上最早的一部茶业专著。唐末陆龟蒙的《耒耜经》,则是我国最早的一部农具专著。这虽是仅有六百余字的一篇短文,但中国农具有专著,实由此书开始,谈江南农事生产的,也以此书为最早。唐代农书之多,说明了农学的发展。可惜的是,这些农书大多失传,给我们研究唐代农学的发展带来一定的困难。

三是数学的发展。隋朝统一中国后,展开了筑长城、开运河等大规模的工程建设,对于数学知识和计算技能提出了比前代更高的要求。唐初数学家王孝通的《缉古算经》一书,就是适应这种要求而产生的。《缉古算经》的主要成就是介绍开带从立方法(即求三次方程的正根),是我国现存最早的一部开带从立方的算书。为了满足当时数学教育的需要,唐高宗曾命太史令李淳风与算学博士梁述、太学助教王真儒等注释《周髀算经》、《九章算术》等十部算经,在"国学行用"(《旧唐书·李淳风传》)。李淳风等在对《周髀算经》的注释中,根据实际观测,修正了经文和赵爽、甄鸾注中的缺陷,指出:《周髀算经》认为南北相去一千里,日影的长度相差一寸的说法与实际不合,赵爽用等差级数计算二十四气8尺高杆的日影长,也不符合实际情况,并逐条校正了甄鸾对赵爽的"句股圆方图"的种种误解。隋代天文学家刘焯在制定皇极历时,创立推算日、月、五星运行度数的等间距二次内插方法。这种方法比以前所用的一次内插法精密。但由于历法中的节气不是等间距的,日、月、五星的视运动也不是匀加速运动,所得的数值仍然存在着较大的误差。为了提高历法的精确度,唐代伟大天文学家一行在这个基础上大胆创新,在大衍历中创立了不等间距的二次内插方法。晚唐时的徐昂在制定宣明历时,所用的内插公式比一行的公式形式上更为简便。正如有些中国科技史家所说:"内插方法的创立和应用,是中国数学史和天文史上的一项重大成就。"(杜石然等:《中国科学技术史稿》上册,科学出版社1982年版,第325—326页)

四是天文学的发展。隋朝在历法中关于定朔与平朔的论争,十分激烈。在太阳视运动的不均匀性被发现以后,定朔法的应用势在必行。但隋文帝所宠信的张宾制定的开皇历循古蹈旧,并仗势压制刘孝孙、刘焯等使用定朔法等的正确意见。初唐颁行傅仁均制定的戊寅元历,其中采用了定朔法。但后来出现连续四个大月的现象,又把定朔改为平朔。唐高宗时,颁用了李淳风制定的麟德历。麟德历以皇极历为基础加以改进，采用定朔法，废除闰周，是当时比较精密的历法。到唐玄宗时，麟德历行用已久，误差较大，便命一行"改撰新历"（《旧唐书·一行传》）。一行接受修定新历的使命后，首先创制天文观测仪器和演示仪器，如黄道游仪、水运浑天仪和复矩等。接着，他主持进行了一次大规模的天文大地测量工作，这就是世界上第一次子午线长度的实测。在大规模实际观测和吸取前人研究成果的基础上，一行制定了大衍历。大衍历把过去没有统一格式的中国历法归纳成七个部分：一曰"步中朔术"，计算节气和朔望的平均时间；二曰"发敛术"，计算七十二候（五日算一候，用鸟兽草木的变化来描述气候的变化）；三曰"步日躔术"，计算太阳的运行；四曰"步月离术"，计算月亮的运行；五曰"步轨漏术"，计算时刻；六曰"步交会术"，计算日食和月食；七曰"步五星术"，计算五大行星的运动。这种编写方法，立法整齐，内容系统，结构合理，逻辑严密。因此，在明末用西方方法编历之前，各次修历都仿效大衍历的结构。这说明，大衍历标志着我国古代历法体系的完全成熟。大衍历的最突出的贡献是比较正确地掌握了太阳在黄道上视运动速度变化的规律，在日月食预告方面考虑到视差对交食的影响，并创立了一套计算方法。

五是地理学的发展。隋炀帝时，曾"普诏天下诸郡，条其风俗物产地图，上于尚书"（《隋书·经籍志》），汇集成《诸郡物产土俗记》151卷、《诸州图经集》100卷、《区宇图志》129卷。《区宇图志》"叙山川则卷首有山水图，叙郡国则卷首有郭邑图，叙城隍则卷首有公馆图"（《大业杂记》）。唐代的全国性、地区性和关于边疆及外国的地理著作更是大量出现，地图的著作亦有不少问世。贾耽著有《古今郡国县道四夷述》40卷，还绘制了《关中陇右及山南九州等图》、《海内华夷图》。《海内华夷图》是我国历史上著名的全国大地图，其画法师承裴秀的制图"六体",图广3丈,纵33尺,比例尺为一寸折百里(即1:1800000)。图中以黑色书写古时地名,以红色书写当时地名,使"今古殊文,执习简易"(《旧唐书·贾耽传》)。这是制图史上的一项创新,为后世的历史沿革地图所袭用,成为现代通用的底图填图法的先驱。李吉甫著有《元和郡县图志》54卷,"分天下诸镇,纪其山川险易故事,各写其图于篇首"(《旧唐书·李吉甫传》),记述了当时全国十道所属州县的沿革、通道、山川、户口、贡赋和古迹等。篇首附图于南宋时佚亡,因而在后来便被略去"图"字,以《元和郡县志》为名。《元和郡县志》是现存最早的魏晋以来所著述的全国性地理书,它继承和发扬了《汉书·地理志》的传统地理学体系,对后世全国性地志的编纂影响很大。著名佛教学者和旅行家玄奘的《大唐西域记》,是一部关于我国西北部边疆地区和中亚、南亚的重要地理著作。书中以文雅生动的笔法,记述了他亲身经历的一百一十个地区和国家,以及传闻中的二十八个国家的地理位置、历史沿革、风土人情、山川、物产、气候和宗教等情况,对地理知识的发展和传播,对促进当时的中外交通,都作出了重大贡献,至今仍然是研究中亚、印度和巴基斯坦等地历史地理的重要文献。

　　仅从以上五点就可以看出,自然科学在唐代有了很大的发展。唐代自然科学发展的一个明显特点,就是带有开放的性质。这种开放性表现在以下两个方面:

　　一方面,我国的自然科学在中外文化交流的过程中,吸取了外国自然科学的一些成果。5、6世纪,印度天文学与数学有显著进步,其成果也随着佛经一起流传到中国。据《隋书·经籍志》所录,天文类有《婆罗门天文经》20卷,《婆罗门竭伽仙人天文说》30卷,《婆罗门天文》1卷,还有《摩登伽经说星图》1卷;历算类有《婆罗门算法》3卷,

《婆罗门阴阳算历》1卷,《婆罗门算经》3卷。南北朝时期译成汉文的《佛本行经》、《华严经》、《俱舍论》等佛教经典,都涉及印度大、小数名目和各种进法。《大唐内典录》著录《内外旁通比较数法》1卷,为隋翻经学士刘凭所撰。从他的自序中可以看出,这部书写的是各种佛经中所见的大数记法和中国大数记法的对比。唐慧琳的《一切经音义》22卷,也解释了印度大数名称的意义。《摩登伽经》卷下"明时分别品第七"叙述印度度量衡单位名称,各单位以下都有极细微的分析。其他经典如《大般若波罗密多经》、《大方广物华严经》、《大宝积经》等,也有细微单位的名称。这些数学知识,后来对我国数学著作都有程度不同的影响。印度天文学家有的曾在唐朝司天监工作,主要的有瞿昙、迦叶、俱摩罗三家,而以瞿昙一家最为著名。瞿昙悉达任职太史监,曾于开元六年(公元718年)奉诏将印度的九执历译成汉文。在他编辑的《开元占经》120卷中,第104卷是《天竺九执历经》。其中有关数学的部分,有数码、圆弧的量法和弧的正弦。贞元时译有《都利聿书经》2卷。9世纪初,来华的印度僧人金俱咤在《七曜攘灾诀》中,提出了以节气为每月之首的阳历系统。但因中国的数学和天文体系与印度不同,所以印度的天文、数学在我国没有造成多大影响。

然而,在医药学领域的情况则有所不同。早在东汉末年,印度医药就随佛教传入中国。仅据《隋书·经籍志》记载,就有《龙树菩萨药方》4卷,《婆罗门诸仙药方》20卷,《婆罗门药方》5卷,《龙树菩萨养性方》1卷等十一种之多。由于这些书的翻译,印度的许多医药知识便被介绍到中国。从魏晋南北朝到隋唐的一些医药学著作都吸收了印度的医药学知识,丰富了我国医药学的宝库。尤其是印度的眼科,对我国的影响较大。所谓"龙树"是印度著名眼科医生的名字,也就是中国人所称的眼光菩萨,不少的印度眼科书籍都冠有"龙树"、"龙木"的名称。王焘的《外台秘要》天竺经中记载了传自印度的金针拨内障法,并介绍了印度早已应用于眼科的矿物药如硫酸铜、硼砂、明矾等。唐时出现了眼科专著《治目方》5卷,眼科治疗有了很大的进展。如治内障的手术,有"金针一拨日当空"之赞。印度的外科、催眠术、心理治疗、按摩法和药方,也都在我国得到介绍。当时,从印度传入我国的药物有阿魏、诃黎勒、郁金香、豆蔻、龙脑、丁香等。据《新修本草》、《本草拾遗》记载,当时从越南输入的药物有白花藤、庵摩勒、丁香、詹糖香、苏方木、白茅香等。从朝鲜传入的药物有五味子、昆布、芜荑、款冬花、菟丝子、白附子、海松子、延胡索、兰藤、担罗、海藻等,还有"新罗人参"和"高丽老师方"。罗马的医药也传入中国,特别是所谓的"穿颅术"被称为"能开脑出虫,以愈目眚"(《新唐书·拂菻传》),实际上应是一种眼外科手术或放血疗法。从波斯传入的药物有胡桃、胡蒜、没食子、胡芥、柘榴、砂糖、金桃、蒔萝、千年枣、菠薐、无花果、橄榄、皂荚、水仙属、阿勃参、甜瓜、胡芦巴等。从阿拉伯传入的药物有乳香、没药、血竭、木香、胡芦巴等,还有药方。另外,阿拉伯的珍宝、玻璃器皿等,也输入我国。大食的"猛火油"(即煤油)传入中国后,我国很快就认识到煤油遇水后燃烧得更加猛烈,并在战争中应用。《吴越备史》说:"火油得自海南大食国,以铁筒发之,水沃,其焰弥盛。"这一切都表明,我国吸取了外国自然科学的先进成果。

另一方面,我国的自然科学在当时的世界处于领先地位,它向外传播对世界文化的发展作出了重要贡献。自从汉代"丝绸之路"开辟以来,到唐代的一千多年间,这条陆上通道虽几经中断,但基本上是畅通的。我国与中亚、南亚、伊朗、阿拉伯,直至欧洲,通过"丝绸之路"一直保持着大规模的经济贸易交往,伴之而来的是科学文化交流。早在"丝绸之路"开辟之前,我国的丝织品就传入了欧洲。唐时,中国的丝织品仍大量地通过波斯和阿拉伯进入罗马帝国。同时,中国的造纸术、陶瓷制造技术、炼丹术和硝等药物,也都传到阿拉伯一带。阿拉伯人具有好学的优良传统,如穆罕默德曾教导国人说:"你们应当自摇篮学到墓穴","学问虽远在中国,亦当求之。"(托太哈:《回教教育史》,商务印书馆1941年版,第125页)他们在当时不但精研本身的文化遗产,同时既继承了希腊罗马的文化,又吸取了中国的文化,从而在沟通东西方文化方面作出了贡献。如被阿拉伯人称为"学术界的领袖和王子"的阿维森纳所著的《医典》,是阿拉伯的医学经典著作,影响阿拉伯及欧洲的医学教育达数百年之久。其中载有脉学,许多脉象是采自王叔和的《脉经》。关于糖尿病的症状和病因,巢元方曾指出:"夫消渴者,渴不止,小便多是也";此病是由于"肥美之所发","此人必数食甘美而多肥也"(《诸病源候论·消渴候》)。而关于患者尿是甜的,在唐初成书的《必效方》就有记载,以后孙思邈进一步总结了该病发病过程以及药物、食治等疗法,又规定了饮食、起居的某些禁忌,对此《医典》中亦有记载。此外,对于麻疹的预后和用水蛭吸毒以至中国药物等医药知识,在《医典》中都有反映。

中越医药交流的历史,也很悠久。到了唐代,精通药学的诗人沈佺期、刘禹锡等都曾去过越南。我国的许多药物如人参、茯苓、当归、远志、麻黄、细辛等输入印度,曾被誉为"神州上药"。唐僧义净在印度逗留二十年,常以中药为印度人治病。由于僧人相互往返,中印的科学文化得到广泛的交流。依数学而论,大约在6世纪时,印度创立了位值制数码(即现代通用的印度—阿拉伯数码的前身),建立土盘算术,算术、代数、三角学都有迅速的发展,并在以后由阿拉伯辗转传入欧洲,促进欧洲中古时期数学的发展。而位值制、土盘算术都似乎受到中国筹算方法的影响,其他如分数、弓形面积、球体积、句股问题、圆周率、一次同余式、开方法、重差术等也都可以找到中国数学的痕迹(参见李约瑟:《中国科学技术史》第3卷,第323—333页)。最早在中国创立的十进位值制记数法和在此基础上的各种运算方法,经印度、阿拉伯而西传,这或者可以说是我国古代数学对世界数学、同时也是对世界科学和人类文明发展的伟大贡献之一。

在世界上,受中国科学文化影响最大的国家莫过日本和朝鲜。中朝两国的科学文化交流,早在晋代就很频繁。到了唐代,随着两国关系的日益密切,我国的科学文化书籍大量输入朝鲜。就医药学方面而论,有《黄帝内经》、《伤寒论》、《甲乙经》、《神农本草经》、《难经》、《脉经》、《诸病源候论》、《备急千金要方》、《外台秘要》等。新罗在统一朝鲜半岛前,就派人来唐留学,统一朝鲜后,更派遣大批留学生来唐。开成五年(公元840年),新罗留学生和其他人员回国的就有105人。这个时期,除了医药书籍之外,中国的天文、历法、算书也都进入朝鲜。从7、8世纪起,新罗还吸取唐朝的教育制度,在"国学"设立算学科,置"算学博士若助教一人,以《缀经》、《三开》、《九章》、《六章》教授之"(金富轼:《三国史记·职官上》)。

我国与日本的关系,在魏晋南北朝时期就有较大的发展。7世纪中叶,日本以大唐国为楷模建立法制完备的天皇制国家的大化革新进行以后,中日两国之间的经济、文化和科学技术交流进入了高潮。奈良时代的日本统治阶级极其热衷于吸收中国文化,"越是中国风味的,就越受古代贵族们的喜爱","越是中国式的东西才是古代日本的贵族文化","他们醉心于此:只要是唐朝的东西,不论什么都要尽快地传进来"(井上清:《日本历史》)。

在唐代,日本共派遣了十九次遣唐使,有大批的留学生和学问僧随行来到中国。仅公元702年到777年间就有六次,每次随行多达四五百人。在唐的留学生和学问僧以极大的热情求取唐代的典籍。或者抄录,或以重价购求,或为赠送,因而大量的中国书籍进入日本。其中有很多天文、历法、算学、医药、音律等方面的著作,如《周髀算经》、《九章算术》等十部算经及其他算术,天文著作461卷,有各种历法,有医药著作1309卷,还有不少农学和其他著作,如《齐民要术》等。唐代的历法,多为日本采用。如麟德历被用了72年,大衍历被用94年,郭献之的五纪历被用了4年,徐昂的宣明历被用了823年。8世纪时,日本仿效唐国子监的教育制度,设有算学和医学,并规定了必修的教材、学习年限和考试方法等。如在《大宝律令》中,制定有医药职令《疾医令》,规定医学生必修《素问》、《黄帝针经》、《明堂脉诀》、《甲乙经》、《新修本草》等书。公元743年,唐高僧鉴真和尚被邀赴日传授佛学和医学。他率弟子六次东渡,历十年之久,终于到达日本。他带去了乳香、龙脑香等许多药物,将使用药物、鉴别药物的一整套方法传给日本。他留传下来的医书《鉴上人秘方》,成为当时日本的医学宝鉴。763年,鉴真逝世于日本奈良唐招提寺,以后日本医学家一直把他奉为医祖。808年,平城天皇命安部真直、出云广真等征集全国医方,并以我国的《素问》、《黄帝针经》、《脉经》、《甲乙经》、《小品方》、《新修本草》为蓝本,编成《大同类聚方》100卷。982年,丹波赖康依据《诸病源候论》,更参照隋唐方书八十余种,编成《医心方》30卷,是现存日本最古的医籍。千余年来,中国医药学经日本人民结合本国实际加以补充和发展,形成了“汉方医学”。日本皇室仓库——正仓院中,现仍藏有我国唐代运去的中药六十多种,保存完好,这是千余年来中日医药交流的历史见证。

第二节　唐代儒学演变与自然科学的关系

　　唐代在学术方面发展了早期儒学的"和而不同"的文化观,促进了中外文化的交流,推动了自然科学的发展。在我国封建社会中,唐太宗是一位开明的皇帝。他好"尧舜之道,周孔之教"(《全唐文》卷8《贬肖瑀手诏》)孔子的"和而不同"思想,在他那里得到发扬。这表现在以下四个方面:一是注意"纳谏",善于听取臣下的不同意见;二是采取了民族较为平等的政策,对各民族"爱之如一"(《资治通鉴》卷198);三是对外开放,加强了中外文化的交流;四是对儒、道、佛三教,实行并用的政策。这些做法不仅在政治上收到了良好的效果,而且促进了学术的繁荣,推动自然科学的发展。

　　就医药学而论,孙思邈主张兼综百家而融为一体。他说:"若不读五经,不知有仁义之道;不读三史,不知有古今之事;不读诸子,睹事则不能默而识之;不读《内经》,则不知有慈悲喜舍之德;不读庄老,不能任真体运。"(《备急千金要方》卷1《序例·大医习业第一》)他的医道思想固然是来源于《黄帝内经》的气和阴阳五行说,但同时又撷取了儒、道、佛等各种文化成果中的人道主义精神。他所谓的"五经",就是儒家的五部经典,即《诗》、《书》、《礼》、《易》、《春秋》。从《五经》中,他吸取了"仁义之道"。据《新唐书·孙思邈传》记载,他"善言老子、庄周"。他从道家的著作中,吸取了"恬憺"、"少欲"、"精神守内"(《备急千金要方》卷27《养性·养性序第一》)的"任真体运"思想。《旧唐书·孙思邈传》说他"善谈庄老及百家之说,兼好释典",可见其受过佛教思想的影响。孙思邈曾撰写《会三教论》1卷,可能受到王通三教合一论的影响。在医药学领域里,孙思邈把儒、道、佛思想水乳交融地合为一体。

　　在药学理论方面,孙思邈指出:"天竺大医耆婆云:'天下物类皆是灵药。'万物之中无一物而非药者,斯乃大医也。故《神农本草》举其大纲,未尽其理。亦犹咎繇创律,但述五刑,岂卒其事?且令后学者因事典法,触类长之无穷竭,则神农之意从可知矣。所以述录药名品,欲令学徒知无物之非药耳。"(《千金翼方》卷1《药录纂要·药名第二》)"天竺"是印度的古称,而耆婆则是印度的"医王",大约生于公元前6世纪。他的药学思想,随着中印文化的交流而传入中国。孙思邈赞同其"天下万物皆是灵药"的观点,认为万物之中无一物不是药。他的《千金翼方》,保存了当时《新修本草》的大部分内容。《新修本草》是以政府名义编纂的一部药典,其编纂原则是"下询众议","定群言之得失";"详采秘要,博综方术,本经虽缺,有验必书,别录虽存,无稽必正。"(《经史证类大观·本草》卷1《序例上》,孔志约:《唐本序》)这既是一种实事求是的科学态度,又体现了"和而不同"的文化观。在这部药典中,增加了不少的新药,如郁金、薄荷、鹤虱、蒲公英、豨莶、独行根、刘寄奴、鳢肠、蓖麻子等仍为现代中医临床常用的、疗效确切的药物,还收集了二十多种外来药物,如安息香、阿魏、龙脑香、胡椒、诃黎勒、底野迦(阿片制剂,系出自希腊语Thteriak的音译);还收集一些如密陀僧、硇砂、银膏等制品,银膏是一种用白锡、银箔和水银合成的、用于补牙的制品。后来,《海药本草》所记载的124种药物,绝大多数是从海外传入的,或从海外移植到我国南方的。这都说明,早期儒学"和而不同"的文化观,促进了中外文化的交流,推动了自然科学的发展。

　　但同时也应看到,早期儒学的"夷夏之辨"作为一种狭隘的民族观念,则不利于我们对外来文化的吸取,阻碍了自然科学的发展。唐代以前,站在儒学立场反佛的学者,多以"夷夏之辨"为据。如南北朝的顾欢著有《夷夏论》,就是从维护儒学文化的角度来反佛的。到了唐代,傅奕也继承了这一传统。他在上疏中指出,佛教是外来的宗教,中国"自羲农至于汉魏,皆无佛法","汉明帝假托梦想,始立胡神"。但两晋以上,仍然不许中国人剃发出家。到了后来,"羌胡乱华,主庸臣佞,政虐祚短,皆由佛教致灾也"(《旧唐书·傅奕传》)。因此,他请求除去佛教,并感到儒学受到佛学的威胁:"妖胡滋盛,大半杂华。搢绅门里,翻受秃丁邪戒,儒士学中,倒说妖胡浪语。"(《广弘明集》卷11《傅奕上废省佛僧表》)这些看法固然是从维护儒学文化着想的,但缺点是不利于对外来文化的吸取。因为在佛教的许多经典中,包含着不少印度的天文学和数学知识。

　　我国古代的先进科学成果,大都是我们自己独立的创造发明和智慧的结晶,当然有的也吸取了外来文化的成果,但绝不是照搬照抄。凡是照抄照搬的东西,都不是真正的创造发明。总之,历史的经验教训告诉我们,既不能怀疑中华民族的创造力和智慧,也不能盲目排外,应该认真吸取一切外来文化中的科学成果。自然科学是人类的共同精神财富,它具有世界性,既无国界之分,也没有民族隔阂。所以,儒学"夏夷之辨"的狭隘观念应当破除。

　　在探讨儒学与自然科学的关系时,还有一个值得注意的普遍现象是:汉代儒学的天人感应论和谶纬迷信等神秘主义束缚着许多自然科学家的思想,这在不同程度上也阻碍了自然科学的发展。早在隋朝时期,历法改革就经历了激烈的斗争。隋开皇四年(公元584年),颁用张宾等所造的开皇历。张宾并无真才实学,他曾用相面术等手段为隋文帝杨坚取代北周、夺取政权制造过舆论,因而得到杨坚的宠信。但他的开皇历十分粗疏,不知岁差,不用定朔,因而受到刘孝孙和刘焯的批评。张宾不但不接受批评，反而用"非毁天历"、"惑时乱人"的罪名打击刘孝孙和刘焯。后经评比证明，开皇历错误很多，不得不制定新历。张胄玄说，现在白天的时间比往年长了，正午的表影比往年节令相同的日子短了，这是杨坚德行好，隋朝福命大的象征。他靠伪造天象讨得杨坚欢心，取得了制历的资格。据刘焯揭露，张胄玄后来的新历是刘孝孙所作，但却删掉了其中的定朔。刘焯是隋代杰出的天文学家，他制定的皇极历有许多革新和创造，但因张胄玄等的反对未能行用，抱恨而终。于是，平朔改定朔的斗争又遭到失败。唐朝建立后的第二年，颁行了傅仁均造的戊寅元历。这个历法颇有革新气概，将平朔改为定朔。但定朔法在一开始是不完善的，因为月亮视运动不均匀，就有可能出现连续大月或连续小月的情况，这同过去用平朔时总是大小月相间就不一样了。贞观十九年(公元645年)，出现了连续四个大月的情况。许多历法家议论纷纷，不得已又改用平朔。在天文学方面，当时的数学家王孝通是保守的。他反对用定朔和岁差，因而受到傅仁均的反驳。王孝通在历法方面的保守倾向，可能与其受儒家神道设教的思想影响有关。他曾说："夫为君上者，司牧黔首，布神道而设教，采能事而经纶，尽性穷源，莫重于算。"(《上缉古算经表》)唐高宗时，颁行了李淳风的麟德历。麟德历吸取戊寅元历的教训，改变了朔日的进位方法。从此以后，定朔法才一直被沿用下去。

李淳风虽然是当时杰出的自然科学家，但他并没有摆脱儒家"天命"、谶纬迷信等神秘主义的束缚。据《旧唐书》记载："初，太宗之世有《秘记》云：'唐三世之后，则女主武王代有天下。'太宗尝密召淳风以访其事，淳风曰：'臣据象推算，其兆已成。然其人已生，在陛下宫内。从今不逾三十年，当有天下，诛杀唐氏子孙殆尽。'帝曰：'疑似者尽杀之,如何?'淳风曰:'天之所命,必无禳避之理。王者不死,多恐枉及无辜。且据上象,今已成,复在宫内,已是陛下眷属。更三十年,又当衰老,老则仁慈,虽受终易姓,其于陛下子孙,或不甚损。今若杀之,即当复生,少壮严毒,杀之立仇。若如此,即杀戮陛下子孙,必无遗类。'太宗善其言而止。"(《旧唐书·李淳风传》)不仅李淳风如此,就是伟大的天文学家一行也不例外。据《旧唐书》记载:"一行推《周易》大衍之数,立衍以应之,改撰《开元大衍历经》。"(《旧唐书·一行传》)他生硬地用《易传》关于"象数"的语言来附会大衍历的数据,致使天文学神秘化起来,有时还影响到天文数据的精确性。他曾依大衍历推算,开元十二年(公元724年)七月和开元十三年(公元725年)十二月,应有日食。但这两次日食,都没有观察到。他就解释说,这是唐玄宗的德行感动上天的结果。其实,这两次日食都发生了,只是中原一带没有看到。天人感应的神秘主义观点,阻碍着人们对科学问题作进一步的探讨。

天人感应、谶纬迷信等神秘主义虽然阻碍了自然科学的发展,但自然科学并不是被动的。它在发展过程中,成为批判神秘主义的一种有力武器。孙思邈就曾以医学为武器,批判了神秘主义的观点。他说:"原夫霍乱之为病也,皆因食饮,非关鬼神。"(《备急千金要方》卷20《膀胱腑·霍乱第六》)在他看来,霍乱是由于饮食引起的,与鬼神毫无关系。他明确指出:"病者,即天地变化之一气也。"(《备急千金要方》卷9《伤寒上·伤寒例第一》)"气"分阴阳,有沉有浮,有积有聚,由此而产生了各种疾病。"蒸则生热,否则生寒,结而为瘤赘,陷而为痈疽,奔而为喘乏,竭而为焦枯,诊发乎面,变动乎形。……良医导之以药石,救之以针剂。"(《旧唐书·孙思邈传》)这些观点闪耀着理性主义的光辉,与神秘主义是对立的。

　　唐初的吕才是一位思想家,也是一位通晓天文、地理、医学、音律、逻辑的科学家。由于职务的原因,他曾奉命整理过社会上流行的关于算命、看八字、看葬地风水、选择住宅建筑方位的迷信书籍。在整理这些迷信书籍的过程中,他不是宣扬而是批评。在批评时,他指出《宅经》的神秘主义在于"五姓之说"。"五姓者,谓宫、商、角、徵、羽等,天下万物,悉配属之;行事吉凶,依此为法。"(《旧唐书·吕才传》,下同)他以自己丰富的音律知识,揭露了这种"配属"方法的荒谬。如说:"张、王等为商,武、庾等为羽,欲似同韵相求;及其以柳姓为宫,以赵姓为角,又非四声相管。其间亦有同是一姓,分属宫、商;后有复姓数字,徵、羽不别。"也就是说,"五姓之说"自相矛盾,不合逻辑。他认为,人的祸福、贵贱、寿夭绝对和禄命无关。如说:"长平坑卒,未闻共犯三刑,南阳贵士,何必俱当六合? 历阳成湖,非独河魁之上,蜀郡炎燎,岂由灾厄之下? 今时亦有同年同禄而贵贱悬殊,共命共胎而夭寿更异。"

　　这里除了广泛征引历史事实之外,还涉及自然科学知识。如"历阳成湖",出于《淮南子·俶真训》:"历阳之都,一夕反而为湖。"这是一种自然变化,与"河魁"有什么关系呢? "河魁"是星命家所讲的丛辰名,十二辰所随的凶神。这种凶神是虚构的,更不能用它来说明"历阳成湖"的现象。这种现象和海陆变迁有点相似,而唐代已发现了海陆变迁的实物证据。代宗大历六年(公元771年),颜真卿任抚州刺史时,在今江西省南城县的麻姑山顶一座古坛附近发现了螺蚌壳化石。他指出麻姑山顶的"高石中犹有螺蚌壳,或为桑田所变",并"刻金石而志之"(《颜鲁公文集》卷13《抚州南城县麻姑山仙坛记》)。这不仅第一次为海陆变迁的地质思想提供了实物证明,而且是对禄命等神秘主义的有力打击。

　　早在汉代,谶纬迷信盛行,并对潮汐形成的原因作了神秘主义的理解。如说:"子胥恚恨,驱水为涛。"(《论衡·书虚》)意思是吴王夫差处死了忠臣伍子胥,把尸体投入江中;子胥怀恨在心,便驱水为涛。这一传说,后来还记载在《越绝书》和《吴越春秋》等书中。王充在《论衡·书虚》篇中提到这个迷信传说,指出:"今时会稽丹徒大江、钱塘浙江,皆立子胥之庙。盖欲慰其恨心,止其猛涛也。"这种迷信虽经王充批评,但仍然广为流传。到了晋代,葛洪还说:"俗人云,涛是伍子胥所作,妄也。子胥始死耳,天地开辟已有涛水矣。"(《抱朴子·外佚文》,见《四部备要》子部)唐代窦叔蒙著《海涛志》,对于潮汐变化与月球运动之间存在一定客观规律性的认识作了深入的描述。他说:"月与海相推,海与月相期,苟非其时,不可强而致也;时至自来,不可抑而已也。"(清俞思谦《海潮辑说》所录《海涛志》)言下之意,潮汐的成因既不是伍子胥的阴魂"强而致",也不是立其庙而"可抑"的。他研究潮汐出现的循环周期,通过精密计算得出了一个潮汐循环所推迟的时间为50分28.04秒,这个数据与现在计算正规半日潮每日推50分钟极为相近。为了说明潮汐的运动规律,窦叔蒙还创立了科学的图表表示法。这对潮汐的成因和变化规律,不仅已有科学的定性认识,而且对来潮时间也有较精确的定量认识。

　　与窦叔蒙同时代的封演,对潮汐成因作了精辟的分析。他说:"月,阴精也;水,阴气也。潜相感致,体于盈缩也。"(《全唐文》卷44《说潮》)这里值得注意的,是月亮和海水的"潜相感致"。它虽不是后来所谓的"万有引力",更谈不上有什么公式,但在概念上却有某种相似之处。在牛顿之前的八百多年,中国潮汐学家已明确用月亮和海水相互作用来解释潮汐成因,实为难能可贵。随着潮汐理论的发展,那些有关的谶纬迷信也跟着销声匿迹了。李吉甫在《元和郡县志·自序》中指出，以往地理著作的缺点是："尚古远者或搜古而略今，采谣俗者多传疑而失实，饰州邦而叙人物，因丘墓而征鬼神，流于异端，莫切根要。"从"征鬼神"而变成批判神秘主义的有力武器，这正是自然科学力图挣脱庸俗儒学的一种自我觉醒。

自然科学在打击神秘主义的同时，还推动了儒学中理性主义的发展。有人问孙思邈："名医愈疾，其道何如？"孙思邈回答说："吾闻善言天者，必质之于人；善言人者，亦本之于天。天有四时五行，寒暑迭代，其转运也。和而为雨，怒而为风，凝而为霜雪，张而为虹蜺，此天地之常数也。人有四支五藏，一觉一寐，呼吸吐纳，精气往来，流而为荣卫，彰而为气色，发而为音声，此人之常数也。阳用其形，阴用其精，天人之所同也。……推此以及天地，亦如之。"（《旧唐书·孙思邈传》）"天地变化之一气也。斯盖造化必然之理，不得无之。故圣人虽有补天立极之德，而不能废之，虽不能废之，而能以道御之。"（《备急千金要方》卷9《伤寒上·伤寒例第一》）这两段话虽然没有直接回答医道的问题，但他认为，医道就是按照客观规律给人治病。人体有特殊的变化规律，这就是"人之常数"，自然有特殊的变化规律，这就是"天地之常数"；天地和人体虽然不同，但又有共同的规律，这就是"造化必然之理"。而这个"造化必然之理"，就是气和阴阳五行的变化之"道"。在他看来，客观世界是不可能没有规律的。客观规律虽然不能"废之"，但却可以"御之"。也就是说，客观规律是可以认识和掌握的。只有认识和掌握了客观规律，才能正确地处理天与人的关系。这就把医道的问题提到世界观的高度来加以认识，充满着理性主义的光辉。

吕才在批判神秘主义及与僧侣们争论因明学时，曾把印度哲学胜论的"极微"说和《易传》哲学结合起来，开辟了一条发展儒学理性主义的新路。他的论敌明濬在致柳宣书中曾指责吕才把胜论"极微"说与《易传》之说相融合,原话如下:"胜论立常极微,数乃无穷,体唯极小,后渐和合,生诸子微,数则倍减于常微,体又倍增于父母,迄乎终已,体遍大千,究其所穷,数唯是一。吕公所引《易·系辞》云:'太极生两仪,两仪生四象,四象生八卦,八卦生万物',云此与彼,言异义同。今案:太极无形,肇生有象,元资一气,终成万物,岂得以多生一而例一生多? 引类欲显博闻,义乖复何所托?"(《大正藏》卷50) 这里涉及世界本源的问题,吕才认为《易传》的宇宙生成论与胜论的"极微"说"言异义同"。

大家知道,胜论(Vaiseshika) 是印度六派哲学的一支。据德国学者鲁平(Walter Ruben) 的研究,胜论的学说体系是以古代的原子论、元素说、逻辑等构成的二元论之新形式,在自然哲学与逻辑方面,大部分是唯物主义的,其所谓"极微"(Atom der Elemente) 乃物质之实在(die materille Wirklichkeit)。(鲁平:《印度哲学史》,1954年德文版,第203页)。在胜论的大句义之一"实句义"中,肯定了地、水、火、风等的物质性。因此可以想见,吕才把胜论的"极微"与《易传》的"气"都看作物质的范畴,并以此为世界本源,又用胜论的"多生一"(一物由许多"极微"构成)比例《易传》的"一生多"("天资一气,终成万物")。这样做并非义类不符,反而是义类相符,明濬的责难是肤浅的。(参考侯外庐主编:《中国思想通史》第4卷上册,人民出版社1959年版,第119—120页) 吕才指出:"元资一气,终成万物"(《大正藏》卷50);"且天覆地载,乾坤之理备焉;一刚一柔,消息之义详矣。或成于昼夜之道,感于男女之化,三光运于上,四气通于下,斯乃阴阳之大经,不可失之于斯须也。"(《旧唐书·吕才传》) 这就把"阴阳之大经"归纳为"天覆地载"的"乾坤之理"和"一刚一柔"的"消息之义",而义理就是"昼夜之道"、"男女之化"以及"三光"、"四气"运通上下的规律。在这个物质的世界里,充满着理性主义的光辉,而没有神秘主义的立足之地。

李华认为,求神问卜是违背理性的。他说:"愚未知夫天地之心,圣达之谟。灵之寿之,而夭戮之,脱其肉,钻其骸,精气复于无物,而贞悔发乎焦朽,不其反耶?"(《卜论》,下同)这是批评龟卜迷信的,意思是把活龟变成死龟,使它的"精气复于无物",却要从已经焦灼、朽烂了的骨头上寻找所谓卦象,合乎理性吗?他还指出:当时迷信鬼神的人,"洁坛墠而布精诚,求福之来",结果毫无效验;"耕夫蚕妇,神一草木,祷一禽畜,鼓而舞之",也是荒唐可笑的。他认为正确的态度应当是"专任道德以贯之,则天地之理尽矣,又焉假夫蓍龟乎?又焉征夫鬼神乎?"言下之意,不讲鬼神才合乎理性。

最后应当指出,儒学理性主义的发展是以自然科学发展为基础的。自然科学发展到唐代,从广度和深度都达到了成熟阶段,在医药化学、农学、数学、天文学、地理学等领域都取得了重要成果。这些成果经过自然科学家、儒学家和具有儒学思想色彩的哲学家们不断地提炼、升华,就成为儒学理性主义发展的坚实支柱。在这方面,其例是不胜枚举的。现就农学方面的影响,试举一例来说明。柳宗元曾指出:"畦汲而灌者,必冲荡渍激以败土石,是特老圃者之为也,犹足动乎物。又况天地之无倪,阴阳之无穷,以涢洞谬辖乎其中,或会或离,或吸或吹,如轮如机,其孰能知之?"(《非国语》)这是用农业上的汲水机运动原理来说明,在无限宇宙的天地中,阴阳矛盾的变化是无穷无尽的。由"元气"派生出来的阴阳二气纵横交错,时而聚会,时而分离,时而吸引,时而排斥,如同汲水机的轮子一样,旋转不停。

关于汲水机的结构和制造过程,刘禹锡在《机汲记》中有详细记述。他在这篇文章的最后一段指出:"观夫流水之应物,植木之善建,绳以柔而有立,金以刚而无固,轴卷而能舒,竹圆而能通,合而同功,斯所以然也。"意思是:看到流水顺应汲水机而变化,木桩稳固地立在水中,绳索虽然柔软但可以拉直,金属虽然坚硬但可以改变它的形状,圆轴能卷绳但也能使绳舒展,圆竹有节但可以穿通,这些有机地结合起来共同发挥作用,就是汲水机成功的原理。

汲水机是一种半机械化的灌水装置,主要用于高岸陡坡的提水灌溉,标志着唐代在灌溉技术上的重大进步。刘禹锡说:"今也一任人之智,又从而信之,机发于冥冥而形于用物。浩滟东流,赴海为期,斡而迁焉,逐我颐指。向之所谓阻且艰者,莫能高其高而深其深也。"(《机汲记》)意思是现在完全凭着人的智慧,又相信可用机汲,把机汲深思熟虑的构想表现在有形的汲水机械。浩荡东流的江水,奔腾入海是它的终点,但现在却能改变它的流向,按人的意志加以调遣。以往认为艰难险阻的高岸深谷,再也无法逞其高和深了。刘禹锡认为,人的智慧在于能认识和掌握客观规律,这是人定胜天的关键所在。他指出,人"为智最大,能执人理,与天交胜,用天之利,立人之纪"(《天论》)。所谓"人理",就是"人之道"。他全面地分析了"人之道"与"天之道"的关系,既看到了二者的区别,又看到了二者的联系,认为天与人是交相胜、还相用的,而"天非务胜乎人"、"人诚务胜乎天"。人定胜天的真正意义在于"用天之利,立人之纪",这是一种以"人"为中心的主体文化模式。它承前启后、继往开来,为中国古代自然科学发展高峰的出现,从思想和理论上作了准备。

第十一章　宋明儒学的
表现形态——理学

第一节　儒学哲学化过程

宋明儒学的表现形态是理学。理学是中国封建社会后期的统治思想。它以儒学的内容为主，同时吸收了佛学和道教思想，是在唐代三教融合、渗透的基础上孕育、发展起来的。作为一种哲学化的儒学，理学具有两重性：一方面，它的出现强化了封建主义的精神压迫；另一方面，它又是儒学思想中精华的发扬光大。这两个相互矛盾的方面，在理学中是杂出并见的。

理学是哲学化的儒学，它渗透于封建社会后期社会和政治生活的各个方面，虽然涉及政治、教育、道德、史学、宗教等许多领域，但主要讨论的是"性与天道"的哲学问题。"性与天道"为什么是哲学问题呢？大家知道，哲学是研究世界观的。而"性与天道"也是研究世界观的，所以它是一个哲学问题。"性"指人性，但理学家也讲物性。"天道"即"天理"，或简称为"理"。"理"是人性与物性的最高概括，上升到世界观的高度，因而是一个哲学问题。这个哲学问题早在春秋末期就提出来了,但一直没有得到充分的讨论。孔子的学生子贡说:"夫子之文章,可得而闻也;夫子之言性与天道,不可得而闻也。"(《论语·公冶长》)意思是老师关于文献方面的学问,我们听得到,但老师关于"性与天道"的言论,我们却听不到。"性与天道"是孔门大弟子所"不可得而闻"的高深哲理,但在理学家这里却成为经常探讨的问题。

儒学经典《中庸》一开头就说:"天命之谓性,率性之谓道,修道之谓教。"意谓天所赋予的是"性",顺着本性而行动是"道",把"道"加以修治推广使人人都能实行就是"教"。这里进一步提出了"性"、"道"、"教"三个问题。理学家尊《中庸》,就沿着《中庸》所提出的三个问题进行探讨。当然,理学家尊信的经典不只是《中庸》,但《中庸》的内容却可以融合释、道,特别是释,与封建社会后期的时代思潮暗相吻合。北宋的皇帝曾以《大学》与《中庸》赐臣下,可以想见《中庸》之受重视的程度。因而,理学以"性与天道"为中心问题进行探讨,就成为很自然的事。同时,《易》乾卦彖辞指出:"大哉乾元,万物资始,乃统天","乾道变化,各正性命,保合太和,乃利贞。"这里说的,也是"性与天道"的问题。理学家重视《易》,据《易》以探讨"性与天道",且以此作为理学的中心问题,也是很自然的。不仅如此,理学家在探讨"性与天道"问题时,还有一系列独特的范畴和命题。所谓"独特",就是不同于其他时代。例如:论性就讲天地之性,气质之性,刚柔善恶中;论心就讲心量广大,藏往知来,人心,道心;论气就讲天气地质,气以成形;论理就讲事外无理,事理交融,一本万殊,显微无间,体用一源;论功夫就讲下学上达,格物致知,渐修顿悟,主一无适;论践履就讲修己治人,事亲从兄;论诚就讲自诚明,自明诚;论宇宙就讲无极太极,阴阳动静,天地氤氲,万物化生;论鬼神就讲精气为物,游魂为变,二气之良能;等等。所有这些范畴、命题,虽然都是从古老的经典中抽出来的,但理学却赋予了封建社会后期的时代内容和含义。它们被赋予了若干新义,不同于往昔。像盖房子那样,它们搭起来的是更细密的间架,更深邃的殿堂。在这个哲学的殿堂里,有关"性与天道"问题的范畴、命题,被论究得精深细密,辨析毫芒。黄宗羲曾说明代理学,"牛毛茧丝,无不辨晰,真能发先儒之所未发"(《明儒学案·凡例》)。其实整个宋明理学都是如此,不独明代理学为然。正是这一点,标志着理学达到了理论思维史上的新水平。它提出的范畴、命题,所讨论的问题,都有新意;它探究的学术理论之广度和深度,也都是前所未有的。因此,理学是哲学化的儒学。

儒学的哲学化经历了一个漫长的过程,可以追溯到魏晋玄学和隋唐的三教合一论,但其真正形成是在宋代。北宋是理学的初建时期,也是儒学哲学化的形成阶段。在这个阶段里,周敦颐、邵雍、张载、程颢、程颐等著名的理学家,都对儒学的哲学化作出了重要的贡献。周敦颐是理学的开山祖师,其思想已具有理学的雏形。他宣传儒家的道统论,其《太极图·易说》是儒家《易》说与道教《无极图》的结合,概括了宇宙生成论、万物化生论和人性论;其《易通》把易学与思孟学派的"诚"结合起来,论述了宇宙论、道德论、学术论和政治论等几个方面,具有比较完整的体系。在这个体系里,他开始使用理学的基本范畴"理",并从本体论的意义上加以解释,如《易通》二十二章即题名为《性、理与命》,认为性与命依理而行,太极即理。但这个意义是不明显的,"理"还没有成为理学思想体系的最高范畴。与周敦颐不同,邵雍则用象数学来概括宇宙间的一切,其《皇极经世书》就带有这种特色。他认为宇宙间的一切都有"数",而这"数"就是由他编造的象数之形式。在他看来,象数系统是最高法则,能够囊括宇宙、自然、社会和人生的一切。从这里可以看到理学的端倪，但由于象数过于烦琐，所以在理学的形成过程中始终没有占主导地位。不过，邵雍对太极与道的解释，与张载的某些思想也有相通之处。

张载是理学的主要奠基者之一，他建立理学思想体系的方式是比较独特的。他很重视本体论，在《易说》中提出"气"为世界本原的思想，后来在《正蒙》中又有所发展。"气"在自然观中是一个物质性的范畴，否定了儒学传统的天帝观，把人格化的天帝赶出了儒学的本体论，使之哲学化。他区别了"天地之性"与"气质之性"，提出了"天理"与"人欲"的关系问题，还提出了"理一分殊"的思想和"穷神知化"与"穷理尽性"的认识论。在他的天理论、道德论和认识论中，理学的许多命题都有了，理学的基本框架已经搭成。但在这框架中，"理"还没有成为主要范畴。到了程颢、程颐那里，"理"才成为理学体系的主要范畴。他们也以自己能够提出"理"（"天理"）作为宇宙的最高本体而自诩，如程颢说："吾学虽有所受，天理二字，却是自家体贴出来。"（《河南程氏遗书》卷12）正因为此，我们才说理学体系形成于二程。他们吸取了张载的"天性"理论，并将其改造成为一个高度抽象的、精神性的结晶体，以"理"（"天理"）作为世界的本源。这样一来，儒学的哲学化过程就得以完成。

从一个历史时期的主要思潮的特征来看，二程开创的"洛学"才是理学的典型形态。程颐的《伊川易传》构成了理学的完整体系，他以天理论为基础，论证天地万物得天理而"常久不已"，"生生无穷"；论证"顺理而行"的政治哲学；论证"安于义命"的人生哲学。天理超然地独立于自然界与社会界，而又无所不照。在人性论上，二程使"灭私欲、存天理"的观点更加系统化，更加具有抽象的思辨性。在认识论上，二程的"格物致知"不是认识客观事物的法则，而是要在人的内心恢复"天理"。还应指出,二程把《大学》、《中庸》、《论语》、《孟子》抬高到和六经相同的地位。四书并行最初是出于二程的提倡。从二程将四书并行起,至朱熹作《四书集注》,这标志着理学由形成到成熟的发展过程。

南宋是理学发展的一个高峰,儒学的哲学化大大地向前跨进了一步。在这个阶段里,理学的范畴、命题逐步确定下来,其含义深刻而精密;著名的理学家人才辈出,其中最有代表性的是朱熹和陆九渊。朱熹的成就很高,是封建社会后期学问最广博、影响最深远的学者。所谓"程朱理学",实质上是以朱熹为集大成者的。宋明理学只是在朱熹手里,才确立了自己独特的学术规模与体系,奠定了巩固的理论基础,影响尔后学术思想的发展达六七百年之久。朱熹建立了严密的理学思想体系,包括天理论、性论、格物致知论、特敬说等。其中以天理论为核心,而理或天理是朱熹理学思想的最高哲学范畴。他的天理论承袭程颐,而又有所发展,更加严密、精致、深刻。他说:"宇宙之间,一理而已。天得之而为天,地得之而为地,而凡生于天地之间者,又各得之以为性,其张之为三纲,其纪之为五常,盖皆此理之流行,无所适而不在。"(《朱文公文集》卷70)由此可见,"理"是宇宙天地万物的本原,也是人类社会最高的道德伦理原则。除了这两层含义之外,"理"还有规律之意,同时又是事物变化的动因,有时也被看成最高真理。总之,朱熹的"理"是一个多层次的复合范畴,其基本性质是独立存在的绝对理念。

朱熹的天理以理气说为中心内容,其中吸取了张载的"气"论思想,但做了改造:一是"气"上加"理",二是万物散后回归到"理"。实际上,这是头上加头,尾上续尾。在他看来,"理"是本,而"气"是造成天地万物的材质,必须依傍"理"而运行。但没有"气","理"也就没有挂搭处。这都说明,他总结了北宋以来的理学成就,使范畴、命题更严密、更丰富、更哲学化了。但是,朱熹理学受到陆九渊心学的挑战。朱、陆鹅湖之会,各自阐明了宗旨,以后书信往还,进行辩论,集中在"太极"、"无极"问题上,实质就是"理"到底超越物质世界存在于天上,还是根于人心之所固有,这是二者的根本分歧。对"理"的不同理解,导致了他们方法上的分歧:朱熹谈"穷理"("道学问"),陆九渊谈"明心"("尊德性")。他的"发明本心"的宗旨,奠定了宋明理学中心学一派的基础。

心学的哲学观点可以概括为三个字:"心即理"。陆九渊的"理",也是宇宙的本原,具体表现为宇宙间万事万物的存在秩序,既包括自然方面的秩序,也包括社会伦理方面的秩序。他的"心"既是伦理性的实体,又是万物根源性的实体。因而,他得出了这样一个结论:"心皆具是理,心即理也。"(《象山全集》卷11《与李宰》之二)所谓"心即理",不是说心与理的同一,而是强调"心"是派生世界的本体,"心"是根本的,是高于"理"的。这是以主体精神代换客体精神。在陆九渊的心学体系中,"心"是最高的哲学范畴。如果说这是一种主观唯心主义哲学,那朱熹理学则是一种客观唯心主义哲学。朱熹理学虽在庆元学禁中遭到打击,但到宁宗之世,其统治地位渐形确立。元代是朱学北传阶段,朱学开始成为官学,并出现了朱、陆合流的迹象。但总的来看,元代理学无重大发展。不过,许衡在理学中提出的"治生"论,刘因提出的理学根基于质朴的六经和"古无经史之分"等思想,却具有特色。

明初是程朱理学统治阶段,明成祖朱棣命编《五经大全》、《四书大全》、《性理大全》,诏颁天下,统一思想。至此,程朱理学才取得了独尊的地位。明代中期,理学发展的主要内容是王守仁心学的崛起和传播。王守仁集心学一派之大成。他的心学主要论题有三：一曰"心即理"，二曰"知行合一"，三曰"致良知"。这三个论题，都是围绕着发明本心的良知而展开的。可见，他的思想渊源上承陆九渊立大本、发明本心的统绪。但从思想内容看，王守仁的心学体系要比陆九渊的心学体系精致完整和广泛得多。以"致良知"而论，这是王守仁一生最得意的理论发明。他曾标榜说："吾平生讲学，只是致良知三字。"（《王阳明全集》卷26《寄正宪男手墨二卷》）为什么呢？因为，"致良知"是贯穿其本体论、认识论、伦理观和政治思想的一条主线，是王守仁心学的核心和灵魂。他所谓的"良知"，其义有三：一是主观精神，是宇宙万物的本源，也是认识的主体；二是移植到心中的天理，是总裁一切是非善恶的最高标准，是综合宇宙和人类社会的终极真理；三是至善的、完美无缺的道德原则和道德意识。由此可见，"良知"综合本体论、认识论和伦理观为一体，是一个广泛、深刻、完整、精致的范畴，它表明儒学哲学化达到很高的程度。在王守仁的思想体系里，他比较深刻地论述了人的思维层次，人的认识、人的审美都和人的主体分不开，提出了许多深刻的理论思维问题。

第二节　佛学与道教之渗透

　　在儒学哲学化的过程中，佛学与道教思想的渗透起了重要的作用。被道教尊为教主的老子，曾把"道"作为宇宙的本源，认为天地万物都是由"道"化生的。他说："道生一，一生二，二生三，三生万物。万物负阴而抱阳，冲气以为和。"（《老子》四十二章）这个宇宙生成、万物化生的图式，后来几经演变，成为陈抟的《无极图》和《先天图》。周敦颐的《太极图》和邵雍的《先天图》，就是从陈抟的《无极图》和

《先天图》脱化而来的。由于周敦颐把儒家的伦理思想与道教的宇宙生成、万物化生图式结合起来,试图从"本然之全体"上建立起哲学体系,为理学以儒家思想为核心,吸取道教思想走出路子,所以他被推为理学的开山祖师。邵雍的天根、月窟之说,也受到道教思想的影响。他创立的象数学,从北宋到明末一直延绵不绝,对宋明理学影响不小。

理学不仅吸收了道教的宇宙生成、万物化生的观点,而且吸收了佛学的思辨哲学,以弥补儒家哲学的粗糙、浅陋和没有严密体系的缺点。对于这些缺点,佛家早就有所批评。如宗密说:"推万法,穷理尽性,至于本源,则佛教方为决了。"(《原人论》)意思是在穷理尽性、探究宇宙本原等哲学理论方面,佛学是最高明的。而儒学则不入门径,较为逊色。对于佛家的这种指责,儒家一些人物是默认的,特别是中唐以来,许多儒家学者更是自觉地意识到这一点。所以,此后儒家学者力求从其固有的经典中探寻搜求有关的思想,因而,具有阴阳变化之理的《周易》、探求天道性命的《中庸》和论述正心诚意的《大学》,就空前地被重视起来。他们企图以此为基础,重新构筑出自己的哲学体系来。然而,儒家的传统从孔子始就罕言"性与天道",其学说务实际而不尚玄谈,重仁道而轻天道,所以仅从儒家经典中所能剔出的东西终属有限。正因为如此,佛教理论在中国高度发展以后,吸引了不少儒者,援佛入儒就成为一种风气。在援佛入儒的过程中,理学家们一面批评佛教与封建伦理纲常相违背的思想,一面又把儒家的伦理思想与佛教的思辨哲学结合起来。自隋唐以来,佛教虽有天台宗、华严宗、唯识宗、禅宗之分,但其思辨结构在本质上是一致的。在佛教思辨哲学里,"主体"和"本体"原是一个东西,"主体"只是"本体"的幻化。"主体"对于"本体"的认识,实质上也就是"主体"自己回归到自己的本源。"本体"在自身中把自己和自身区别开来，"本体"则是"无人身理性"，"主体"即这个"无人身理性"幻化的人身。一般地讲，佛教的思辨哲学，在"本体"安置自己时，它把世界归结为一个绝对精神本体，从这里看，它接近于客观唯心主义；但当它把"本体"自己跟自身结合时，它不仅把世界归结为自我意识，而且把自我意识看作与"本体"合而为一的"主体"，"主体"就是"本体"，从这里看，它又接近于主观唯心主义。

　　佛教哲学的这两种思辨结构，在宋明理学中都有明显的印迹。程朱理学强调"本体"的安置，以"理"作为绝对精神的"本体"。如程颐将华严宗的"事理"说概括为"不过曰万理归于一理"（《河南程氏遗书》卷18），可谓抓住了要害。他认为华严宗所说凡事皆有理，万理皆出于一"理"，这个"理"，就是绝对精神的"本体"。二程受华严宗影响甚深，他们用华严宗的某些思维方法来解释《周易》，正是援佛入儒的一种具体表现。朱熹把"理一分殊"的天理观发挥到极致，也是得力于援佛入儒的。他曾引用永嘉玄觉的"一月普现一切水，一切水月一月摄"（《永嘉证道歌》）来说明"理一分殊"，"不是割成片去，只如月印万川相似"（《朱子语类》卷94）。意思是散见于江湖河海的千万月影，不过是天上一月的印映。用华严宗的形象说法，即"性空之满月，顿落万川"。程朱理学是否简单重复了华严宗的思想？不是。朱熹指出："释氏只见得个皮壳，里面许多道理，他却不见。"（同上）程朱理学吸收佛学的多属范畴、命题和思辨的方法，而"里面许多道理"却大有不同。当佛学的"真如"本体变为理学家的本体"理"时，它不是佛学的"空寂"的东西，而是囊括了"天地"、"理气"、"道器"、"性命"和封建伦理道德等"实在"的东西。当然从根本上说，无论"空寂"或"实在"，都是一种客观的精神实体。与此不同，陆王心学则强调"主体"和"本体"的结合,以"心"为本源。陆九渊所谓的"宇宙便是吾心,吾心即是宇宙"(《象山全集》卷22《与徐子宜》),就曾被朱熹指责为禅。这说明,陆九渊心学的主要观点和禅宗的立论有不少契合之处。他的"心即理",就是来源于禅宗的。王守仁也承认,"心即理""如佛家说心印相似"(《传习录》下)。王学与朱学在心性问题上的看法是不同的:朱熹认为心不是性,性为大宇宙,心为小宇宙,要使心合于性,就必须尽心知性,心外求理,故说"性即理"。王守仁则认为心即性,心、性同一宇宙,心之体便是性,心性本合,只要明心,即可见性,因此,主张心内求理,故说"心即理"。于是,他便用禅理证明了"心也、性也、天也,一也"的命题,把"主体"和"本体"结合在一起。这都说明,佛教思辨哲学的渗入,对儒学的哲学化起到了极其重要的作用。

第三节　理学的两重性

作为一种哲学化的儒学,理学具有两重性。一方面,它的出现强化了封建主义的精神压迫,使人们屈从于封建主义统治,桎梏人们的创造思维的发展,这种消极的作用是客观存在的历史现象。宋明理学浸润封建社会后期社会生活、政治生活的各个领域,成为具有权威性的支配力量。以周敦颐的理学思想为例,他的宇宙论,论证了封建秩序、封建道德的合乎"天理"的普遍妥当性;他的性论、道德论、教育论,论证了封建道德、封建思想的"至尊"、"至贵";他的政治论,论证了封建君主的独尊地位,论证了封建镇压的经义根据。尽管黄庭坚赞颂他"襟怀洒落,如光风霁月",也无法洗刷其思想上的消极面。邵雍的象数学有神秘主义的一面,不仅符合统治者愚弄人民的需要,而且成了占卜看相者的理论根据。

张载理学思想的消极作用，主要表现在以下两点：一是强调宗法制度对于稳定、巩固封建统治的重要性和必要性。他说："宗法不立，则人不知统系来处。……宗法若立，则人人各知来处，朝廷大有所益。或问：'朝廷何所益？'公卿各保其家，忠义岂有不立？忠义既立，朝廷之本岂有不固？今骤得富贵者，止能为三四十年之计，造宅一区及其所有，既死则众子分裂，未几荡尽，则家遂不存，如此则家且不能保，又安能保国家！"（《经学理窟·宗法》）把以"忠义"为"本"的宗法制度作为巩固封建统治的重要手段，这便是理学之所以成为后期封建社会官方御用哲学的症结所在。二是在"天理"与"人欲"的关系问题上，他的观点主要是防止"民盗"。如说："欲生于不足则民盗，能使无欲则民不为盗。……故为政者在乎足民，使无所不足，不见可欲而盗必息矣。"（《正蒙·有司篇》）意思是为政者在于足民，老百姓的生活无所不足，就对于身外财富没有希求的欲念了。这里的"无欲"不是说去掉人欲，而是说满足了人民的生活欲望之后，他就不再有希求财富的欲望了。有人把这里的"无欲"解释为灭绝人民的欲望，是不符合张载原意的。但在当时，为政者是不可能使民"无所不足"的。因此，张载的理论不能转化为实际。后来二程的"天理"论，实质上就是把套在人民身上的封建枷锁天理化。程颢说："天理如此，岂可逆哉！"（《河南程氏遗书》卷11）有人问："或有孤孀贫穷无托者，可再嫁否？"程颐回答说："只是后世怕寒饿死，故有是说。然饿死事极小，失节事极大。"（《河南程氏遗书》卷22）在他看来，"怕寒饿死"即"心欲"。孀妇饿死算不了什么，再嫁罪莫大焉，是不能饶恕的。这里所讲的"节"仿佛是一条锁链，紧紧地套在处于封建社会底层的妇女身上。程朱理学的劣点在于扼制人们的主体精神，要人们服从"三纲五常"的道德教条;又将这种"三纲五常"升高到"天理"的高度,使封建纲常既具有至高无上的绝对性、永恒性,又具有普遍性,人、物以至禽兽都无法逃乎其外。如程颐说"蜂蚁知卫其君,豺獭知祭",也是"自得天理"(《河南程氏遗书》卷17)。朱熹则说:"夫天下之事,莫不有理。为君臣者有君臣之理,为父子者有父子之理。……亘古亘今,不可移易。"(《朱文公文集·甲寅行宫便殿奏札二》)在他看来,这个"理"是永恒不变的。就是一旦山河大地都毁灭了,它也依然独立地存在。程朱理学就是用这个"理"来说明封建伦理应该万世长存,封建社会的上下尊卑秩序应当永远不变。

　　陆九渊也承认封建社会的上下尊卑秩序是永恒合"理"的,肯定"理"就是封建纲常。他说:"塞宇宙一理耳。学者之所以学,欲明此理耳。……乾坤同一理也,孔子于乾曰'大哉乾元';于坤则曰'至哉坤元'。尧舜同一理也,孔子于尧曰'大哉尧之为君';于舜则曰'君者舜也'。此乃尊卑自然之序,如子不可同父之席,弟不可先兄而行,非人私意可差排杜撰也。"(《象山全集》卷12《与赵咏道》)如果破坏了封建纲常,也就是没有"理"。不过和朱熹不同的是,这个"理"到了陆九渊手里,最后竟被塞到"心"中去了,而带有主观任意性,客观上有意无意地降低了"理"的神圣至上性。这种理论上的差异,不仅在当时引起了理学内部的一场争论,而且也直接影响了它们的社会作用,决定了它们不同的历史命运。朱学很快就被封建统治者认定为官方哲学,在南宋以后一直是维护封建统治秩序的理论信条,而陆学则被冷落在一边。黄震就说过:"象山之言虽甚愤激,今未百年,其说已泯然无闻。而诸儒之说,家藏而人诵者皆自若,终无以易之也。"(《宋元学案》卷58)所谓"诸儒之说",就是指程朱理学。它和陆九渊的心学,一个是"家藏而人诵",一个是"泯然无闻",悬殊竟然如此之大。直到明代中叶,心学才有机会重新抬头。心学集大成者王守仁,体验出所谓"破山中贼易,破心中贼难"(《王文成公全书》卷4《与杨仕德薛尚谦书》)。而"心中贼"则指那些不利于封建统治阶级根本利益的思想,特别是指人民不能忍受压迫、剥削而萌发的反抗念头。他积极提倡所谓"去人欲,存天理"的"致良知"学说,企图通过加强封建道德的灌输来扭转政治危机。可是当王守仁的心学崛起后不久,又与其宣传的主观愿望相反,非但不能挽救明王朝灭亡,而且成了人们婉痛明朝覆灭的箭垛。王守仁满以为他的"致良知"是给封建统治机体的溃烂找到了一块针砭的药石,岂料实际运用的结果,竟成了一杯难咽的苦酒。历史对这位心学大师的嘲弄,可以说是无情的。

另一方面,宋明理学又是儒学思想中的精华的发扬光大。这主要表现在以下三点:首先,当有些著名的理学家离开关于"天理"的说教而论述治学问题的时候,他们发展了早期儒学中重视人的独立思考、兼综百家和重视文化研究的传统。如朱熹就是大学问家。他在研究文化遗产时不拘于一家,而又非常注重独立思考。如说"读书无疑者须教有疑,有疑者却要无疑,到这里方是长进"(《朱子全书·读书法》),足见其反对盲从迷信。

心学一派也很重视独立思考,如陆九渊的"六经注我"、陈献章的"以我观书",都说明人不要做书的奴隶,书要为人所用。当然,心学派有把"心"的作用夸大到绝对的毛病,但不能因此而否定他们关于独立思考的论点。王守仁的"致良知"说把道德化的主观意识夸大为世界的普遍规律,这种观点与世界的本来面目并不相符,但却包含着强调个体意识的因素,而他对人的主体活动之分析,提出了许多有理论意义的命题。后来有些思想家对此吸取改造,强调人的理性作用和独立思考,反对封建专制,在历史上产生过正面作用。

其次,宋明理学发扬光大了儒学思想中的理性主义。从某种意义上来说,这是对人类理性的自觉。"理性"是一个来自西方的翻译名词,在中国古代典籍中却属罕见。它是一个认识论的范畴,又是一个伦理学的范畴,这两种意义既有区别又有联系。在儒学思想中,认识理性和伦理理性是密切结合的。所以,理性既是认识事物的能力,又是认识道德准则的能力,二者错综复杂地交织在一起。孔子说:"学而不思则罔,思而不学则殆"(《论语·为政》);"吾道一以贯之"(《论语·里仁》)。他所谓的"思"和"一以贯之",都属于理性认识。孟子"道性善"(《孟子·滕文公上》),而性善论的主要思想则是肯定人是有理性的。他说:"心之官则思","心之所同然者何也? 谓理也,义也。圣人先得我心之所同然耳。"(《孟子·告子上》)在他看来,"理"、"义"是"心之所同然",即人人所共同承认的。人人都有以理义为然的心,这就是性善的证明。孟子所谓"性善"的"性",实际上就是人类理性的最早发现。荀子在反对孟子先验的道德理性时,却肯定了理性认识的价值。他说:"人何以知道? 曰心。心何以知? 曰虚壹而静。"(《荀子·解蔽》)"知道"是对客观规律的认识,这是一种高级的理性认识。《易传》的"君子以自昭明德",《大学》的"克明峻德,皆自明也",《中庸》的"自诚明,谓之性",都是讲道德理性的,意谓人要认识自己的道德本性。《中庸》把这种道德本性称为"德性"。后经张载、程颐发挥而成为理学的一个重要范畴。张载区别了"德性知"与"见闻之知",他说:"见闻之知乃物交而知,非德性所知。"(《正蒙·大心篇》)所谓"见闻之知",是一种感性认识;而"德性所知",则是比感性认识高一级的认识,即道德的理性。程颐说:"闻见之知非德性之知,物交物则知之,非内也,今之所谓博物多能者是也。德性之知不假闻见。"(《河南程氏遗书》卷25)他所谓"德性之知"与张载的"德性所知"大体相同,但也不尽相同。张载的"德性所知"是"合内外于耳目之外",还属于内外之合;程颐的"德性之知"则是内而非外,是由德性自发的认识。他把"德性"和"性"当成同一概念,其具体内容就是仁义礼智信。他说:"性即理,所谓理性是也,天下之理,原其所自,未有不善。"(《河南程氏遗书》卷22)对其中的"所谓理性是也",张岱年先生有个解释:"这里以理性二字连用。在《程氏遗书》中以理性二字连用仅此一次,这句亦可读为'所谓理,性是也'。依古代汉语的常例,似应说'所谓理,即性是也'。但没有即字,所以这里也可能确实是把理性二字连为一词。"(张岱年:《中国哲学关于理性的学说》,《哲学研究》1985年第11期)这个解释是有道理的。在我们所接触到的中国古代文献中,"理性"一词仅见于此。这在程颐的理学体系中,已经成为一个范畴,既是道德理性又是认识理性。但他把这种双重理性归结为"天理",不是把理性看作客观世界的一部分,而是把客观世界作为"天理"的一部分。如果拨去这一层迷雾,那其中的理性主义就会放射出光芒。同时我们还可以看到,在儒学中认识理性与道德理性始终区别不清。当它强调认识理性时,它便阐述了实事求是的精神。当它强调道德理性,并进一步要求将人的认识理性屈从于道德理性时,它便舍弃了人的主体精神,从而为走向独断主义打开了一个缺口。

朱熹提出了"理之性"的概念,他说:"有两个性字,有所谓理之性,有所谓气质之性。"(《朱子语类》卷95)"气质之性"有善有恶,而"理之性"有善无恶。所谓"理之性",也就是仁义礼智之性。他说:"性是实理,仁义礼智皆具。"(《朱子语类》卷5)以仁义礼智为内容的"理之性",是一种道德理性。这种道德理性既不同于"心",也不同于"情"。因为"心"包含着道德理性和道德感情,所以"心有善恶,性无不善"(同上)。只有将心中那些"不善"的东西都排除掉,才能实现"心与理一"的境界,也就是道德理性的自觉。陆九渊不同意朱熹区别性、情、心的观点,他认为这种区别太烦琐。在他看来,人是有"良心善性"的,若"汩没于声色富贵间,良心善性都蒙蔽了"(《语录》)。所谓"良心善性"就是"德性",主要是指天赋的道德意识。王守仁的"良知",也是一种天赋的道德意识。他说:"良知只是个是非之心。是非只是个好恶。只好恶,就尽了是非。只是非,就尽了万事万变。"(《传习录》)"是非"是一个认识问题,"好恶"是一个感情问题。王守仁以为道德认识与道德感情是密切结合的,只要"致良知"就可达到很高的道德修养境界。他的"致良知"带有独立思考的理性色彩,在一定程度上起了冲击陈旧教条的作用。总之,宋明理学关于理性的种种学说,虽然难免有意识上的夸大,但其中包含着丰富的理论思维,是儒学理性主义的发扬光大。

最后,理学中还包含着丰富的辩证思维。周敦颐说:"无极而太极。太极动而生阳,动极而静;静而生阴,静极复动。一动一静,互为其根。分阴分阳,两仪立焉。阳变阴合,而生水、火、木、金、土。五气顺布,四时行焉。五行,一阴阳也;阴阳,一太极也;太极,本无极也。五行之生也,各一其性。无极之真,二五之精,妙合而凝,乾道成男,坤道成女。二气交感,化生万物,万物生生而变化无穷焉。"(《太极图·易说》)在这幅生生不息而变化无穷的宇宙生成图式中,阴阳、动静、乾坤、男女等都是对立统一的范畴。而其中的阴阳对立统一,则是天地人和万物产生、变化的关键所在。阴阳既有对立的一面,如说"分阴分阳";又有统一的一面,如说"阳变阴合"。正是在阴阳的对立统一过程中,"二气交感"才使"万物生生而变化无穷"。如果剥去"无极"、"太极"这个产生阴阳的唯心主义外壳,那其中的朴素辩证思维是显而易见的。邵雍则用"一分为二"的辩证思维,描绘了一幅宇宙生成的演化图式。他说:"太极既分,两仪立矣。阳上交于阴,阴下交于阳,四象生矣。阳交于阴,阴交于阳,而生天之四象;刚交于柔,柔交于刚,而生地之四象;于是八卦成矣。八卦相错,然后万物生焉。是故一分为二,二分为四,四分为八,八分为十六,十六分为三十二,三十二分为六十四。……合之斯为一,衍之斯为万。"(《观物外篇》)有人认为,邵雍的"一分为二"是一种形而上学思维,因为他只讲分化和对立,而不讲统一,否定了对立面的同一性。这种说法难以服人,因为邵雍并非不讲统一,也没有否定对立面的同一性。他所谓的"合之斯为一"就是统一,而"阳交于阴,阴交于阳"则是同一性的一种表现。对于这种同一性,他是十分强调的。如说:"阳不能独立,必得阴而后立,故阳以阴为基;阴不能自见,必待阳而后见,故阴以阳为唱";"阴阳相生也,体性相须也,是以阳去则阴竭,阴尽则阳灭。"(同上)在他看来,对立面是相互依存的,有"相生"、"相须"的关系。所以,不能把邵雍的"一分为二"看成一种形而上学思维,而应该说是一种朴素的辩证思维。但他把"一分为二"的根源,归之于神秘的象数则是错误的。

张载发展了朴素的辩证思维。他说:"气之聚散于太虚,犹冰凝释于水,知太虚即气,则无无。"(《正蒙·太和篇》)所谓"无无",是说在宇宙的本体上没有什么"虚无"的东西。"太虚"虽然无形,但它是"气之本体"。"气"是一种运动着的物质,"浮而上者阳之清,降而下者阴之浊,其感通聚结,为风雨,为雪霜,万品之流行,山川之融结"(同上)。他提出了"动非自补"的命题,深刻地揭示了事物运动的内在机制。这个机制就是"气"的阴阳矛盾。张载把这种矛盾称为"二端",即气的阴阳两体。他说:"一物两体,气也;一故神,二故化。此天地之所以参也。"(《正蒙·参两篇》)所谓"一物两体",即一切事物之中都有矛盾着的两个方面,既对立又统一。"参"表明了对立和统一的相互依存的关系,没有对立就不会有统一。用张载的话来说,就是"不有两则无一","两不立则一不可见,一不见则两之用息"(《正蒙·太和篇》)。也就是说,气包含着阴阳对立的两体,如果没有阴阳对立的两体存在,那就没有气;如果没有气,那阴阳两体的作用也就无从发挥。这接触到矛盾内部的对立统一关系,是可贵的辩证思维。

在二程的理学体系中,也有朴素的辩证思维。归纳起来,有以下三点:一曰"无独必有对"。程颢说:"天地万物之理,无独必有对,自然而然,非有安排也";"万物莫不有对,一阴一阳,一善一恶,阳长则阴消,善增则恶灭。"(《河南程氏遗书》卷11)程颢也说:"天地之间皆有对,有阴则有阳,有善则有恶,有是则有非"(同上卷15);"理必有对待,生生之本也。有上则有下,有此则有彼,有质则有文,一不独立,二则为文。非知道者,孰能识之。"(《易传》二)这都是对《易传》"一阴一阳之谓道"的解释,着重在讲矛盾的对立。二曰"中之理至"。程颢说:"中之理至矣,独阴不生,独阳不生,偏则为禽兽为夷狄,中则为人。中则不偏,常则不易,惟中不足以尽之,故曰中庸。"(《河南程氏遗书》卷11)程颐发挥说:"中者只是不偏,偏则不是中。庸只是常,犹言中者大中也。庸者是常理。"(同上卷15,下同)又说:"天地之化虽廓然无穷,然而阴阳之度,日月寒暑昼夜之变,莫不有常,此道之所以为中庸。"这都是对孔子"中庸"之道的解释,着重在讲矛盾的统一。三曰"物极必反"。程颐说:"近取诸身,百理皆具。屈伸往来之义,只于鼻息之间见之。屈伸往来只是理,不必将既屈之气变为方伸之气。

生生之理自然不息,如《复》言'七日来复',其间无不断续,阳已复生,物极必反,其理须如此。有生便有死,有死便有终。"又说:"往来屈伸只是理也。盛则便有衰,昼则便有夜,往则便有来。天地中如洪炉,何物不销铄了。"这都是讲矛盾转化的,即"物极必反"。"物极必反"的思想早已有之,但从理论上明确地概括出来则始于程颐。总之,二程既看到了矛盾的对立,又看到了矛盾的统一,还看到了矛盾的转化。这些辩证思维虽然被包括于理学的体系中,但不能说它是形而上学思维。

　　在朱熹的理学体系中,则包含着更为丰富的朴素辩证思维。可以说,他是宋代理学中辩证思维的集大成者。他继承并发展了周敦颐的"动静互根"说,认为"动亦静也","静亦动也。动静如船在水中。动静如船在水,潮至则动,潮退则静"(《朱子语类》卷12)。只有水流速度的快慢不同,而绝没有水上的船丝毫不动之理。在他看来,动静是互函的,绝无"截然为动为静之理"(同上)。他还继承和发展了邵雍的"一分为二"思想,如在解释"太极生两仪,两仪生四象"时说:"此只是一分为二,节节如此,以至无穷,皆是一生两尔。"(《朱子语类》卷67)但他认为,邵雍那种每层加一倍的机械分法是"一直死数",不能表现出"阴阳迭相推荡,而阴或变阳,阳或化阴"(《周易本义·新增图说》))的作用。所以,他又在邵雍的"一分为二"思想的基础上,吸取了张载的"一物两体"的思想,说"一物两体""此语最精"(《正蒙·参两篇》注),并将此通俗地概括为"一个包两个"(《朱子语类》卷79)。同时,他还继承和发展了二程的"无独必有对"等辩证思维。如说:"天下之物,未尝无对。有阴,便有阳;有仁,便有义;有善,便有恶;有语,便有默;有动,便有静。"(《朱子语类》卷6)"有生,便有死;有始,便有终;有聚,便有散。"(《朱子语类》卷3)"独阴不生,独阳不成。造化周流,须是并用。"(《朱子语类》卷65)"统言阴阳,只是两端,而阴中又分为阴阳,阳中也有阴阳。乾道成男,坤道成女。男虽属阳,而不可谓其无阴;女虽属阴,也不可谓其无阳。人身气属阳,而气有阴阳;血属阴,而血有阴阳。"(《朱子语类》卷94)通过这些深入而细致的分析,他得出这样一个结论:"凡事无不相反以相成。"(《朱子语类》卷62)这个结论闪烁着辩证思维的光辉,无论如何都不能以形而上学思维而论之。当然,在理学中是有很多形而上学思维的。但不能因此而否定了其中丰富的辩证思维,因为这样是会贬低理学的思维价值的。正确的态度应该是不宜菲薄,也无庸偏爱。

第十二章 宋元明时期自然科学的
发展与转折

第一节 自然科学发展概况

在宋、元、明时期,我国自然科学的发展出现过一个高峰。宋、元二代,人才辈出。例如,北宋大科学家沈括博学多才,成绩卓著。他的大作《梦溪笔谈》涉及数学、天文历法、地理、地质、气象、物理、化学、冶金、兵器、水利、建筑、动植物和医学等领域,被誉为中国科学史上的坐标和里程碑。宋元四大数学家秦九韶、李冶、杨辉、朱世杰,则把我国古代数学的发展推向高峰。宋元农学家陈旉、王祯,使我国农学的发展达到一定的高度。金、元四大医学家刘完素、张从正、李杲、朱震亨,把我国医学的发展提高到新的水平。元代著名天文学家郭守敬创制的"简仪"等把我国天文仪器的制造提到一个新高度,他和其他天文学家编制的授时历则标志着我国古代历法体系的高峰。到了明代,也涌现出一些很有成就的科学家。例如,李时珍著《本草纲目》完成了我国医药学的大综合,朱载堉首创十二平均律,徐光启在天文历算、农田水利方面作出了重大贡献,徐霞客对我国水文地理学进行了大综合,宋应星著《天工开物》完成了农业和手工业生产技术的大综合。从宋到明,自然科学的发展主要表现在以下几个方面。

一是数学方面。中国古代数学继隋唐之后,到宋元时期发展到一个很高的水平。如果说宋元数学是以筹算为中心内容的中国古代数学发展的高潮,那么,13世纪中叶到14世纪初叶便是这个高潮的顶点。在这半个多世纪里,先后涌现出一批杰出的数学家,如秦九韶、李冶、杨辉、朱世杰等。他们取得了许多具有世界意义的数学成就,像高次方程的数值解法、天元术、四元术、大衍求一术、垛积术和招差术等分别比欧洲要早出现四百到八百年,在当时世界上居于领先的地位。

南宋数学家秦九韶著《数书九章》,他最突出的成就有两项。一项是高次方程的数值解法。在古代,把方程的数值解法称为"开方术"。《九章算术》有"带开平方"的方法,唐初王孝通的《缉古算经》有"带从开立方"的方法。北宋数学家贾宪在《黄帝九章算法细草》中把上述方法加以改进,创立了"增乘开方法",推广到任意高次方程的开方中去,并提出了"开方作法本源图",即二项式定理系数表。欧洲人一般把这个表称为"巴斯加三角",其实法国数学家巴斯加得出这个表比贾宪晚了六百多年。后来,北宋数学家刘益在《议古根源》中突破首项系数为"正一"的条件限制,开了用增乘开方法求任何数字方程正根的先河。一百年后,秦九韶把高次方程求正根的增乘开方法发展到十分完备的程度。他把增乘开方法推广为任意高次方程的数值解法,这和现代求数字方程正根的方法基本一致。而现代算法被称为鲁斐尼-霍纳方法,是在秦九韶之后六百多年才提出的。秦九韶的另一项成就是大衍求一术,其中所涉及的理论,和现代通常所谓的一次同余式理论颇相类似。一次同余式理论问题,最早见于

《孙子算经》。这类问题和中国古代历法计算"上元积年"有关。从汉代到宋代的各家历法都有自己的"上元积年"的数据,但都没有留下有关算法的记载。秦九韶首次对这一算法进行介绍并把它推广到解决各种数学问题中去,他系统地指出了求解一次同余式的一般计算步骤,正确而又严密。过了五百年,欧洲的尤拉和高斯等人才对此作了较为深入的研究。

　　金元之际的数学家李治著《测圆海镜》和《益古演段》,其主要成就是总结并完善了天元术,使之成为我国独特的半符号代数。天元术是一种用数学符号列方程的方法,它在北宋时期就产生了。但直到李治之前,天元术还是比较幼稚的,记号混乱、复杂,演算烦琐。李治在前人的基础上,创造了一种简便而实用的天元术。

　　南宋末年数学家杨辉著有《详解九章算法》、《日用算法》、《乘除通变本末》、《田亩比类乘捷法》、《续古摘奇算法》,后三种著作一般合称为《杨辉算法》。这些著作收录了不少现已失传的各种数学著作中的算题和算法,如早期的"增乘开方法"和"开方作法本源",都是通过《详解九章算法》才得以流传下来;同时反映了宋元数学的另一重要侧面,即实用数学和各种简捷算法,这是适应当时社会经济发展而兴起的一个新方向。

　　元代著名数学家朱世杰全面地继承了秦九韶、李治、杨辉的数学成就和实用算法,并创造性地予以发展,著《算学启蒙》、《四元玉鉴》,把我国古代数学推向更高的境界,形成宋元时期中国数学的高峰。他的一大贡献是创立"四元术",而"四元术"是在高次方程的数值解法以及天元术的基础上发展起来的。所谓"四元术",就是用天、地、人、物四元表示四元高次方程组。它用四元消法解题,把四元四式消去一元变成三元三式,再消去一元变成二元二式,再消去一元就得一个只含一元的天元开方式,然后用增乘开方法求正根。这和今天解方程组的方法基本一致。在欧洲,直到18世纪法国数学家贝祖才系统阐述了高次方程组消元法问题。朱世杰的另一大贡献是"垛积术",而"垛积术"则是高阶等差级数求和的问题。这一问题的研究,开始于沈括的"隙积术"。后来,杨辉所得到的三个高阶等差级数公式,实际上是沈括公式的几个特例。朱世杰则把高阶等差级数求和问题向前推进了一大步,并得到普遍的解法,不论在计算技术还是在理论概括方面,水平都是很高的。这在中国数学史和世界数学史上都是首创,比牛顿的同样成就要早四个世纪。

二是天文学方面。首先,我国古代传统的天文仪器——漏壶、圭表、浑仪、浑象等,到宋元时期都发展到了高峰。宋初,张思训制造的太平浑仪在机械构造方面达到很复杂的程度。在太平浑仪的基础上,由苏颂、韩公廉等人设计制造了水运仪象台。这是一座仪、象、钟三者结合的大型仪器,既能演示天象、观测天象,又能计时、报时。元代郭守敬创制"简仪"、"仰仪"、"高表"以及和它们配合使用的"景符"等近二十种天文仪器,把我国古代天文仪器的制造推到一个新高峰。以简仪而论,它是在浑仪的基础上简化而成的一种新型天文仪器,其功用是测量天体的坐标位置,大大提高了观测精度。

其次,北宋进行过五次大规模的恒星位置观测工作,其精度比之前有很大的提高。到了元代,郭守敬等人又进行了一次大规模的恒星位置测量工作,精确度比宋代又提高约一倍。除了测量传统的恒星的位置外,郭守敬还测量了前人未命名的恒星一千余颗,使记录的星数从传统的1464颗增加到2500颗。西欧到14世纪文艺复兴以前观测的星数是1022颗,我国古代的恒星观测在当时处于先进地位。

最后,我国古代的历法体系经过宋代到元代也有了很大的发展。

元代,郭守敬、王恂等人编制的授时历,则是我国古代最优秀的历法。授时历吸取了历代历法的先进经验,所用的天文数据几乎都是历史上最先进的。其突出特点是敢于突破陈旧的观点,具有大胆创新的精神。这主要表现在以下三点:一是彻底废除上元积年,以至元十七年(公元1280年)的冬至作为推算各项天文数据的起点,"所用之数,一本诸天,秒而分,分而刻,刻而日,皆以百为率,比之他历积年日法,推演附会,出于人为者,为得自然"(《元史·历志》)。从此以后,便结束了陈腐的推求上元积年的历元制度,是我国历法发展史上的一大进步。二是应用招差法推算日、月、五星运行的速度。三是在我国数学史上开辟了通往球面三角法的途径。沈括的"会圆术",绘出了弦、矢和弧长之间的关系式。王恂、郭守敬等人在推算授时历时,应用会圆术,进一步导出了一些新的关系式,创立了天文推算的新方法,以实现黄道坐标到赤道坐标的换算,解决了我国前代天文学家所未能解决的问题。他们钻研球面测量的理论根据,因而开辟了一条新的道路,这与西方的球面三角法是不谋而合的。总之,授时历富有创新精神,登上了我国古代历法的最高峰。

三是地理学方面。以图经形式编写的地理著作,在北宋时仍很盛行,但图经已向地方志过渡。全国总志中最著名的是北宋乐史所编的《太平寰宇记》、北宋王存等编的《元丰九域志》,元代所修的《大元一统志》堪称皇皇巨著。在地图的制作上,特别值得提及的是现在保存在西安碑林的"华夷图"(相当于世界地图)、"禹迹图"(相当于全国地图)和苏州文庙的"地理图",这是宋代的三幅石刻地图。其中的"禹迹图"代表宋代测绘地图的水平,可能是沈括所绘。沈括还制作过木刻的立体模型地图,这比西欧的立体地图要早七百余年。南宋的黄裳和朱熹都制作过立体地图,其中朱熹所制立体地图是用胶泥作成,比木刻简便和优越。元代朱思本的"舆地图"精确度较高,成为明清两代我国舆图的重要范本。

在地理学上,沈括有不少贡献。1074年4月,他到浙东地区察访,看到雁荡山诸峰"峭拔险怪、上耸千尺、穹崖巨谷"(《梦溪笔谈》卷24,下同)的地貌景观。据此,他明确提出了流水侵蚀作用的自然成因说,认为"当是为谷中大水冲激,沙土尽去,唯巨石岿然挺立耳"。他还认为我国西部黄土地区"立土动及百尺,迥然耸立"的地貌特征,也是同一原因造成的。同年秋天,他到河北察访,发现在太行山麓的"山崖之间,往往衔螺蚌壳及石子如鸟卵者,横亘石壁如带",由此而机敏地推断说"此乃昔之海滨"。他还进一步指出,此地"今东距海已近千里,所谓大陆者,皆浊泥湮耳",以泥沙的淤积作用正确地解释了华北平原的成因。这些都是沈括在地理学上的独到见解,比英国地质学家赖尔的地壳渐变论早了近八百年。宋代杜绾著《方林石谱》曾谈到风化作用和侵蚀作用,是继沈括之后对某些地理现象形成原因的明确叙述。

到了明代,徐霞客把我国古代地理学的发展推向高峰。《徐霞客游记》是一部学术价值很高的地理学专著,其主要成就有二:一是对我国水文地理学的发展作出了空前的贡献。他考察过许多河流,特别是对长江和盘江进行了详细的考察和深入的研究,匡正了过去地理学上不少错误。二是对石灰岩地貌的考察研究,在世界上是首创的。徐霞客先后考察了西南洞穴一百零一个,查清了桂林七星岩洞系统是由两个大洞府、六个洞天、十五个岩洞组成的。这些岩洞现在仍可找到,说明他的考察是准确的。在西方,洞穴学是一门新兴的学科,而徐霞客则是这株幼苗的最初培育者。总的看来,他对石灰岩地貌的考察研究,在中国和世界地理学史上都是空前的创举。这比欧洲最早研究喀斯特地貌的爱士倍尔要早一百三十多年。

四是农学和手工业生产技术方面。宋代的农书远比唐代多,其中最重要的是《陈旉农书》。这是现存最早论述南方水稻区域的农业技术和经营的农书,虽然篇幅不大,但却具有完整的理论体系。其中带有辩证色彩的土地理论,可以说是陈旉农学思想的精髓所在。其《地势之宜篇》是讨论土地利用的专论,集中地反映了因地制宜的思想。在土壤的治理方面,他发展了汉代氾胜之的"强土而弱之"、"弱土而强之"的思想,提出了新的辩证原则。更为可贵的是在保持地力方面,他提出了"常新壮"的命题,同时批评了"地力渐减论",为我国古代农学体系的发展增添了真理的粒子。

元代留下了三部有名的农书:一是《农桑辑要》,二是《王祯农书》,三是维吾尔人鲁明善撰写的《农桑衣食撮要》。这三部农书,在整体性和系统性方面都比《陈旉农书》前进了一步。如《王祯农书》,既有总论,又有分论。全书分三部分:《农桑通诀》是总论性的,《百谷谱》谈栽培技术,《农器图谱》专讲农具,综合了黄河流域旱田耕作和江南水田耕作两方面的生产经验,是我国古代的一部农业百科全书。其中的《农器图谱》最有特色,占全书篇幅的五分之四,是重点所在。王祯的器论主要论述了人与物、器与田、新与旧的关系问题。在人与物的关系问题上,他主张"人为物本,物因人而用"(《王祯农书》卷19)。在器与田的关系问题上,他主张"器非田不作,田非器不成"(同上卷11)。在新与旧的关系问题上,他主张"既述旧以增新,复随宜以制物"(同上卷18)。这些辩证的观点,反映了我国古代农器在宋元时代已经发展到很高的水平。

明代的农书更多,如邝璠的《便民图纂》、马一龙的《农说》、王象晋的《群芳谱》、徐光启的《农政全书》、耿荫楼的《国脉民天》和宋应星的《天工开物》等。其中的《农政全书》是我国古代农学的集大成之作,五十多万字,分农本、田制、农事、水利、农器、树艺、蚕桑、蚕桑广类、种植、牧养、制造和荒政十二项。书中转录了很多古代和同时代的农学文献,而徐光启自己撰写的只有六万多字,但都是经过亲自试验和观察之后取得材料写成的,所以科学性较强。他写的专论部分,科学价值更高。例如,在垦田与水利的问题上,他主张治水与治田相结合。他曾在天津屯种试验,很有成效,认为京师附近发展水稻等粮食作物的潜力很大,可以解决不必要的漕运问题。关于棉花栽培技术的论述,已有较高水平,反映了我国植棉技术的进步。

宋应星的《天工开物》,则是世界第一部有关农业和手工业生产的百科全书。全书分十八卷,包括作物栽培、养蚕、纺织、染色、粮食加工、熬盐、制糖、酿酒、烧瓷、冶铸、锤锻、舟车制造、烧制石灰、榨油、造纸、采矿、兵器、颜料、珠玉采集等,几乎谈到所有重要的农业和手工业部门的生产技术和过程。我国有以农为本的优良传统,因此古代的农书很多,但由于一向轻视工商,系统记载手工业生产技术的著作极为罕见,自《考工记》以下,可以说就是《天工开物》了。《天工开物》记载了当时许多先进的生产技术,如培育优良稻种和杂交蚕蛾的方法,灌钢、炼锌、铸钱、半永久泥型铸釜和失蜡铸造的方法,用花机织龙袍、织罗的方法,采矿中排除煤矿瓦斯的方法等,都是世界上首屈一指的。特别是《天工开物》中的技术哲学思想,是很值得研究的。宋应星的技术哲学思想是以"形气水火"的自然观为前提的,核心是"天工开物"的技术论,关键在于发挥"人巧聪明"的创造性。这些思想,可以说是现代技术哲学的先驱,有许多智慧性的东西值得吸取。

五是医药学方面。宋代对医药学的发展相当重视,多次修订本草。这个时期的本草著作,最著名的是北宋医生唐慎微编写的《经史证类备急本草》,其中收录药物一千七百多种,在明代李时珍的《本草纲目》问世之前的几百年,一直是本草的范本。与此同时,寇宗奭著《本草衍义》,推翻了前人的性味说,创立了气味论,在医药学上有较大影响。当时的针灸术也有较大发展,如王惟一著《铜人腧穴针灸图经》,统一了各家对腧穴的不同说法,并设计和监制了最早的两具针灸铜人,使针灸图象具有了立体感和真实感。南宋宋慈著《洗冤录》,既是我国第一部系统的法医学著作,也是世界上比较早的法医专著。过了三百多年,意大利的菲德里才写成了西方最早的法医学著作。

　　金、元时期,我国医学理论有较大发展,产生了四大医学学派,即所谓的"金、元四大家"。金、元四大家以刘完素、张从正、李杲和朱震亨为代表,他们各从不同的侧面继承和发展了《黄帝内经》的医学理论。如金代名医刘完素著有《素问玄机原病式》、《素问病机气宜保命集》等书,提出了一整套治疗热性病的方法,对寒凉药物的应用有独到的研究,被称为"寒凉派"。张从正也是金代名医,其主要著作是《儒门事亲》。他继承和发展了刘完素的医学思想,对汗、吐、下三法有精到研究,指出凡风寒初感邪在皮表者应用汗法,继而风痰宿食在于胸膈上脘的用吐法,寒湿痼冷或垫在下焦的用下法,遂有"攻下派"之称。另一位金代名医李杲是张元素弟子,著有《内外伤辨惑论》、《脾胃论》等书,强调脾胃的作用,并认为"元气"是人生之本,元气是否充足决定人体的健康与疾病,而脾胃则是元气之源,从而建立了以脾胃立论,以升举中气为主的治法,分别补益三焦之气,而以补脾胃为主,故被称为"补土派"或"温补派"。元代名医朱震亨是刘完素的三传弟子,又旁通张从正、李杲之学,著有《格致余论》、《局方发挥》等医药书。他结合三家学说,倡泻火养阴之法,进一步发展了刘完素的火热学说,认为"阳常有余,阴常不足"(《格致余论·阳有余阴不足论》),因而主张以补阴为主,多用滋阴降火之剂,所以被称为"养阴派"或"滋阴派"。

到了明代,温补学派兴起。其奠基人是朱震亨的高徒王履,他著有《医经溯洄集》、《百病钩玄》、《医韵统》,从病理学上明确指出温病与伤寒不同,不得"混称伤寒",从而开始突破《伤寒论》的樊篱,开拓了认识传染病的新道路。戴思恭也是朱震亨的高徒,著《证治要诀》、《证治类元》、《类证用药》等书,名噪一时。赵献可著《医贯》、《内经钞》、《素问注》、《经络考》、《正脉论》等书,主张以养火为主,为温补派的巨匠。温补派的中心人物则是张介宾,著有《类经》、《类经附翼》、《类经图翼》、《景岳全书》和《质疑录》。他对刘完素、李杲、朱震亨等学说均持异议,既敢于冲破前人学术思想的禁锢,又敢于标新立异、创立新说,其主要论点是"阳非有余"、"真阴不足",对温补学说多所发挥,但有一定片面性,导致后世滥用补药之流弊。

真正标志我国医药学发展高峰的,是李时珍的《本草纲目》。它以气和阴阳五行说为理论基础,完成了我国本草学的大综合,被西方誉为"东方医药巨典"。李时珍在总结前人成果的基础上,提出了比较科学的药物分类系统,并把药物与临床实践紧密地结合起来,对医药学发展产生了深远的影响。《本草纲目》共分52卷,约190字,收藏药物1892种,其中新增添的药物有374种,并且插图1160幅。其规模之宏大,内容之丰富,涉及范围之广博,都是古代任何一部本草书所望尘莫及的。它既有总结性,又有独创性。其药物的分类系统,可以说是前无古人的。

《本草纲目》把药物分成水、火、土、金石、草、谷、菜、果、木、服器、虫、鳞、介、禽、兽、人十六部,每一部又分成若干类,总共六十二类。这是按照药物的自然属性划分的,比较科学,是当时最先进的药物分类系统。西方植物分类学的创始人是瑞典生物学家林奈,其《自然系统》不仅在时间上比《本草纲目》晚一个半世纪,而且所作的植物分类也没有《本草纲目》那样详明。《本草纲目》不仅科学性强,而且实用价值高。它把药物与临床实践紧密结合起来,做到了以病带药,以药带方。在《本草纲目》中收集的11096个药方中,有8160个都是李时珍亲自搜集的,占全部附方的73.5%。乍一看去,这不过是附录而已,其实非常可贵,是《本草纲目》的精华部分,实用价值很大。《中华人民共和国药典》采自《本草纲目》的药物和制剂,就在一百种以上,可见其实用价值之大。《本草纲目》流传到日本、朝鲜、越南和欧洲,成为世界上最伟大的科学著作之一。李时珍推进了世界生物学的发展,他是林奈和达尔文以前的生物学界的巨人。

六是物理学方面。在磁学的研究上,沈括发现了磁偏角。他说:"方家以磁石磨针锋,则能指南,然常微偏东,不全南也。水浮多荡摇。指爪及碗唇上皆可为之,运转尤速,但坚滑易坠,不若缕悬为最善。其法取新矿中独茧缕,以芥子许蜡,缀于针腰,无风处悬之,则针常指南。其中有磨而指北者。予家指南、北者皆有之。"(《梦溪笔谈》卷24)这里记述了指南针的四种装配方法并比较其优劣,说明沈括是亲自进行过观察和实验的。所谓"常微偏东,不全南也",是说磁针指向常常略为偏东而不是正南。这是关于磁偏角的最早记载,比西方哥伦布在大西洋发现新大陆时才观测到磁偏角现象要早四百多年。沈括还作过凹面镜成像的实验,其结果比《墨经》前进了一步。他还试图用小孔成像的原理,解释物在焦点外成倒像的现象。对于我国古代光学杰作透光镜,他也进行了细心的观测和研究。他还用纸人进行共振现象的实验:剪一个小纸人,放在基音弦线之上,拨动相应的泛音弦线,纸人就跳动;弹别的弦线,纸人则不动。这个实验,要比欧洲人所做的类似实验早好几个世纪。

明代,朱载堉则创建了十二平均律。他是明仁宗庶子郑靖王的后代,虽为王室世子,但却专心于乐律、历算等的研究,其著作甚丰。其主要著作是《乐律全书》,其中的《律学新说》和《律吕精义》对十二平均律作了阐述。十二平均律是一种数理调音体系,它的生律法是精确地规定八度的比例,并把八度分成十二个半音,使任意相邻的两个半音的音程值为2的12次方根,即$\sqrt[12]{2}$。这种定律法当然是人为的,但它的误差不会使习惯于该体系的耳朵感到不悦;其优点是能够旋宫转调,特别是在琴键乐器中,可以根据需要任意使用所有键。十二平均律在今天的西方被很普遍地看作"标准调音"、"标准的西方音律",但它的数学理论的首创之功是属于朱载堉的。他在万历九年(公元1581年)之前,就完成了十二平均律的全部创建工作。欧洲最早发现十二平均律数学理论的,一是荷兰数学家和工程师斯泰芬于1585—1600年,甚至更晚的时候发现的,一是法国数学家和哲学家默森于1636年发现的,但都比朱载堉晚,而很有可能受到朱载堉音律理论的影响或启发。从1581年才开始进入中国的传教士,都有可能是传播这一理论的中介人。1722年和1744年,德国作曲家巴赫分别创作了上、下两卷的《平均律钢琴曲集》,以实践证明十二平均律的合理性和优越性。从此以后,这个律制在理论和实践上都被人们普遍接受。19世纪,德国大物理学家赫尔姆霍茨在《论音感》中指出:"在中国人中,据说有个王子叫载堉的,他在旧派音乐家的大反对中,倡导七声音阶。把八度分成十二个半音以及变调的方法,也是这个有天才和技巧的国家发明的。"这说明十二平均律的发明是音乐史上的一件大事,朱载堉为音律学的发展作出了划时代的贡献。

第二节　明代自然科学的转折

从明代开始,我国自然科学的发展由高峰上逐渐跌落下来,发生了重大的转折。这主要表现在以下三个方面。

一是数学方面。明代,数学发展戛然而止,不仅没有前进(除有关民生日用的珠算术继续发展外),而且呈现出明显衰退和突然沉寂的景况。从明代开始,宋元时期高度发展的代数学几乎失传,宋元人的数学著作渐次散佚。明代的唐顺之和顾应祥都是比较有名的数学家,但他们连天元术也弄不懂。在整个明代乃至清初的数百年间,天元术、四元术、高次方程的数值解法、高阶等差级数求和法等几乎成为"绝学"。嘉靖年间,顾应祥得见唐顺之手抄的《测圆海镜》一书,自以为研究有得,撰《测圆海镜分类释术》十卷。其实,李治的《测圆海镜》主要贡献是用天元术建立数学高次方程,而顾应祥偏不懂天元术。清人阮元评论说:"明代算学陵替,习之者鲜。虽好学深思如应祥,其所造终未能深入奥室。"(《畴人传·顾应祥》)我国数学史家李俨在谈到这一时期的情况时,也曾指出:"考试制度(指明算科考试)久已废止,民间算学大师又继起无人,是谓中算沉寂时期。"(李俨:《中国算学史》)

二是天文学方面。在元代,我国天文学的发展出现过高峰。但到了明代,天文学的发展几乎陷于停顿状态。特别是在明万历以前的二百年,则是我国天文学发展史上的一个低潮时期。在这个时期里,除了对异常天象的观测仍在继续,我国古代天文学的主要方面——历法却很少进展。明代初年的《大统历法通轨》,实际是在授时历的基础上改编而成的。从此以后,大统历一直行用到明末。在二百来年中,大统历的预报曾经多次与实际天象不符,但是历法改革却始终没有进行。即便是明末徐光启、李天经得到了改历的机会,但新修的历法却在守旧派的阻挠下仍未能颁行。与此同时,民间天文学家的活动由于受到极大压制而沉寂下来。明王朝不但像以往各王朝统治者一样,禁止民间私习天文,而且更进一步严禁民间私寻历法。凡违反禁令的,甚至被杀头。正如明人沈德符所说:"国初,学天文有厉禁,习历者遣戍,造历者殊死。"(《万历野获编》)这个禁令对天文学发展所起的阻碍、破坏作用,超过了以往任何一个时代。

三是总体方面。明中叶以后,资本主义萌芽在一定程度上推动了自然科学的发展。16、17世纪,我国出现了许多有成就的科学家,如李时珍、朱载堉、徐光启、徐霞客、宋应星等。他们主要是对传统自然科学体系中的一些领域进行了大综合,当然,综合也是创造,但传统自然科学体系的发展毕竟到了尾声。其中有些自然科学家如徐光启,曾经指出了我国传统科学的弊端,具有会通中西的超胜精神,甚至摸到了近代科学的边缘,但并没有突破传统的科学体系。从总体上看,他们的科学成就与同时期西欧的一些科学家相比是逊色的。如波兰天文学家哥白尼提出了太阳中心说,荷兰地图学家麦卡托用圆柱正形投影法绘制了世界地图,意大利天文学家、物理学家伽利略改进、制造了第一架天文望远镜并做了自由落体的科学实验,德国天文学家开普勒发现了行星运动的三定律,法国数学家笛卡尔把变量引进数学领域从而创立了解析几何,英国生物学家哈维发现了血液循环,英国物理学家、数学家牛顿提出了运动三定律和万有引力定律。这都说明,近代科学是从西欧兴起的。而我国的传统科学并没有发生革命性的飞跃,从16、17世纪开始落后于西欧。

第十三章 理学与自然科学的
多层次关系

第一节 自然科学之发展与理学

在宋、元、明时期,作为哲学化的儒学,理学且具有两重性;而自然科学的发展出现了高峰,又逐渐从高峰下降。探究其原因,不能不谈到理学与自然科学的关系。

为此,就需要研究下列一些问题:既然理学是哲学化的儒学,那么儒学的哲学化有没有自然科学的基础?理学既然具有两重性,那么,它对儒学思想中精华的发扬光大,是不是自然科学发展的一个有利因素?而它强化了封建主义的精神压迫,又是不是自然科学从高峰上跌落下来的重要原因之一?如果说理学曾经阻碍了自然科学的发展,那自然科学会不会成为反理学的一个重要武器?

理学作为哲学化的儒学,它的形成和发展都有一定的自然科学作基础。理学开山祖师周敦颐的《太极图·易说》,就与炼丹术有一定的关系。炼丹术在我国有悠久的历史,它有内丹、外丹之分。外丹以服食丹药为主,是一种炼制长生不老之药的方术,后来成为近代化学的先驱。内丹以运气为主,或称导引,或称吐纳,现在称为气功治疗。内丹与外丹虽有区别,但又相互联系。在东汉魏伯阳的《周易参同契》中,内外丹是结合在一起的,既讲"炉火之事",又讲"引内养性"。后来的道教内丹修炼之说,就是以人身比附宇宙,以人体为一小宇宙,又以内丹修行比附外丹烧炼,以人体为鼎炉,体内精气为药物,神为运用的火候,修炼精气神结成内丹,脱胎成仙。这种内丹修炼过程,同道教的宇宙生化过程顺序相反。也就是说,凡人脱胎成仙要反宇宙生化的过程而行之。第一个从理论上把道教这一思想表述得最清晰的,是和周敦颐同时代的张伯端。其《悟真篇》"专明金丹之要,与魏伯阳《参同契》,道家并推为正宗"(《四库提要》)。在张伯端看来,老子所谓的"道生一,一生二,二生三,三生万物",就是万物化生的普遍法则,即顺行造化之常道,故《悟真篇》说:"道自虚无一炁(气),便从一炁产阴阳,阴阳再合生三体,三体重生万物昌。"同时,他又认为,修炼精气神结丹成仙必须逆此万物化生的常道而行,即要"归三为二,归二为一,归一于虚无"(刘一明:《悟真直指》)这就叫作"颠倒陶熔,逆施造化"。

张伯端在《读周易参同契》诗中进一步指出:"大丹妙用法乾坤,乾坤运兮五行分;五行顺兮常道有生有死,五行逆兮丹体常灵常存。"(《悟真篇》下)薛道光对这首诗的解释说:"阳主生,阴主死,一生一死,一去一来,此常道顺理之自然者也,圣人则之,反此阴阳,逆施造化,立乾坤为鼎器,盗先天一炁为丹,以丹炼形,入于无形,与道冥一,道固无极,仙岂有终。"也就是说,只有颠倒陶熔,逆施造化,反万物生化之常道,才能炼成内丹,返本还无,身与道契,长生久存。顺行造化与逆施成丹是一个方向正负相反的过程,道教的本体论与修炼法在这里实现了对立统一。周敦颐在《太极图·易说》中仿此描述了正反顺逆的两种变易过程：一是太极→阴阳→五行→万物(人)的宇宙生化过程，一是万物(人)→五行→阴阳→无极的万物复旧过程。前者是"原始"，后者是"反终"。这两种过程共同构成了宇宙间生生不已的运动变化，所以周敦颐的结论是："大哉易也，斯其至矣！"(《太极图·易说》)这样一来，他就为理学奠定了本体论的基础，使儒学的哲学化迈出了关键性的第一步。

　　理学的另一位主要奠基者是张载，他是第一个以正统儒家的身份把"气"作为宇宙本体的。有的学者认为，张载虽然吸取了不少自然科学的成果，但其本体论不是建筑在对自然科学成果进行归纳的基础上，而是用儒家经典，特别是用《周易》中的范畴、概念加以推演。不错，张载的本体论是用儒家经典，特别是用《周易》中的范畴、概念加以推演。但这种推演有没有自然科学的基础？经过仔细研究，我们觉得张载的推演是有一定的自然科学作基础的。他在推演的过程中，曾引入了一个重要的范畴——"太虚"。如说："太虚者，气之体"(《易说·系辞上》)；"太虚不能无气，气不能不聚而为万物，万物不能不散而为太虚。"(《正蒙·太和篇》)"太虚"这个范畴，既不见于儒家经典，也不在《周易》之中，而是出自《黄帝内经》。《素问·天元纪大论》说："臣积考《太始天元册》文曰：太虚寥廓，肇基化元，万物资始，五运终天，布气真灵，总统坤元，九星悬朗，七曜周旋，曰阴曰阳，曰柔曰刚，幽显既位，寒暑弛张，生生化化，品物咸章。"意谓宇宙浩渺无垠，充满了具有生化能力的元气，这就是世界的始基。一切有形之体皆仰借元气的生化而形成。五行的循环终而复始，六元真灵之气敷布宇宙，统摄着大地万物的升发败谢，产生了明亮的九星悬耀太空，造成了日月五星有迟有速有顺有逆的运行，于是出现了阴阳消长、柔刚生杀、昼夜明暗、四时交替的作用和现象。有了这一切，万物才生生不息,彰明昭著。可见天地未开之前,宇宙中只有元气,万物都是元气合成的。因此,元气是万物的开始。

不过,《太始天元册》系《黄帝内经》所引证的古籍,究属什么时代尚难考证,无论如何应较《素问·天元纪大论》为前。《天元纪大论》乃《素问》后补的作品,大约产生于东汉或东汉稍后。其中所引《太始天元册》的一段话,是我国东汉的宇宙理论之一。早在东汉中期,黄宪就对宣夜说有所发展,特别是他提出了"太虚"的范畴。如说:"天地果有涯乎? 曰:日、月之出入者,其涯也。日、月之外,则吾不知焉。曰:日、月附于天乎? 曰:天,外也;日、月,内也。内则以日、月为涯,故躔度不易,而四时成。外则以太虚为涯。其涯也,不睹日月之光,不测躔度之流,不察四时之成,是无日月也,无躔度也,无四时也。同归于虚,虚则无涯。"(《天文》)所谓"太虚",就是伸展到日月星辰一切天体之外的无穷无尽的宇宙空间。三国时期,杨泉对宣夜说有了新的发展。他明确指出:"夫天,元气也,皓然而已,无他物焉。"(《物理论》)魏晋时期,《列子·天瑞篇》认为日月星辰也是气体,安天论者虞喜说"天高穷于无穷"(《晋书·天文志》)。张载正是在归纳这些自然科学成果的基础上,建立了他的本体论。由此可见,理学的形成有一定的自然科学为基础。

不仅如此,理学的发展也有一定的自然科学基础。宋代理学发展到南宋出现了高峰,其集大成者便是朱熹。他的自然科学知识相当丰富,对于古代的医学经典《黄帝内经》、著名天文学家张衡的《灵宪》以及历代天文地理知识都有涉猎,特别是对北宋沈括的自然科学名著《梦溪笔谈》钻研尤深,还著有《参同契考异》,并对一些自然现象进行过实际的考察和研究,如从对高山螺蚌壳的考察去研究地球的变化等,且用胶泥制作过立体地图。从《朱子语类》可以看出,他教学生,不仅教经学、史学、文学等社会科学知识,还教宇宙演化发展、天文地理、动物学、植物学、医学、乐律等自然科学知识,并采用过浑天仪这样在当时比较先进的科学仪器。所有这些突出的表现都说明,他完成理学体系之构筑,使儒学的哲学化达到很高的程度,是有丰富的自然科学知识作基础的。

从上面的分析可以看出,从周敦颐到程颢、程颐,再到朱熹的这一时期内,推动理学家前进的,绝不仅是纯粹思想的力量。恰恰相反,自然科学作为"历史的有力杠杆",推动了哲学的积极发展。这在张载那里,已经是一目了然的了,而在周敦颐和二程那里如果还不十分明显,而到朱熹这里就很清楚了。理与气,是程朱理学的基本范畴。在二者的关系问题上,朱熹直接继承了二程的理在气先的思想,但是,他对二程的这种思想不是简单地照抄照搬,而是进行了改造和发挥。在朱熹这里,他所说的"气"未免渗进一些神秘主义的成分。但是,他所讲的"气"基本上仍属于一种极细微的物质。如说:"天地初间,只是阴阳之气。这一个气运行,磨来磨去,磨得急了,便拶许多渣滓,里面无处出,便结成个地在中央。气之清者便为天,为日月,为星辰,只在外,常周环运转。地便只在中央不动,不是在下。"(《朱子语类》卷1)在这里,气的运行磨拶便形成了天地、日月、星辰。由于朱熹掌握丰富的自然科学知识,对于宇宙的形成、地球的演化乃至万物产生和发展,都有一定的认识,所以,他的"气"范畴与自然界的发展变化联系在一起,同二程比较就具有更明显的物质性。至于"理",作为朱熹理学的最高范畴,当然是绝对精神。但由于他有丰富的自然科学知识,所以他的"理"在一定范围内又具有规律之意。如说:"上而无极太极,下而至于一草一木一昆虫之微,亦各有理。"(同上卷15)显然,草木昆虫之"理"就是自然规律。他说:"理则就其事事物物各有其则者言之。"(同上卷5)很明显,这里所说的"理"是指具体事物之"则"而言之,那当然就是规律了。与这种"理"相联系的"格物致知"、"即物穷理",也包含着朴素唯物主义的因素。朱熹指出,"穷理"必须"即事即物",才能"见得此理","然后于己有益"(同上卷75)。他主张通过"格物"去穷"天地鬼神日月阴阳草木鸟兽之理"(同上卷15),也是通过研究事物去认识其本性的。这种"格物"、"穷理"又加深了他对自然现象的辩证认识,从而在丰富的自然科学知识之基础上形成了辩证思维。如说:"天下万物之理,无独必有对","皆自然而然,非有安排也"(同上卷62)。他阐发道:"一便对二,形而上便对形而下。然就一言之,一中又自有对。且如眼前一物,便有背有面,有上有下,有内有外。二又各自为对。虽说无独必有对,然独中又自有对,且如棋盘路,两两相对。"(同上卷95)他还用人的呼吸活动,从科学上加以论证:"如人嘘吸,若嘘而不吸,则须绝;吸而不嘘,亦必壅滞,著不得。嘘者,所以为吸之基。"(同上卷12)由此可见,他的辩证思维也是有自然科学基础的。这一切都说明,自然科学犹如一个杠杆,推动着理学的形成和发展。

总括起来说,理学对儒学思想中精华的发扬光大,是自然科学发展的一个有利因素。这主要表现在以下三点:

一是理学家发扬了早期儒学中重视人的独立思考、兼综百家和重视文化研究的优良传统,是有利于自然科学发展的。在宋代,自由讲学的风气比较盛行。理学的兴起,对这种学风有所推动。北宋时期,周敦颐讲学于庐山,张载讲学于关中,二程和邵雍讲学于洛阳,或谈太极,或言太虚,或辨理气,或道象数,各树一帜,广收门徒,形成"学术不一"的局面。南宋时期,朱、陆两派进行过激烈的学术争论,而又都注重独立思考。这种自由讲学、互相争鸣而又注重独立思考的学风,对于自然科学的发展是起过促进作用的。宋元四大数学家秦九韶、李治、杨辉、朱世杰等一大批著名的自然科学家,都是在这种学术气氛中涌现出来的。他们自由探索,敢于独立思考和创新,在自然科学的各个领域作出了重大贡献。如数学家李治,就对朱熹的学说有所怀疑。他说:"大抵晦庵之论,佳处极多,然窒碍处亦不可毛举。学者正当反覆与夺之。"(《敬斋古今黈》)正是这种"反覆与夺"的精神,才使李治能在前人数学成果的基础上有所创新,从而取得更高的数学成就。另一位数学家杨辉也说:"好学君子自能触类而考,何必尽传。"(《乘除通变本末·习算纲目》)他对当时被奉为算书权威之一的《五曹算经》就持批判继承的态度,正确地指出了其中的一些公式不合、概念不清的错误,从而使这些方面的研究更进一步。

这些自然科学家们不仅善于独立思考,还有兼综百家的特点。如朱世杰就综合了秦九韶、李治、杨辉的数学成果,还吸收了印度的大数记法。其《算学起蒙》在亿、兆、京、垓、秭、壤、沟、涧、正、载之上,添加极、恒河沙、阿僧祇、那由他、不可思议、无量数六个大数名目,都从万万进。"极"以上的五个大数名称都来自佛经,但它们表示的数量和印度数名原来的意义有所不同。这正是早期儒学"和而不同"文化观在数学领域中的一种反映。明末徐光启的"会通中西"的"超胜"精神,更是"和而不同"精神的发扬光大。他说:"欲求超胜,必须会通。"(《徐光启集》卷8《历书总目表》)也就是说,必须在我国原有的自然科学基础上,吸取西方自然科学中的优点和有用部分来充实、丰富自己,并使之和我国自然科学中的优点和有用部分有机地结合起来,从而建立起自己的科学方法、理论和体系,以达到超胜西方的目的。

徐光启会通中西科学知识,是从数学入手的。他首先同意大利传教士利玛窦翻译了欧几里得的《几何原本》(前六卷),接着就用《几何原本》的定义,参以《周髀算经》和《九章算术》,编成了《测量法义》一书;并根据此书加以引申,写成了《测量异同》和《句股义》两书。《同文算指》,则是他和李之藻按编译《测量法义》同样的方式方法整理成书的。徐光启的整理方法是选择若干条,找出《几何原本》中相当的公理、公式,结合《周髀算经》、《九章算术》中的句股测量诸条,把中西法加以比较,"推求异同",融会贯通,从而发挥"金针度去从君用"的作用,以达到"旁及万事"的目的。他在会通中西数学方面的突出贡献有二:一是根据《几何原本》的原理和方法,论证了我国古代的数学,使之严密化、条理化和系统化,从而上升到理论的高度,这在中国是史无前例的。二是在会通的基础上,有所创新。例如,在当时传入的西方数学中没有"句股容圆"一题。该题在刘徽的《九章算术注》中有两个证明方法,而徐光启却参照《几何原本》的方法创造出另外一种新的方法,这是我国数学史上的创举之一。他会通中西的超胜精神,还表现在农田水利和修改历法等方面。晚年,他领导了修改历法的工作。这次修历既继承了我国传统测天制器中的优秀方法,又努力会通中西,从而在方法和理论上都大大前进了一步。对于西法,徐光启不但要求"令与中历会通归一",还期望"超胜"它。要"超胜"就不能仅停留在把现成的西洋历法拿来和中历加以糅合、"会通"的水平上,而应该深入钻研,把天体运行的规律,以及人们怎样才能认识并正确运用天体运行的规律,都"穷源极本"弄个明白,从而建立一个既完美又简易的体系。为实现这一点,他做了极大的努力,编纂出一部新历——《崇祯历书》。这部历法介绍了大量的西方数学和天文学知识,尽管也有一些错误和缺点,但无论在我国科学史上还是在中外文化交流史上,都写下了光辉的一页。

　　二是理学发扬光大了儒学思想中的理性主义,有利于当时自然科学的发展。北宋时期,二程首先提出了"理性"的范畴。他们所谓的"理性",既是道德理性,又是认识理性。也就是说,理性既是认识道德准则的能力,又是认识事物的能力。他们所谓的"理",主要是指"天理",即绝对观念,但有时也指道德准则或事物规律。如程颐说:"凡眼前莫非是物,物物皆有理,如火之所以热,水之所以寒,至于君臣父子之间皆有理。"(《河南程氏遗书》卷19)所谓"君臣父子之间"的"理",就是道德准则;而"火之所以热,水之所以寒"的"理",则是自然之理。他认为,这种"理"也是需要认识的。如说:"一草一木皆有理,须是察。"(《宋元学案·伊川学案上》)这种通过观察具体事物求得其"理"的认识方法,也在一些科学家身上得到反映。程颐和沈括年龄差不多,二人的政治倾向虽不同,但在学术上可能是相互影响的。《梦溪笔谈》中谈"理"的地方不少,注重"原其理"或"以理推之"。这说明,沈括十分强调理性在认识自然现象及其规律过程中的作用。在他看来,人们一旦认识了自然之理,就可以了解其变化。熙宁年间,京师久旱,人们祈祷求雨,连续几天阴云密布,人们以为天要下雨了。可是,不但没有下雨,反而"一日骤晴,炎日赫然"。这时,宋神宗问沈括何时下雨,沈括根据他掌握的天气变化规律,并结合当时当地的实际情况,回答说:"雨候已见,期在明日。"(《梦溪笔谈》卷7)第二天,果然下了一场大雨。这是为什么呢?因为当时连日阴云,说明空气中水分充沛;一旦骤晴,则近地面层气温剧增,会引起对流不稳定而产生降水。所以,沈括对雨期的断定是合理的。这种理性主义精神曾推动自然科学家们去探索隐藏在自然现象背后的规律性,促进了自然科学的发展。

　　在农学方面,陈旉指出:"天地之间,物物皆顺其理也。"(《陈旉农书》卷上《天时之宜篇第四》)这个"理"就是自然规律,用他的话说即"阴阳消长之理"。如果"阴阳消长之理"不顺,"则四序乱而不能生成万物",所以,"顺天时地利之宜,识阴阳消长之理,则百谷之成,斯可必矣"(同上)。王祯则把这种"阴阳消长之理"称为"天之道",即自然之道,认为发展农业生产必须"用天之道"。怎样才算"用天之道"呢?他回答说:"一岁之中,月建相次,周而复始,气候推迁,与日历相为体用,所以授民时而节农事,即谓用天之道也。"(《王祯农书》卷1《农桑通诀·授时篇》)为了做到这一点,他详尽地说明了农历的制定和应用,并绘制一张"授时指掌活法图",把季节、物候和农业生产的事宜灵活而紧凑地连成一体,实在是农学上的一大创造。

　　在天文学方面,标志着我国历法发展高峰的授时历之制定,也与理学有关。元初首倡改历的是刘秉忠,他是一位理学家,"尤邃于《易》及邵氏《经世书》,至于天文、地理、律历、三式六壬遁甲之属,无不精通"(《元史·刘秉忠传》)。参与编制授时历的重要人物,有王恂、郭守敬、许衡、杨恭懿等。杨恭懿、王恂、郭守敬都受到理学思想的影响。郭守敬曾师事刘秉忠。许衡是元代最著名的理学家,他说:"事物必有理,未有无理之物,两者不可离。无物,则理何所寓?"(《语录》下)这种理性主义思想,对授时历的制定影响较大。据《元史》记载,"十三年,诏王恂定新历。恂以为历家知历数而不知历理,宜得衡领之"(《元史·许衡传》);"恂荐许衡能明历之理,诏驿召赴阙,命领改历事"(《元史·王恂传》)。这里所谓的"历理",源出于邵雍的《观物外篇》:"今之学历者但知历法,不知历理。……落下闳但知历法,扬雄知历法又知历理。"这种理性主义精神不仅对许衡、王恂有影响,而且对刘秉忠、郭守敬也有影响。可惜的是郭守敬对这种理性主义没有什么论述。

宋元时期数学的发展,也与理学有关。如南宋数学家秦九韶在《数书九章》自序中说:"周教六艺,数实成之,学士大夫所从来尚矣。其用本太虚生一而周流无穷,大可以通神明,顺性命;小足以经世务,类万物,讵容以浅近窥哉?"这是讲数学应用的,可能受张载思想的影响。因为张载一讲"太虚",二重"学以致用"。他在与二程的对话中说过:"志大不为名,亦知学贵于有用也。"(《二程粹言·论学》)其弟子李复曾谈到过"数"的起源,如说:"物生而后有象,象生而后有数";"数出天地之自然也。盖有物则有形,有形则有数也。"(《潏水集·答曹钺秀才书》)他不仅提出"自然之数"的概念,还用"自然之理"来解释事物的运动规律。这种理性主义思想,曾对金、元之际的数学家李治有所影响。他曾在《测圆海镜》的序中指出:"数本难穷,吾欲以力强穷之,彼其数不惟不能得其凡,而吾之力且惫矣。然则数果不可穷耶? 既已名之数矣,则又何为而不可穷也! 故谓数为难穷,斯可,谓数为不可穷,斯不可。何则? 彼其冥冥之中,固有昭昭者存。夫昭昭者,其自然之数也。非自然之数,其自然之理也。数一出于自然,吾欲以力强穷之,使隶首复生,亦未知之何也已。苟能推自然之理,以明自然之数,则虽远而乾端坤倪,幽而神情鬼状,未有不合者矣。"在他看来,数来源于自然,在许多错综复杂的现象中,是有"昭昭者存"的。所谓"昭昭者",就是"自然之数",而"自然之数"正是"自然之理"的表现。它是可"穷"的,而不是不可"穷"的。同时正因为它是"自然之理",所以只能按照其本来面目来推演而不能"以力强穷"。正是基于这种理性认识,他才取得了"天元术"那样重大的数学成就。

朱世杰的"四元术",从某种意义上说,也是理性主义的成就。他在《四元玉鉴》的一个旁注中说:"凡习四元者,以明理为务,必达乘除升降进退之理,乃尽性穷神之学也。"与他同时代的祖颐在为《四元玉鉴》所作的序中说:"按天、地、人、物,立成四元,以元气居中,立天勾、地股、人弦、物黄,方考图明之,上升下降,左右进退,互通变化,乘除往来,用假象真,以虚问实,错综正负,分成四式,必以寄之剔之,余筹易位,横冲直撞,精而不杂,自然而然,消而和会,以成开方式也。"这显然是对朱世杰"乘除升降进退之理"的解释,说明了四元术的理性主义精神。

在医药学方面,理学也起过积极的促进作用。李时珍的《本草纲目》,就是仿朱熹《通鉴纲目》以纲挈目、纲举目张的方法编写的。他的好友王世贞在《本草纲目序》中指出:"实质理之精微,格物之通典。"李时珍本人也说,本草"虽曰医家药品,其考释性理,实吾儒格物之学"(《本草纲目》凡例)。所谓"格物之学",就是宋明理学家常说的"格物致知"。所谓"考释性理",就是根据丰富的第一手资料和大量的文献资料考察药物的性质,弄清其变化规律。例如甘蔗,"其浆甘寒,能泻火热,《素问》所谓甘温除大热之意。煎炼成糖,则甘温而助湿热,所谓和温成热也。……又谓沙糖能解酒毒,则不知既经煎炼,便能助酒为热,与生浆之性异矣。按《晁氏客话》云:甘草遇火则热,麻油遇火则冷,甘蔗煎饴则热,水成汤则冷。此物性之异,医者可不知乎?"(《本草纲目·甘蔗》)李时珍认为,不仅应该知道药物性质的差异,而且要弄清其变化的规律。他说:"二足而羽曰禽。师旷《禽经》云:羽虫三百六十,毛协四时,色合五方。山禽岩栖,原鸟地处。林鸟朝嘲,水鸟夜咙。山禽味短而尾修,水禽味长而尾促。其交也,或以尾羼,或以睛眄,或以声音,或合异类。其生也,或以翼孚卵,或以同气变,或以异类化,或变入无情。噫!物理万殊若此,学者其可不致知乎?"(《本草纲目·禽部》)一部《本草纲目》,处处闪耀着"格物致知"、"即物穷理"的理性主义光辉。

如果说李时珍受程朱理学影响比较大,那么,张介宾则受王守仁心学的影响更为突出。他说:"万事不能外乎理,而医之于理为尤切,散之则理为万象,会之则理归一心。夫医者,一心也,病者,万象也。举万病之多,则医道诚难,然而万病之病,不过各得一病耳。譬之北极者,医之一心也;万星者,病之万象也;欲以北极而对万星,则不胜其对;以北极而对一星,则自有一线之直,彼此相照,何得有差? 故医之临证,必期以我之一心,洞病者之一本,以我之一,对彼之一,既得一真,万疑俱释,岂不甚易? 一也者,理而已矣。苟吾心之理明,则阴者自阴,阳者自阳,焉能相混。"(《传忠录》上) 这说明张介宾的医学理论,深受王守仁"心外无物"、"心外无理"思想的影响。这种思想在当时有无积极作用? 因为自元明以来,封建统治者把朱熹理学奉为儒家正统,作为维护封建统治的精神支柱。王守仁从怀疑到批评朱学,在当时实际上是一种反对独断主义、破除迷信的果敢行为。他反对朱学的精神武器,就是"心即理"的"致良知"学说。这在当时起到了从朱学的旧传统中解放出来的积极作用。而这种作用在医学领域有所表现,张介宾敢于冲破前人学术思想之禁锢,标新立异,创立"阴非有余"、"真阴不足"就说明了这一点。

当时,刘完素、朱震亨的学说盛行于世。一般医家,对刘、朱学说的精神实质领会不够,每每拘守成法,恣用寒凉,不顾正气,诸多流弊。针对这种流弊,张介宾在《景岳全书》中写《辨河间》、《辨丹溪》各九条,力排刘完素(河间) 的"诸病皆属火"之论和朱震亨(丹溪) 的"阳有余,阴不足"之说,认为后人拘执其理而不辨虚实,寒凉攻伐,动辄贻误。这对推动医学的发展,起到了积极的作用。

三是理学中丰富的辩证思维,也促进了当时自然科学的发展。

宋明理学家都注重《周易》的研究,是因为其中包含着丰富的辩证思维。例如《易传·系辞上》所谓的"一阴一阳之谓道",就是讲阴阳的对立统一。人们把这称为"一分为二"的辩证思维方式,是有道理的。《易传·系辞上》所谓"易有太极,是生两仪,两仪生四象,四象生八卦",就是"一分为二"的辩证思维方式。北宋理学家邵雍据此而提出"一分为二,二分为四,四分为八,八分为十六,十六分为三十二,三十二分为六十四"(《观物外篇》),这实际上是一个"一分为二"的等比级数,可以表示为 $1,2,4,8,16,32,64$ 或 $2^0,2^1,2^2,2^3,2^4,2^5,2^6$。这个等比级数,可能促进了"贾宪三角"的形成。贾宪与邵雍是同时期人,他的著作《黄帝九章算法细草》虽然失传,但其"开方作法本源图"却保留在杨辉的《详解九章算法》之中。"开方作法本源图"是一个二项式定理系数表,其中每一横行都是 $(a+b)^n$ 展开式的各项系数。例如,第五行就表示四次方程 $(a+b)^4$ 的展开式 $(a+b)^4 = a^4 + 4a^3b + 6a^2b^2 + 4ab^3 + b^4$ 中的系数。欧洲人把这个二项式定理系数表称为"巴斯加三角",其实应该称为"贾宪三角"。有人认为,"贾宪三角"来源于《易传·系辞上》的太极→两仪→四象→八卦。我们觉得,其中间环节则是邵雍的"一分为二"等比级数。现将这个"一分为二"的等比级数表示如下:

```
            1
          1   1
        1   2   1
      1   3   3   1
    1   4   6   4   1
  1   5  10  10   5   1
1   6  15  20  15   6   1
```

开方作法本源图

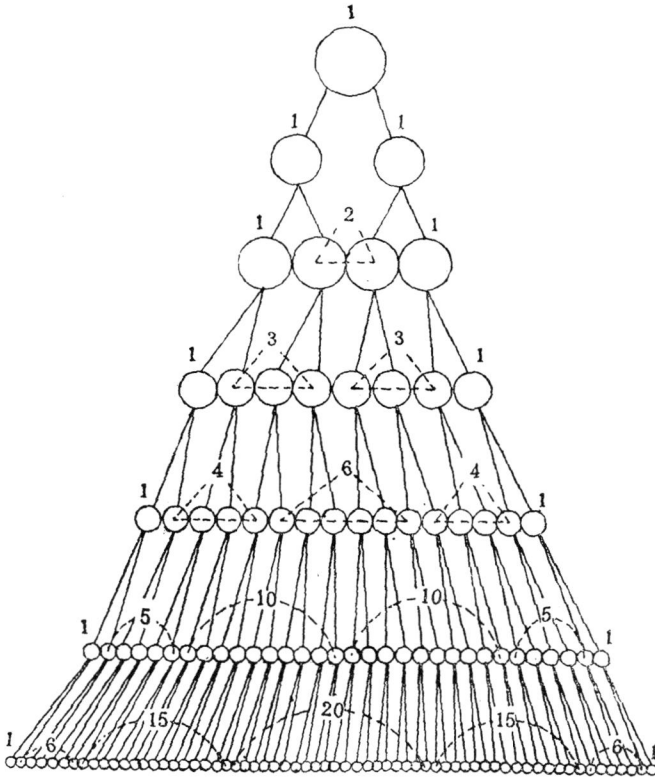

从上图可以看出，一个分为两个，这样分下去，就形成了一个金字塔形的很整齐的等比级数的网络结构，各个因子处在第几层上，就按照对称的原则合并为几项，这就自然形成了"贾宪三角"。例如，第三层上有四个因子，中间两个因子合并为2，就形成了1、2、1三项；第四层应有四项，今有八个因子，对称地合并为1、3、3、1；第五层应有五项，今有十六个因子，也对称地合并为1、4、6、4、1。以此类推到第七层，便成了"贾宪三角"。而"贾宪三角"经过发展，形成了高次方程的数值解法,并推动了"四元术"的创立。这说明理学的辩证思维,是促进古代数学发展的一个重要因素。

在天文学方面,理学的辩证思维也是促进宇宙理论发展的重要原因之一。在张载的理学思想中,"一物两体"就是一种辩证思维。"一物"是指"气"而言的;"两体"是"气"的两重性,即阴阳的对立统一。他用这种辩证思维去探讨宇宙理论,首先发展了浑天说。在张载之前,浑天说虽然认为大地是球形的,但却没有摆脱地球浮在水上的思想束缚。张载运用"一物两体"即气的阴阳对立统一观点,打破了这种思想的束缚,明确提出"地在气中"的命题。他说:"地纯阴凝聚于中,天浮阳运旋于外,此天地之常体也。恒星不动,纯系乎天,与浮阳运旋而不穷者也。日月五星逆天而行,并包乎地者也。地在气中。"(《正蒙·参两篇》,下同)这就把地球浮于水中的说法改为浮于气中了,犹如气球一般。他又指出:"地有升降,日有修短。地虽凝聚不散之物,然二气升降其间,相从而不已也。"地球随着气的升降而升降;夏天气上升,地球随之上浮,离太阳近了,天气就热,白昼变长;冬天气比较稀薄,地球随之下降,离太阳远了,天气就冷,白昼变短。这种说法虽然不符合实际,但他认为,昼夜的长短、气候的冷暖是由于地球的运动造成的。而地球运动的原因,则是阴阳二气的推动。如果说这是讲地球的话,那么,张载对地球的自转也有一定的认识。他说:"恒星所以为昼夜者,直以地气乘机左旋于中,故使恒星河汉,因北为南,日月因天隐见,太虚无体,则无以验其迁动于外也。"意谓恒星昼夜出没,周天回转,都是由于地球自转所致。只因为天空是无形的,无法验证是天动还是地动。所谓"地气乘机左旋于中",是说地球的自转是由于"气"的旋转造成的。这种解释虽不正确,但他把地球自转归于内因,则是一个可贵的尝试。他由此而归纳出一个普遍性的论点："凡圆转之物，动必有机。既谓之机，则动非自外也。"张载早在11世纪就认识到地球的运动是它自身所固有的属性，这在宇宙理论方面是十分深刻的思想。

朱熹运用辩证思维，对于地球的形成变化作了更深入的论述。他说："天地始初，混沌未分时，想只有水、火二者。水之滓脚便成地。今登高而望，群山皆为波浪之状，便是水泛如此。只不知因甚么时凝了？初间极软，后来方凝得硬。问：想得如潮水涌起沙相似？曰：然。水之极浊便成地。"(《朱子语类》卷1)"常见高山有螺壳，或生石中。此石即旧日之土，螺蚌即水中之物。下者却变而为高，柔者变而为刚。此事思之至深，有可验者。"(同上卷94)从这两段话里，我们可以看出朱熹运用辩证思维进行了深层次的推理。首先，他从"常见高山有螺壳，或生石中"的事实出发，推断出"此石即旧日之土，螺蚌即水中之物"。接着，他又提出"下者却变而为高，柔者变而为刚"这两个重要的变化概念。既然如此，那是什么力量和机制使得下变为高、柔变为刚的呢？朱熹则以大地有一个漫长的演变过程以及水的动力作用之推想予以问答。他认为大地在其初始时，只是水而已。由于"水之滓脚"逐渐沉积，慢慢"便成地"。而大地"初间极软，后来方凝得硬"。他又从"登高而望，群山皆为波浪之状"的自然地貌景观，推断这是"如潮水涌起沙相似"的原因造成的，即认为"是水泛如此"。在今天看来，这些看法是比较幼稚的。如把水的冲力作为地壳变动的动力就是如此，而且大地也不是朱熹所说的全由沉积的作用而成。但是，这却是以一种自然力的作用去解释自然现象的大胆尝试，而且其中的一些看法同现在关于沉积岩生成的认识有某些相同之处，所以是很可贵的。

到了明代，叶子奇指出："天始惟一气尔，庄子所谓溟涬是也。计其所先,莫先于水。水中滓浊,历岁既久,积而成土。水土震荡,渐加凝聚,水落土出,遂成山川,故山形有波浪之势焉。于是土之刚者成石,而金生焉。土之柔者生木,而火生焉。五行既具,乃生万物。万物化生而变化无穷焉。"(《草木子》)这里十分具体地描述了水中积土、水退为陆的过程,而且对于沉积岩的成因也有相当准确的描绘,不失为古代的一种科学理论。

理学的辩证思维不仅促进了地质学的发展,也促进了医药学的发展。北宋理学家周敦颐的《太极图·易说》之辩证思维,对元、明时期的医学思想影响较大。例如,元代名医朱震亨认为,《黄帝内经》所说的"火"与《太极图·易说》所说的"太极动而生阳"相合。他论"阴道虚",又与《礼记》的养阴意义相同。因此,他作"相火"、"阳有余,阴不足"二论以发挥之,形成了滋阴学说。明代名医张介宾与朱震亨的医学思想不同,而属于温补派,主张"相火为元气之本",提出了"阳非有余,真阴不足"的论点。但他也受《太极图·易说》的影响。与张介宾同时的赵献可也属温补派,受《太极图·易说》的影响更大些。他在《医贯》里首先阐述太极阴阳之道,说"人受天地之中以生,亦具有太极之形"。在此基础上,他论证了人身"气禀"有偏阴、偏阳之别,并订出了补偏救弊的方法。为了进一步阐明阴阳——水火在人体生理和病理方面的作用,他对命门作了很多发挥。如说:"《内经》曰七节之旁,有小心是也,名曰命门,是为真君主,乃一身之太极,无形可见,两肾之中是其安宅也。"(《医贯·阴阳论》,下同)又说:"阳根于阴,阴根于阳。无阳则阴无以生,无阴则阳无以化。从阳而引阴,从阴而引阳,各求其属。……世人但知气血为阴阳,而误认心肾为水火之真,此道之所以不明不行也。"因此,他的结论是:"阴阳者,虚名也;水火者,实体也。寒热者,天之淫气也;水火者,人之真元也。淫气凑疾,可以寒热药攻之;真元致病,即以水火之真调之。"这些论述富有辩证思维,与理学的影响是有一定关系的。

宋明理学家都推崇《周易》,这对医药学的影响较大。李时珍指出:"《易》曰:一阴一阳之谓道。男女构精,万物化生。乾道成男,坤道成女。此盖言男女生生之机,亦惟阴阳造化之良能焉耳。"(《本草纲目·人傀》)他把《易传》中所揭示的阴阳对立统一规律运用到医药学上,以此来分析病理、药理和指导医疗实践。如说:"上焦主纳,中焦腐化,下焦主出。三焦通利,阴阳调和,升降周流,则脏腑畅达。一失其道,二气淆乱,浊阴不降,清阳不升,故发为霍乱呕吐之病。饮此汤辄定者,分其阴阳,使得其平也。"(《本草纲目·生熟汤》)这里所谓的"此汤",就是"生熟汤"。李时珍解释说:"以新汲水、百沸汤合一盏和匀,故曰生熟,今人谓之阴阳水。"在他看来,如果"阴阳调合",人体就会健康;否则,违背了阴阳相反相成的规律,"二气淆乱"就要得病;得了那种"霍乱呕吐之病"用"阴阳水"调治,就可"分其阴阳"使之恢复平衡。张介宾在宋明理学的影响下,非常注重《周易》的研究。他著《类经附翼》四卷,专论"易理"之学对于医学的重要性。如说:"虽阴阳已备于《内经》,而变化莫大乎《周易》";"《易》之为书,一言一字皆藏医学之指南。"(《类经附翼·医易义》)他按照《易传·系辞》所言天地、阴阳、刚柔、动静的变化,结合医学上人的性理神机、形情病治,详细论证了阴阳互根、动静之妙、盛衰之理、神机倚伏、常变之用等问题,得出"医易同源"的结论。在他看来,"易具医之理,医得易之用",如果两者运用适当,就有"运一寻之木,转万斛之舟"(同上)的可能。

以上三点说明,理学对儒学思想中精华的发扬光大是促进自然科学发展的一个有利因素。

第二节　理学对自然科学的桎梏

人类理论思维的发展不是直线,而是矛盾而曲折的。理学对于自然科学也存在着桎梏的消极影响。这首先是理学中的象数神秘主义,阻碍了自然科学的发展。邵雍的象数之学,把象和数作为宇宙形成和发展的根源,虽然其中包含着古代的一些天文、历法及物候学的知识,但其主导思想乃是一种神秘主义的体系。他说:"太极一也,不动;生二,二则神也。神生数,数生象,象生器。""太极不动,性也。发则神,神则数,数则象,象则器,器则变,复归于神也。"(《观物外篇》)这里所谓的"太极",到底是什么东西呢?邵雍指出:"太极即是吾心,太极所生之万化万事,即吾心之万化万事也。"(《宋元学案·渔樵问答》)。"太极"既然是"吾心",那么,由"太极"所发生的"神"就是精神性的东西了。在邵雍看来,"万化万事"都是由这个精神性的东西引申出来的,最后又都复归于这个精神性的东西。所谓"神生数,数生象,象生器"和"器则变,复归于神也",就充分说明了这一点。这种观点曾经把数学引上邪路。例如,秦九韶在《数书九章》自序中,就说数学"大则可以通神明, ……爰自河图洛书闿发秘奥,八卦九畴错综精微,极而至于大衍皇极之用,而人事之变无不该,鬼神之情莫能隐矣。"由此可见,他的数学思想显然受了邵雍象数神秘主义的影响。所谓"爰自河图洛书闿发秘奥",则涉及数学的起源问题。朱熹曾把数学的起源归为"河龙"、"洛龟"等天神的启示,给数学抹上了一层神学色彩,掩盖了数学的客观性,对后世影响极大。他的《周易本义》是从元末到清末五百余年中五经读本之一,卷首有其集录的九个"易图",其中"河图图"、"洛书图"、"伏羲八卦次序图"和"伏

羲六十四卦次序图"四个图代表宋代理学家的象数学。《易传·系辞
上》说:"河出图,洛出书,圣人则之。"汉代人认为:伏羲时,有龙马从
黄河出现,身有图文,伏羲以此画成八卦,即《周易》之起源;夏禹时,
有神龟从洛水出现,背有文字,禹取法作书,即《洪范》之起源。北宋
理学家开始用天地生成数图和九宫数图来解释河图、洛书,但意见并
不一致。北宋仁宗时刘牧撰《易数钩隐图》以九宫数为河图,天地生
成数为洛书。南宋初朱震《汉上易传》、张行成《易通变》、程大昌《易
原》等书都传其说。北宋神宋时,阮逸假托后魏关朗伪撰《易传》,始
以天地生成数为河图、九宫数为洛书;南宋蔡元定即据以为真,朱熹
又依据此为真。朱熹依据蔡元定所说撰《易学起蒙》。朱熹死后,刻
《周易本义》就以河图、洛书标示于卷首。从此以后,朱熹关于数学起
源于"河龙"、"洛龟"的神秘说法,就被一些数学家奉为真理。莫若
在为朱世杰《四元玉鉴》写的序中说:"数一而已,一者万物之所以始。
故易一太极也,一而二,二而四,四而八,生生不穷者岂非自然而然之
数耶? 河图洛书泄其秘,黄帝九章著之书。"到了明代,王文素撰《通
证古今算学宝鉴》,程大位撰《直指算法统宗》,都把朱熹《周易本义》
所载的河图图和洛书图刊在书的卷首,并且认为它们是"数之本原"。
由此可见,理学的象数神秘主义对数学的束缚是很严重的。

其次,理学家们一般都对自然科学比较轻视,这也阻碍了自然科
学的发展。北宋神宗元丰六年(公元1083年),曾有在国子监内设立
算学的诏令。这是以王安石为首的新党改革学制的一项内容,但到
宋哲宗元祐元年(公元1086年)算学馆尚未能实现。原因是哲宗即位,
高太皇太后临朝听政,用理学家司马光为丞相,又用程颐为崇政殿说
书。旧党执政后,撤除了王安石苦心经营的学制。他们认为"将来
建学之后,养士设科,徒有烦费,实于国事无补"(李焘:《续资治通鉴

长编》卷381），就停止算学馆的建设。即此一端，就可看出理学家们轻视自然科学的态度。当然，有些理学家也进行了一些自然科学的研究。但他们在理论上，并没有给自然科学留出多少地盘。在理学家们眼中，作为一个学者，最重要的是研究"性与天道"的问题，把封建的伦理纲常摆在第一位。如果放弃了这些而把主要精力放在研究自然科学上，那就要迷失方向。二程和朱熹虽然承认一草一木都有"理"，但都认为这毕竟是小道，不能同他们所谓的"天理"相提并论。后来的理学家们经常用"玩物丧志"这句口头禅，来鄙视理学以外的一切学问。元代数学家李冶在《测圆海镜》的序中指出："明道先生以上蔡谢君记诵为玩物丧志。夫文史尚矣，犹之为不足贵，况九九贱技能乎！"这种贬低自然科学价值的思想，在宋元时期已经显示出消极作用，发展到以后则更加遗害无穷。所以，明末自然科学家徐光启说："由是言之，算数之学特废于近世数百年间尔。废之缘有二：其一为名理之儒土苴天下之实事；其一为妖妄之术谬言数有神理，能知来藏往，靡所不效。"（《徐光启集》卷2《刻同文算指序》）这说明，理学家轻视自然科学以及理学的象数神秘主义正是数学从高峰上跌落下来的重要原因之一。

不仅数学如此，其他自然科学也有类似的情况。以天文历法而论，徐光启又指出："古来言历者有二误：其一，则《元史》历议，言考古证今，日度失行者十事；夫己则不合，而归咎于天，谬之甚也。其一，则宋儒言天必有一定之数，今失传耳。夫古之历法当时则合者多矣，非不自谓已定，久而又复不合，则岂有一定可拘哉！"（同上卷7《条议历法修正岁差疏》）这里分析了历法停滞不前的原因，颇为中肯。早在宋代，有一些理学家就认为先验的"天数"是一定不变的，有一个永恒不变的历法，只是被后人改来改去而不准确了。这种思想在宋代就曾阻碍了历法改革,元代以后更加束缚了历法的发展。

最后应当指出,程朱理学在元代成为官学,到明代处于独尊地位,它作为封建社会后期的统治思想,逐渐变成一种独断主义,严重地阻碍自然科学的发展。元朝统治者曾大力提倡并以法令形式强制推行程朱理学,致使"海内之士,非程朱之书不读"(欧阳玄:《许文正公神道碑》)。元仁宗时期,推行以朱学著作为主的科举条制。明朝开国皇帝朱元璋采纳刘基的建议,"礼致耆儒","尊崇正学",把程朱理学当作"正学"加以推行,规定以朱熹注释的《四书》作为学校必修的主要课程,科举"专取四子书"及"五经命题取士","其文略仿宋经义,然代古人语气为之,体用排偶"(《明史·选举制》),称为"八股"。八股文成了读书人升官发财的敲门砖,不知耗费了多少年轻学子的宝贵时光。他们被这种内容空虚、形式死板的文体所束缚,摒弃了其他一切有用的学术研究,竞相奔走在八股取士的科举道路上,作时文,求功名,多数成为百无一用的废物。其中狡黠者则蠹国害民,行同窃盗。八股取士制不仅摧残、埋没人才,而且把理学中轻视自然科学的思想制度化,并推向极端,其扼杀作用是空前的。

特别是到永乐年间,在明成祖朱棣的御临下,以程朱学说为标准编《五经大全》、《四书大全》、《性理大全》,诏颁天下,统一思想,其意义犹如汉武帝的"罢黜百家,独尊儒术"。读书人如果在《五经大全》、《四书大全》、《性理大全》之外有所探讨、涉猎,就被斥为"杂览"而非"正学"。程朱理学神圣不可侵犯,思想统治达到了如日中天的顶点。文化学术上的专制主义必然禁锢人们的头脑,摧残独立思考的精神,从而阻碍自然科学的发展。

事物是复杂的,我们还要看到,在理学阻碍自然科学发展的同时,自然科学成为反理学的一个重要武器。这主要表现在以下三点:

首先是自然科学成为反象数神秘主义的武器。在邵雍提出"神生数，数生象，象生器"的神秘主义观点的同时，沈括针锋相对地指出："大凡物有定形，形有真数。方圆端斜，定形也；乘除相荡，无所附益，泯然冥会者，真数也。"(《梦溪笔谈》卷7) 这是说，大凡物体都有一定的形状，而每一种形状都有相应的一定数据。如方的、正的、圆的、斜的，都是确定的形状；用乘、除等数学方法进行运算，不附加别的东西，其结果与观测的自然暗合，这就是真正的数据。在沈括的眼中，"数"不由"神"生，而是出于"形"又来自"物"的。他说："审方面势，覆量高深远近，算家谓之'毊术'。毊文象形，如绳木所用墨斗也。求星辰之行，步气朔消长，谓之'缀术'。谓不可以形察，但以算数缀之而已。"(同上卷18) 毊术和缀术都是我国古代的算术，前者主要用于测量地形，而后者主要用于推算天文历法。正像沈括所指出的那样：推求方位和地形，测量高低和远近，叫作"毊术"。求天体的运行，推算节气朔望的变化，称作"缀术"。他认为，数学是从丈量土地和天文观测的实践中产生和发展起来的，并非人的精神之产物。"毊术"和"缀术"的用途之所以不同，是因为二者反映了不同的客观实际，而绝不是由任何人随意决定的。这对理学的象数神秘主义思想，是一个有力的批判。

南宋数学家秦九韶曾受理学中象数神秘主义思想的影响，认为数学"大则可以通神明"。但当他经过长期的数学研究之后，就不能不承认："所谓通神明、顺性命，固肤末于见，若其小者，窃尝设为问答，以拟于用。"(《数书九章·序》)也就是说，他并没有找到"通神明、顺性命"的所谓"大者"，而只找到一些"拟于用"的"小者"。这说明数学家只有通过自己的独立研究，才能同象数神秘主义划清界限。

南宋末年的数学家杨辉对象数神秘主义，也持反对态度。例如，在他的《续古摘奇算法》中就有各种类型的纵横图。纵横图亦称幻方或魔方，它把从1到n^2的自然数排成纵横各有n个数的方阵，使得同行、同列与同一对角线上n个数的和都相等，这样排列的方阵就叫作n行纵横图。我国汉代已有三行纵横图，称为"九宫"，后世亦称"洛书"（如图所示）。其中每行、每列与两条对角线上各数字之和，都等于15。这是世界上最早的纵横图。杨辉在《续古摘奇算法》中列了二十个纵横图，其中第一个为河图，第二个为洛书；其次，四行、五行、六行、

4	9	2
3	5	7
8	1	6

七行、八行的幻方各有2个，九行、十行的幻方各有一个；最后有"聚五"、"聚六"、"聚八"、"攒九"、"八阵"、"连环"等图。理学家们认为"天生神物，圣人则之"的河图、洛书，在杨辉的《续古摘奇算法》里被看成二十个纵横图中最简单的两个图，并且对于"洛书"的构造有"九子斜排，上下对易，左右相更，四维挺出"的十六字口诀，对于"花十六图"（四行的幻方）的造法也有所谓"换易术"，其他纵横图虽没有文字说明，但都有编造的方法，使图中各自然数"多寡相资，邻壁相兼"凑成相等的和数。杨辉摸索出各个纵横图的造法后，说"绳墨既定，则不患数之不及也"。他对河图、洛书的看法，给理学家的象数神秘主义思想以有力的反击。

理学家们在宣扬象数神秘主义的同时，还散布了汉儒的天人感应、谶纬迷信等神秘主义。这在当时，也受到自然科学家们的唾弃。例如，元代授时历颁行二年后，李谦编写《历议》，"发挥授时修改创法之故，实事求是，不涉虚诞"（《畴人传·李谦传论》）。朱载堉对候气说的批评，也是生动的一例。候气说或称"埋管飞灰"，意谓埋藏在土中的律管可以预测节气的变化。如郑玄在注《礼记·月令》时写道：

"律,候气之管,以铜为之。……孟春气至,则太簇之律应。应,谓吹灰也。"所谓"吹灰",是指在埋入土中的管内一端放有用芦苇中薄膜烧成的灰烬,不同管内的灰会随着不同节气而发生离散或飞出管外的现象。朱载堉指出:"初无吹灰之说。吹灰之说起始于后汉乎?光武以谶兴命、解经从谶,汉儒遵时制不得不然也。隋唐已后,疏家递相祖述而遂为定论矣。"(《律吕精义·内篇》卷8《候气辨疑》,下同)接着,他便批驳道:"埋管飞灰,此其谬说,乃不经之谈也。然自两汉扬雄、蔡邕已有是说,迄于宋元朱熹、许衡,中历多儒,未尝辨论以破其谬,是故学者惑之久矣。"在他看来,候气说是一种谬论。因为它颠倒了事物的因果关系,是"以律验气,非以气验律也"。所谓"以气验律",是指调好的弦线或律管在天气变化时,由于热胀冷缩或空气温度的变化,会改变弦线或管的发音,这是科学的。所谓"以律验气",也就是律管飞灰,在无任何动力因或物理因的条件下,律管内的灰自动飞出,则是不科学的。

这样,朱载堉就以律学、天文学等丰富的自然科学知识,清算了神秘主义的候气说。他还反对董仲舒的天人感应论,说"日月交食,固皆常理,实非灾异","昔人之祸衅与相逢"是可能的,也不足怪,如果"神之则惑众"(《律历融通》卷4《黄钟历议·定数》)。朱熹注《诗经·小雅》说:"然王者修德行政。……则日月之行,虽或当食,而月常避日,……所以当食而不食也。……日食,天变之大者也"。(《诗集传》)宋应星认为这是一种巧佞的欺人之谈,他说:"朱注以王者政修,月常避日,日当食而不食,其视日也太偬。"(《谈天·日说》)接着,他又以古代天象观测记录有力地戳穿了朱熹以日食"为天变之大者"的虚诞。他指出:"儒者言事应以日食为天变之大者,臣子徽君,无己之爱也。试以事应言之:主弱臣强,日宜食矣。乃汉景帝乙酉至庚子,君德清明,臣庶用命,十六年中,日为之九食。王莽居摄乙丑至新凤乙酉,强臣窃国,莫甚此时,而二十一年中,日反两食。事应果何如也?女主乘权,嗣灵幽闭,日宜食矣。乃贞观丁亥至庚寅,乾纲独断,坤德顺从,四载之中,日为之五食。永徽庚戌迄乾封己巳,牝鸡之晨,无以加矣,而二十年中,日亦两食。事应又何如也?"(同上)按照天人感应论,日食是最大的天变,但汉景帝在位的十六年中,日食多达九次;而王莽执政的二十一年中,日食却仅有两次;唐太宗贞观的头四年,就出现过五次日食;而唐高宗在位时武则天掌权,头二十年中,日食也只有两次。这都作何解释呢?历代儒者对汉代文景之治和唐代贞观之治都是肯定的,对王莽和武则天都是否定的。宋应星就以儒者公认的事实为例,有力地提出问题,批评得十分有力。

其次是自然科学家反对理学轻视自然科学的倾向。宋代理学家把农业生产看成"细民之业"。针对这种观点,宋代农学家陈旉提出农业生产是"生民之本"、"王化之源","然士大夫每以耕桑之事为细民之业,孔门所不学,多忽焉而不复知,或知焉而不复论,或论焉而不复实。旉躬耕西山,心知其故,撰为《农书》三卷,区分篇目,条陈件别而论次之。"(《陈旉农书·陈旉自序》)他著《农书》,实际上是对轻视农学思想的一种批评。

有些理学家们不仅轻视农学,而且把数学看成"九九贱技"。在元代,许多士大夫受理学影响,认为数学无补仕途。李治在研究数学时,就曾受到一些人的嘲笑。但他却不以为然,曾在《益古演段》的序中指出:"术数虽居六艺之末,而施之人事,则最为切务。故古之博雅君子,马、郑之流,未有不研精于此者也。"在病危时,他还对儿子李克俯说:"《测圆海镜》一书,虽九九小数,吾常精思致力焉,后世必有知者。"(王德渊:《〈测圆海镜〉后序》)不仅如此,他还驳斥了那种轻视数学的观点。如《测圆海镜》序中说:"由技兼于事者言之,夷之礼、夔之乐,亦不免为一技;由技进乎道者言之,石之斤、扁之轮,非圣人所与乎?"意思是,从技艺用于实际来说,圣人所作的礼和乐也可以看作一种技艺;从技艺提高到理论上来说,工匠所使用的工具,也是圣人所称赞的。在李治看来,圣人的理论与工匠的工具并不是隔着一条不可逾越的鸿沟。言下之意,数学也应该受到重视。正是基于这种认识,才使他能在数学领域里取得重大的成就。

　　徐光启也把数学比作工匠的工具,他说:"算术者,工人之斧斤寻尺,历律两家旁及万事者,其所造宫室器用也。此事不能了彻,诸事未可易论。"(《徐光启集》卷2《刻同文算指序》)又说:"象数之学,大者为历法,为律吕;至其他有形有质之物,有度有数之事,无不赖以为用,用之无不尽巧极妙者。"(同上卷2《泰西水法序》)这些议论表明,徐光启对于数学的重要性和普遍适用性的认识,远远高出宋明理学家之上。他认为数学是贯穿一切自然科学的一条主线,只要抓住它就可以步入自然科学的殿堂。他曾把自然科学与数学的关系,生动地比喻为"鸳鸯"和"金针"的关系。自然科学这种鸳鸯,是有赖于数学这根金针来织就的。其所以得出这个结论,是因为在他的思想深处,也像伽利略一样地认为"自然这部大书是用几何学(数学)的语言写就的"(《关于托勒密和哥白尼两大世界体系的对话》,第221页)这说明徐光启已经走到近代科学的边缘,并企图走出一条中国式的"自然哲学之数原理"的道路。不仅如此,他还把自然科学看成"富强之术"。如说:"时时窃念国势衰弱,十倍宋季,每为人言富强之术。富国必以本业,强国必以正兵。二十年来,逢人开说,而闻之者以谓非迂即狂,若迂狂之言早得见用,岂有今日哉!"(同上卷10《复太史焦座师》)徐光启的"富强之术"有两个基本内容:一是"富国必以本业",就是发展农业生产,二是"强国必以正兵",就是组成一支精良的野战军。而要实现这两条,就必须掌握自然科学。所以,他把自然科学看成"富强之术",精心研究,终生不渝。

再次,除徐光启外,大多数自然科学家都抛弃了走"八股取士"的科举道路。如徐霞客终生不入仕途,而以极大的热情和毅力探索大自然的奥秘,献身于祖国的地理学事业。李时珍从事于医学研究,走过一段弯路。那时,医生不为社会所重。李时珍的父亲李闻言是位医生,他希望自己的儿子走读书做官的道路。由于受理学思想的影响,他给李时珍讲了许多古人轻视医学的故事。例如,神医华佗本来是个士人,晚年曾经对自己的医学经历表示悔恨;六朝时的殷浩,明明精于医术,却唯恐人家知道,悄悄地烧了自己的药方。诸如此类,仿佛一切都在证明古时的读书人都不屑于讲医学似的。但这些话反而引起了李时珍的怀疑:既然如此,那张机、郑虔、文彦博、苏轼算不算读书人呢? 他想不通,还是在父亲的督促下念《舜有臣五人而天下治》之类的八股文,十四岁中了秀才。但他热爱医学,对作八股文没有多大兴趣。因此,当他接连三次到武昌参加考举人的乡试都落选后,深深感到这条道路不能再继续走下去了,于是下定决心,专攻医学,终于成为一个伟大的医药学家。

和李时珍相比较,宋应星在科举的"烂路"上陷的时间更长。他早年受理学教育,熟读《四书》、《五经》,"于关闽濂洛书,无不抉其精液脉胳之所存"(宋士元:《长庚公传》,载《宋氏宗谱》卷22,第71页)。所谓"关闽濂洛",乃宋代理学的四个主要学派:关,张载学派;闽,朱熹学派;濂,周敦颐学派;洛,程颢、程颐学派。在理学的熏陶下,他走上科举应试的道路。他二十九岁中举人,曾五次进京会试,累遭失败。最后一次应试时,他已经是四十五岁的人了。十六个春秋的宝贵年

华,白白地消磨在科举上面。在此期间,他饱经风雨,由一次次的希
望到一次次的失望,最后由绝望而转为觉醒,放弃科举仕途,抛弃理
学,钻研与国计民生有切实关系的科学技术,终于写出了《天工开物》
这样不朽的巨著。明朝科举盛行,一般文人儒生都热衷于追求仕禄,
作八股,空谈性理,而对生产实际、科学技术则一窍不通。对于这些
腐败现象,宋应星是十分厌恶的。他在《天工开物》中,一一加以揭露,
进行了无情的讽刺。他问:织布机到处都有,而真正见过提花机纺织
技巧的,又有几个人呢?"治乱经纶"原来都是纺织术语:"治"是丝
缕顺,"乱"是丝缕不顺,后来引申为国家的治平和混乱;"经纶"原是
整理丝缕之意,后来引申为治理天下。对于有些理学家来说,"治乱
经纶"是口头禅,从小就学习过,但他们一生也没有接触过实物形象,
这不是很可笑的吗?更有甚者,还有那些功名利禄熏心的人,他们虽
然著书立说、高谈阔论,但所说的未必都经过亲自实践。宋应星揭露
说:"火药火器,今时妄想进身博官者,人人张目而道,著书以献,未必
尽由实验。"(《天工开物·佳兵》)在《天工开物·序》的结尾,他深
有感慨地写道:"丐大业文人,弃掷案头。此书于功名进取,毫不相关
也!"其愤懑之情跃然纸上,充分表现了他对理学的批判态度。

　　总而言之,理学作为哲学化的儒学,它与自然科学的关系是相当
复杂的。儒学的哲学化有一定的自然科学基础,其中的精华促进了
自然科学的发展,而糟粕则阻碍了自然科学的发展,同时又遭到自然
科学的反击。对于这种多层次、多方位的联系,明末的哲学家、科学
家方以智是有所认识的。他曾探讨过"通几"与"质测"的关系问题,
并提出了一些很有见地的命题。何谓"质测"?他说:"物有其故,实
考究之,大而元会,小而草木蚃蠕,类其性情,征其好恶,推其常变,是
曰'质测'。"(《物理小识·自序》,下同) 也就是说,大至天地宇宙,小

到草木昆虫,考察其结构性质、变化规律等,都是"质测"所研究的对象。这里所谓的"质测",是指自然科学而言的。何谓"通几"?他说:"通观天地,天地一物也。推而至于不可知,转以可知者摄之,以费知隐,重玄一实,是物物神神之深几也。寂感之蕴,深究其所自来,是曰'通几'。""费"指事物的表面现象,"隐"指事物的内在规律,"重玄一实"指种种玄妙的现象都有其实际的规律。方以智认为,在统一的物质世界中,由可以感知的现象入手,由表及里,而深入到不可感知的事物之发展契机、内在规律和普遍本质,这是"通几"所研究的对象。由此可见,"通几"类似于哲学。至于二者的关系,一方面,他认为"质测"是"通几"的基础。如说:"质测即藏通几者也","质测也,通几寓焉"(《药地炮庄·齐物论篇评》)。既然哲学寓于自然科学之中,而自然科学中又包含有哲学问题,那么,自然科学就成为哲学的基础。另一方面,他又认为"通几"可以指导"质测"。如说:"以通几护质测之穷,何所碍乎?"(《愚者智禅师语录·示侍子中履》)自然科学难以回答的问题,则可以在哲学的指导下得到解决,这正是哲学指导自然科学的一种表现。所以,他的结论是:"或质测,或通几,不相坏也。"(《物理小识·总论》)也就是说,自然科学与哲学不是相互妨害的,而应密切结合。因为自然科学是哲学的基石,哲学是自然科学的灵魂。二者相辅相成,是辩证的统一。这种认识,的确是相当深刻。

问题还有另一方面,"质测"与"通几"有没有"相坏"的一面?方以智没有讲。不过,他在一些地方隐隐约约地觉察到这个问题。如说:"有竟扫质测而冒举通几,以显其宥密之神者,其流遗物。"(《物理小识·自序》)意思是如果排斥自然科学,脱离自然科学的基础,空洞抽象地去研究哲学,以显示其神秘莫测,那不过是遗物求理、脱离实际的空谈。方以智认为，有些理学家就有这个毛病。如说："宋儒唯守宰理，至于考索物理时制，不达其实，半依前人。"（《通雅》卷首之一《音义杂论》）关于"宰理"，他有一定的解释："专言治教，则宰理也"（《通雅·文章薪火》）；"问宰理。曰：仁义。"（《青原志略》卷3）可见，"宰理"是指"仁义"一类的政治伦理准则。宋明理学家对这一套特别重视，而对自然科学则比较轻视。他们说："名数之学，君子学之，而不以为本也。"（晁说之：《晁氏客语》，《宋元学案·景迂学案》转引）这种倾向，严重地阻碍了自然科学的发展。方以智对此多所批评，如说："历数律度，是所首重，儒者多半弗问，故秩序变化之原，不能灼然"（《物理小识》卷1）；"穷理见性之家反不能详一物者。"（《物理小识·总论》）他认为，无论程朱理学还是陆王心学，都犯有这个毛病。如说："彼离气执理与扫物尊心，皆病也。"（《物理小识》卷1）程朱理学"离气执理"、陆王心学"扫物尊心"的哲学观点，不仅不能"护质测之穷"，反而阻碍了自然科学的发展。

方以智还以"质测"与"通几"的观点，评价了当时从西方传入的科学知识。他说："万历年间，远西学入，详于质测，而拙于言通几；然智士推之，彼之质测，犹未备也。"（《物理小识·自序》）在他看来，西方的自然科学虽有"未备"之处，但也不乏精到之点。如说："云汉，细星星光也。……西学以窥天镜窥之，皆为至细之星。"（《通雅》卷11）这是对伽利略以望远镜发现天河乃小星构成的一个肯定。与此同时，他又指出西学"拙于言通几"，这主要是指传教士们信奉的宗教神学。当时，传教士论天有十重，"诸天悉由一灵而运"（傅泛际、李之藻译：《寰有诠》卷4），"一灵"即指"上帝"。方以智认为，传教士把自然科学与"上帝"搞在一起，不仅毫无根据，而且是有害的。因此，他在《物理小识》中只采用了天九重说，剔除了"诸天悉由一灵而运"

的糟粕,并指出:"所谓大造之主,则於穆不已之天乎? 彼详于质测而不善于言通几,往往意以语阂。"(《物理小识》卷1) 言下之意,哪里有什么"大造之主",只有"於穆不已之天"。这就打落了套在自然科学头上的那个"上帝"的神圣光轮。所谓"意以语阂",则说明西方的宗教哲学不仅不能"护质测之穷",而且阻碍了自然科学的发展。所以,无论古今中外,"质测"与"通几"既有"不相坏"的一面,又有"相坏"的一面。其关键在于对"通几"要作具体分析,神秘主义、独断主义的"通几"是有害于自然科学的,而理性主义、辩证思维则促进了自然科学的发展。

第十四章　清代儒学的特色

第一节　实学的兴起

经世致用,是早期儒学的传统。宋明理学在一定程度上抛弃了这个传统,专讲"性与天道"的问题。特别是明末的王守仁后学,束书游谈,几近狂禅,学问与社会实际严重脱节。明末清初,阶级矛盾、民族矛盾尖锐。清初一些学者在总结明亡的教训时,深感空谈误国。于是,他们大力提倡"实学"。

"实学"的中心思想,便是经世致用的精神。所谓经世致用,就是反对学术研究脱离当时的社会现实,强调把学术研究和现实的政治联系起来,用于改革社会。以经世致用为特点的"实学",是从批判宋明理学中产生的一种社会思潮。实学思潮的起源,可以追溯到明代中叶的罗钦顺、王廷相。在明代儒学史上,罗钦顺可以说是反理学的一个开端。他的理气观与朱熹是对立的,并对王守仁心学进行了批评。在他看来,王守仁的"格物致知"是"局于内而遗其外,禅学是已"(《困知记附录·与王阳明书》)。禅学与儒学不同,一为"虚",一为"实",岂能融为一体?罗钦顺认为,世界上一切皆"实",人的心性要经过道德修养,才能懂得修身、齐家、治国、平天下的道理;不仅懂得,还要付诸实践,经世致用。王廷相也主张,学术研究"务以实用"。他对汉代以来的学术流弊进行过研究,指出:"汉儒修经术,宋儒明道学,孔、孟以往,此其最正者也,然亦有达于治理之实效与? 夫君子之学所以为政,而国家之养士亦欲其辅佐以经世也。徒习之而不能推之,谓之学者也何居? 今二代史籍炳炳,诸儒学道用世之迹,皆可稽而知也,通经而能达于治,修道而能适于用者谁耶! "(《王氏家藏集·策问四》)这里特别注重学术研究的"实效",其基本精神是经世致用。从这个意义上说,王廷相已经开了实学思潮的先河。

清代初期,实学思潮的发展达到了高峰。在这个阶段里,涌现出一大批杰出的思想家,像黄宗羲、李颙、孙奇逢、顾炎武、王夫之、唐甄、魏禧、朱之瑜、陆世仪、傅山、颜元、李塨、王源、刘献廷、顾祖禹等人,犹如群星灿烂,都是实学思潮的代表人物。从地域上看,当时有两个中心:一是江、浙一带,黄宗羲、唐甄、魏禧、陆世仪等是其代表;一是河北、山西、陕西一带,李颙、孙奇逢、傅山、颜元、李塨、王源等是其代表。顾炎武先在江南,后活动于陕西、山西一带。他们是儒学精华的继承和发展者,其中有些人能够兼融百家。在哲学上,他们各有千秋,有的信仰程朱,有的信仰陆王,有的折中程朱和陆王,有的既批判程朱又批判陆王,呈现出错综复杂的状况。其中以王夫之的哲学建树为最大,他博大精深,长于理论思维,把古代的理论思维推向了高峰。颜元既批判程朱理学又批判陆王心学,在哲学上开辟了向实践接近的新方向。这批实学家的学术思想各有特色,或专长于历史文献之考证研究,或专长于军事思想之探讨,或专长于天下兴亡之设计。他们大都著作宏富,表现了鲜明的个性和特色。其主要内容归纳起来有以下四点。

一是在学术上,他们主张"实学"、"实用",反对"空疏"、"虚谈"。

"空疏"、"虚谈"是宋明理学的特点。这在明末的王守仁后学那里达到极点。清初学者们深感空谈误国,认为必须返虚就实,矫正学风。李颙说:"学人贵识时务,……道不虚谈,学贵实效,学而不足以开物成务,康济时艰,真拥衾之妇女耳,亦可羞已!"(《二曲全集》卷7)《四库全书总目提要》说颜元:"其说于程朱陆王深有不满,盖元生于国初,目击明季诸儒崇尚心学、放诞纵恣之失,故力矫其弊,务以实用为宗。"(《四库全书总目提要》卷97)这种"以实用为宗"的新学风,是针对理学的弊端而提出来的。颜元认为理学的最大弊端是"空言",如说:"今彼以空言乱天下,吾亦以空言与之角,又不斩其根而反授之柄。我无以深服天下之心而鼓吾党之气。"(《存学编·由道》)因此,他提出"实用"的为学原则与之相对立,并说:"人之为学,心中思想,口中谈论,尽有千百义理,不如身行一理之为实也。"(《颜习斋先生言行录·习过》)这种身体力行的作风,成为清初实学的一大特点。如刘献廷"脱身历九州,览其山川形势,访遗佚,交其豪杰,观其土俗,以益广其闻见,而质证其所学。"(《居业堂文集》卷18《刘处士墓表》)正因为如此,他才成为"清初大学者"。再如顾炎武,也是清初学者中身体力行的典范。"凡先生之游,载书自随,所至阨塞,即呼老兵退卒询其曲折,或与平日所闻不合,则即坊肆中发书而对勘之。"(《鲒埼亭集》卷12《亭林先生神道表》)他遍游北方,心怀探讨"国家治乱之源,生民根本之计"的目的,"一年之内半宿旅店","考其山川风俗,疾苦利病",穷一生之功,写出"务质之今日所可行而不为泥古之空言"的《天下郡国利病书》和"规切时弊,尤为深切著明"的《日知录》等名著。

　　二是在政治上,他们主张庶民议政,反对君主专制。明清时代,封建君主专制已发展到极点,严重地阻碍着社会前进。实学家们注意到这个问题,大都对封建君主专制主义进行了批判。黄宗羲指出,君主为"天下之大害",他们取得地位前"不惜屠毒天下之肝脑,离散天下之子女",取得地位后又"敲剥天下之骨髓,离散天下之子女","奉我一人之淫乐"(《原君》)。所以,他认为君主专制制度是一切罪恶之根源。唐甄则说:"天子之尊,非天地大神也,皆人也。"(《潜书·抑尊》)他从人本学的角度批判了封建造神学,揭露了对封建社会君主的偶像崇拜,认为君主也是普通人。这对君权神授是个致命的打击,对封建的造神愚昧是一种启蒙。顾炎武则批判了君主独裁,他说:"尽天下一切之权,而收之在上,而万机之广,固非一人之所能操也。"(《日知录》卷9)颜元、李塨对"天下之权必欲总揽于一人"的君主专制独裁,也表示不满。为防止"一人总揽"的"独治",他们作出了各种设计。黄宗羲提出"公其是非于学校"的主张,把学校作为监督王权的机构,以公议作为评判是非的标准。顾炎武说:"天下有道则庶人不议,然则政教风俗苟非尽善,即许庶人之议矣。"(《日知录》卷19)唐甄则要求,允许"士议于学"、"庶人谤于道"。这些思想虽然只停留在限制君权的阶段,离提出废除君主专制或更进一步提出民主制度还差得很远,但在当时不失为一种进步的政治主张。

三是在经济上,他们主张"均田",反对土地兼并。颜元提出"天地间田,宜天地间人共享之"的土地原则,反对"一人而数百顷或数十百人而不一顷"的严重土地兼并现象,抨击"令万人之产而给一人"(《存治编》)的不合理制度。他说:"使予得君,第一义在均田,田不均则教养诸政俱无措施处。"(《年谱》卷上)李塨也说:"非均田则贫富不均,不能人人有恒产。均田,第一仁政也。"(《拟太平策》卷2)以"均田"对抗土地兼并,在当时成为一股思想潮流。王源则前进了一步,他说:"谓民之不得其养者以无立锥之地,所以无立锥之地者以豪强兼并。今立之法:有田者必自耕,毋募人以代耕,……不为农则无田,士、商、工且无田,况官乎;官无大小皆不可以有田,惟农为有田耳。天下之不为农而有田者,愿献于官则报以爵禄,愿卖于官则酬以资,愿卖于农者听,但农之外无得买。"(《平书》卷7) 这种土地思想,与近代的"耕者有其田"十分相似。

四是在教育上,他们主张改革,反对科举八股。明末以来,科举制度流于形式,八股时文成为士大夫的进身工具。朱之瑜说:"以八股为文章,非文章也。志在利禄,不过借此干进。彼尚知仁义礼智为何物? 不过钩深棘远,图中试官已耳,非真学问也。"(《舜水遗书》卷9《答安东守约书》) 顾炎武指出,八股时文"败坏天下人材","而至于士不成士,官不成官,将不成将"(《日知录》卷9《生员论》注引)。李塨曾痛斥时文之害说:"自明之末也,朝庙无一可倚之臣,天下无复办事之官。坐大司马堂,批点《左传》,敌兵临城,赋诗进讲。其习尚至于将相方面,觉建功奏绩,俱属琐屑,日夜喘息著书曰:'此传世业也。'以致天下鱼烂河决,生民荼毒,呜呼! 谁实为此? 无怪颜(习斋)先生之垂泣而道也。"(《恕谷后集》卷4) 在批判科举八股的同时,他们主张改革教育。孙奇逢说:"良以天下无可以学可以不学之人,而农、工、士、商,苟能用力于人纪,而尽其职之所当为,即此可以为人之学矣。"因此,他"自野夫牧竖,以及乡曲侠客胥商之属,有就见者,必诱进之。"(方苞:《望溪集》卷8) 施教的对象显然超出了封建士大夫的范围,大有扩及平民的倾向。至于施教的内容,陆世仪说:"今所当学者不止六艺,如天文、地理、河渠、兵法之类,皆切于世用,不可不讲。"(《清史稿》卷480) 颜元主持漳南书院,课程设置如下:"文学"课程是"礼、乐、书、数、天文、地理等科","武备"课程是"黄帝、太公以及孙吴五子兵书并攻守营阵、陆水诸战法、射御技击等科","经史"

课程是"十三经、历代史、诰制、章奏、诗文等科","艺能"课程是"水学、火学、工学、象数等科"(《习斋记余·漳南书院记》)。从以上课程的设置可以看出,经世致用的内容占有很大的比重。他虽然还没有完全脱离封建教育的轨道,但对传统教育作了一定的改革。颜元教育的最大特点是强调"动",反对"静"。自理学盛行以来,提倡修身养性,特别强调"静"。这个"静"字,造成士学们"闭门塌首,如妇人女子,一旦出仕,兵刑钱谷,曾俗吏之不如"(《恕谷后集》卷3)。与此相反,颜元重视"动"字。他说:"一身动则一身强,一家动则一家强,一国动则一国强,天下动则天下强。"(《颜习斋先生言行录》)这种动中求强的思想,是符合现代教育精神的。梁启超在《清代学术概论》中指出,颜元的教育思想是"以实学代虚学,以动学代静学,以活学代死学"。实、动、活也是清初实学家的教育思想,与理学的虚、静、死形成鲜明的对照。

　　除以上四点外,他们还重视富国利民,主张"工商皆本";注重民族气节,批评纲常名教,追求个性解放;提倡科学,反对蒙昧主义。这些思想相互交融,形成一股强大的时代洪流,反映着"天崩地解"的时代精神。这里要着重指出,实学思潮与儒学关系密切:一方面,它是儒学内部的自我批评和反思。它批评程朱理学,抨击封建名教,摈弃王学末流的空谈心性,试图兴利除弊,以补封建社会末世之天,这是地主阶级改革派知识分子的自我反省的表现。另一方面,它是来自儒学外部的冲击力量。明中叶以来,在封建社会内部,随着商品经济的发展,已出现资本主义萌芽,市民阶层的队伍在缓慢地成长。他们为摆脱封建主义的束缚,除开展经济和政治斗争外,还猛烈地批评封建意识形态,讴歌市民思想,憧憬新社会,这是新社会思潮的曙光。如果说前一方面是批评思想,那后一方面则是启蒙思想。这两方面的思想汇合成一股进步的历史潮流,不断冲击着封建后期的意识形态——理学的堤防,使之日益沉沦。

第二节　理学的沉沦

清王朝的统治者原来对汉族文化很生疏,入关以后接触最多的是朱熹的《四书集注》以及八股文。所以,他们从一开始就注重程朱理学,力图用程朱理学加强思想钳制。清世祖顺治二年(公元1645年),颁布《科场条例》:"首场,《四书》三题,《五经》各四题,士子各占一经。《四书》主朱子《集注》。《易》主程《传》、朱子《本义》。《书》主蔡《传》。《诗》主朱子《集传》。《春秋》主胡安国《传》。《礼记》主陈澔《集说》。其后《春秋》不用胡《传》,以《左传》本事为文,参用《公羊》、《穀梁》。二场,论一道,判五道,诏、诰、表内科一道。三场,经史时务策五道。乡、会试同。"由此可见,清代的科举全袭明制。据《清史稿》记载:"有清科目取士,承明制用八股文。取《四子书》及《易》、《书》、《诗》、《春秋》、《礼记》五经命题,谓之制义。三年大比,试诸生于直省,曰乡试,中式者为举人。次年试举人于京师,曰会试,中式者为贡士。天子亲策于廷,曰殿试,名第分一、二、三甲。一甲三人,曰状元、榜眼、探花,赐进士及第。二甲若干人,赐进士出身。三甲若干人,赐同进士出身。乡试第一曰解元,会试第一曰会元,二甲第一曰传胪。悉仍明旧称也。"(《清史稿》卷108)清代推行明代的八股取士制度,把大部分知识分子都束缚在科举之中。清代的读书人,竞相奔走在八股取士的科举道路上,作时文,求功名。清代吴敬梓的《儒林外史》,对此作了淋漓尽致的描述,暴露其丑态,格外详细。乾隆三年(公元1738年),兵部侍郎舒赫德上章剀切言之,批评八股取士制度,建议"改移更张,别思所以遴拔真才实学之道"。当时,大学士鄂尔泰当国,力持议驳,科举制艺未得废除。直到19世纪末的光绪季年,屡败于外敌,割地赔款,一蹶不振,才不得不废科举,这个八股取士的制度才寿终正寝。八股取士的科举制之废除,是程朱理学沉沦的一种表现。

　　然而,程朱理学在沉沦的过程中还有回光返照。清初的统治者,是非常推崇程朱理学的。如康熙皇帝说:"人主临御天下,建极绥猷,未有不以讲学明理为先务。朕听政之暇,即于宫中披阅典籍,殊觉义理无穷,乐此不疲。"(《圣祖仁皇帝实录》卷41)他所谓的"讲学明理",就是指程朱理学而言的。正如昭梿在《啸亭杂录》卷1中所说,康熙"夙好程朱,深谈性理"。康熙五十一年(公元1712年)二月四日,在大成殿升朱熹于十哲之次。上谕云:"惟宋之朱子,注明经史,阐发载籍之理,凡所释之文字,皆明确有据而得中正之理,今五百余年,其一句一字,莫有论其可更正者。观此,则孔孟之后,可谓有益于斯文,厥功伟矣。"(《婺源县志》卷64)康熙还下令编纂《朱子大全》,并亲自为之作序说:"至于朱子,集大成而绍千百年绝传之学,开愚蒙而立亿万世一定之规。……朱子之道,五百年未有辩论是非,凡有血气者莫不遵崇。"(《御纂朱子全书序》)他命理学大臣李光地编纂的《性理精义》,实际上是明代《性理大全》的精简本。由于统治者的提倡,程朱理学的影响越来越大。清代学者沈维鐈说:"我朝道统中天,君师立极,颁发《性理精义》,升紫阳为十二哲,二百年来名儒辈出,庠序修明,为元明所未有。"(《清学案小识序》)由此可见,程朱理学在清代备受推崇,其影响之大,甚至超过明代。

　　清初儒学家陆陇其,曾称赞康熙说:"今天子敦崇正学,程朱之说复行于世。"(《三鱼堂文集》卷8《周永瞻先生四书断序》)他所谓的"正学",就是程朱理学,而不是王守仁的心学。在清初的朱学与王学之争中,陆陇其是尊朱黜王的。他说:"今日起敝扶衰,惟在力尊紫阳"(同上卷5《答秦定叟书·又》);"必尊朱子而黜阳明,然后是非明而学术一,……阳明之学不熄,则朱子之学不尊。"(同上卷5《上汤潜庵先生书》)他尊朱黜王的着眼点是封建王朝的"治"、"乱"。如说:"有宋之兴,程、朱大儒继出而正学始明。其道虽未尽行于宋,而明兴尊而奉之,以为规矩准绳。洪、永、成、弘之间,上非此不以为教,下非此不以为学,天下之言有不出于程、朱者,如怪物焉,不待禁令而众共弃之,学术正而耳目一,是故朝多纯德之彦,野皆方正之儒,治化之隆,几比三代,有由然也。"(同上卷8《周永瞻先生四书断序》)"明之中叶,自阳明王氏倡为良知之说……龙溪、心斋、近溪、海门之徒从而衍之,王氏之学遍天下,几以为圣人复起,而古先圣贤下学上达之遗法灭裂无余。学术坏而风俗随之。其弊也至于荡轶礼法,蔑视伦常,天下之人恣睢横肆,不复自安于规矩绳墨之内而百病交作……至于启、祯之际,风俗愈坏,礼义扫地,以至于不可收拾。其所从来非一日矣!故愚以为明之天下不亡于寇盗,不亡于朋党,而亡于学术。学术之坏所以酿成寇盗、朋党之祸也!"(同上卷2《学术辨》上)在他看来,王学是明王朝致"乱"之源,程朱理学则是明王朝致"治"之本。而程朱理学的集大成者又是朱熹,所以他对朱熹更为推崇。如说:"自秦汉而后,诸儒辈出。集诸儒之大成者,朱子也。朱子之学即孔子之学。"(同上卷4《策·经学》)又说:"夫朱子之学,孔、孟之门户也。学孔、孟而不由朱子,是入室而不由户也。"(同上卷5《答嘉善李子乔书》)这些论点,曾得到清朝统治者的赞赏。康熙三十三年(公元1694年)即陆陇其去世后的第二年,他便被以"千秋理学正宗"(同上附录《崇祀名宦录》)的名义,入祀嘉定县名宦祠。雍正二年(公

元1724年),他又在清代儒者中,第一个被降谕准予从祀孔庙。乾隆
还亲自为他撰写碑文说:"研精圣学,作洙泗之干城;辞辟异端,守程
朱之嫡派。……蔚为一代醇儒。"(《陆清献公年谱》卷端)道光年间,
唐鉴指出:"有宋之朱子,即有今之陆先生也。与先生同时诸儒以及
后之继起者,间多不及先生之纯。"(《清学案小识·自序》)

　　与陆陇其(浙江平湖人)同时的大儒,还有李光地(福建安溪县
人,谥"文贞")和汤斌(河南睢县人)。李祖陶在《国朝文录》中指出:
"当时有三大儒,平湖专宗朱子,不容一语出入,安溪宗朱子而能别白
其是非,睢州宗朱子亦兼取阳明,其疑《大学补传》与安溪同,而不诋
毁先儒与平湖异。"又说:"文贞之学本之朱子而能心知其意,极推透
以畅其旨,不阿附以盖其失。"(《国朝文录·榕村一·朱陆析疑评》)
这里称道李光地对朱学"不阿附以盖其失"、"能别白其是非",是符合
实际的。李光地自己就曾多次声称:"程、朱大段与孔、孟若合符节,
所谓先圣后圣其揆一也。若微文碎义,安能处处都不差。若使不差,
伊川何以亦有不依明道处?朱子何以亦有不依二程处?盖主于发明
道理,不为人也,即朱子于《四书注》,至垂绝犹改,可见他亦不以自己
所见为一定不移,何况于人。"(《榕村语录》卷17《孝经》)"许鲁斋云:
学问到有朱子,已经都说明,只力行就是了。此语似是而非。……如
所谓'阙疑','阙'殆择善而从,不是见古人不论是非,一概深信不疑
也。"(《榕村语录》卷24《学二》)这种态度与陆陇其"专宗朱子,不
容一语出入"的态度是不同的,具有一定的理性精神。在李光地看来,
宗信不等于盲从,判断学术是非要"主于发明道理",不能仅以某人为
转移。他宗信程朱,主要是程朱能"明性",在人性问题上继承了儒家
的统绪。如说:"孔子而后,孟子独出诸儒者,以明性也;程、朱得继孔、
孟之统者,亦以明性也。"(《榕村全集》卷16)他认为,程朱虽有"明性"

之长,但还有不明的缺陷,即不完全明晰人性问题在儒家经典和理学中的重要性。而人性问题的重要性在于,它是处理人伦关系的依据。所以,"明性"就是"明人伦"。人伦关系,就其先后而言,是先有夫妇、父子,而后有君臣上下;就其轻重而言,君臣关系则是人伦之极,一切其他关系都要服从君臣关系。如说:"道者,人伦也;君臣者,道之极也。"(《孝经注》)因此,李光地所谓的"明性",归根到底是为巩固封建君主专制主义服务的。据此,他得出了儒学即"帝王之学"的结论。如说:"盖古今之言学者,莫不曰帝王之学与儒生异。臣以为不然。夫溺于技艺,滞于章句,以华藻自娱,以涉猎相高,岂独帝王者,虽儒生非所尚也。若夫穷性命之源,研精微之归,究六经之旨,周当世之务,则岂独儒者之所用心,帝王之学何以加此。"(《榕村全集》卷10)他还对康熙说:"臣又观道统之与治统者出于一,后世出于二","皇上又五百年应王者之期,躬圣贤之学,天其殆将复启尧、舜之运,而道与治之统复合乎!"(同上)所谓"五百年应王者之期",本出于孟子的"五百年必有王者兴"。李光地以此作比附,称孔子之后五百年到建武(东汉光武帝年号);建武五百年后到贞观(唐太宗年号);贞观五百年后到宋朝南渡,当时朱熹得天道而生不逢时;自朱子到康熙,恰好又是五百年。这种牵强附会的说法,迎合了康熙的心意。康熙在他死后,惋惜之至,并说:"李光地谨慎清勤,始终一节,学问渊博。朕知之最真,知朕亦无过光地者。"(《清史稿》本传)雍正也称誉李光地为"昌时柱石",追赠太子太傅。

李光地的著作有三十余种、数百万言,着重宣传儒学即帝王之学和道统与治统的一致性。在理学上,他主张程朱理学和陆王心学合流,认为两派各有长短,不是冰炭水火难以相容的。从李光地的一系列理学著作,看不出理学理论本身有任何创新和发展。尽管康熙对理学又进行了一番钦定，也没有使它振兴起来。这说明，理学已经沉沦。

第三节　汉学的盛衰

　　18世纪出现的所谓"汉学"，标志着宋明理学的终结，是清朝推行文化高压政策的产物。自清初以来，封建统治者对反抗者和进步思想施行严厉的镇压，禁毁"禁书"，制造一系列株连极广的文字狱。据统计，康熙、雍正、乾隆三朝的文字狱，见于记载的就有百余起。其中最著名的，是庄廷鑨狱和吕留良狱。庄廷鑨写《明史》，说了清朝的坏话。吕留良阐扬民族大义，认为"华夷之辨"大于"君臣之伦"。这实际上是不承认满洲贵族为合法的中国皇帝，对满洲贵族的统治威胁很大。除了活人——学生、亲属、朋友直到书商、刻字匠——受罚以外，他们两人都被"剖棺戮尸"。文网的严密，使学者动辄得咎，甚至惨遭杀身之祸。例如雍正年间，礼部侍郎查嗣廷用《大学》中"维民所止"四字作为科举试题。有人上告"维"、"止"二字是"雍正"无头，意含影射。由此查嗣廷被革职下狱，病死狱中之后，又被戮尸枭示。其子坐死，家属流放，家乡浙江停止乡试、会试六年。文网的森严，窒息着整个学术思想界。学者们为避祸计，被迫躲进故纸堆中去讨生活。加之理学空疏，许多学者感到厌烦，他们反其道而行之，说经主实证而不空谈义理。于是，学术界出现了一股有别于宋明理学的新思潮，这就是"汉学"的兴起。

　　"汉学"之称，始于清代，是为了对抗宋学（理学）而得名的。汉学家推崇两汉经学，特别是贾逵、马融、服虔、郑玄等人的东汉经学。所以，皮锡瑞又把清代汉学称为"专门汉学"。他说："乾隆以后，许郑之学大明，治宋学者已尟，说经皆主实证，不空谈义理，是为专门汉学。"(《经学历史》)汉学一反宋明理学崇尚义理的风气,重视训诂考订,其流弊则是:脱离社会实际生活,回避学术上的理论原则问题,埋头于古书的校勘、辨伪,或则进行一字一义的考据。所以,专门汉学又可称为考据学。由于它在乾隆、嘉庆时期达到鼎盛,所以有人把它称为"乾嘉学派"。

讲清代汉学历史的人,往往把乾嘉考据学派的前驱推到顾炎武、黄宗羲。如说:"他们对于古代的名物、典章、制度以至文学声韵、训诂等都作了一番求实考证的功夫。从此开创了考据学(又称朴学或汉学)这门学问,名家有顾炎武、黄宗羲等人。"我们觉得,清初的实学家如顾炎武、黄宗羲等人,也都在考据方面有重要贡献。但是,他们有进步的社会思想和一定的哲学观点作为学术研究的主导,考据在他们的学术体系中只占从属地位,被作为阐发自己思想观点的手段。乾、嘉时期的一些汉学家则恰恰相反,他们夸大了考据的作用,虽然他们在考据方面确实作出了很大的贡献,但有时他们却钻进了烦琐主义的牛角尖。因此,18世纪的专门汉学好像继承顾黄等人的考据,事实上是清初以"经世致用"为特点的实学的转向。这种扭曲现象的出现,既与清朝统治者的文化高压政策有关,也与汉学家的弱点有关。汉学家的不足是:由于脱离社会实际而埋头于考证,所以往往缺乏理论思维的深度和理论批判的洞察力。清朝统治者看中了汉学的弱点,因而到了乾隆时期,就一反前期尊宋黜汉的态度,转向大力提倡考据,以作为理学的补充。阮元在《拟国史儒林传序》中对当时清廷的学术文化政策曾作了这样的评价:"崇宋学之性道,而以汉儒经义实之。"(《揅经室一集》卷2)实际上,这是汉宋兼采的学术文化政策。在这一政策指导下,乾隆、嘉庆年间开设四库全书馆,网罗各门学问的专家学者三百余人,把所著录的古籍一一加以校勘注释并作了提要。

在《四库全书》的编纂过程中,通过底本征集工作,一方面禁止和抽毁了大批对清王朝封建统治不利的"违碍"书籍,其中大多数是明清之际学者的著作;一方面崇奖汉学,使之成为汉学的"大本营"。于是,在乾、嘉两朝,专门汉学便繁荣起来,在学术界几占统治地位。

专门汉学的先驱是阎若璩、胡渭、毛奇龄、万斯大、万斯同等人。他们的一些著作,用考证纠正了前人尤其是宋学的谬误,在文献学上有重要的贡献。宋儒曾把《古文尚书·大禹谟》中的"人心惟危,道心惟微,惟精惟一,允执厥中",奉为尧、舜、禹心心相传的治国、做人的原则。阎若璩著《古文尚书疏证》,发挥了明人梅鷟的论点,证明今本《尚书》中的古文各篇都是后世伪造的,这就使理学家奉为道统依据的"十六字心传"成为赝品。胡渭著《易图明辨》,揭露宋儒所传"太极图"是华山道士陈抟的作品,而与儒家典籍无关,这对宋儒所宣扬的象数神秘主义是一个打击。毛奇龄作《四书改错》,从考据、训诂的角度对朱熹的《四书集注》进行抨击,认为该书"无一不错"(《四书改错》卷1)。万斯大深通三《礼》,其治经方法,不盲从,重裁断,比较归纳,以经释经,不轻信传注,实开后来专门汉学的方法论之先河,更为戴震以至阮元的训诂注疏的前导。万斯同对于史料整理的态度,对后来章学诚史学也有显著的影响。这些著作在打破宋学的思想统治,动摇人们对于理学偶像的信仰,以及开启乾嘉汉学的学风等方面,都很有作用。然而,他们并不是从理论上去进行批评,所以在反抗封建统治思想的事业中作用不够显著。乾、嘉时期,汉学大体可分为吴、皖两派。吴派以江苏人惠栋为领袖,故又称惠派。章太炎在《清儒》一文中指出,吴派力求模仿和继承汉代经师的"家法","其学好博而尊闻",大都不论是非,唯汉是信,目的在于重新发掘汉学,用汉学对抗宋学。梁启超在《清代学术概论》中对此派的评论是:"在清代学术界，功罪参半。笃守家法，今所谓'汉学'者壁垒森固，旗帜鲜明，此其功也。胶固盲从，褊狭，好排斥异己，以致启蒙时代（清初）之怀疑精神，几夭阏焉，此其罪也。"这个评论是比较公允的。但"其功"不在于惠派独标"汉学"的旗帜，而在于他以此旗帜与宋明理学相抗衡，排宋尊汉。皖派以安徽休宁人戴震为领袖，故又称戴派。这一派不但信汉，而且也疑汉，其学贵在"心得"。他们不局限于撷拾汉代已有的经义，而要进一步解决汉儒所不能理解的问题，其功精于考核。近代学者刘师培称其学："长于比勘，博征其材，约守其例，悉以心得为凭。"（《近代汉学变迁论》，《国粹学报》1907年第6期）这与吴派一味崇汉信古而不论是非，显然是有别的。王鸣盛曾把上述两派的学术特点概括为"惠君之治经求其古，戴君求其是"，并非没有道理（以上参阅侯外庐主编：《中国思想史纲》下册，中国青年出版社1981年版，第119—122页）。

　　汉学的内容主要是整理古代文献，包括校注、辨伪、辑佚等。其治学态度严谨认真、实事求是，在具体研究中多用比较、分析、归纳等逻辑方法，因而在整理史料和考证古典文献方面作出了突出的贡献。例如，康熙年间编纂的《古今图书集成》、《佩文韵府》和乾隆年间编纂的《四库全书》，都是很有学术价值的大型类书和工具书。在学术观点上，汉学仍受宋明理学的束缚。但在汉学极盛时期，也有不少思想家能够不同流俗，大胆地提出一些进步的观点。如戴震前期的思想深受宋明理学的影响，后期则对宋明理学进行批评，确立了新的哲学体系。除戴震外，能独树一帜而成一家言的思想家，还有洪亮吉、汪中和章学诚等人。洪亮吉有无神论思想，汪中开清代中叶以后"子学"研究的先声，而章学诚在史学观点和哲学思想方面都有所贡献。但他们已不像清初实学家那样气势磅礴，敢于对古代的学术思想和当代政治进行全面的评论。至于大多数汉学家,更是囿于狭小的天地,在古书堆里扒梳,追寻古字古句的真解,其思想成就不高。梁启超曾在《清代学术概论》一书中,把清代的古典文献研究与欧洲文艺复兴相比较说:"清代思潮果何物耶? 简单言之,则对于宋明理学之一大反动,而以复古为其职志者也,其动机及内容,皆与欧洲之文艺复兴绝相类,而欧洲当文艺复兴期经过以后所发生之新影响,则我国今日正见端焉。"我们觉得,从热衷于研究古典文献和作为其前一时期文化的对立面来看,文艺复兴的确与清代汉学有类似之处。但是,文艺复兴是反对封建主义思想禁锢的一次伟大思想解放运动。它最初虽以恢复希腊古典文化的面目出现,而实质上却是资产阶级新文化的兴起。清代汉学则不然,它虽是宋明理学的对立物,但却为封建主义文化高压政策所造成。汉学家虽不是真正的儒学代表,但他们却在儒家君臣之义的桎梏中研究学术,在思想上似乎没有发生多大的"新影响"。

　　清代中叶曾盛极一时的乾嘉汉学,到了19世纪初期,随着封建时代的行将结束而进入尾声。作为清代汉学思潮的终结的代表人物,便是阮元。他是清朝的一位封疆大吏,曾在广州立"学海堂",编刻《皇清经解》,收集了清代学者研究古典文献的重要成果,是清代汉学的一大集成。这一切使他成为汉学的最大护法者,他虽部分地继承了汉学大师戴震的传统,但就思想的深度和创造性而言,都较戴震相去甚远。阮元的学术活动主要是解说经典。他的一些思想也就通过对经学的训诂考据而曲折委婉地表达出来。这与焦循之主贯通,并通过正面的理论阐发来表达自己的思想体系,大为不同。阮元把重点放在探索经书中一字一句的古训古义上,这种由考据以明义理的途径标志着汉学考据之走向思想末路。汉学走入末路时的考据之细密与烦琐以及思想之狭隘与疏陋,同样集中地表现他的身上。他在整理古文献上很有成绩,但缺乏先进的思想理论,其世界观被裹上一层浓厚的封建尊古主义的外壳,这是汉学衰落的表现。

鸦片战争前的二三十年间,风靡一时的乾嘉汉学逐渐由盛而衰。当时虽然还有不少汉学家埋头著述,但活跃于思想界的已是一些新的人物。他们被农民起义的火光所惊醒,在不同程度上感到清王朝的封建统治已进入衰世;西方资本主义侵略者在中国的国门外虎视眈眈,更增加了他们的隐忧和不安。正是这些人物酝酿了一种转变时期的新风气,其重要代表是龚自珍、魏源等人。他们继承发扬了清初实学的"经世致用"传统,反对乾嘉汉学和宋明理学。龚自珍明确主张以实学取代理学和汉学,他猛烈抨击乾嘉学派"琐碎饾饤"(《龚自珍全集》,第347页),嘲笑他们"繁称千言,始晓一形一声之故"(《龚自珍全集》,第159页);并反对桐城派对理学的吹捧,谴责理学家们"坐误性命,其语喧喧,……何施于家邦?"(《龚自珍全集》,第485页)魏源也谴责理学家们只会满口"心性"、"理义",但却"民瘼之不求,吏治之不习,国计边防之不问","无一事可效诸民物"(《古微堂内集》卷3)。他还尖锐指出,汉学"锢天下聪明智慧,使尽出于无用之一途"(《古微堂外集》卷4)。因而,他们非常强调学术的"经世致用",其具体内容有三:一是揭露封建社会的黑暗与腐败,向清王朝敲响了末世来临的警钟;二是倡言进行政治和经济改革,为危机四伏的清王朝寻找出路;三是主张防御、抵制西方资本主义的侵略,具有爱国主义思想。这些思想既是实学思潮的终点,又是近代思想的起点。

第十五章　清代儒学与自然科学

第一节　理学与自然科学

清代儒学的主要表现形态,仍然是理学。清朝的统治者入关以后,在思想文化方面,接触最多的是朱熹的《四书集注》及八股文,一开始就注重朱熹理学。

朱学独尊后,特别是在清代,独断主义和守旧倾向十分严重。在这种情况下,不少的创造发明受到限制和摧残。十二平均律的遭遇,就充分说明了这一点。早在明代,朱载堉在《进律书疏》中说:"律吕之学乖谬久矣,盖由宗守黄钟九寸、三分损益、隔八相生此三言之谬也。夫此三言实为律学之谬,然举世宗守之。闻臣此言而不以臣为大谬者,盖亦几希。是以臣愚虽得之以心而缄之于口,韫藏有年不敢形于纸笔,为此故也。"当他将自己的著作呈进朝廷时,得到的回答却是:"宜付史馆,以备稽考,未及实行。"(《明史·乐志》)就这样,一颗科学和艺术的明珠被埋没在荒漠。到了清代,朱载堉的十二平均律遭到围攻,指责朱载堉"概舍先儒而不之信,任其私智,创为新法"(《御制律吕正义后编》卷118《乐问二》)。在乾隆皇帝看来,十二平均律简直是一个可怕的怪物,容许这样一个怪物存在,宫廷雅乐就要

"天下大乱"：不信"先儒"而"任其私智"就是大逆不道。《四库全书总目提要》追随其后,对十二平均律作了不公平的评判。在这种气氛下,不懂十二平均律的人妄加评论;懂得十二平均律的人则奉圣旨办事。如音律学家陈沣明明知道十二平均律的优点,说"然论真度,则必如此数理乃通",但却借口俗工不懂求解等比例的数学而又说三分损益的"古法诚不必改也"(《声律通考》卷2)。朱载堉的音律理论虽然在国内受到冷落和反对,但他毕竟是影响了清代几百年的乐律理论家。可惜的是知音者独一人而已,这就是音律学家江永。江永七十七岁时偶然读到朱载堉的《乐律全书》,于是"悚然惊,跃然喜","诧为奇书","是以一见而屈服也"(《律吕阐微·序》)。第二年,他就写了一本题为《律吕阐微》的书,为朱载堉鸣冤,反驳康熙、乾隆等人对十二平均律的攻击,并修正了朱载堉音律理论的个别错误。到此为止,人们便会问:十二平均律既然能在我国萌芽,又为何不能在我国成长、开花、结果呢? 从它在国内受冷落、反对,知音者独一人而已的情形中,我们可以发现其中的一个原因就是:理学独尊后所造成的独断主义和守旧倾向,严重地阻碍了我国自然科学的发展。

　　理学的独断主义和守旧倾向与封建礼教的结合,对医学发展的阻碍作用也是很大的。以人体解剖而论,这是正确认识人体的形态结构,以便更有效地同疾病作斗争的一项重要科学实验。我国很早就开始了这方面的实践活动,并且有许多重要的发现。例如,《黄帝内经》中就记载了不少有关人体解剖的知识。后来的《难经》、《针灸甲乙经》、《千金要方》和《千金翼方》等医学名著,也都对人体内脏器官的大小、重量以及人体发育、体型和内脏的关系等作了描述。到宋代,王惟一铸针灸铜人,分脏腑、十三经,是我国人体模型的起始;吴简(一作灵简)编绘的《欧希范五脏图》和杨介编绘的《存真图》,对内脏位置和形态都作了比较正确而详细的描述,可以说是我国早期的解剖学图谱。宋慈的《洗冤录》,对人体骨骼和胚胎发育的记述相当丰富,是我国也是世界上第一部系统的法医学专著。但从此以后,我国古代人体解剖学的发展是十分缓慢的。其主要原因在于理学取得统治地位后,独断主义和守旧倾向与封建礼教相结合,片面提倡"仁义"、"孝道",宣扬"身体发肤,受之父母,不敢毁伤,孝之始也"(《孝经》)。在这种情况下,人体的观察研究就受到了种种限制。特别是在人死后,对尸体进行病理解剖更被骂作"不仁"、"不孝",看成大逆不道的事。不仅如此,清代的法律还明文规定不得毁尸解剖。因此,以人体作为研究对象而实践性又很强的人体解剖学,就受到摧残,比西方大大地落后了。再以脑科学的发展而言,自从孟子提出所谓的"心之官则思"的命题后,人们一直误认为心脏是思维器官。《黄帝内经》曾经指出:"心者,君主之官,神明出焉。"这样一来,所谓的"心之官"被蒙上了神秘主义的政治色彩。康熙下令修撰的《医宗金鉴》,完全肯定《黄帝内经》的论断。于是,这个论断就成为必须尊奉的信条,谁也不敢加以怀疑,就像中世纪西方人不敢怀疑地球中心说一样,从而阻碍了脑科学的发展。

　　但也应看到,我国有不少具有进步思想的医学家敢于向理学的独断主义、守旧倾向和封建礼教挑战,为医学的发展作出了贡献。清代王清任就是这些进步医学家中最杰出的一位代表,他说:"夫业医诊病,当先明脏腑。尝阅古人脏腑论及所绘之图,立言处处自相矛盾。……余尝有更正之心,而无脏腑可见。"(《医林改错·脏腑记叙》)清嘉庆二年(公元1797年),他在河北滦州稻地镇行医。当时那里正流行小儿瘟疹和痢症,十死八九。贫苦人家的小孩死后,大多用苇席缠裹,草草掩埋了事。有的竟露出地面,被野狗咬食。因此,在乱坟地里,破腹露脏之尸,日有百余,景象惨不忍睹,周围臭气熏天。但王清任不避污秽,每天清晨到坟地里去观察。由于这些儿尸大都是被狗食后的残体,所以,他便反复参照,一连十天,共观察了一百多具尸体。这使他大开眼界,认识到古书中的脏腑图和记述,有不少与实际不符。嘉庆四年(公元1799年),他在奉天府(今沈阳)遇一女犯被处剐刑,便乘机观察到成年人的内脏与小孩相同。为了弄清人体内的横膈膜的确切位置和实际情形,他多次到刑场上去,想仔细观察,但都未能如愿以偿。直到道光九年(公元1829年),他在北京访问了一个了解横膈膜情况的人,才使这个问题得到解决。经过四十多年的努力,他终于写成《医林改错》一书,其中绘制了二十五幅人体脏腑图,对人体解剖学作出了卓越贡献。他的"脑髓说"大胆否定了当时被奉为金科玉律的"心者,君主之官,神明出焉"之论点。如说:"其论心,为君主之官,神明出焉。意藏于心,意是心之机,意之所专曰志,志之动变曰思,以思谋远曰虑,用虑处物曰智,五者皆藏于心。既藏于心,何得又云脾藏意智,肾主伎巧,肝主谋略,胆主决断?据所论,处处皆有灵机。究竟未说明生灵机者何物,藏灵机者何所。若用灵机,有何神情?其论心如此含混!"(《医林改错·脏腑记叙》)他认为"心"不是思维器官,而思维器官是"脑",并用医学临床病例论证说:"试看痫病,俗名羊羔风,即是元气一时不能上转入脑髓。抽时,正是活人死脑袋。活人者,腹中有气,四肢抽搐;死脑袋者,脑髓无气,耳聋,眼天吊如死。……抽后头痛昏睡者,气虽转入于脑,尚未足也。小儿久病后元气虚抽风,大人暴得气厥,皆是脑中无气,故病人毫无知识。以此参考,岂不是灵机在脑之证据乎?"(《医林改错·脑髓说》)这个证据很有力。大脑无气,缺氧,供血不足而失去知觉,但心脏仍在跳动,足证思维在脑不在心。的确如此,从孟子到宋明理学家都是这

样。王清任推翻了儒家的这个信条。所以，有些人就指责他"背叛经
文"，甚至说他"教人于胬肉堆中杀人场上学医道"（《〈医林改错〉评
注》）。但有识之士却把《医林改错》誉为"清夜钟鸣"，甚至说："此书
之作，直翻千百年旧案，正其谬误，决其瑕疵，为希世之宝。"（张润波：
《〈医林改错〉缘起》）梁启超在《中国近三百年学术史》中，对清代的
医学用"不具举"三字一笔带过，独强调说："惟自一人，不可不特笔
重记者，曰王清任。……所著书曰《医林改错》，……所附《脑髓说》
谓'灵机记性不在心而在脑'，……诚中国医界极大胆之革命论！"
（《梁启超论清史二种》，第511页）

第二节　实学与自然科学

从意识形态来看，理学成为清代自然科学发展的主要障碍。而
自然科学则和清朝初年蔚为大观的实学思潮结成了联盟。

何谓"实学"？用清初的思想家颜元的话说就是"实习、实讲、实
行、实用之学"。实学是从批评宋明理学中产生的一种带有启蒙性质
的思潮，遍及政治、经济、哲学、史学、文学和自然科学等领域。实学
思潮反映了明代中叶到清代中叶"天崩地解"的时代精神，其兴起大
致经历了以下三个阶段：第一阶段是明代中叶，实学思潮发生，其代
表人物有罗钦顺、王廷相和吕坤等。他们的一个中心思想，就是主张
学术要"经世致用"。所谓"经世致用"，就是反对学术研究脱离当前
的社会现实，强调把学术研究和现实社会联系起来，用于改革社会，
这本来是早期儒学的传统。但宋明理学，无论是程朱理学还是陆王
心学的后学，在一定程度上都抛弃了这个传统，专讲"性与天道"，不
务实际，逐渐形成了一种不良的学风。罗钦顺、王廷相和吕坤对这种

不良学风的批评,成为实学思潮的开端。第二阶段是明末清初,社会发生大的震荡,实学思潮达到高峰,涌现出一大批杰出的思想家和学者,像王夫之、黄宗羲、顾炎武、颜元、唐甄、方以智、傅山、顾祖禹等。他们广泛地吸收中国传统文化的营养,学术渊博,但又不拘守一家之言,而是力求兼容并包,吸收各家思想的精华。例如王夫之对于儒学的研究,写有《四书正误》等;对老子、庄子的研究,写有《老子衍》、《庄子通》;对佛学的研究,写有《相宗络索》等。这批早期启蒙思想家著述宏富,对于学术思想文化的每一个领域几乎都涉及过,留下了极其丰富的精神产品。第三阶段是清代中叶,实学思潮逐渐萎缩,时代出现了新的问题,即古老的中国,由于外国资本主义的侵略,引起面向世界的问题。这个时期的实学代表人物有龚自珍、魏源、林则徐、包世臣等。他们继承和发扬了"经世致用"的传统,提倡"实学",反对汉学和理学,揭露封建社会的黑暗与腐败,向清王朝敲响了末世来临的丧钟;倡言进行政治和经济改革,为危机四伏的清王朝寻找出路;主张防御、抵制西方资本主义殖民者的侵略,具有爱国主义思想。这些思想既是明清实学思潮的终点,又是近代思想的起点,具有从一种思潮向另一种思潮转变的过渡性特点。

从以上三个阶段可以看出,实学思潮由两方面的思想汇聚而成:一方面是儒学内部的自我反省。实学家们在总结宋、明亡国的教训时,认为宋亡于程朱理学的末流,明亡于王学末流的空疏。他们在一定程度上,批评程朱理学,抨击封建名教,摈弃王学末流的空谈心性,试图兴利除弊,以补封建社会末世之天,这是地主阶级改革派知识分子自我反省的表现。另一方面是儒学外部的冲击力量。明中叶以来,在封建社会内部,随着商品经济的发展,已出现资本主义萌芽,市民阶层的队伍在不断壮大。他们为摆脱封建主义的束缚,除开展经济和政治斗争外,在一定程度上和一定范围内(君主统治这一点是不变的),批评封建意识形态,讴歌市民思想,憧憬新社会,这是新社会思潮出现前的曙光。如果说前一方面是对以往的反思,那后一方面则是对于未来的朦胧向往。

　　"实学"思潮为自然科学的发展开辟了道路。清初的许多实学家,都把自然科学作为实学的一项重要内容,认真加以研究。如黄宗羲就"上下今古,穿穴群言,自天官、地志、九流百家之教,无不精研"(《清史稿》卷480)。李颙则主张"体用全学",而"体用全学"分"体"和"用"两类。他为"适用类"开过这样一些书目:《大学衍义》、《衍义补》、《文献通考》、《吕氏实政录》、《衡门芹》、《经世挈要》、《武备志》、《经世八编》、《资治通鉴纲目大全》、《农政全书》、《水利全书》、《泰西水法》、《地理险要》。其中《农政全书》、《泰西水法》,就是徐光启的自然科学著作。李颙在这两本著作和《水利全书》、《地理险要》诸项下,自注说:"以上数种,咸经济所关,宜一一潜心。"(《二曲全集》卷7《体用全学》)顾炎武"凡国家典制、郡邑掌故、天文仪象、河漕兵农之属,莫不穷原究委,考正得失"(《清史稿》卷481)。王源说刘献廷"于礼乐、象纬、医药、书数、法律、农桑、火攻、器制,旁通博考,浩浩无涯"(《居业堂文集》卷18《刘处士墓表》)。陆世仪说:"今所当学者不止六艺,如天文、地理、河渠、兵法之类,皆切于世用,不可不讲"(《清史稿》卷480)。最有代表的,是颜元的所谓"六府三事之学"。据李塨解释,"六府三事,此万事亲民之至道也。言水,则凡沟洫、漕挽、治河、防海、水战、藏冰、鹾榷诸事统之矣;言火,则凡焚山、烧荒、火器、大战、与夫禁火、改火诸燮理之法统之矣;言金,则凡冶铸、泉货、修兵、讲武、大司马之法统之矣;言木,则凡冬官所职,虞人所掌,若后世茶榷、抽分统之矣;言土,则凡体国经野,辨五土之性,治九州之宜,井田、封建、山河、城池诸地理之学统之矣;言谷,则凡后稷之所经营,田千秋、赵过之所补救,晁错、刘晏之所谋为,屯田、贵粟、实边、足饷诸农政统之矣。正德,正此金木水火土谷之德;利用,利此金木水火土谷之用;厚生,厚此金木水火土谷之生也。"(《瘳忘编》)这都说明,重视自然科学是实学家和自然科学家联盟的一项基本内容。

其次是在反对八股取士的科举制上,实学家和自然科学家也结成了联盟。八股取士的科举制把程朱理学规定为主要内容,以功名利禄诱使知识分子走入仕途。清初,实学家们更加激烈地抨击科举制,对八股制艺尤深恶痛绝。黄宗羲说:"科举之弊未有甚于今日矣","此等人才岂能效国家一幛一亭之用? 徒使天下生民受其笞挞,可哀也夫。"(《南雷文约》卷3《科举》)对于八股时文,实学家们不愿为,也不屑为。在他们看来,这不是什么学问,而是封建士大夫追求功名利禄的工具。

在实学思潮的影响下,清初一些著名自然科学家抛弃了八股应试的仕途。如天文学家王锡阐"弃举制,专力于学",在天文历算方面作出了突出的贡献。清初被誉为"历算第一名家"的梅文鼎,"博览多通,少善举子文"(梅庚:《〈绩学堂诗钞〉序》),但屡应乡试不第。康熙十四年(公元1675年),他在乡试之余购得一部《崇祯历书》残本,又从顾昭家借抄得穆尼阁的《天步真原》。康熙十七年(公元1678年)乡试时,他又从黄虞稷家借抄得罗雅谷的《比例规解》,"携之行笈半年而通其指趣"(《勿庵历算书目·勿庵度算提要》)。当年族侄梅庚与他同科应试,见他"得泰西历象书盈尺,穷日夜不舍",直到临考的前一天仍是如此,于是趁他外出时把书藏了起来。梅文鼎回来找不到书,焦急万分,"则艴然曰:余不卒业是书,中怦怦若有所亡,文于何有?"(《〈绩学堂诗钞〉序》)由此可见,他把学习自然科学知识看得比科举考试更为重要。后来，梅文鼎曾激烈地抨击八股取士的科举制。他在《中西算学通》自序中愤然写道："学士家务，进取以章句帖括，语及数度，辄苦其繁难，又无与于弋获之利，身为计臣，职司都水，授之握算不知横纵者，十人而九也。"（《绩学堂文钞》卷2）这说明，在反对八股取士的科举制上，自然科学家和实学家们结成了联盟。

最后在反对理学的空谈虚论上，自然科学家和实学家也有共同的目的。地理学家顾祖禹则"舟车所经，亦必览城郭，按山川，稽里道，问关津，以及商旅之子，征戍之夫。或与从容谈论，考核异同"（《读史方舆纪要》自叙）。这与顾炎武的学风十分相像。

这种实事求是的学风，在天文学领域也有明显的表现。清初天文学家王锡阐，非常注意观测实践而反对空谈玄理。他说："阳明良知二字不过借名，其重在不学、不虑"，而人生应以"躬行实践为主"（转引自《中国天文学简史》，天津科学技术出版社1979年版，第166页）。从青少年时代起，夜晚遇天色晴朗，他就登上屋顶，仰观天象，乃至彻夜不眠，"每遇交会，必以新步所测，课校疏密，疾病寒暑无间，于兹三十年矣"（《王晓庵先生遗书补编》），继承和发扬了我国古代天文工作者"验天求合"的实践与理论相结合的优良传统。当时有些人藐视天象观测，认为这是一件简单枯燥的事情。王锡阐反对这种错误观点，而把观测实践看成建立理论和检验理论的依据。当他经过反复观测，发现自己的理论计算与观测结果不一致时，就一定要找出其中的原因；即使相符时，也担心是否只是一种偶然的巧合，从而进一步去加以验证。他深有体会地说："测愈久则数愈密，思愈精则理愈出"，"人明于理而不习于测，犹未之明也。"（《畴人传·王锡阐》，下同）这种重视实际观测的观点，是与理学的空谈虚论不同的。王锡阐指出："至宋而历分两途，有儒家之历，有历家之历。儒者不知历数而援虚理以立说,术士不知历理而为定法以验天,天经地纬,躔离违合之原,概未有得也。"所谓"儒者不知历数而援虚理以立说",就是对理学家的批评。他认为造成这种错误的原因,在于他们"不能以天求天,而必以人验天"。因此,他提出了"以天求天"的主张,并说:"测验乖合,则非口舌所能争胜,亦曰以天求天而已。"这就把客观实际的天象变化,作为检验人们对宇宙认识的标准。

第三节　中学与西学之争的序幕

16、17世纪,近代自然科学从西欧兴起,并通过各种不同的渠道传到中国。从明万历中期开始,罗马教皇就派遣耶稣会士到中国来传教。传教的目的固然是配合资本主义殖民扩张的需要,但同时也带来了一些西方的科学技术知识,如天文、数学、地理、物理和火器技术等。这些科技知识在清代中叶以前的一百多年间,曾对我国天文、数学和测绘地图的发展产生了一定的影响。如公元1708—1718年,康熙皇帝亲自领导的中国全图的测绘,不仅在我国,而且也是世界测绘学史上前所未有的创举。这次测绘是中西双方人员组成测绘队进行的,先从长城测起,然后测北直隶(今河北省),再测满洲地区。关内十余省的测量,约用五年时间先后竣事。西藏地区的测量,是由康熙特派的喇嘛楚儿沁藏布兰木占巴和理藩院主事胜住进行的。在全国测量的基础上,一份具有相当水平的《皇舆全图》终于绘成。当时欧洲各国的大地测量,有的尚未开始,有的虽然开始也未完成,而我国在18世纪初期就完成了全国性的三角测量,走在世界各国的前列。乾隆年间,乾隆皇帝又先后两次派人到西北地区继续进行测量,绘制了新疆哈密以西的地图,完成了《西域图志》。后来的《乾隆内

府舆图》是在《皇舆全图》的基础上改制增订而成的。其范围虽有所
扩大，但最精详的部分还是康熙时所测的满蒙与关内各省和乾隆时
所测的西域各地。尤其是康熙年间的测绘，在测绘史上具有重要意
义。首先是尺度的规定。康熙为了统一在测量中使用的长度单位，
规定以200里合地球经线1度，每里1800尺，因此每尺的长度就等于
经线的百分之一秒。这种以地球的形体来定尺度的方法在世界上是
最早的，法国在18世纪末才以赤道之长来定米（公尺）制的长度。其
次是发现经线一度的长距不等。康熙四十一年（公元1702年）实测
过中经线上由霸州到交河的直线长度，康熙四十九年（公元1710年）
又在满洲地区实测北纬41度到47度间每度的直线距离。这些测量
表明，纬度越高，每度经线的距离越长，如北纬47度比41度处测得的
每度经线的长度大258尺，这是过去的测量中从未得到的结果。当
时负责测绘的法国教士雷孝思等人，虽然深信他们的测量数据是准
确的，但可能是由于当时的法国科学院卡西尼等人所持观点的影响，
他们还不敢骤然下判断，把这些结果作为地球扁圆说的证明，只是期
望以后的人再研究解决。18世纪初，正是卡西尼的地球长圆说与牛
顿的地球扁圆说彼此对立、尚无定论的时候，而牛顿的扁圆说实际上
已为我国大地测量的数据所证实，这在世界科学史上是一件很有意
义的事情。

　　但同时也应看到，西方文明的传入在我国引起了激烈的反响。
耶稣会士学习中国的语言文字、风俗礼仪，穿着中国服装，研究儒家
经典，广交社会名流，结交权势人物，想尽一切办法适应中国的环境，
以便为传教打下巩固的基础。这在当时曾引起了一些反理学知识分
子的怀疑，如明代李贽和意大利的耶稣会士利玛窦有多次交往，他在
一封答友人问利玛窦的信中说：利玛窦"是一极标致人也。中极玲

珑,外极朴实。……但不知到此何为? 我已经三度相会,毕竟不知到
此何干也。意其欲以所学易吾周、孔之学? 则又太愚。恐非是尔! "
(《续焚书》卷1) 因而,他对耶稣会士所传播的标榜和儒家经典相通
的宗教保持了一定的距离,并对其来华的传教之举持怀疑不定的态
度。耶稣会士则观察到当时的中国,由于社会发展的需要而对科学
技术知识有极大的兴趣。因此,尽管他们在欧洲反对以哥白尼学说
为代表的正处于革命中的自然科学,但却并不排斥自己利用一些不
破坏其神学世界观的科技知识传到中国来。随着西方科技知识的传
入,在我国展开了一场中学与西学之争。中西之争的焦点是如何对
待传入的西方科技知识,当时有三种不同态度。

　　一种是积极学习的态度。其代表人物是明末的徐光启、李之藻
和清初的江永等。在理学占统治地位的封建末世,要学习西方的科
技知识是需要勇气的。徐光启曾为此受到过理学家们的政治压力,
但他顶住了。在领导改历时,他巧妙地利用了明初朱元璋命人翻译
回回历的先例作为自己搞翻译、吸取西方科技知识的根据,同一些守
旧的学者进行了学术争论。西方天文学知识之能够为中国天文学家
所吸取,徐光启和李之藻的工作起了重要作用。他们和耶稣会士合
作,翻译了欧洲古典天文学知识。李之藻的《浑盖通宪图说》和徐光
启的《简平仪说》,就是这样的作品。在当时的历史条件下,我国的科
学技术不仅没有能够"超胜"西方,而且越来越落后了。其阻力并不
来自中国科学家这方面,但科学家们的思想也是有不足的。徐光启
主观上想把中西科学知识"会通"在一起,但事实上很难实现。因为
腐朽没落的封建制度不允许这样做。同时,他对西方传入的科技知
识还缺乏分析的态度,有过分推崇的倾向,而对中国的传统科学则贬
得太低。如说我国古代数学"所立诸法,芜陋不堪读"(《徐光启集》

卷2《勾股义绪言》),片面地认为中国历法不讲"故",说西洋历法"至
为详备,……可为二三百年不易之法"(《徐光启集》卷8《历书总目
表》)。事实上耶稣会士传入的第谷体系,在欧洲落后了几十年。所
谓"二三百年不易之法",也是徐光启在不了解欧洲情况下的一种误
说。他所吸取的许多西方科学知识,未必都是先进的近代科学,况且
是从西方神学家那里转手得到的。

另一种是对西方科技知识持反对态度,具有顽固的守旧倾向,其
代表人物是明末的冷守中、魏文魁和清初的杨光先等。他们都是当
时著名的儒者,即宋明理学的维护者,认为天主教的教义与儒家的理
论不合。尽管耶稣会士明白儒家思想在中国的地位,因而千方百计
地说天主教义如何符合儒家经典等,但圣经终究是用另一个全能的
上帝取代了尧、舜、孔、孟,天主教义和儒家经典是两个根本不同的理
论体系。理学家的本能使他们对天主教义很敏感,而天主教向民间
传教之举则更增添了他们的疑惧。他们误认为,天主教是白莲教那
样组织农民起义的宗教。因此,理学家们和佛、道两教联合起来,在
明末清初多次掀起了反天主教的运动。他们在反对天主教的同时,
也反对传教士引进的西方科技知识。冷守中和魏文魁甚至还主张,
用北宋理学家邵雍论先天象数的《皇极经世书》来制历。徐光启在
制历过程中,同冷守中和魏文魁等守旧的人进行了争辩。按照他的
最初设想,改历工作应该先是翻译,"翻译既有端绪,然后令甄明《大
统》、深知法意者,参详考定,熔彼方之材质,入《大统》之型模"(《徐
光启集》卷8《历书总目表》)。但后来在编译的过程中,已考虑了一
些中国历法形式上的传统特点。徐光启死后,李天经负责改历,就没
有再进行更深的"入《大统》之型模"的工作。守旧的官僚们抓住《崇
祯历法》没有更深地"入《大统》之型模"的缺点,挑动西法和传统方

法的派别斗争,支持墨守旧法的学者魏文魁等人成立了一个新的历局——"东局",同李天经领导的"西局"争论。这时的明朝政府已日趋崩溃,毫无能力处理历法问题上的这类论争。

　　清军进入北京时,曾经参与编纂《崇祯历书》的耶稣会士汤若望,乘乱中将《崇祯历书》窃为己有,经过删改,压缩成103卷,进呈清政府。清政府决定采用,名之为《西洋新法历书》。汤若望因进历书深得清廷宠信,被任命为钦天监监正,官加一品。这种宠信扩大了耶稣会的影响,全国各地教徒迅速增加到10万名左右。耶稣会自觉地位不同了,踌躇满志,不再小心地避免触犯儒家礼仪,其神学著作中也不再小心利用儒家学说。这样一来,理学家和耶稣会的矛盾再度激化。杨光先专门写《不得已》、《选择议》上疏朝廷,弹劾汤若望等私传邪教,阴谋不轨。他本不通历法,只知抱残守缺,沿用旧历,但对新法妄加斥责,并痛哭流涕地向朝廷述说:"宁可使中夏无好历法,不可使中夏有西洋人。"(《不得已》)当时康熙虽已即位,但因年幼,大权掌握在辅臣鳌拜一派人手中。鳌拜与传教士有矛盾,于是判处汤若望等死刑,后又赦免,只处决了钦天监中从事者季祖白等五人。杨光先被任命为钦天监监正。康熙亲政后,命大学士图海等去观象台测验新旧历法,结果证明西法确实比较优越,又改用以西法为基础的时宪历。杨光先因年老免刑,去职还乡,暴死途中。

　　第三种是取其精华而弃其糟粕,能够批判地吸收外来文化,其代表人物有清初的薛凤祚、王锡商和梅文鼎等。薛凤祚最初从魏文魁学习天文历法,但并不墨守师法。后来,他又从耶稣会士穆尼阁研究西法,认识到西法既有缺点又有长处。他反对一些人盲目自大、拒绝西学的守旧思想。如说:"中土文明礼乐之乡,何诅遂逊外洋?然非可强词饰说也。要必先自立于无过也,而后吾道始尊。此会通之不

可缓也。"(《历学会通·序》)然而,真正在会通中西方面作出创造
性贡献的是王锡阐。他认为"中历、西历各有短长",应该取长补短、
中西结合。于是,"考正古法之误而存其是,择取西说之长而去其短"
(《畴人传·王锡阐》),就成了他研究天文学的特色所在。他对西方
历法能够去粗取精、去伪存真。如说:"吾谓西历善矣,然以为测候精
详,可也;以为深知法意,未可也;循其理而求其通,可也;安其误而不
辨,不可也";"以西法为有验于今,可也;如谓不易之法,务事求进,不
可也。"(《晓庵新法序》)他批评以《西洋新法历书》为代表的西法,
指出有些耶稣会士狂妄自大而实际上对中国传统文化不懂装懂的态
度。例如,汤若望等攻击《大统历》有两春分、两秋分。实际上他们
不懂得《大统历》用的是平气,与西洋惯用的定春分、定秋分自然不
同。不同而又要自作聪明地硬凑在一起,结果弄出了两个春分、两个
秋分等。王锡阐根据自己的观测实践和细致的研究指出其错误所在。
他说:"视径大小,仅以人目;食分大小,当据实径。太阴(月亮)实径,
不因高卑有殊。地景(影)实径,实因远近损益。最卑(月亮在近地点)
之地景(影)大,月入景(影)深,食分不得反小;最高(月亮在远地点)
之地景(影)小,月入景(影)浅,食分不得反大。"(《晓庵遗书之四·杂
著·历说》)也就是说,太阳照射到地球,产生的影子是个长长的圆锥
体,一直延伸到月球的轨道外面,越靠近地球,锥体就越大。正因为
这样,月亮在绕地球运行时,当它处于近地位置时发生月食的话,那
食分不能变小而只会变大。在远地点发生月食时,那食分就会变小。
根据现代的天文学计算,当月亮在近地点时,地球本影的直径为月球
直径的2.72倍,而在远地点时,则为2.42倍。这有力地证明,王锡阐
的论断是正确的。同时,他对古法也不是一概否定的,如说:"太初、
三统虽疏远,而创始之功不可泯也。"(《晓庵新法序》)但他对那些墨

守陈规、热衷于老黄历的现象,乃是深恶痛绝的。如说:"历之道主革,故无数百年不改之历。"(《畴人传·王锡阐》)他认为"旧法"若不适应需要,就必须加以革新。《晓庵新法》就是这种革新精神的产物,其中有许多发明创造。

在清初学习西法的学者中,梅文鼎十分钦佩王锡阐和薛凤祚。他说:"治西法而仍尊中理者,北有薛南有王。"(《绩学堂文钞》卷1)在王、薛二人中,他更推崇前者,认为:"近代历学以吴江为最,识解在青州以上。"(同上)"青州"是指薛凤祚,而"吴江"乃指王锡阐。他之所以推重王锡阐,盖因王对《崇祯历书》所抱的批判性之肯定态度,与自己的思想是合拍的。《崇祯历书》是徐光启组织编译的一部大型天文丛书,汇集了当时传入中国的西方天文学和数学知识,并打出了"会通"中西的旗号。但是由于当时中西学之争超出了学术的范围,所以并未得出多少中肯有益的结论。徐光启所谓"熔彼方之材质,入《大统》之型模"的提法,其实多半是出于政治上考虑的一种策略,而《崇祯历书》的"会通"也仅限于中西各种度量单位的换算。可以这么说:真正认真地"会通"中西之学,还是从王锡阐、梅文鼎这一代学者开始的。梅文鼎认为科学研究应不分中西,"技取长而理唯其是"。他生前曾计划将自己的所有数学著作汇编成集,总名就叫《中西算学通》。他说:"夫数者所以合理也,历者所以顺天也。法有可采何论东西,理所当明何分新旧? 在善学者知其所以异,又知其所以同。去中西之见,以平心观理,则弧三角之详明,郭图之简括,皆足以资探讨而启深思。务集众长以观其会通,毋拘名目而取其精粹。""义取适用,原无中外之殊;算不违天,自有源流之合。"(《梅氏丛书辑要》卷40《堑堵测量》)正因为有这样的思想,他才能够"既贯通旧法,而兼精于西学","会两家之异同,而一一究其指归","其有功于历学甚大"(《石园文集》卷7《送梅定九南还序》)。这样一来,他就使明代以来的天文学和数学的老树重发新芽,又使新移植过来的西方天文学和数学在中国这块土地上长成了根干。

但梅文鼎受儒家经典《周易》、《中庸》和宋代理学思想影响,所以他的民族意识比较浓厚,在中学与西学的关系问题上,则认为西学是发源于中学的。这种"西学中源说",并非首肇于梅文鼎。明、清易代引起的政治动荡,曾使一些有强烈民族感情的知识分子由读经谈理转而改读天文地理等经世致用之学,以图匡复明室和光复所谓华夏文化。如著名学者黄宗羲在反清兵败后浮于海上,日与人"坐船中正襟讲学,暇则注《授时》、《泰西》、《回回》三历","尝言勾股之术乃周公、商高之遗而后人失之,使西人得以窃其传。"(《鲒埼亭集》卷11《梨洲先生神道碑文》)当时的另一学者陈荩谟作《度测》一书,其自序中写道:"《九章》参伍错综,周无穷之变,而勾股尤奇奥,其法肇见《周髀》,周公受之商高","《周髀》者,勾股之径;《法义》(即徐光启、利玛窦合译的《测量法义》)者,勾股之疏传也。"王锡阐则说:"《天问》曰:'圜则九重,孰营度之?'则七政异天之说,古必有之。近代既亡其书,西说遂为创论。余审日月之视差,察五星之顺逆,见其实。然益知西说原本中学,非臆撰也。"(《畴人传·王锡阐》)这些"西学中源说",无疑对梅文鼎产生了影响。他的《历学疑问》和《历学疑问补》,则是天文学领域的"西学中源说"之集大成者。其中论述了中西二法的异同,认为西方天文学中的许多论断都出自中华典籍。如说"地球有寒暖五带之说"即《周髀算经》的"七衡六间说","地圆说"即《黄帝内经·素问》中的"地之为下说","本轮均轮说"即《楚辞·天问》中的"圜则九重说","浑盖通宪(指浑盖仪的原理)即古盖天法","简平仪亦盖天器,而八线割圆(指三角学)亦古所有",等等。还要指出,

"西学中源说"在数学领域内的一个标本是"几何即勾股论",他在自己的著作中不厌其烦地阐述了这个观点。如《几何通解》说:"几何不言勾股,然其理亦勾股也。"《勾股举隅》又说:"言测量至西术详矣,究不能外勾股之立成也。"康熙著有《三角形论》,也是"西学中源说"的一个标本。梅文鼎赞曰:"御制《三角形论》言西学贯源中法,大哉王言,著撰家皆所未及。"(《绩学堂诗钞》卷4)其实康熙所论而"著撰家皆所未及"的,不外乎梅文鼎反复阐说的"几何即勾股论"。他提倡"西学中源说",主观上虽有发扬中华传统文化、振奋民族精神的愿望,但其论证方法和总的结论是不正确的。到清代中叶,有些学者对"西学中源说"又加以发挥。甚至到了近代,启蒙思想家严复的后期思想也沿袭此说。

后　记

　　《中国儒学思想史》已全部完稿,但不等于这方面研究的结束。相反,我们在写作过程中,又捕捉了不少的新问题,这些都需要我们作进一步的研究。研究的某一个阶段可以宣布结束,但整个研究过程是不会终止的。

　　历史学的研究必须依靠翔实可靠的资料;没有资料作依据,凭空发表意见,也许是很高明的意见,这只能算是研究者个人的议论,不能代替历史本来的真实面貌。在史学研究中,如实地反映历史的真相,虽然很难做到,但要力求这样去做。我们在本书中把这一点作为我们的目标,可是究竟做到了几分,那就不敢说了,这就需要请专家学者和读者同志们的指正。

　　这本书的出版得到陕西人民出版社的大力支持,特别是在出版学术著作难的条件下此书得以出版,是很不容易的。

张岂之

1989年4月19日于西北大学

新版后记

《中国儒学思想史》一书,在初版三十多年之后,得以重印再版,得力于该书英文译者王改华女士的努力和中华书局编辑王传龙先生的推动,我们心存感激。

这本小册子的写作年代,正是在中国改革开放的热潮推动下学术思想界十分活跃的时期,在那个年代,我亲身访问了日本和西欧,作为中国思想史的研究者,我写了《孔子思想与中国社会主义现代化》的论文,分别在德国和中国发表。这反映了我当时对儒学思想的研究和思考,这正是我们写作《中国儒学思想史》的背景。

值得庆幸的是,到今天来看,我们那时对儒学思想的主体看法,基本上经受住了历史检验,这也就是我们乐于接受中华书局的建议,将其原封不动地再版的原因。所谓主体看法主要指的是:我国古代"和而不同"的文化观,其哲学思想的基础,是孔子所建立的;儒家思想对于其发展超出古人的界域,是可以容纳的;对于儒家以外的学说,是主张包容的。这就可以解释在儒家思想占主导地位的古代社会,科学思想也能走出一条独特的发展路径。例如"格物致知"的学说,在古代早期主要是从伦理角度立论的,而到了宋代,二程、朱熹将其纳入知识论的范畴,到了近代,"格致学"成了"科学"的代名词,"格致家"成了科学家的代名词。而晚明西方科学随着耶稣会士来华,受到了有着进取精神的中国儒生的欢迎,身兼官员和儒生的徐光启与利玛窦合作,翻译了《几何原本》,就是一个突出的例子。

我在本书的序言中曾经写道:"对待中国古代思想文化,需要在'研究、改造、继承、创新'这八个字上下功夫。所谓'研究',就是对传统思想文化进行科学的实事求是的研究,辨别出它的优点和劣点,辨别出它的优良传统方面和陈腐传统方面。"这样的观点,我们在今天也仍然是要坚持的。

当然,在初版之后三十多年的今天再看这本书,对于儒学思想与科学技术发展的特点和规律的总结方面,包括局限性等,都是要深入探讨的。需要补充和完善的地方也一定很多,但是,我们几位作者皆已日在桑榆,作者中年纪最轻的也迈入古稀之年,其中宝才老师已经离开了我们,令人怀念。岁月使人有子在川上的感叹。但我坚信"芳林新叶催陈叶,流水前波让后波",将这些留待给中国思想史研究的后生们,他们定会交出使人满意的成果的。

今年是西北大学建校120周年,这部小书恰可作为献给西北大学的一份礼物,这是令人欣慰的。

张岂之口授,时年九十有六。

2022年12月